KB237072

고객
만족論

Customer Satisfaction

고객 만족論

김 영 신

고객 지향에 근거한 기업 이념 및 그 이념 실현의 기초가 되는 것이 고객 만족이다.

한국학술정보㈜

감사의 글

박사학위 논문을 완성하기까지는 일본 中央대학 대학원의 지도교수님이신 奧本勝彦(오쿠모토 카츠히코)교수님, 林田博光(하야시다 히로미츠)교수님의 가르침과 어드바이스, 지인들의 응원, 가족의 희생과 뒷바라지 그리고 하나님의 도우심이 있었다. 刻骨難忘의 마음을 여기에 전한다.

그리고 학위 논문을 출판할 수 있도록 도움을 주신 한국학술정보㈜와 임은정님, 박미현 편집자님께 지면을 빌어 감사의 마음을 전한다. 마지막으로 본서는 학위논문을 번역한 것인 만큼 미흡한 연구는 향후 배전의 노력으로 발전시킬 것을 약속드리며 하나님과 모든 분께 감사드린다.

2008년 10월

김 영신

서 문

1. 연구 배경

전통적인 마케팅이 제품이나 서비스의 관리에 대한 부분을 주목하고 있는 한편 현대 마케팅의 이념은 고객 지향, 장기적 만족 제공에 의한 소비 생활의 충실화, 고객만족을 통한 기업의 이익 확보, 더욱 발전된 기업의 마케팅 노력에 근거하고 있다고 할 수 있다. 구체적으로 살펴보면 우선 고객 지향이란 모든 기업 활동이 고객 중심으로 행해져야 하는 것으로 기업의 모든 활동 및 목표가 부문별 또는 기능별로 전개되는 것이 아니라 고객에게 초점을 맞춰 계획되고 실행돼야 한다는 것을 의미한다. 다음으로 장기적 만족 제공에 의한 소비 생활의 충실화란 소비 만족을 통한 생활 전반에 이르는 만족이라고 하는 소비자를 향한 기업의 장기적인 기업 활동의 비전을 의미한다. 이것은 소비자에게 제공되는 기업 활동의 이상 실현이 소비 생활의 단면이 아니라 생활 전반에 이르는 것을 의미한다. 그리고 고객만족을 통한 기업의 이익 확보는 기업 활동의 이익 추구를 고객 지향의 결과로 재검토하는 것을 가리킨다. 마지막으로 더욱 발전된 기업의 마케팅 노력이란 기업 활동의 효율성 추구와 함께 시장과 소비자에게 최적화된 마케팅 활동이 더욱 요구되는 것을 말한다.

이와 같이 현대 마케팅이 필요로 하는 이념에는 고객 지향이 기초가 되고 있다. 고객 지향에 근거한 기업 이념 및 이념 실현에는 고객만족이 중요하다. 고객만족은 기업 활동의 이념이 되는 것에 머무르지 않고 이미 기업 활동의 결과를 평가하는 척도이기도 하다. 그러므로 1960년대부터 오늘에 이르기까지 고객만족에 관한 연구는 마케팅에 있어서 중요한 연구 테마 중 하나이다. 고객만족 연구는 고객만족이 마케팅 이념으로 인식되고 있던 중에 소비자 행동론의 영향을 받아 연구 기반을 마련하게 되었다. 그 후 기업 활동의 효율성과 기업 성과에 초점을 맞춘 전략론적 관점의 실천성이 강조되어 왔다. 그리고 측정적 어프로치로 연구 틀을 확립해 가는 것으로 연구가 이행되고 있다.

그림1 고객만족 연구의 변천사

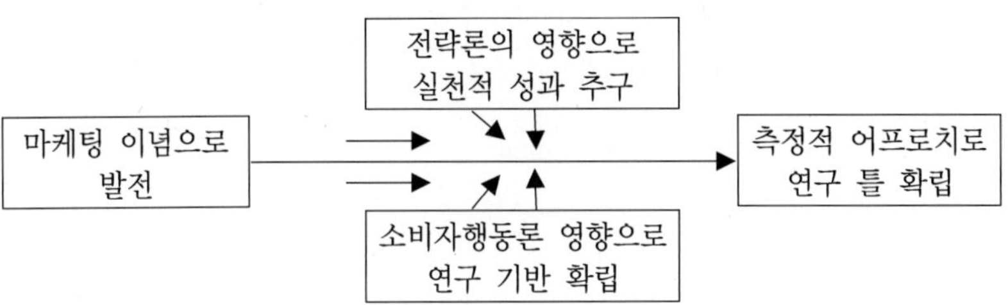

고객만족 연구는 (1)만족 결정 요인에 관한 연구 (2)만족 판단 과정을 인지적 판단과 정서적 / 감정적 반응으로 간주하는 연구 (3)만족 경험 후 태도 변용이나 행동에 관한 연구로 크게 분류할 수 있다.

그림2 고객만족 연구 분류

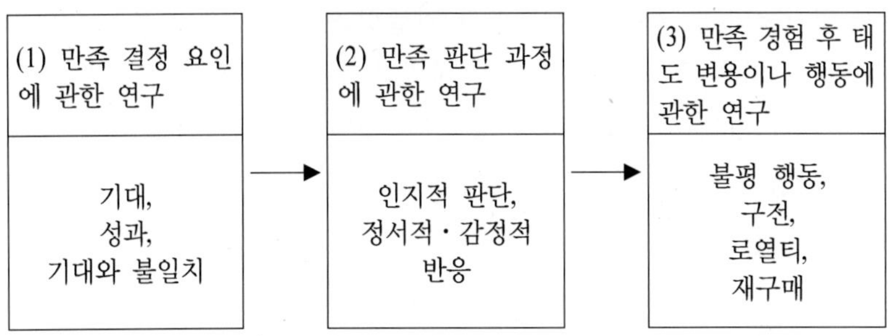

연구자마다 연구 관점이 조금씩 상이하지만 위 3가지 연구 테마
가 핵심이 되어 왔으므로 본 연구도 3가지 테마를 검토하면서 연구
를 전개하기로 한다.

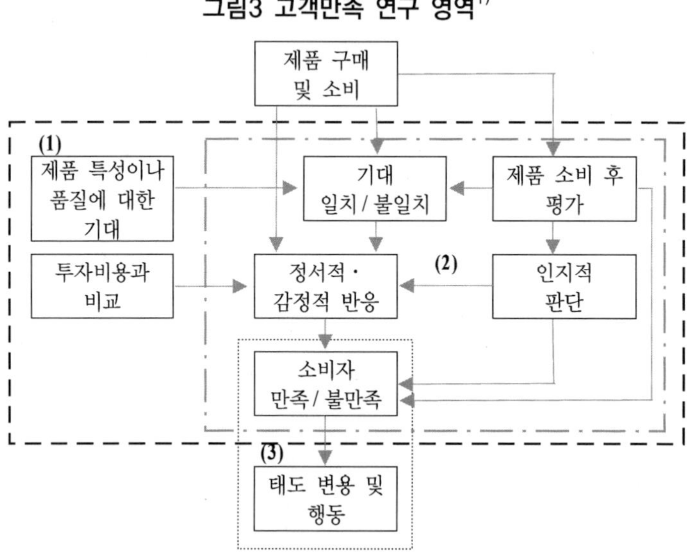

그림3 고객만족 연구 영역[1]

2. 문제의식과 연구 어프로치

산업기술의 발달로 경쟁 제품과 차별성을 식별하기 어렵게 되었기
때문에 기업은 항상 시장 우위와 차별적 우위를 목표로 다양한 전략
적 수단을 마케팅에 도입하지 않을 수 없다. 그 차별적 우위를 위해
현대 기업의 마케팅 활동의 초점이 되고 있는 것이 서비스 확대와
고객만족 실현에 의한 고객 유지이다.

실제로 시장과 소비자에 대한 기업의 마케팅 활동에서 서비스의

비중은 더욱 커지고 있다. 시장에는 제품에 부수되는 서비스 및 서비스가 대상이 되는 이른바 서비스재 등이 다수 존재하고 있다. 서비스업은 보다 세분화되고 확대되어 그 경제적 가치 및 소비 가치에 주목한 서비스 품질에 관한 많은 연구가 발표되었다. 한편 고객만족은 마케팅 이념을 뛰어넘어 기업 활동의 전략적 목표가 되었다고 할 수 있을 만큼 고객만족 실현에 대한 중요성 인식은 일반화되었고 다양한 연구 성과가 축적되어 왔다.

서비스의 확대와 고객만족이라고 하는 2가지 기업 활동에는 불가분의 관계가 성립하고 있다고 말할 수 있다. 즉 고객에게 서비스를 제공함으로 만족이 형성되기 때문에 고객만족에 있어서 서비스 역할과 그 관리가 다른 전략 수단이나 요인보다 중요하게 다루어지고 있는 것이다.

그러나 지금까지 고객만족에 관한 연구의 대부분은 주로 제품을 대상으로 하고 서비스는 구별해 다루지 않았다고 할 수 있다. 그렇게 말할 수 있는 이유는 고객만족에 관한 연구에 서비스가 연구 대상이 되었다고 해도 서비스 품질이나 그 측정에 초점을 맞춘 연구가 대부분이고 만족 판단 과정에 제품과 서비스의 특성을 구별한 종합적인 연구는 찾아보기 어렵다고 할 수 있기 때문이다. 즉 만족에 영향을 주는 기대나 성과 요인 중에는 제품뿐만 아니라 서비스 요인이 포함되어 있고 유형재를 대상으로 하더라도 거기에는 반드시 부수되는 서비스가 존재한다는 것이다. 시장에서 서비스의 중요성은 더욱 확대되고 있음에도 불구하고 고객만족의 연구에 서비스는 제품으로 동일시되었을 뿐 제품과 동일한 판단 대상으로는 파악되지 않았다고 할 수 있기 때문이다.

본 연구의 문제 제기는 다음 2가지이다. 우선 첫 번째는 서비스 확대가 향후 한층 더 진행될 것으로 예상되므로 그 중요성 또한 높아질 것이다. 그것은 제품에 부수되는 서비스나 서비스 자체의 세분화와 확대에 따른 연구가 필요하게 된다는 것이다. 두 번째는 고객만족에 관한 연구에서 제품과 서비스가 명확한 구분 없이 제시되고 있는 것으로부터 주요 연구 모델에 제품과 서비스 특성을 구별해 대비한 새로운 모델의 제시가 필요하다는 것이다.

본 연구는 고객만족 연구에 서비스의 연구를 도입하기 위해 고객만족에 관한 선행 연구의 배경과 다양한 연구를 검토하는 것을 시작으로 마케팅에서 서비스와 고객만족의 연구위상과 고객만족에 있어서 서비스 연구의 흐름을 검토한다.

그리고 고객만족에 관한 3가지 연구테마 중 주요 연구를 검토해 만족의 판단 대상이 되는 제품과 서비스 특성이 구별 없이 연구된 것을 확인한다. 그리고 만족 판단 과정에서 선행 요인, 즉 만족에 영향을 주는 결정 요인과 만족 판단 과정 그리고 만족 경험 후 태도 변용이나 행동에 관한 기존 연구에 제품과 서비스 특성을 구별하고 각 특성에 의한 차이점 등을 정리해 주요 연구 모델에 대해 새로운 어프로치 제시를 시도한다.

3. 연구 전개 방법

본 연구는 제품과 서비스 대상에 따라 상이하리라 예상되는 만족의 결정 요인과 만족이 판단되는 과정 그리고 만족 경험 후 태도 변용이나 행동 특징과 차이점을 선행연구를 통해 고찰하고 2가지 문제 제기점을 바탕으로 실증 연구를 한다.

선행 연구를 고찰하기 위해 전반 부분에서는 고객만족에 관한 연구와 서비스에 관한 연구를 주로 검토하고 중반 부분은 고객만족과 서비스 연구의 학문적 위상과 관계를 검토한다. 후반 부분에서는 고객만족에 관한 3가지 연구 테마 중 주요 연구를 검토한 후 대표적인 연구 모델에 제품과 서비스 특성을 대비한 가설 및 구조모형을 제시하고 검증을 실시한다.

본 연구는 8장으로 구성되어 있으며 전반 부분(제1장~제3장)에서는 고객만족에 관한 선행 연구의 배경 및 연구의 변천사를 고찰한다.

그리고 고객만족과 서비스의 관계를 검토하기 위해 마케팅에서 서비스 연구와 고객만족에서 서비스 연구를 검토한다(제4장~제5장).

후반 부분인 제6장에서 제8장까지는 고객만족에 관한 3가지 연구 테마를 근거로 주요 연구 모델을 검토하고 연구 가설 설정과 검증을 통해 새로운 연구 모델 제시를 시도한다.

그림4 연구의 전체 구상

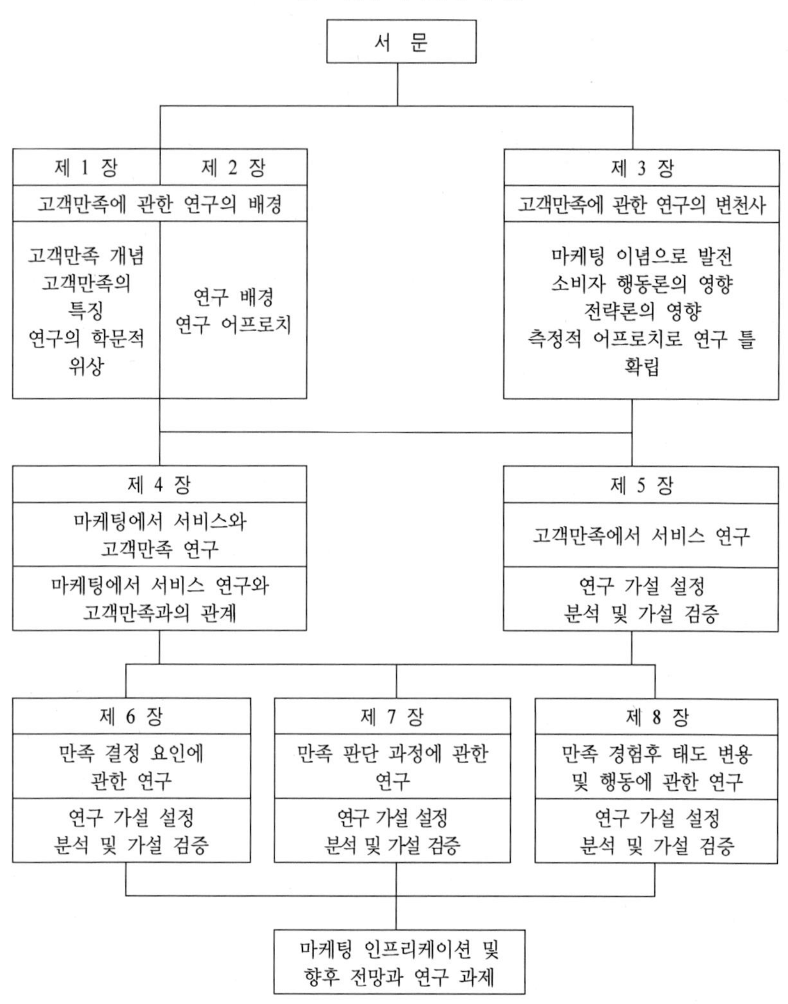
서 문
제 1 장
고객만족에 관한 연구의 배경
고객만족 개념
고객만족의 특징
연구의 학문적 위상
제 2 장
연구 배경
연구 어프로치
제 3 장
고객만족에 관한 연구의 변천사
마케팅 이념으로 발전
소비자 행동론의 영향
전략론의 영향
측정적 어프로치로 연구 틀 확립
제 4 장
마케팅에서 서비스와 고객만족 연구
마케팅에서 서비스 연구와 고객만족과의 관계
제 5 장
고객만족에서 서비스 연구
연구 가설 설정
분석 및 가설 검증
제 6 장
만족 결정 요인에 관한 연구
연구 가설 설정
분석 및 가설 검증
제 7 장
만족 판단 과정에 관한 연구
연구 가설 설정
분석 및 가설 검증
제 8 장
만족 경험후 태도 변용 및 행동에 관한 연구
연구 가설 설정
분석 및 가설 검증
마케팅 인프리케이션 및 향후 전망과 연구 과제

목 차

표 그림 차례

제5장

제6장

제8장

제**1**장

고객만족에 관한 선행 연구

고객만족에 관한 지금까지의 연구 고찰에 앞서 우선 고객만족 개념을 검토하는 것이 중요할 것이다. 개념이란 다양한 관념 중에서 공통된 요소로 모은 하나의 보편적 의미로 어떤 것에 대한 의미와 내용이라 할 수 있다. 이 관점에서 보면 만족에 관한 개념은 마음이 웃음 짓게 되는 것이나 마음이 충만해지는 것으로 간주할 수 있다. 본 연구의 테마인 고객만족의 개념은 제품이나 서비스 혹은 아이디어 등 기업이 제공하는 모든 것에 고객의 마음이 미소 짓도록 기업이 제공하는 것이라고 할 수 있다.

제1장에서는 다양한 고객만족에 관한 개념 및 그 특징을 검토하고 그 배경을 고찰한다. 제1장의 연구 목적은 선행 연구에서 고객만족 개념이 어떻게 자리매김되고 있는지 그 배경에는 무엇이 있는지를 검토하는 것이며 고객만족 연구의 의의와 연구 방향성을 확인하는 것이다.

제1절 고객만족의 개념

기업은 지금까지 고객과 우호적이며 긍정적인 관계 유지를 위해 다양한 노력을 해 왔다. 그러한 노력의 결과 고객을 중심으로 하는 고객 지향과 고객만족이라고 하는 개념이 태어났던 것이다. 초기의 고객만족 연구에서 고객만족을 어떻게 보고 어떻게 다루어 왔는지 검토하는 것이 필요하다. 따라서 제1절에서는 고객만족 개념을 처음으로 도입한 미국 연구를 중심으로 고객만족 개념의 이론적 자리매김을 고찰한다.

1. 미국에서 고객만족의 개념

P. F. Drucker(1952)는 현대 경영의 실제「The Practice of Management」에서 고객을 창조하는 것은 기업이고 기업을 정의하는 것은 고객[2]이라고 서술하면서 고객에 대한 기업의 대응이 중요하다고 강조했다. 그는 기업의 목표와 이상을 이윤 추구로 인식하고 있던 당시에 기업과 고객 그리고 이윤과의 관계에 관해 고객의 소비는 기업 활동에 의해 발생하는 것이고 기업 이익과 연결되는 고객의 존재를 재인식시켰다고 말할 수 있다. 그가 강조한 고객 중심 사고는 이익 추구 중심의 기업 행동을 고객 중심 또는 고객 지향이라고 하는 새로운 관점으로의 인식 전환을 강조한 것이었고 그 후 고객 중심이나 고객 지향에 관한 연구에 폭넓게 인용되고 있다.

그러나 고객만족 연구에서 보면 P. F. Drucker(1952)에 의해 서술된 고객 중심 사고는 아직 마케팅 이념 또는 목표로서 다루어진 것은 아니었다고 할 수 있다. 당시에 고객 중심 사고의 중요성은 인식되고 있었지만 그의 지적을 포함해 그것이 어떠한 것이며 기업활동에 정말로 필요한 것인가 하는 점에서는 적절한 인식이 없었다고 할 수 있다. 미국에서는 그 후 소비자 만족[3] 이 부상되어 다양한 연구가 이루어지게 된다. 다음에서는 고객만족 개념의 이론적 자리매김을 연대별로 검토하기로 한다.

1) 70년대까지 고객만족의 개념

70년대까지 고객만족 연구에서는 만족의 본질적 특징을 명확히 하고자 하는 만족이 무엇인가를 고객의 입장에서 해석하고 있는 경향을 볼 수 있다. 특히 몇 개의 주요 연구에서 볼 수 있는 것은 만족을 기대−불일치 패러다임(paradigm)에 근거해 기대와 성과의 불일치의 결과로 만족을 간주하고 있는 것이다.

A. Kozlik(1944)에 의하면 소비 만족은 소비 수준에 실제로 기인하고 있으며 어떤 방법으로 집계된 충족이라고 의미를 부여하고 있다. 그리고 만족은 상품 그 자체가 아니고 소비된 상품에 만족이 기인하기 때문에 주관적인 것이다. 소비 만족을 정량적으로 나타내 보일 수 없다. 그렇지만 소비의 만족 패턴이 양쪽 모두 같은 경우 그 2가지(무상관 함수 시스템)를 비교할 수 있을지도 모른다. 그것은 모든 상품보다 많은 것이 다른 때에 소비되는 경우 혹은 두 케이스에서 모든 상품의 소비에 차이가 매우 작고 각 상품의 한계 효용이 가격으로 측정되는 경우이다. 소비된 모든 상품보다 크거나 작은 값은 보다 큰가 작은가 하는 효용의 통계를 나타낸다고 한다.[4] 이러한 연구 이후 고객만족 연구에서 선구적 연구가 되는 R. N. Cardozo(1965)의 연구는 기대와 성과의 불일치가 만족에 미치는 영향에 주목해 기대 일치 또 불일치의 양쪽 모두의 성과는 판단에 영향을 주기 때문에 만족도는 제품 그 자체에 근거한 것이 아니라 제품의 획득을 둘러싸고 있는 경험에 의한 것이라고 한다. 게다가 만족도는 단순한 제품 평가라기보다 글로벌적 개념이며 만족은 제품 전체의 판매와 제공의 평가를 포함하는 것이라고 한다.[5]

1960년대까지는 만족이 무엇인가를 명확히 하기 위해 만족의 본질에 주목하고 있다. 특히, R. N. Cardozo(1965)의 연구는 만족 개념을 제품만이 아니라 구매 과정까지를 포함한 평가로 간주하고 있으며 나아가 기대와 성과의 불일치가 만족에 영향을 준다는 시각이 이후 연구에 크게 영향을 미쳤다.

70년대 고객만족에 관한 연구 중 H. Hunt(1977)는 만족을 경험이 그래야 한다고 생각했던 것과 적어도 동일한 정도의 것일지에 관한 평가라고 서술하고 있고 만족은 소비 경험이 최소한이라도 소비자가 기대한 대로 훌륭하다고 명시적으로 나타난 평가라고 하고 있다.[6] J. A. Czepiel and L. J. Rosenberg(1977)의 연구에서는 고객만족이란 제공된 제품이나 서비스를 획득하거나 소비하는 것으로 유발되는 욕구 및 요구의 충족 정도에 대한 소비자의 주관적 평가라고 서술하고 있다.[7] 덧붙여 D. J. Orutinau(1979)는 소비자 만족은 구매 대상에 대한 소비자가 지각한 태도 레벨이라고 하고 있으며[8] M. L. Richins (1979)에 의하면 소비자 만족은 지각된 제품 퍼포먼스가 기대 이상의 경우에 생기는 것이라고 파악하고 있다.[9]

이들 학자들의 견해로부터 만족을 어떠한 관점에서 파악하는지에 따라 개념은 달라진다는 것을 알 수 있다. 60년대의 Cardozo의 연구로 촉발된 70년대의 연구는 소비자 행동론이나 인지 심리학 등을 도입해 만족을 심리적 어프로치로 이해하려고 한 경향이 강하다는 것을 볼 수 있다. 만족을 소비자, 즉 고객의 심리 상태로 간주하고 있는 이러한 연구는 만족의 판단 메커니즘의 해명에 관한 연구로 이어졌다고 할 수 있다.

표 1-1 70년대까지의 고객만족 개념

주요 개념	
주요 관점	만족은 제품의 소비과정을 포함한 소비 경험 전체에 대한 평가이다.
A. Kozlik(1944)	소비 만족은 소비 수준에 실제로 기인하고 있으며 무언가의 방법으로 집계된 충족이다. 그리고 만족은 상품 그 자체가 아니라 소비된 상품에 만족이 기인하기 때문에 주관적인 것이다.[10]
R. N. Cardozo(1965)	기대 일치 또는 불일치 두 성과는 판단에 영향을 미치기 때문에 만족도는 제품자체에 근거한 것이 아니라 제품의 획득을 둘러싼 경험에 의한 것일 것이다. 만족도는 단순히 제품 평가라고 하기보다 글로벌적 개념이며 만족은 제품 전체 판매와 제공의 평가를 포함한 것이다.[11]
주요 관점	만족을 대상이나 목적에 대한 판단의 결과로 보고 있다.
H. Hunt(1977)	고객만족은 경험이 그래야 한다고 생각했던 것과 적어도 비슷한 정도인지 어떤지에 관한 평가이다.[12]
J. A. Czepiel and L. J. Rosenberg(1977)	고객만족이란 제공된 제품이나 서비스를 획득 혹은 소비하는 것으로 유발되는 욕구 및 요구의 충족 정도에 대한 소비자의 주관적 평가이다.[13]
D. J. Orutinau(1979)	소비자 만족은 구매 대상에 대한 소비자가 지각한 태도 레벨이다.[14]
M. L. Lchins(1979)	소비자 만족은 지각된 제품 퍼포먼스가 기대 이상의 경우에 발생하는 것이다.[15]

2) 80년대 고객만족의 개념

80년대의 고객만족 연구는 70년대의 연구 성과를 심화시켜 가기 위해 만족의 본질에 주목한 다양한 관점을 전개해 왔다. 여기에서는 만족 개념, 즉 만족을 파악하는 관점을 검토하고 있지만 80년대의 연구는 여러 분류로 검토될 만큼 다양한 어프로치에 의한 개념을 논의해 왔다고 할 수 있다.

고객만족 연구에 가장 큰 영향을 주고 있는 R. L. Oliver(1980)의 연구는 소비자 만족은 기대에 대해 불일치를 경험했을 경우의 감정과 소비 경험에 관해 사전에 소비자가 가지는 감정이 복합적으로 초래하는 전체적인 심리적 상태라고 하고 있다.[16] R. A. Westbrook(1981)도 만족을 특정 제품 혹은 서비스 사용 또는 소비로 얻어지는 경험을 평가해 나타나는 소비자의 정서적 반응이라고 나타내고 있으며[17] 1983년에는 M. D. Reilly와 함께 만족은 구매한 특정 제품이나 서비스, 소매점, 쇼핑·구매 행동 및 시장에서 발생하는 전반적인 행동과 관련된 경험에 대한 정서적 반응이라고 서술하고 있다.[18] 위학자들의 만족 개념은 만족을 심리적 관점에서 파악하고 있고 만족의 대상 범위가 확대되고 있는 것을 주목할 수 있을 것이다. 만족을 심리 판단으로 취급하는 것은 만족을 인지 판단으로 간주하는 연구의 한계를 지적하는 것으로 만족의 본질에 관한 연구에 영향을 주었고 이윽고 만족은 인지 판단 및 심리 판단이기도 하다고 하는 해석이 내려지게 된다.

J. U. MuNeal(1982)는 구매 행동을 통해 자기의 심리적 불안 상태를 균형시켜 바람직한 생활 상황으로 준비를 의도하는 정도가 소비자 만족이라고 말하고 있다.[19] J. F. Engel and R. D. Blackwell(1982)은 선택된 안이 그 대안에 대해 사전에 품었던 신념과 일치했는지에 관한 평가라고 하고 있다.[20] 이들 개념은 심리학적 해석을 만족 판단 과정에 이용하는 것으로 만족 판단 메커니즘을 정의하고 있다.

그 밖의 관점으로 T. J. Peters and R. H. Waterman(1983)가 우량 기업은 고객에게 배우고 최상의 품질과 서비스와 신뢰를 제공한다. 우량 기업은 고객에게 밀착한 품질, 신뢰성, 서비스 등 강박 관념과 비슷한 집착을 주어 탁월한 기술을 갖고 있어 코스트를 낮추는 것으로 직접적인 고객지향으로 강하게 움직이고 있다고 서술하고 있다[21]. 덧붙여 W. O. Bearden and J. E. Teel(1983)의 연구에 따르면 고객만족은 마케터에게 재구매, 긍정적인 구전, 그리고 소비자 로열티의 중요한 결정 요소로 추정되고 있기 때문에 중요하다고 한다.[22] 위 개념들은 고객 지향의 당위성을 강조하는 것으로 만족이라는 심리 작용으로 얻을 수 있는 유효성으로부터 고객만족의 중요성을 강조하고 있다. 이들이 말하고 있듯이 80년대에 만족 개념은 만족이 무엇인가 하는 만족의 본질적 의미 부여를 시작으로 고객만족의 실천적 필요성과 당위성까지 포함한 다양한 어프로치를 갖고 있었다고 이해된다. 연구가 활발히 진행되어 감에 따라 인지 심리학을 시작으로 사회심리학이나 소비자 행동론 등 관련 분야의 영향으로 만족 개념 자체를 파악하는 시각이 다양해졌다고 할 수 있을 것이다.

기대-불일치 패러다임에 기초한 관점에서 D. K. Tse and P. C. Wilton(1988)은 만족은 사전의 기대와 소비 후 지각된 제품 퍼포먼스 사이의 지각 불일치 평가에 대한 소비자의 반응이라고 나타내고 있다.[23] 이상과 같이 80년대의 만족의 개념은 70년대의 연구 영향을 받고 있지만 다양한 어프로치와 견해 아래 만족의 개념 범위를 넓혀 가고 있다고 할 수 있을 것이다.

표 1-2 80년대 고객만족 개념

주요 개념	
주요 관점	만족의 본질을 명확히 하기 위해 다양한 견해가 전개되고 만족이 판단되는 과정을 밝히려고 하는 관점이 많았다.

R. L. Oliver(1980)
  소비자 만족은 기대에 대한 불일치를 경험한 경우의 감정과 소비 경험에 대해 사전에 소비자가 갖는 감정이 복합적으로 초래한 전체적인 심리적 상태이다.[24]

R. A. Westbrook(1981)
  특정 제품 혹은 서비스를 사용하거나 소비하는 것에 의해 얻어지는 경험을 평가해 나타내는 소비자의 정서적 반응이다.[25]

J. U. MuNeal(1982)
  구매 행동을 통해 자신의 심리적 불안 상태를 균형잡고 바람직한 생활 상태로 준비를 의도하는 정도가 소비자 만족이다.[26]

J. F. Engel and R. D. Blackwell(1982)
  선택된 안이 그 대안에 대해 사전에 품었던 신념과 일치하는가 어떤가에 대한 평가이다.[27]

R. A. Westbrook and M. D. Reilly(1983)
  만족은 구매한 특정 제품이나 서비스, 소매점, 쇼핑·구매 행동 및 시장에서 발생하는 전반적인 행동과 관련된 경험에 대한 정서적 반응이다.[28]

T. J. Peters and R. H. Waterman(1983)
  초우량 기업은 고객에게서 배우고 최상의 품질과 서비스 신뢰를 제공한다. 즉 초우량 기업은 고객에게 밀착한 품질, 신뢰성, 서비스 등에 강박 관념과 비슷한 집착을 갖게 하고 탁월한 기술을 갖고 있으며 코스트를 낮추는 것으로 직접적인 고객 지향으로 보다 강하게 일하고 있다.[29]

W. O. Bearden and J. E. Teel(1983)
  고객만족은 마케터에 의해 재구매, 긍정적인 구전 그리고 소비자 로열티의 중요한 결정 요소로 추정되기 때문에 중요하다.[30]

R. A. Westbrook(1987)
  만족은 흥미, 기쁨, 유쾌함 등이라고 하는 긍정적인 정서 요인이다.[31]

D. K. Tse and P. C. Wilton(1988)
  만족은 사전 기대와 소비 후 지각되는 제품 퍼포먼스 간의 지각된 불일치에 대한 평가에 대한 소비자 반응이다.[32]

3) 90년대 이후 고객만족 개념

90년대에 접어든 후 고객만족의 개념은 80년대까지 계속되어 온 만족의 본질에 근거한 연구 어프로치로 만족 판단 과정을 밝히려는 견해가 이어져 온다.

R. A. Westbrook and R. L. Oliver(1991), H. Mano and R. L. Oliver(1993)는 만족은 흥미, 기쁨, 유쾌 등 긍정적 정서 요인이 있다고 서술하고 있다.[33] 이렇게 만족을 인지 판단 또는 심리 반응으로 간주하는 개념은 80년대부터 반복된 관점이며 점차로 어느 쪽도 아닌 두 견해를 포함한 어프로치도 나타나고 있다. 각각의 연구에서 만족의 정의의 한계점이나 다른 관점이 있기 때문에 한계 또는 다른 다양한 관점의 개념이 의도되어 온 것이지만 한편으로 만족을 일정한 정해진 개념으로 정리하는 것에 무리가 있는 것은 아닌가 하는 견해도 지적할 수 있을 것이다. 그것은 앞서 서술한 것처럼 만족을 인지적 판단 또는 심리적 반응의 어딘가로 단정짓는 것은 무리가 있는 만큼 만족이라는 것이 심층적이고 각층의 경계가 애매하고 복잡한 메커니즘을 가지고 있기 때문일 것이다.

만족 개념의 가장 많은 관점은 기대－불일치 패러다임에 근거한 것이며 J. F. Engel, R. D. Blackwell and P. W. Miniard(1993)에 의하면 만족은 선택된 안이 적어도 기대에 합치하든지 혹은 그것을 뛰어넘는 소비 후 평가라고 하고 있다.[34] 덧붙여 그 평가를 만족 측정에 관한 초점으로 3개의 레벨로 나타내고 있다. 그것은 소비 경험에서 축적된 개인 레벨, 해당 브랜드, 해당 기업이나 산업에 대해 누적된 레벨이다(W. A. Boulding, et al.(1993), E. W. Anderson(1994), E. W. Anderson, et al.(1994), C. Fornell, et al.(1996), R. L. Oliver(1997)[35]). 이러한 견해는 만족을 평가 판단으로 간주하는 경우 측정 범위와 방법은 더 상세히 구분되는 것을 시사하고 있다. 초기부터 고객만족에 관한 연구는 연구마다 파악하는 개념에 근거한 이론 검증이나 실증을 이용한 연구를 하고 있지만 그 측정 방법이나 도구 및 기준 등에 대해 다양한 견해가 전개되고 있는 배경으로부터도 이해할 수 있다.

그 외 만족의 본질적 어프로치에 의한 개념으로 R. A. Spreng, S. B. Mackenzie and R. W. Olshavsky(1996)는 만족은 제품 및 서비스의 경험에 대한 정서적 반응으로 감정적 상태라고 하고 있다.[36] 같은 관점에서 R. L. Oliver(1997)의 연구는 만족을 제품이나 서비스의 특성 혹은 충족 수준을 포함한 소비자의 충족 상태(인지적 판단)가 유쾌한 수준으로 제공되었는지에 관한 판단이라고 하고 있으며 만족은 비교 기준으로서 기대와 구매 내지는 소비 후 평가를 대비시키는 것으로 발생하는 심리라고 서술하고 있다.[37] 이들 견해를 보면 유쾌라고 하는 감정은 충족 상태가 유쾌를 가져오거나 그 유쾌함을 증대하거나 또 생활상의 문제가 해결되는 경우와 같은 고통을 감소시키는 것을 의미한다. R. L. Oliver는 충족 개념을 만족 개념보다 기초적인 것으로 파악하고 충족은 무엇을 충족시킬 목표를 갖고 있으며 그 목표는 어떤 준거에 비교된다고 말하고 있다. 그리고 그 비교 후에 준거가 되는 것이 소비자에게 사전 만족도 또는 경쟁 기업이나 제품에 대한 만족도라고 검토하고 있다.

B. J. Babin and M. Griffin(1998)의 연구에서도 만족은 불일치와 지각된 성과 등을 포함한 일련의 경험에 대한 평가 결과로 유발되는 정서라고 기술되어 있다.[38]

80년대부터 90년대에 걸쳐 반복되고 있는 만족의 개념을 인지적 판단 혹은 정서적 반응으로 간주하는 견해는 만족의 대상이 제품인지 서비스인지에 따라서 다를 것이다. 즉 제품의 경우는 인지적 판단이 보다 행해지기 쉽고 서비스의 경우는 정서적 반응이 보다 일어나기 쉽다고 할 수 있기 때문이다. 그러나 지금까지 검토한 다양한 연구에서는 만족 자체에 초점을 맞추고 있으므로 그 대상이 되는 제품이나 서비스에 대해서는 언급하고 있지 않다고 생각된다. 이 점에 관해서는 제6장에서 구체적으로 검토하기로 한다.

표 1-3 90년대 이후 고객만족 개념

주요 개념	
주요 관점	만족을 판단 메커니즘에서 의미 부여하려고 하는 견해가 많다.

J. F. Engel、R. D. Blackwell and P. W. Miniard(1993)
　만족은 선택된 대안이 적어도 기대에 합치하는가 혹은 그것을 뛰어넘는가
라고 하는 소비 후 평가이다.[39]
R. A. Westbrook and R. L. Oliver(1991), H. Mano and R. L. Oliver(1993)
　만족은 흥미, 기쁨, 유쾌 등 긍정적인 정서 요인이다.[40]
W. A. Boulding, et al.(1993), E. W. Anderson, et al.(1994), (E. W. Anderson
　(1994a), C. Fornell, et al.(1996), R. L. Oliver(1997)
　만족 측정에 관한 초점을 개인 레벨, 소비경험에 의해 축적된 개인 레
벨, 해당 브랜드와 해당 기업에 대해 축적된 레벨이라고 하는 3가지로
나누고 있다[41].
R. A. Spreng, S. B. Mackenzie and R. W. Olshavsky(1996)
　만족은 제품 및 서비스의 경험에 대한 정서적 반응으로 감정적 상태이다.[42]
R. L. Oliver(1997)
　만족이란 제품이나 서비스 특성 혹은 충족 수준을 포함한 소비자의 충
족 상태(인지적 판단)가 유쾌한 수준으로 제공되는가에 관한 판단이다.
만족은 비교 기준으로 기대와 구매 혹은 소비 후 평가를 대비시킨 것
으로 발생하는 심리이다.[43]
B. J. Babin and M. Griffin(1998)
　불일치와 지각된 성과 등을 포함한 일종의 경험에 대한 평가의 결과로
유발되는 정서이다.[44]

이상과 같이 미국에서의 만족의 개념에 관한 연구 검토를 통해
만족 개념의 선행 요인으로 소비에 관한 경험을 직접적 또 간접적
경험으로 구분해야 하는 문제점이 부상한다. 그것은 고객만족의 개
념에는 선행 요인으로 기대 및 성과와의 일치 / 불일치 외에 소비에
관한 직접적 / 간접적 경험이 포함되어야 하는 것을 의미한다. 소비에

관한 직접적 / 간접적 경험은 기대를 구체화하고 있는 것으로 막연한 기대와 다른 관점이다. 이러한 소비에 관한 2가지 경험은 선행 요인으로 성과와 비교·판단되어 결국은 태도나 만족 / 불만족이라고 하는 평가의 결과로 나타난다고 할수 있기 때문이다.

다음으로 만족이 유쾌한 것이라면 그것이 소비 사용 후 느낀 감정의 변화로서 충족감인지 그렇지 않으면 단지 구매 자체를 의미하는 충족감인지 또 제품이나 서비스 제공자에 대한 충족감인가 하는 것을 어떻게 구별할 수 있는가 하는 의문이 부상한다. 그리고 만족이 정말로 유쾌한 관점에서만 설명할 수 있는가 하는 의문도 발생한다. 이러한 미국의 고객만족의 개념에 관한 시대별 검토로부터 다음에서는 우리나라 연구자의 고객만족에 관한 개념을 검토하기로 한다.

2. 한국에서 고객만족의 개념

고객만족에 관한 우리나라에서의 연구는 미국 연구에 촉발된 경향이 강하다는 것을 볼 수 있다. 주로 90년대를 중심으로 만족에 관한 연구는 여러 어프로치로 행해지고 있지만 만족 특성을 명확히 제시하고 있지 않는 연구도 많이 지적되고 있다. 그 이유는 그만큼 고객만족을 분명히 개념화하기 어렵고 연구 어프로치 및 그 의미와 견해 그리고 연구 범위가 다르기 때문일 것이다. 다음에서는 그러한 한국에서의 만족에 관한 대표적인 개념 어프로치를 검토한다.

박진호(1993)는 만족 개념은 소비 경험으로부터 얻어진 결과로 지각적 감정적 평가 과정에 초점을 맞춘 개념으로 정의할 수 있다고 한다.[45] 이 정의는 만족을 평가 과정에 초점을 맞추고 있어서 만족 형성 과정의 인지적, 평가적, 감정적 연구의 중요성을 시사할 수 있어 많은 선행 연구가 거기에 주목하고 있다고 지적하고 있다.

그 후 이유재(1995)는 고객만족의 등장 배경과 그 실현 당위성에 대해 시장이 성숙화되고 신규 수요보다 대체 수요에 의존하게 되었기 때문에 고객에게 만족감을 부여해 같은 제품을 반복해 구매하도록 해야 한다. 이러한 시대야말로 고객만족을 이해하는 것은 매우 중요하고 고객만족의 효과는 기업의 지속적인 성장과 수익성에서 중요하다고 그 중요성을 강조하고 있다. [46]

만족을 파악하는 시점에 관해 조광행과 박봉규(1998)는 고객만족을 1회성 소비 경험으로 파악하는지 그렇지 않으면 몇 차례 소비 경험으로 파악하는지에 따라서 개념이 바뀐다. 전자의 경우는 거래의 특수 관점에 근거한 것이고 후자는 거래 및 소비 경험이 시간의 경과에 의해 누적 형성된 누적적 고객만족이라고 서술하고 있다.[47]

고객만족이 기업 이념으로 다루어지는 이유에 대해 김윤석(1998)은 정보의 유통 속도가 빠르고 유사 업종 간 경쟁이 더욱 격렬해져 기존의 공급자 주도로는 지속적인 기업 활동의 존속이 어렵게 되어 수요자인 고객의 만족 수준을 향상시키는 것으로 재구매 및 유익한 구전을 촉진시킬 수 있어 기업의 유지 및 성장을 완수할 수 있다고 인식했기 때문이라고 서술하고 있다.[48]

그리고 박명호와 조형지(1999)는 고객만족의 개념을 인지적 상태라고 보는 관점 및 평가라고 보는 관점, 정서적 반응이라고 보는 관점, 인지적 판단과 정서적 판단이라고 보는 관점으로 나눌 수 있다고 기술하고 있다.[49] 덧붙여 만족 개념을 바라보는 어프로치에 따라 그 의미와 범위가 달라지는 것을 재차 강조하고 있다.

또한, 고객만족의 측정에 관한 한국 연구자의 견해 가운데 차재성과 김영찬(2002)은 고객만족 그 자체가 다차원적 개념이기 때문에 기업의 제품이나 서비스 품질과 관련되어 있고 고객 유지로부터 기업의 수익성에 기여한다고 하면서 그 측정은 만족 수준을 파악하는 것만이 아니라 고객만족의 수준에 의한 경제적 보상과의 관계까지 측정하는 것이 보다 중요해진다고 주장하고 있다.[50]

표 1-4 고객만족 개념에 관한 한국의 연구

주요 개념	
주요 관점	고객만족의 실천적 추구에 의한 기업 성과에 관한 미국 연구의 영향을 받아 고객만족에 관한 연구 전반이 90년대에 집중적으로 행해짐.

박진호(1993)
  만족 개념은 소비 경험으로부터 얻어진 결과로 지각적 감정적 평가 과정에 초점을 맞춘 개념으로 정의할 수 있다.[51]
이유재(1995)
  고객만족의 등장 배경과 그 실현 당위성에 대해 시장이 성숙화되고 신규 수요보다 대체 수요에 의존하게 되었기 때문에 고객에게 만족감을 부여해 같은 제품을 반복해 구매하도록 해야 한다. 이러한 시대야말로 고객만족을 이해하는 것은 매우 중요하고 고객만족의 효과는 기업의 지속적인 성장과 수익성에서 중요하다.[52]
조광행, 박봉규(1998)
  고객만족을 1회성 소비 경험으로 파악하는지 그렇지 않으면 몇 차례 소비 경험으로 파악하는지에 따라서 개념이 바뀐다. 전자의 경우는 거래의 특수 관점에 근거한 것이고 후자는 거래 및 소비 경험이 시간의 경과에 의해 누적 형성된 누적적 고객만족이다.[53]
박명호, 조형지(1999)
  고객만족의 개념을 인지적 상태라고 보는 관점 및 평가라고 보는 관점, 정서적 반응이라고 보는 관점, 인지적 판단과 정서적 판단이라고 보는 관점으로 나눌 수 있다.[54]
김윤석(2000)
  정보의 유통속도가 빠르고 유사 업종 간 경쟁이 더욱 격렬해져 기존의 공급자 주도로는 지속적인 기업 활동의 존속이 어렵게 되어 수요자인 고객의 만족 수준을 향상시키는 것으로 재구매 및 유익한 구전을 촉진시킬 수 있어 기업의 유지 및 성장을 완수할 수 있다고 인식했기 때문이다.[55]

표 1-4 고객만족 개념에 관한 한국의 연구

주요 개념	
주요 관점	고객만족의 실천적 추구에 의한 기업 성과에 관한 미국 연구의 영향을 받아 고객만족에 관한 연구 전반이 90년대에 집중적으로 행해짐.
차재성, 김영찬(2002) 고객만족 그 자체가 다차원적 개념이기 때문에 기업의 제품이나 서비스의 품질과 관련하고 있고 고객 유지로부터 기업의 수익성에 기여한다고 하면서 그 측정은 만족 수준을 파악하는 것만이 아니라 고객만족의 수준에 의한 경제적 보상과의 관계까지 측정하는 것이 보다 중요해진다.[56]	

한국의 고객만족에 관한 연구는 미국 연구의 영향을 강하게 받고 있어 90년대를 중심으로 고객만족에 관한 모든 연구 어프로치가 집중적으로 행해지고 있는 경향이 보인다. 그것은 기업의 성장 및 현상 유지가 어려워진 시장 환경의 변화로 미국에서 중시되어 온 고객만족을 도입하고 모방하는 것이 시대적 흐름이 되었고 연구 또한 그 영향을 받았기 때문이라고 생각된다. 한국의 고객만족 연구는 만족을 파악하는 어프로치의 문제점을 지적하고 있는 것이 특징적이다. 그러나 거기에도 고객만족에 관한 개념은 다양하고 정의나 어프로치에 관해서는 아직 명확하게 분류되지 않은 연구가 많다고 생각된다.

3. 일본에서 고객만족의 개념

일본에서 고객만족이라는 개념을 가장 먼저 도입한 것은 清水晶 (시미즈 아키라 (1961)(1964))의 연구가 아닐까 추측된다. 그는 가정의 소비자가 상품을 구입하는 경우에 일반적으로 만족 기준(satisfaction basis)에 의해 지배된다고 하면서 고객 지향의 경영 지도 이념으로 마케팅 이념이 충분히 경영 활동에 반영되어 있지 않은 것을 지적하고 있다(1961, 1964[57]). 게다가 현대 기업경영에서 소비자 지향의 중요성을 강조하고 소비자의 욕망을 만족시키는 것에서 출발하는 기업경영을 생각해야 한다고 설명했다.[58]

田村正紀(타무라 마사노리)(1979)에 의하면 소비자 만족은 시장에서 제공되는 여러 가지 재화 및 서비스 흐름과 소비자가 사들인 물건 내지 저장품(stock)에 대해 소비자가 실시하는 주관적 평가이다. 그리고 소비자 만족도는 재화 혹은 서비스가 소비 생활의 장소에서 소비자에게 제공되는 이익, 즉 성과를 소비자가 평가한 결과라고 말한다.[59] 특히 그는 소비자 만족을 생활 일반 레벨, 생활 국면 레벨, 재화 레벨, 속성 레벨이라고 하는 계층 구조로 간주하고 있다. 이러한 4개의 계층적 소비자 만족에 관한 견해는 70년대 컨슈머리즘의 태동을 시작으로 소비자 보호 정책의 전개라고 하는 사회적 배경에 근거한 것이라고 생각된다. 그리고 만족의 계층 구조는 속성 레벨의 만족도가 재화 레벨에 그리고 재화 레벨의 만족도는 생활 국면에서의 만족도에 영향을 주고 이윽고 생활 일반 레벨에 이르는 것으로 기업의 마케팅 노력이 이끄는 소비 생활 전반으로 사회적 영향력을 강조했던 것이다. 즉 소비 생활에 의한 만족을 사회 생활 전반으로 다루는 것으로 기업의 마케팅 활동의 사회적 책임과 공헌에 관한 중요성을 보다 강조했던 것이다. 또한 소비자 만족의 계층적 구조에는 기업이 제공하는 재화의 특성에 대한 만족이 소비 생활 만족도까지 영향을 미치는 관계를 설명하고 있다. 그러나 소비 생활이 아니라 만족이나 불만족이 생활 전반에 어떤 판단 과정을 거쳐 형성되고 있는지 만족이나 불만족에 영향을 주는 선행 요인이나 소비자가 느끼는 이익과 성과는 어떻게 설명할 수 있는가에 대해서는 충분한 설명이 되지 않았다고 할 수 있다. 덧붙여 속성 레벨의 만족이 재화 레벨로 재화 레벨의 만족이 생활 국면 레벨로 생활 국면 레벨의 만족이 생활 일반 레벨에 도달한다고 하지만 어떠한 과정 혹은 만족도에 의해 각각 달성되는지 또한 각각의 구성 요인 등에 대해서는 논의가 전개되지 않았다고 생각된다.

이러한 만족 레벨에 관한 지적에 관해 다음과 같은 구매에 근거한 관점의 논의가 있다. 소비자의 욕구에 대해 어떻게 만족을 줄지가 기업에는 과제라 할 수 있다. 그 때문에 소비자 욕구를 충족시키는 상품을 생산·판매하는 것이 책무인 것과 동시에 소비자에 의해 구매되는 상품, 구매되는 장소, 구매되는 시기, 구매되는 가격, 구매되는 수량 등 모든 요건에 대한 욕구도 충족시키지 않으면 충분하다고 말할 수 없다 할 것이다(奧本勝彦(오쿠모토 카츠히코(1998))[60].) 이 관점은 기존 연구에서 만족 개념이 가지는 한계를 지적한 것이라고 할 수 있으며 만족을 보다 심층적으로 구분해야 한다는 점을 시사하고 있다.

小島健司(코지마 켄지(1980))는 "소비자 만족은 그 대상에 대한 소비자 자신의 경험에 근거하며 소비생활의 장에서 소비자에게 제공되는 편익 퍼포먼스에 대한 기대 수준과 그에 대한 지각 수준의 비교로 생긴 심리적 상태이다. 만족과 불만은 단일 차원의 양 끝에 존재하고 불만은 마이너스의 만족 상태이다."라고 하고 있다.[61] 또한 소비자 만족은 제품 속성에서 소비 생활 일반의 포괄적 레벨까지의 계층적 레벨이 되고 특정 계층 레벨의 만족 정도는 그 레벨의 편익을 구성하는 하위 평가 항목의 만족 정도에 규정되어 그 구조는 선형 모델로 비슷하게 나타낼 수 있다고 가정하고 있다.[62] 小島健司(코지마 켄지(1980))는 田村正紀(타무라 마사노리(1979))의 연구에 영향을 받아 만족을 검증 가능한 퍼포먼스의 지각 수준과 기대 수준 및 편익을 구성하는 하위 평가 항목의 만족 정도와 중요도를 채택해 설명하고 있다. 주목해야 할 것은 만족이 기대 수준과 지각 수준의 비교로 생긴 심리적 상태라고 간주하고 있는 것과 만족과 불만족이 일차원상의 양끝에 존재하고 있다고 하는 것이다. 이것은 만족 자체에 주목하는 것으로 그 형성 과정의 요인 간 관계나 구조를 해명하려고 한 점에서 중요할 것이다. 그러나 만족을 소비자의 심리적 상태라고 할 경우 충분히 설명할 수 있는지 또 만족과 불만족이 단일 차원으로 설명 가능한 것인지 하는 연구 문제가 존재한다.

1980년대까지의 일본에서 고객만족의 개념 어프로치에는 미국 연구에 영향을 받은 경향이 강하며 70년대의 기업의 사회적 책임과 공헌 시각에서 바라보는 소비자 복지의 의미로서 만족에 주목하고 있는 점을 볼 수 있다. 그 후 연구 중 주목해야 할 것은 80년대의 고객만족에 관한 연구 초점이 경제 성숙기에 기업 간 경쟁이 초래한 어려운 시장 목표 달성과 유지에 대한 유효한 기업 행동에 관심이 모아진 것이라고 생각된다. 다양한 문헌에서 지적되고 있듯이 기업의 마케팅 행동은 항상 시장에서 이윤 확보를 중심으로 비용대비 효과 공식을 의도하며 대응해 왔다.

1980년대가 발전과 함께 경쟁에 쫓긴 공존의 시대라고 하면 1990년대에 있어 공존은 옛이야기가 되었고 경쟁에 이기지 않으면 안 되는 약육 강식의 시대라고 할 정도로 기업 내외부의 격렬한 대응력이 요구되어 왔다고 할 수 있다. 그러한 기업 내외부 환경 변화에서 보는 고객만족의 개념도 90년대에 들어서는 그 초점이 보다 확대되었다. 90년대 전반의 고객만족에 관한 어프로치는 만족한 고객이 가져오는 장기적 이익이 신규 고객을 개척하는 데 드는 비용보다 낮다는 것으로부터 고객만족의 유효성과 기업 전략상에서의 중요성이 재차 강조되었다고 할 수 있다(久保田進彦 구보타 유키히코(1998)(1999)[63]). 즉 90년대의 고객만족을 파악하는 방법은 이전과 다른 실천적 어프로치로 고객만족이 가져오는 유익성에 초점을 맞추고 있다. 그것은 기업이 전사적으로 제공할 수 있는 모든 편익으로 고객에게 만족을 주려는 자세를 갖기 시작하게 된 것일 것이다(有馬賢治(아리마 켄지(1997)[64])).

주요 고객만족에 관한 개념을 보면 有馬賢治(아리마 켄지(1997))는 R. L. Day(1984)와 R. L. Oliver(1989)의 고객만족 개념에 관한 견해로부터 만족한다는 것은 강하게 불만을 느끼지 않은 정신 상태 전반을 포함한 광범위한 개념으로 자리매김되어 왔다고 서술하고 있다.[65] 또한 山本昭二(야마모토 쇼우지(1999))는 고객만족은 오랜 기간에 걸친 고객의 제품에 대한 평가나 기업에 대한 태도 형성에 중요한 영향을 주는 요인이라고 서술하고 있다.[66] 그리고 佐藤和代(사토우 카즈요(2001))의 연구에서 고객만족은 고객의 구매 체험을 기초로 형성되는 태도 혹은 감정이며 제품이나 서비스를 이용 시의 모든 상황적 요인(품질, 가격, 다른 사람으로부터의 영향, 개인적 요인, 구입 목적 등)이 만족감의 형성에 관계하고 있다고 할 수 있다고 한다.[67]

표 1-5 고객만족 개념에 관한 일본의 연구

	주요 개념
70년대	清水晶(시미즈 아키라(1961)(1964)) 가정의 소비자가 상품을 구입하는 경우에 일반적으로 만족 기준 (satisfaction basis)에 의해 지배된다고 하면서 고객 지향의 경영 지도 이념으로 마케팅 이념이 충분히 경영 활동에 반영되어 있지 않다.[68] 田村正紀(타무라 마사노리(1979)) 소비자 만족은 시장에서 제공되는 여러 가지 재화 및 서비스 흐름과 소비자의 사들인 물건 내지 저장품(stock)에 대해 소비자가 실시하는 주관적 평가이다. 그리고 소비자 만족도는 재화 혹은 서비스가 소비 생활의 장소에서 소비자에게 제공되는 이익, 즉 성과를 소비자가 평가한 결과.[69]
80년대	小島健司(코지마 켄지(1980)) 소비자 만족은 그 대상에 대한 소비자 자신의 경험에 근거하며 소비생활의 장에서 소비자에게 제공되는 편익 퍼포먼스에 대한 기대 수준과 그에 대한 지각 수준의 비교로 생긴 심리적 상태이다. 만족과 불만은 단일 차원의 양 끝에 존재하고 불만은 마이너스의 만족 상태이다.[70]
90년대	有馬賢治(아리마 켄지(1997)) R. L. Day(1984), R. L. Oliver(1989)의 고객만족에 관한 개념에 관한 견해로부터 만족한다는 것은 강하게 불만을 느끼지 않은 정신 상태 전반을 포함한 광범위한 개념으로 자리매김되어 왔다.[71] 山本昭二(야마모토 쇼우지(1999)) 고객만족은 오랜 기간에 걸친 고객의 제품에 대한 평가나 기업에 대한 태도 형성에 중요한 영향을 주는 요인이다.[72] 佐藤和代(사토우 카즈요(2001)) 고객만족은 고객의 구매 체험을 기초로 형성되는 태도 혹은 감정이며 제품이나 서비스를 이용시의 모든 상황적 요인(품질, 가격, 다른 사람으로부터의 영향, 개인적 요인, 구입 목적 등)이 만족감의 형성에 관계하고 있다고 할 수 있다.[73]

이상과 같이 90년대 후반부터 고객만족 개념의 주요 관점은 고객만족이 장기적인 이윤 확보에 유효한 수단 중 하나라는 것에 관한 인식을 바탕으로 만족을 어느 관점에서 파악할까에 관해 논의하고

있다. 다양한 연구 어프로치가 있어서 고객만족 개념에 만족 형성 후 태도 및 만족 후 행동 변화를 포함해 대상 범위까지 넓힌 것은 주목할 수 있을 것이다. 일본의 고객만족에 관한 연구는 미국 연구에 영향을 받았지만 일본 기업이 고객만족을 기업 이념 또는 행동 방침으로 다루어 왔던 것에 비해 깊이 있는 연구 기반은 확립되지 않았고 충분한 연구도 이루어지지 않은 점이 있다고 생각된다. 앞서 살펴본 미국과 한국 그리고 일본의 고객만족 개념에 관한 주요 관점을 비교하면 다음과 같이 정리할 수 있다.

표 1-6 고객만족 개념에 관한 연구의 비교

	미 국	일 본	한 국
70년대	만족의 본질적 특징을 명확히 하려는 의도와 만족이 무엇인가를 고객 입장에서 해석하고 있다.		
80년대	만족의 본질에 근거한 연구 어프로치 및 만족 판단과정 추구가 중심이다.	미국 연구의 영향을 받았지만 일본 기업이 고객만족을 기업 이념 혹은 행동 방침으로 세워 온 것에 비해 연구 기반은 확립되지 않았고 충분한 연구가 부족한 점이 있다.	
90년대	80년대의 연구 흐름이 계속되는 가운데 차츰 만족을 보다 심층적으로 간주하는 견해와 고객만족의 실천적 성과에 기초한 관점으로 이행한다.		미국 연구에 자극을 받은 경향이 강하고 90년대를 중심으로 만족에 관한 연구는 여러 형태로 이루어져 왔다.

제2절 고객만족 어프로치

고객만족 개념은 만족을 어떤 특성에 주목하는가에 따라 그 방향성은 달라진다. 고객만족에 관한 선행 연구에서 주로 연구되어 온 만족 특징에 대해 다음 3가지로 나누어 검토하기로 한다.

1. 고객만족의 특징

고객만족의 특징에 관해 선행 연구의 대부분은 주로 3가지로 주목하고 있다. 그것은 고객만족이 소비 경험 후의 태도라고 간주하고 있는 견해이며 다음은 고객만족을 지각한 품질의 평가로 간주하는 견해이다. 그리고 구매 사용 경험에 의한 정서적·감정적 개념으로 보고 있는 것이다. 이 3가지 특징으로 고객만족을 어떻게 검토해 왔는지를 살펴보고 거기에서 본 연구의 고객만족 개념을 정리하고 부상하는 연구과제를 검토한다.

1) 태도로서 만족

우선, 만족을 태도라고 간주하고 있는 연구에서는 고객만족을 고객이 가지는 제품에 대한 전체적인 태도로 보고 있다. 그 태도란 구매 후뿐 아니라 구매 이전의 태도까지도 포함하고 있다.

J. C. Olson and P. Dover(1976)는 기대를 속성 발생에 대한 확률이라 가정할 때 신념은 태도 형성의 기초를 형성시키는 것뿐 아니라

만족 결정에 대한 적용 수준의 역할도 있다고 강조하고 있다.[74] 그리고 J. A. Czepiel and L. J. Rosenberg(1977), S. A. Latour and N. C. Peat(1979)는 태도도 만족도 제품에 대한 평가와 반응이지만 양자 간에 차이는 없는가라는 의문에서 만족은 구매 혹은 소비 이전에는 존재하지 않는 태도의 특수한 형태라고 한다.[75] 그렇지만 R. L. Oliver(1980)(1981)는 패스 분석을 실시해 만족은 구매 후 태도에 선행하고 있고 거기에 영향을 주고 있다고 한다. 또 만족은 불확인을 중심으로 하는 뜻밖의 일과 생각하지 못한 변수를 포함하지만 태도에는 불확인의 개념은 포함되지 않는다고 한다.[76]

만족과 태도에 관해 R. A. Westbrook and R. L. Oliver(1981)의 연구를 보면 만족은 기대와 비교로 형성되는 구매 전체에 대한 평가지만 태도에는 비교 요소가 포함되지 않는 제품에 대한 기호라고 설명한다.[77] 또한 D. K. Wilton and P. C. Tse(1983)도 만족과 태도와 다른 변수 간의 관계를 분석하는 것으로 만족과 태도는 결정 요인이 다르다는 것을 발견하고 있다.[78]

이상과 같이 만족을 태도로 간주하는 연구는 주로 70년대를 중심으로 연구되어 왔으며 만족 특징을 소비 후 태도로 간주하고 있는 것으로 이해된다. 그러나 태도는 만족의 특징이지만 만족을 태도로 설명할 수 없다고 하는 한계가 지적되게 된다. 즉 만족은 제품이나 서비스의 개별 거래의 일시적 소비라고 하는 경험을 수반하는 특정적인 개념이지만 태도는 소비 전후를 포함한 또는 소비와 관련 없이도 형성되는 종합적이며 비교적 영속적인 특징을 갖기 때문이다.

2) 품질판단으로서 만족

다음은 만족을 지각한 품질의 판단 즉 지각 판단으로 간주하는 견해이다. 지각 판단이란 고객이 사전에 갖고 있던 기대와 소비 경험 후를 비교해 판단되는 품질 등에 대한 우수 및 열등의 평가를 말한다. 그 평가 과정 중에는 소비 이전의 기대나 욕구 또는 타사 제품 및 타인의 제품과 비교 그리고 교환한 재화에 대한 대가의 평가 기준이 존재하고 있고 만족은 그것들의 비교로 평가된다.

이러한 지각 판단에서 지각 품질에 관해 A. Parasuraman, V. A. Zeithaml and L. L. Berry(1985)(1988)는 서비스의 지각 품질은 기업의 전체적인 우수함 혹은 탁월함에 대한 소비자의 판단이라고 하면서 만족은 구매 또는 소비 후 지각 품질에 선행하고 서비스 지각 품질에 영향을 준다고 설명한다.[79) 그리고 R. W. Olshavsky(1985)는 지각 품질은 몇 가지 점에 대한 제품의 전체적인 태도와 유사한 개념이며 일시적이 아닌 보다 종합적이고 영속적인 의미를 가지는 개념이라고 한다.[80)

그렇지만 지각 품질과 태도가 개념적으로 어떻게 차이가 나는지에 관해서는 명확히 규명하지 않는 채 연구자마다 연구 방법 및 측정 방법이 분명히 차이가 나는 것을 알 수 있다. 태도에 관한 측정은 다속성 태도 모델과 같은 객관적인 제품 속성을 베이스로 한 측정을 제품에 대한 전체적인 태도는 각 속성에 대한 평가의 총화로 측정된다고 이해된다.

여기서 확인해 두어야 할 것은 지각 품질은 일반적으로 유형재에 대한 측정 기준으로 태도의 특징이 많고 무형재인 서비스의 경우는 추상적인 개념이 자주 측정되고 있다는 것이다. 지각 품질은 객관적 품질과 구별할 수 있는 것이기 때문에 지각 품질은 각 소비자가 그 제품이나 서비스에 대해 가장 중요시 여기는 품질이 되며 객관적 품질이란 제품의 기술적 우수함이나 객관적 특징 등 일반성이 있는 것을 가리킨다. 따라서 지각 품질과 객관적 품질이 반드시 일치하지 않는 경우가 있고 기업과 소비자의 품질 평가 기준이 초점이 맞지 않는 경우나 그 기준이 다른 경우도 생긴다고 할 수 있다. 따라서 만족 측정에서도 지각 품질 기준과 객관적 품질 기준이 다른 것을 고려해야 하고 지각 품질, 즉 품질 판단의 결과가 태도와 어떻게 관계하고 있는지 분명히 해 고객만족에 대한 어프로치를 보다 구체화해 가야 할 것이다.

3) 감정적 반응으로서 만족

만족의 특징을 감정적 반응으로 간주하는 연구가 있다. 이 감정적 반응의 관점에는 만족의 특징을 고객이 제품이나 서비스에 대한 소비 이전의 기대와 일치하는지 어떤지 인지적 사고 과정의 결과 생기는 감정적 반응으로 간주한다.

R. A. Westbrook(1987)에 의하면 감정적 처리 과정은 인간 행동에 동기를 주는 원천만이 아니라 정보처리와 선택에 영향을 주는 주된 요인이라 설명한다.[81] 그리고 R. A. Westbrook and M. D. Reilly (1983)에 의하면 고객만족은 구매한 제품이나 서비스, 소매점, 쇼핑, 구매 행동 및 시장에서 발생하는 전반적인 행동과 관련된 경험에 관한 정서적 반응이라고 한다.[82] 또 D. K. Test and P. C. Wilton (1988)은 소비자의 사전 기대와 소비 후 지각된 제품과의 실제 성과 간의 차이에서 생기는 반응이라고 하며[83] B. J. Babin and M. Griffin (1998)은 불일치와 지각된 성과 등을 포함한 일련의 경험에 대한 평가 결과 유발되는 정서라고 한다.[84]

그러나 한편으로 만족은 정서와 감정을 수반하는 인지적 과정이며 정서 그 자체는 아니라고 하는 연구도 있다(H. Hunt(1977), J. A. Czepiel and L. J. Rosenberg(1977)[85]). 만족은 단순한 소비 경험에 관한 유쾌함이나 즐거움 등이 아니라 적어도 경험이 기대하고 있던 것과 비슷한 정도로 좋은 것인지의 평가이기(H. Hunt(1977)[86]) 때문에 예를 들어 구매 후 즐거운 정서와 감정을 느꼈다고 해도 그것이 기대 이하라면 그 소비자는 만족을 느낄 수 없고 만족이 단지 정서나 감정만으로 형성되어 있다고 말할 수 없다는 것이다.

정서적 특성에 근거해 만족의 특징을 취급하는 경향과 인지적 관점의 견해는 80년대부터 90년대에 걸쳐 활발히 연구되어 왔다고 할 수 있다. 그러나 고객에게 있어서 만족이라고 하는 결과의 판단은 그것이 일시적이든 장기적이든 기대와 비교한 경험의 결과로 인지적 판단이다. 그리고 기대와 경험의 레벨에 충족되었는가에 따라 충족감이 생기는 정서적·감정적 판단이기도 하다. 그러나 그 경계는 소비자의 심리와 관련되어 있으므로 명확히 나누기 어렵고 인지적 및 감정적 관점에 근거한 개념이나 검증적 견해를 가지는 것이 보다 만족의 특징을 이해하기 쉽다고 생각된다. 즉 만족은 다양한 속성 요인이나 선행 요인에 의해 판단되는 결과이기 때문에 결과적으로 그 요인들이 어느 특성에 근거하는가에 따라서 만족을 검토하는 어프로치가 달라진다고 할 수 있을 것이다.

2. 고객만족의 특징에 관한 검토 결과

앞서 살펴본 만족의 특징에 관한 검토로부터 다음과 같이 정리할 수 있다.

우선 측정에 사용되는 개념의 타당성에 관한 문제점이 있다. 마케팅에서 연구의 의의가 관리적 기준 또는 과학적 측정에 있다고 한다면 고객만족에 관한 연구도 이러한 2가지 성질에 근거한 과학적으로 측정할 수 있으며 관리 가능한 측정 기준이 확립되는 것이 당연할 것이다. 그러나 많은 연구가 이루어져 왔음에도 불구하고 만족 개념 자체도 일관되게 정리되지 않은 채로 있다고 생각된다.

다음으로는 만족과 불만족을 동일한 차원에서 취급해도 좋은지 어떤지 하는 척도의 문제일 것이다. 원래 인간은 소비를 포함한 모든 생활에 대해 긍정적 정서와 부정적 정서를 동시에 경험하고 있다고 하지만 만족과 불만족을 동시에 경험하는 동일 차원으로 취급해도 좋은지 어떤지에 대해 논의의 여지가 있을 것이다. 실제로 많은 연구에서 '매우 만족', '완전히 불만족'이라고 하는 척도를 사용하고 있기 때문이다.

만족을 나타낼 때에 만족이 형성되는 선행 요인이나 그 과정에 주목한 연구가 많고 혹 만족과 불만족이 동일 차원이라고 한다면 만족의 반대가 되는 불만족에 관해서도 그 선행 요인이나 과정에 초점을 둔 연구가 실행되지 않으면 안 될 것이다.

그러나 한편에서는 만족과 불만족은 단일 차원이 아니라 보다 복잡한 다차원상에서 판단되고 있기 때문에 그것을 측정할 때에도 단일 항목이 아닌 복수의 척도로 측정해야 한다고 지적하는 연구자도 있다(Yi, Youjae(1990), R. P. Bagozzi(1994), K. A. Bollen(1989)[87]). 따라서 고객만족을 과학적으로 측정 가능한 의미를 가지는 개념으로 나타내기 위해서는 지금부터 만족과 불만족의 파악 방법을 명확히 할 필요가 있을 것이다.

이상의 검토로 고객만족 개념을 정리해 보면 만족 형성 과정에 근거한 정의로 고객만족은 소비자인 고객이 기업이나 개인이 제공하는 제품이나 서비스에 대해 사전에 가지고 있던 기대와 소비 경험을 비교/판단한 결과로 제품 또는 브랜드 및 그 제공자에 대한 태도를 형성시키는 주관적이며 의식적인 반응을 가리킨다. 덧붙여 만족을 결과적 개념으로 다루고 그 영향력에 근거한 정의를 정리하면 만족은 소비자가 특정 제품이나 서비스를 소비한 후 그 대상 제품이나 서비스에 대한 판단으로 형성된 로열티 및 재구매 의사나 긍정적 구전 또는 추천 등에 영향을 미치는 의식적 반응이라고 정의할 수 있다. 이러한 고객만족 개념에 대한 어프로치의 특징과 선행 연구의 검토 결과는 다음 표와 같이 정리할 수 있다.

표 1-7 만족의 특징에 관한 연구 검토 결과

만족 특징	검토 결과

• 태도로서 만족
  (70년대를 중심으로연구되어 옴)
• 품질 판단으로서 만족
  (80년대를 중심으로 연구되어 옴)
• 감정적 판단으로서 만족
  (70년대~80년대에 인지적 판단에 관한 연구와 함께 연구되어 옴)
	• 만족에 관한 개념은 다양하고 그 측정 기준도 연구자마다 다르다.
	• 만족만을 다루는 경향이 많고 만족과 불만족을 동일 차원에서 보아야 하는가에 관한 논의가 발생한다.

제3절 고객만족의 학문적 위상과 그 성과

마케팅의 정의에 관해서 AMA(미국마케팅협회)에 의하면 마케팅(매니지먼트)은 개인과 조직의 목적을 이루기 위한 교환을 창출하기 위해서 아이디어나 재화나 서비스의 고안에서 가격 설정 프로모션 그리고 판매 경로에 이르는 계획해 실행하는 프로세스라고 정의하고 있다.[88] 이 정의의 키워드는 고객 창조와 교환을 낳는다고 하는 2가지다. 2가지 관점에서 보는 마케팅 정의는 판매를 목적으로 하는 개인 및 기업이 제공하는 재화 및 서비스의 경제적 교환을 자극해 고객 창조 및 고객 유지에 관한 모든 기업 행동을 나타내는 것이라고 할 수 있다. 그리고 그 활동에는 재화 및 서비스 개발, 가격, 판매경로 개척, 프로모션까지를 포함하고 있다. 그렇다면 이러한 마케팅에 고객만족은 어떠한 의미를 가지고 있으며 어떠한 역할을 완수할 수 있는지 검토할 필요가 있을 것이다.

1. 고객만족의 학문적 위상

종래에는 기업을 중심으로 하는 마케팅 활동의 주목적은 매스·마케팅, 시장 쉐어, 기업 측에 유효한 제품 개발을 추구해 왔다고 한다면 기업을 둘러싼 환경의 변화는 마케팅 활동의 주 목적을 변화시켰다고 할 수 있을 것이다. 그 변화에는 경제 발전에 의한 소비 생활의 질적 향상, 시장 경쟁의 격화, 정보화 기술 발달로 인한 네트워크 시대 도래, 소비자에서 생활자로 개념의 확장, 환경에 대한 깊은 관심 등을 들 수 있다. 그것은 고객만족이 기업 활동의 이념으로 주목을 받게 된 배경이기도 할 것이다.

경제 사회의 발전은 시장을 성숙화시키고 기업의 시장에 대한 모든 활동도 진화시켜 왔다. 그 때문에 시장 및 소비자에 대한 마케팅 활동은 보다 상세히 포맷된 이론과 실제로 실천되어 왔으며 그러한 기업 활동이 시장 경쟁을 보다 심화시켰다고 말할 수 있을 것이다 (米谷雅之(고메다니 마사유키(2001)[89])). 결국 시장 발달로 인한 재화의 풍부함은 종래의 기업 행동으로는 시장이나 소비자에게 대응할

수 없다는 한계를 가져왔고 기업은 지금까지의 마케팅 활동의 주목
적을 기업 측이 아니라 고객에게 관심을 가지지 않을 수 없는 상황
에 직면하게 된 것이다. 왜냐하면 고객에게 주목하지 않으면 시장
동향 및 소비 기호 등 소비자의 변화에 대응할 수 없게 되고 시장
에서 도태되기 때문이다. 따라서 기업 행동의 원점이 고객이 되어
기업은 고객에게 조금이라도 인상 깊이 인식되도록 고객의 마음, 즉
소비 목적 및 욕구를 만족시키는 것에 주목했던 것이다.

현대 시장에서 기업은 종래의 생산 우위나 생산자 우위의 마케팅
으로부터 벗어나 생활자 우위 및 고객 우위 중심의 경영을 전개하고
있다(橫澤利昌(요코사와 토시마사)(1998)[90]). 이 고객 우위란 고객이
기업 행동의 원점이며 고객의 신용을 얻는 것이 기업 존속의 기본적
이념인 것을 의미한다. 그리고 고객은 일반 대중이 아니라 고객 한
사람 한 사람을 가리키며 기업은 그러한 고객 한 사람 한 사람의
신뢰를 얻기 위해서 제공한 제품이나 서비스에 대해 만족을 제공하
지 않으면 안 된다. 따라서 고객만족의 실천은 기업 경영의 기본적
인 과제가 되고 있으며 많은 기업이 다양한 형태로 고객만족도를 향
상시키기 위해 노력해 왔다.

이러한 배경에서 마케팅에서 고객만족은 고객의 제품이나 서비스
에 대한 기대와 요구의 반응이며 그 때문에 기업은 제품이나 서비스
에 기획, 설계, 생산, 제공에 관한 모든 만족을 제공하지 않으면 안
된다(社會生産性本部(사회생산성본부)(1998)[91]). 그리고 또 마케팅에
서 고객만족은 제공된 제품이나 서비스와 더불어 기업 이념 등에 대
해 고객이 나름의 기준으로 납득할 수 있는 퀄리티와 가치를 찾아내
는 것이라고도 할 수 있다(佐藤知恭(사토우 토모야스)(1996)[92]). 즉
마케팅에서 보는 고객만족은 기업이 제공한 제품이나 서비스에 대해
고객 스스로의 기준에 따라 그 기준이 만족됐는지 판단하는 것이라

고 할 수 있다. 게다가 소비자를 가리키는 확대된 의미의 생활자라고 하는 개념에서 보는 고객만족은 단지 기업으로부터 제공되는 제품이나 서비스에 충족감을 느끼는 것만이 아니라 자신의 생활을 풍부하게 하는 것에 도움이 되는 한층 더 종합적이며 새로운 가치를 얻는 것으로서의 의미가 함축된다.

E. J. McCathy(1960)에 의해 마케팅의 수단으로 4P가 제창되었을 때부터 고객은 기업의 모든 마케팅 활동의 중심으로 다루어져 왔다. 따라서 그 이후 고객에게 모든 마케팅 수단을 이용해 제품이나 서비스를 통해 만족을 제공하는 것은 당연한 인식으로 다루어지기 시작했다. 그러나 80년대를 거쳐 90년대에 이르러 고객만족 연구가 다시 활발하게 된 이유를 생각하지 않을 수 없다. 그 배경은 고도 성장이 끝난 80년대 시장 성숙에 의한 경제 침체가 90년대에 들어서 가져온 불황의 영향이라고 할 수 있다. 80년대부터 90년대로 이어지는 불황의 영향은 기업 활동의 효율성에 주목하게 되고 신규 고객의 개척보다 기존 고객의 유지가 가져오는 효율을 파악하게 해 기존 고객을 유지시키기 위한 방법론으로서 고객만족이 다시 이용되게 되었다고 생각할 수 있다. 그 때문에 90년대부터 연구되어 온 고객만족에 관한 연구는 효율적 기업 활동에 의한 이익 확보라고 하는 관점이 많았으며 바로 그 점이 이전의 연구와 다른 특성이 된다. 그러므로 마케팅에서 고객만족은 이념으로서 다루어져 왔다고 할 수 있지만 그 학문적 위치와 역할은 실천적 이념이나 목표였고 90년대에 있어서의 고객만족에 관한 연구 견해는 효율적 기업 활동에 의한 이익 확보를 위한 기업의 필요에 따른 의도적인 전략적 수단으로 변화되어 왔다고 이해된다.

2. 고객만족의 성과

고객만족에 관한 연구에 있어서 고객만족의 역할은 무엇인가, 고객만족의 성과는 무엇인가, 왜 고객만족이 중요한가를 검토하는 것은 당연한 일일 것이다.

고객만족을 실천하기 위해서 기업은 우선 고객을 이해하고 고객의 요구나 기대를 충족시키려고 노력해야 한다. 그것은 고객 중심 시점을 기업 활동의 기본으로 하는 것이다. 그리고 고객을 전략의 기점으로 하는 마케팅 전략을 실천해 가기 위해서는 치밀하고 상세한 검토가 필요할 것이다. 그러나 그러한 기업의 노력에도 불구하고 불만족 고객의 증가는 기업과의 우호적인 관계 유지를 곤란하게 하고 불만족 고객을 대응하기 위한 코스트 지출을 상승시켜 버린다. 그렇지만 고객의 불만족에 대한 대응책만을 전제로 한 마케팅 활동에는 문제 발생을 방치하는 것이 되기 때문에 다양한 만족 창조 및 관리 방법을 고려해야 한다. 불평 발생 후 대응책은 방어적 행동에 지나지 않기 때문이다.

그러므로 만족을 전제로 한 마케팅 활동의 전략적 실행이 중요하고 고객이 무엇을 요구하고 무엇을 기대하고 있는지를 분명히 하는 것이 주목받게 되었다고 말할 수 있다. 즉 고객은 제품이나 서비스를 구입하고 그것을 누리려고 할 때 어떤 판단 기준과 과정을 갖고 평가하고 있는지를 기업이 인식하고 있지 않으면 기업은 유효한 대응을 할 수 없을 것이며 그 고객의 소비 동향을 마케팅에 반영하는 것도 할 수 없을 것이다.

고객에게 있어서 만족한다는 것은 무엇인가, 만족은 어떻게 형성되고 있는가 하는 의문에 관해 고객은 자신의 요구와 기대를 구체화한 판단 기준에 근거한 구매를 하고 구매 후에는 그 기준과 비교해 판단하고 있다고 할 수 있다. 따라서 기업이 마케팅 활동을 실시할 때 고객 지향에 근거한 만족 실천을 목표로 하는 것은 기업이 바라는 것보다도 유효한 결과를 가져오기 쉬운 것이다. 그것이 마케팅에서 고객만족의 역할이며 고객만족에 주목해야 하는 이유라 할 것이다.

그런데 시대와 함께 변화해 온 마케팅 컨셉에 대해 고객만족은 어떻게 인식되고 또 다루어져 왔는지를 검토하지 않으면 안 될 것이다. 그것은 마케팅 컨셉과 함께 변화해 온 고객만족의 학문적 위상의 확인은 향후 연구의 방향성과 연결되기 때문이다. 그에 관해서는 제3장의 마케팅에서 고객만족에 관한 연구의 변천에서 구체적으로 검토하기로 하고 여기에서는 개략적인 것을 살피기로 한다.

마케팅에 매너지리얼 개념이 도입된 50년대 후반부터 현재에 이르기까지 마케팅의 목표는 이윤 확보이고 그 외 소비자의 요구를 중시하는 이중 개념이 동시에 필요하게 되었다(F. J. Borch(1962)[93]). 그러나 약 반세기가 지난 현재의 고객만족은 그 중요성 인식과 비교해 마케팅 적용에 관한 구체적인 것은 명확히 되어 있지 않은 점이 있다고 생각된다.

표 1-8 고객만족의 학문적 위상과 그 성과

고객만족의 학문적 위상	고객만족의 성과
마케팅 이념으로서 견해로부터 전략적 수단으로 발전	기업의 고객만족의 실천적 추구에 의한 이윤 확보

이상과 같이 고객만족에 관한 개념과 그 특성 및 학문적 위상에 관한 검토를 정리하면서 다음 장에서는 고객만족에 관한 선행 연구의 배경과 주요 연구의 흐름에 관해 고찰하고 그 의의를 재검토하기로 한다.

결 론

제1장에서는 고객만족 개념과 고객만족에 관한 연구의 등장 배경 그리고 연구 어프로치에 관해서 개관했다.

미국, 한국, 일본에서의 고객만족 연구에서 만족 개념에 대한 견해를 다음과 같이 이해할 수 있었다. 우선 미국 연구에서는 이념으로 인식된 연구 시작으로 인지 심리학과 사회 심리학 및 소비자 행동론의 이론적 영향을 받아 그 이해로부터 연구 기반을 갖추고 기업 활동에 유효 성과를 달성하는 전략 수단으로 연구가 변천되어 왔다고 이해된다. 반면 일본의 경우는 미국 연구의 걸음을 답습하고 있지만 고객 중심이나 고객 지향 등은 암묵적 인식의 공유 안에서 이루어져 온 반면 미국만큼 연구는 진행되지 않은 점이 있다고 생각된다. 한국의 경우는 90년대에 들어 고객만족이 가져오는 기업 성과의 증명에 관한 미국 연구를 계기로 고객만족에 관한 관심 고조와 함께 다양한 연구가 활발히 행해졌지만 일관된 연구 초점을 읽어 낼 수 없을 정도로 우후죽순과 같이 연구가 활발하게 된 경향이 보인다.

제1장의 결론으로 말할 수 있는 것은 고객만족의 개념은 우선 고객이 기업이나 개인이 제공하는 제품이나 서비스에 대해 사전에 갖는 기대와 소비 경험을 비교 판단한 결과로 제품 또는 브랜드 및 그 제공자에 대한 태도를 형성하는 주관적이며 의식적인 반응이다. 다음으로 만족을 결과적 개념으로 다루는 경우 그 영향에 근거한 정의는 만족은 소비자가 특정 제품이나 서비스를 소비한 후 그 대상 제품이나 서비스에 대한 판단으로 형성된 로열티 및 재구매 의사나 긍정적 구전 및 추천 등에 영향을 주는 의식적 반응이라 할 수 있다. 이러한 만족의 특징은 태도, 품질 판단(지각 판단), 감정적 판단

으로 구분하고 있지만 만족에 관한 개념은 다양하고 그 측정 기준도 연구자마다 달라지는 것이나 만족과 불만족을 동일한 차원에서 파악해야 할 것인지 어떤지에 관한 논의가 발생하는 것을 검토했다. 그리고 마케팅에서 고객만족의 학문적 위상은 마케팅 이념으로 인식되던 견해에서 전략적 수단으로 발전하고 기업의 고객만족의 실천적 추구에 의한 이익 확보를 고객만족의 성과로 이행해 온 것을 살펴볼 수 있었다. 이상의 고객만족의 개념과 그 특징과 마케팅에서 고객만족의 위치에 관한 선행 연구 검토를 바탕으로 다음 제2장에서는 고객만족이 90년대에 다시 주목을 받게 된 연구 배경은 무언인지에 관해 검토하기로 한다.

제 **2** 장

고객만족 연구의 배경과 주요 연구의 흐름

고객만족에 관한 연구는 미국 기업을 중심으로 연구되기 시작해 이제는 세계 모든 기업의 경영 이념이 되었다. 따라서 고객만족에 관한 연구의 배경이나 그 발전 과정을 검토하기 위해서는 고객만족의 발전을 견인한 미국 연구와 가까운 경쟁국 일본 연구의 검토가 필요할 것이다.

덧붙여 고객만족 연구를 개관하기 위해 우선 마케팅에서 고객만족 연구의 특징과 소비자 행동론의 영향에 의한 연구 그리고 고객만족 연구 흐름의 분류에 관해 검토한다. 이 검토로부터 고객만족에 관한 연구의 현황과 향후 연구 방향성과 과제를 찾기로 한다.

제1절 고객만족 연구의 배경

1. 미국의 고객만족 연구의 배경

90년대에 들어 고객만족 향상을 목표로 하는 마케팅이 큰 관심을 모아 순식간에 세계적인 테마가 되었다.

일본 기업보다 단기적이며 이익 중심적이라는 미국 기업이 고객만족을 기업 이념으로 받아들이게 된 이유는 많은 미국 기업이 품질 중시에 관심을 두지 않을 수 없었기 때문이다. 미국의 제조업은 80년대 전반 생산성 저하와 해외 경쟁력 약화 때문에 고민했고 그 원인 규명과 대책 모색을 위해 다방면에 걸쳐 연구를 진행시켰다. 그 결과 80년대 후반 미국 산업계는 큰 경영 혁신의 흐름을 만들게 되었다.

1940년대 후반에 발생한 대공황과 제2차 세계대전 후 미국은 소비자 수요를 충족시키는 것만을 중심으로 생산에 규모의 경제성을 추구하고 코스트 삭감과 가격 할인으로 시장 셰어 확보에 주목하고 있었지만 제품 품질에 관해서는 중요시 여기지 않았다. 그러나 그 사이 기술력과 품질을 갖춘 일본 제품이 미국 시장에 진출해 성공을 거두게 되고 성공한 일본 기업의 입지는 미국 기업의 약체화를 초래했고 다수의 미국 기업이 그제서야 품질의 중요성을 인식하고 공장 레벨에서 품질 개선을 추구하게 되었던 것이다. 그러나 당시 미국 기업의 품질 개선 노력은 시장 경쟁력 확보를 위한 것이었고 진정한 의미의 고객만족에 기초를 둔 고객이 원하는 품질 요구에 응한 개선인 고객만족 이념의 실천으로 행해졌다고는 할 수 없는 점이 있다.

그 후 1980년대부터는 고객만족이 직접적인 기업 이익과 연결된다고 하는 연구 등으로 미국 기업의 인식은 바뀌게 되고 87년에는 B. Gale와 R. Buzzell의 PIMS(Profit Impact of Market Strategies)에 의한 새로운 분석 결과 발표로부터 수익에 영향을 주는 본질적 요소는 마켓 셰어가 아니라 제품이나 서비스 품질이라고 주장해 서비스 품질을 경시하는 미국 산업계를 경고했다.[94]

이러한 상황에서 미국 기업의 품질 개선에 박차를 가한 것이 1987년에 실시된 볼드릿지 국가 품질상(Baldridge National Quality Award)[95]의 창설이다. 정부 직속 이 상의 수상은 미국 기업의 경영 전체를 심사하는 것으로 그 기준은 시장에서의 고객 중시 및 만족도에 대한 항목을 평가하는 것이다. 이 상의 창설은 미국 기업에 고객만족이라는 이념 보급에 기여하고 많은 미국 기업이 품질 개선과 고객 만족 실천에 주목하도록 영향을 주었다. 볼드릿지 상은 경영 시스템 전반에 이르는 상세한 것으로 전체가 고객 중심의 경영 사상으로 관철되어 미국 산업계에 큰 영향을 주었다. 고객만족의 개량화와 그 매니지먼트가 미국 산업계의 경영 과제가 된 것은 볼드릿지 상의 제정이 컸다고 할 수 있다. 공장 레벨의 품질 관리에서 고객만족의 레벨까지 범위를 넓혀 미국 기업의 경영 시점 전환을 가져온 계기가 되었다. 덧붙여 이 국가 품질상은 기업의 경쟁력을 고객만족의 평가 기준을 시장에서의 구체적인 상대 효과로 설정한 것이 매우 의의 있다고 할 수 있다. 이 상의 창설 이후 많은 미국 기업은 고객만족 실천을 기업 이념으로 하는 고객 지향의 시각을 갖게 되었다.

　미국에서 고객만족이 중요시되게 된 또 하나의 이유는 TQC(Total Quality Control)의 한계를 들 수 있다. TQC가 말하는 품질이란 기업이 결정한 기준에 적합한 품질이며 소비자가 지각하는 품질이 아니다. 그러나 제품을 구입해 소비하는 것은 소비자이기 때문에 품질은 소비자에게 어떻게 받아들여지는지 근거해 평가해야 한다. 또 TQC는 제조 기업에 있어서 생산이나 물류 시스템의 합리화 추진에는 매우 유효하지만 판매 부문이나 마케팅 부문, 서비스 기업에 적용은 곤란하다. 생산 현장의 경우는 시간당 생산량으로 객관적인 목표를 설정하는 것이 가능하고 그 목표를 향해 노력하는 것으로 합리화나 품질 향상을 진행시킬 수 있다. 그러나 제조업의 판매 부문이나 서비스업의 활동은 고객과의 상호 작용 과정에서 행해지기 때문에 목표는 고객 시점에 선 고객 지각을 고려한 것이 되지 않으면 안된다. 바로 이러한 점이 기업에 있어서 객관적으로 측정 가능한 고객 시점의 고객만족이 기업 활동 목표로 중시되게 되었다고 할 수 있다.

90년대 이후 고객만족에 관한 연구가 각광을 받게 된 이유는 시장 경쟁에 대응하기 위해 고객만족의 실천이 가져오는 이익에 주목해 고객만족의 실천을 전략론적 어프로치에서 받아들이려는 생각이 있었다고 할 수 있다. 그것은 시장의 이질성이 높아질수록 시장 셰어의 추구가 고객만족의 저하를 부른다는 것이다. 현대 시장과 같이 저성장 동시에 이질적 시장 환경하에서는 고객만족 전략이 상대적 우위성을 가지기 때문이다.

거래를 중심으로 한 기존의 마케팅 관점이 고객을 포함한 기업의 이해 관계자와의 유효한 관계 구축을 강조하는 릴레이션십으로 패러다임(paradigm)이 이행되고 나서 고객만족은 보다 주목받게 된 것이다(C. Grönroos (1994), Henning−Thurau and Klee(1997), J. N. Sheth and A. Paratiyar(1994)[96]). 릴레이션십 마케팅에서 고객만족이 중요시되는 이유는 고객과의 유효한 관계 구축은 고객을 만족시키는 것에 필요 불가결한 것이기 때문이다. 원래부터 동양 문화를 자랑하는 일본에서는 시장 사회가 형성되었을 때부터 고객과의 관계를 중시하는 경향이 존재하고 있어서 나름대로 다양한 마케팅 수법을 실시해 왔다. 그러나 계속적인 거래보다 자신의 이익만을 요구하면서 거래 상대를 바꾸는 단기적 거래 경향을 보이는 미국에서는 기업의 이해 관계자와의 유효적 관계 구축이 가져오는 장기적 이익의 중요성이 새롭게 주목을 받아 마케팅의 패러다임이 된 것이다.

2. 일본의 고객만족 연구의 배경

일본의 고객만족에 관한 연구 배경에는 90년대 버블 붕괴에 직면한 많은 일본 기업의 새로운 산업 비전의 모책과 경영 시스템의 재구축을 시작으로 미국 산업의 고객만족 경영에 관한 정보를 주목하게 된 것에 있었다고 할 수 있다.

원래 일본에는 손님에게 제공하는 서비스에 관해 북미 및 서구 유럽보다 장기적인 관점을 갖고 있었다고 할 수 있다. 고객의 만족감을 향상시키기 위해서 고객의 만족을 우선하는 지향이 사회 일반적으로 보편화되어 있었다고 해도 과언이 아니다. 그러한 고객 중심 지향은 일본 기업은 물론 일반 상인 사이에서도 암묵적으로 뿌리 깊게 인식되고 실시되고 있었다고 할 수 있다.

그것은 '일본 시장에서 성공할 수 있으면 세계 시장에서 성공할 수 있다.'라고 할 만큼 일본 소비자는 예부터 상인의 서비스 정신에 익숙해 있었기 때문에 고객의 판단의 눈이 다른 나라 사람들보다 까다로운지도 모른다. 이러한 특성의 소비자가 있는 일본 시장에서 고객만족이라고 하는 것은 새로운 개념이 아니고 특별히 강조하지 않아도 암묵으로 공유되던 가치관의 일부였다고 할 수 있다. 그러나 엔고 현상과 함께 버블 경제의 붕괴는 일본 기업의 본연의 자세를 재고시키는 계기가 되어 기업 본연의 자세와 더불어 새로운 비전 그리고 경영 이념 및 시장 경쟁 등 기업 활동을 재검토하게 했다.

그 하나의 움직임이 미국으로부터 들어와 암묵적 가치관의 하나로 자리잡고 있던 고객만족을 표면화시켜 기업이나 또 사회가 공유하는 가치관으로 이념화시킨 것이다. 이러한 기업의 움직임과 함께 이전에는 활발히 연구되지 않던 고객만족에 관심이 향해져 다양한 어프로치의 고객만족 연구가 활발히 진행되었다. 그것은 미국과 달리 일본에서는 고객만족 자체가 벌써 암묵적으로 공유되고 있었기 때문에 연구의 필요성이나 가치가 그만큼 중요하게 여겨지지 않았기 때문일 것이다.

그러나 세계적인 서비스의 나라, 제조업의 달인, 경제대국 일본 등 여러 가지로 불리는 일본에서 연구된 고객만족인 만큼 일본 특유의 뛰어난 전술이나 방식을 이론화하는 것으로 매우 의의 있는 것으로 생각된다. 일본 기업이 실천해 온 고객만족을 위한 제품이나 서비스 개발·생산·제공 등 그 주된 활동을 분명히 하는 것은 미국 연구와 다른 고객만족의 실천적 구조를 분명히 하는 것에 있어서 지름길이라 생각된다.

이러한 의도를 갖고 일본의 고객만족 연구의 발전 배경을 살펴보면 그 선진적인 움직임으로 처음 나타난 것이 (재)사회경제 생산 본부에 의한 「고객만족 포럼 21」이다. 이 포럼은 1994년 5월에 결성되어 일본의 볼드릿지 국가 품질상을 목표로 활동을 개시해 현재까지 매년 계속되고 있다. 1994년 5월에 결성된 일본식 볼드릿지 국가 품질상인 일본 경영 품질상은 일본 기업의 건강 진단이라고도 할 수 있는 역할을 해 왔다. 일본 경영 품질상은 기업의 종합력을 경영 품질로 공통의 기준을 사용해 심사하는 것으로 무엇이 강점이며 향후 그 강점을 어떻게 살리면 좋은지 무엇을 어떻게 개선하면 좋은 것인지를 분명히 하는 것이 심사 기준이 되고 있다. 그 심사 기준은 변화하는 경영 환경에 끊임없이 대응 가능하도록 또 보다 많은 조직이나 기업이 이용하기 쉬운 것으로 하기 위해 매년 재검토를 하지만 기본적인 틀은 변하지 않는다고 한다.

일본의 고객만족 연구의 배경은 경제 환경 변화와 함께 기업 본연의 자세가 재고되게 된 배경을 가지고 있다. 한편 미국의 경우는 경쟁 가운데 기업이 놓치고 있던 내·외부의 고객 지향을 일본 기업과의 경쟁에서 재검토하게 된 것이 고객만족에 주목하게 된 배경이라는 것을 살펴볼 수 있다.

기업 존속은 고객에 의한 것이란 것을 양국 모두 똑같이 인식하고 있었다고 할 수 있을 것이다. 따라서 지금까지의 고객만족이 표

충적인 서비스 기술 개발이나 조사 기법의 개발로 자리매김되고 제품 개량의 아이디어로서 활용되어 왔던 것을 뛰어넘어 향후 고객만족은 시대에 기대되는 기업 행동의 핵심 개념으로 이상이나 이념이 되는 것이라고 하는 기본 인식이 정착되어 왔다고 할 수 있다.

3. 고객만족의 경제성

K. Lancaster(1979)는 고객만족 향상이 제품 속성이나 디자인 전체를 시작으로 다양한 비용 증대를 초래하기 때문에 생산성을 저하시킨다고 고객만족의 이면에 대해 주장한다.[97] 그러나 그 후 연구 중 특히 90년대에 들어서 고객만족의 연구는 경제적 효과에 초점을 맞추고 있다. 시대적으로 보면, J. M. Juran(1988)은 고객만족의 향상이 반품, 보증, 불평 처리에 소비하는 시간이나 노력을 경감시키기 때문에 낮은 결함률은 로열티를 향상시키고 장기적으로 거래 코스트는 저하된다고 하는 고객만족과 생산성 관계의 유효성을 검토하고 있다.[98]

고객만족이 가져오는 주된 경제적 효과에 관한 연구 중 많이 볼 수 있는 것은 고객만족의 향상은 재구매 의향이나 수익성 향상을 가져온다는 것이다(W. O. Bearden and J. E. Teel(1983), P. A. Labarbera and D. Mazursky(1983), R. L. Oliver and J. E. Swan (1989)[99]).

그리고 E. Anderson and B. Waitz(1989)는 고객만족이 유통 업자나 공급 업자와의 관계성 구축과 유지에 도움이 된다고 주장한다.[100] 그 연구 대상은 일반 고객이 아니라 기업 내외의 활동에 관계하는 이해 관계자로 고객만족은 이해 관계자와의 관계에도 좋은 영향을 가져온다고 말하고 있다. 많은 연구가 일반 소비자인 고객을 대상으로 하고 있는 데 비해 Anderson, et al.(1989)의 연구는 고객의 범위를 넓혀 기업 관계자를 주목하고 있는 것에서 고객만족의 실천을 위한 만족의 패러다임(paradigm)의 구축이 대상에 따라 연구되어야 한다는 것을 시사하고 있다.

90년대에 들어서 고객만족이 가져오는 다양한 이익 중 고객만족에 따라 기업이 취득할 수 있는 경제성을 논한 F. F. Reichheld and W. E. Sasser, Jr(1990)의 연구에 의해 고객만족은 한층 더 주목을 받게 되었다. 그 연구의 초점은 고객만족은 구매 빈도나 구매량을 증가시키기 위해 신규 고객을 획득하는 것보다 기존 고객을 유지하는 것이 필요 노력이 적다고 하는 고객만족의 경제적 효과에 관해 서술하고 있다.[101]

위 연구들은 고객만족에 관한 기존의 어프로치에 큰 영향을 준 계기가 되어 기업이 고객만족 실천의 필요성을 인식하게 되었다. 그러나 모든 산업에서 신규 고객 획득보다 기존 고객에게 집중하는 것이 모든 기업에 경제적 효과가 높다고는 말할 수 없다고 생각된다. 기존 고객의 유지에 의해 기업이 바라는 경제적 효과를 얻을 수 있는 것은 소비재 중에서 특히 비내구재 정도로 한정되어 있는 것은 아닌가 하는 의문을 갖기 때문이다. 그 이유는 내구재의 경우 소비자의 재구매 사이클이 비내구재보다 길기 때문에 내구재를 중심으로 하는 기업으로서는 항상 어느 정도의 구매율을 유지하기 위해서 기존 고객의 유지에 집중하는 것보다도 신규 고객의 확보를 우선하지 않을 수 없기 때문이다.

E. W. Anderson, et, al.(1994)과 M. D. Johnson, et, al.(1995)은 고객만족은 시장 레벨에서 누적으로 안정적 성향을 갖는다는 점에 주목해 고객만족의 경제성을 강조하고 있다.[102] 과거의 고객만족은 현

재의 만족에 강한 이월 작용을 가져온다고 하고 있다. 그 때문에 시장 레벨에서 고객만족도가 일시적으로 저하해도 장기적 관점에서 보면 전체적인 고객만족도 저하는 아니라는 것으로 고객만족의 지속적 특성을 강조하고 있다. 따라서 고객만족을 위한 기업 행동은 장기적인 관점에 근거한 시야를 가지지 않으면 안 된다고 하는 것을 시사한다.

덧붙여 E. W. Anderson, et al.(1994), F. F. Reichheld and W. E. Sasser, Jr.(1990)(1996)는 고객을 만족 레벨로 분류해 가장 만족도가 높은 층 고객 또한 고객 기반의 안정화는 장래의 캐쉬 플로우의 안정화를 의미한다고 서술하고 있다.[103]

그것은 결국 마케팅에서 투하 가능한 자원양을 증가시켜 마케팅 활동의 다양성을 늘리는 것을 의미한다. 이 연구는 만족의 높낮이에 의해 고객층을 세분화할 수 있어 그에 맞춘 시장 대응책을 마련할 수 있다는 것을 가리키고 있다. 그리고 고객층별 대응책은 기업의 효율적인 투자를 가능하게 하기 때문에 기업에 안정적 이익이 보증된다는 것으로 고객만족의 유효성을 강조하고 있다. 이익을 가져오는 고객층에 집중하는 것으로 기업의 시장 및 고객 대응 행동은 보다 적합이 쉬워져 이윤 확보에 유효한 효과를 발생시키는 것을 나타내고 있다. 그러나 각 고객층에 이르는 기업의 마케팅 행동은 일관된 대응과 밸런스 있는 행동을 실시해야 하는 것을 놓쳐서는 안 될 것이다.

E. W. Anderson, et al.(1997)은 고객만족의 커스터마이제이션의 품질 의존도가 상대적으로 높은 경우 커스터마이제이션 품질과 표준화 품질을 양립하는 것은 곤란하고 비용이 드는 경우는 고객만족과 생산성의 트레이드 오프가 발생한다고 서술하고 있다.[104] 특히 재화보다 서비스가 고객만족과 생산성의 트레이드 오프가 발생하기 쉽고

고객만족과 생산성의 관계는 재화의 경우 긍정적인 관계에 있고 서비스재에 있어서는 마이너스인 것을 확인했다.

그 외에 D. A. Aaker(1992), K. L. Keller(1993)(1998)는 브랜드와 고객만족을 이용하고 고객만족은 헬로 효과에 의한 브랜드 에퀴티 구축을 촉진한다고 하고 있다.[105] 제품이나 서비스에 대해 만족을 경험한 고객은 그 대상 제품이나 서비스는 물론 그것을 제공한 기업에 대해서도 좋은 인상을 갖고 충성심을 품게 된다고 한다. 그리고 고객이 기업 및 제품이나 서비스에 대해 갖는 충성심은 기업에 있어서는 무형의 자산이 되는 브랜드 에퀴티 및 기업에 대한 에퀴티가 된다고 한다. 따라서 고객만족은 기업의 모든 마케팅 행동의 콘셉트의 기초가 되는 것을 가리킨다.

한편 일본에서는 藤村和宏(후지무라 카즈히로(1992))의 연구에서 고객만족이 초래하는 유효성에 대해 다음과 같이 강조하고 있다. 우선 기존 고객의 유지율을 높이는 것은 셰어 확대와 유지를 위해 획득해야 하는 신규 고객을 저감시킨다. 다음으로 신규 고객 획득에 필요한 코스트는 기존 고객의 유지에 필요한 코스트보다 비싸기 때문에 기존 고객의 유지율 향상과 신규 고객 획득의 저감은 마케팅 코스트의 우위성으로 연결된다. 그리고 지속적인 거래로 거래 코스트를 삭감시킨다. 게다가 고객 한 명당 판매 제품 수를 증가시킨다고 하고 있다.[106] 이 연구는 고객만족에 의한 유효성을 경제적 우위성으로 정리한 것으로 로열티 또 에퀴티(equity)와 같은 비경제적 유효성까지는 다루지 않고 있다.

久保田進彦(구보타 유키히코(1999))는 고객만족이 기업 경영의 이념 및 전략적 콘셉트로 각광을 받게 된 배경이나 계기에 관해 고객만족이 가져오는 경제성에 많은 기업이 강한 임펙트를 받았기 때문이라고 서술하고 있다.[107]

이와 같이 검토된 고객만족이 자아내는 유효성과 그 이면을 정리
하면 다음과 같이 정리할 수 있다.

표 2-1 고객만족의 경제성과 그 배경

초 점	고객만족의 경제성에 관한 연구 내용 (1980년대~1990년대)	고객만족의 배경
효율성추구에 의한 기업 활동 보장 및 고객만족에 의한 기업 성과 강조에 관해	· 고객만족 향상이 재구매 의향이나 수익성 향상을 이끈다. · 신규 고객을 획득하는 것보다 기존 고객을 유지하는 데 필요한 비용 노력이 적다. · 고객만족은 시장 레벨에서 누적된 것으로 안정적인 성향을 갖는다. · 고객 기반의 안정화는 장래의 캐쉬 플로어 안정화를 의미한다. · 유통 업자나 공급 업자와의 관계성 구축과 유지에 도움이 된다. · 핼로 효과에 의한 브랜드 에퀴티 구축을 촉진한다. · 장래적으로 거래 코스트를 저하시킨다.	· 고객만족 향상은 제품 속성이나 디자인 전체를 시작으로 여러 비용 증대를 초래하기 때문에 생산성을 저하시킨다. · 고객만족과 생산성의 트레이드 오프가 발생한다.

이상으로 고객만족이 발생시키는 유효성에 관한 다양한 어프로치
로부터 검토된 것은 기업이 실시하는 모든 마케팅 행동이나 목적 달
성에서 고객만족이 기본이 되는 중요한 컨셉이 되어 있는 것이다.
그 때문에 고객만족의 실천을 위한 고객만족 패러다임 구축에 관한
연구의 시도가 필요하다는 것을 재인식할 수 있다.

고객만족이 발생시키는 경제성에 관한 연구 견해 가운데 로열티에
주목해 다음에서는 고객만족과 로열티 관계에 대해 검토하면서 고객
만족의 유효성을 한층 깊이 있게 고찰하기로 한다.

4. 고객 로열티의 수익성

시장이 성숙화되면서 신규 수요보다 대체 수요에 의존하게 되었기 때문에 기업은 고객의 선택에 좌우되는 시대를 맞이하게 되었다. 그 때문에 기업은 고객에게 만족감을 주어 같은 제품을 계속적으로 구매할 수 있도록 해야 한다. 그것은 고객만족이 발생시키는 효과로 기업의 지속적 성장과 수익성을 보장한다. 왜냐하면 만족을 경험한 고객은 재구매를 통해 고정 고객이 되고 만족한 고객이 주위의 사람들에게 발신하는 추천이나 구전 등은 새로운 신규 고객 창조에 강하게 영향을 미치기 때문이다. 이러한 이유로 고객만족의 영향 또는 유효성을 체계적으로 검토하는 것은 중요할 것이다.

C. Fornell(1992)은 높은 고객만족도가 기업에 주는 다양한 이익을 다음과 같이 정의하고 있다. 일반적으로 높은 고객만족은 기존 고객에게는 충성심을 높이고 가격에 대해 둔화시켜 경쟁으로부터 기존 고객을 보호하고 장래의 거래 비용을 저하시킨다. 그뿐만이 아니라 실패 비용을 절감시키고 신규 고객의 유치 비용을 감소시켜 기업의 평판을 높인다.[108] 그리고 고객만족이 발생시키는 효과는 일정한 것이 아니라고 논하면서 고객만족의 변화율과 로열티 변화율을 비교한 로열티의 고객만족 탄력성이라고 하는 개념을 들어 서술하고 있다.

이러한 고객만족에 의한 로열티 효과가 발생시키는 결과를 보면 기업에 대한 기존 고객의 충성심이 높아지면 기업에는 장래 수익이 지속적으로 보장되어 결국에는 수익성이 높아진다는 것이다(F. F. Reichheld and W. E. Sasser, Jr.(1990)[109]). 즉 만족한 고객은 계속적으로 구매를 하고 그 기업이나 제품에 대해 누적된 충성심을 갖게 되고 그것은 더욱 높아진다고 한다. 그리고 만족한 고객이 주위의 소비자나 사람들에게 주는 긍정적 영향은 새로운 신규 고객 유치로 연결된다는 것이다. 고객만족은 고객의 생애에 이르는 개념으로 기업의 장래 수익성을 보증해 준다는 것을 시사한다.

또 만족을 경험한 고객이 그 제품이나 기업에 대해 로열티를 갖는 것은 재구매뿐만 아니라 그 기업이 제공하는 다른 제품 및 서비스 구입까지도 촉진시키게 된다고 시사한다(F. F. Richard and W. E. Sasser, Jr.(1990)[110]).

다음으로 고객만족에 의해 기업이 높은 로열티를 갖게 되면 신규 고객을 유치하는 비용이 낮아진다. 예를 들어 만족한 고객은 좋은 구전을 주위 사람들에게 전하게 되어 오피니언 리더 혹은 마케팅 리더로 행동하게 되고 광고에 대한 신뢰성도 높아지며 기업으로서는 자사 제품에 대한 보다 좋은 인상을 갖게 하는 결과가 되어 많은 신규 고객을 유치할 수 있다는 것이다.

게다가 고객이 갖는 기업에 대한 로열티가 높아지면 기업의 전반적인 평판도 좋아진다. 기업의 평판이 좋아지면 신제품이 시장에 도입될 때 인지도 향상을 위한 활동을 취하기 쉽고 그것을 위한 투자 비용도 절감할 수 있어 고객에게 테스트 구매 및 사용상 리스크가 감소된다. 게다가 기업에 대한 좋은 평판은 후광 효과를 발휘해 단기적으로 발생한 문제에 대해 보호 장벽이 되고 공급 업자와 유통 업자 등과의 관계 유지에도 도움이 된다.

E. W. Anderson, C. Fornell and D. R. Lehmann(1994)는 이상과 같은 고객만족에 대한 이론적 근거를 기초로 고객만족이 기업의 수익성을 높이는 것을 검증했다.[111] Anderson, et al.(1994)은 스웨덴에서 전국적인 고객만족 조사로부터 얻은 자료를 분석해 고객만족이 기업의 투자 수익률에 영향을 주는 것을 발견했다. 또 수익성에 대한 효과는 즉효적인 것은 아니라 장기적으로 이월되는 것도 검토하

고 있다.

C. Fornell, et al.(1996)은 또 가격 소구와 품질 소구에 의해 높일 수 있었던 고객만족이 로열티에 주는 영향을 비교해 고객만족이 가격 소구일수록 로열티가 저하하는 것을 검증하고 있다.[112]

일본 연구자 중 藤村和宏(후지무라 카즈히로(1992))의 연구에 의하면 고객 로열티 향상에 의한 효과에 대해 자사 고객을 스위치시키려는 경쟁 타사의 마케팅 비용을 증가시켜 만족한 고객이 가지는 로열티는 경쟁 타사의 마케팅 비용을 증가시킨다고 주장하고 있다.[113]

앞서 검토된 고객만족에 의한 로열티 형성이 가져오는 효과는 다음과 같이 정리할 수 있다.

표 2-2 고객만족의 로열티 효과

고객만족의 로열티 효과
· 고객 충성도가 높아지면 기업에 있어서 장래 수익성 흐름이 지속적이 된다.
· 충성적인 고객이 주위에 미치는 긍정적 영향은 새로운 신규고객 유치로 이어진다.
· 재구매뿐 아니라 그 기업이 제공하는 다른 제품과 서비스까지도 구입하게 된다.
· 로열티가 높은 기업의 경우 신규 고객을 유치하는 비용이 낮아진다.
· 기업의 전반적인 평판도 좋아진다.

고객만족 향상으로 유도되는 의의는 다양하지만 특히 고객에게 형성되는 로열티는 기업의 수익을 확보시키기 때문에 고객만족은 기업 행동에 중요한 콘셉트가 되고 있다. 그리고 또한 고객만족 증대가 가져오는 모든 유효성은 단기적이 아니라 장기적인 것에서 그 전략적 시사가 크다.

이상의 고객만족이 유도하는 경제성과 유효성 검토에서 기업에 있어서 고객만족 마케팅의 의의와 중요함을 확인할 수 있었다. 그러나 이러한 유효한 기업 행동은 고객인 소비자의 소비 행동에 근거해 성립되는 것이기 때문에 제2절에서는 고객만족에 관한 연구를 마케팅 관점과 소비자 행동론 관점에서 검토하기로 한다.

제2절 고객만족 연구 어프로치

고객만족 연구에 있어서 마케팅론과 소비자 행동론의 어프로치는 각각 다른 연구와 성과를 갖기 때문에 두 가지 어프로치에 의한 고객만족론 연구와 성과 혹은 연구 과제를 검토하는 것으로 고객만족에 관한 연구의 흐름을 명쾌하게 확인할 수 있으리라 생각된다.

1. 마케팅에서 고객만족 연구

앞서 서술한 것처럼 E. J. McCarthy에 의해 마케팅 수단으로 4P가 언급된 이래 마케팅에서 고객은 기업활동의 대상으로 고객을 이해하려고 하는 다양한 연구 어프로치와 실천적 적용으로 중요시되어 왔다. 특히 고객에게 제공해야 하는 만족감 내지 충족감에 대한 주목은 마케팅에서 고객만족의 위상을 확대시키고 나아가 기업 경영 이념으로 인식되게 되었다.

본 절에서는 마케팅에 있어서 고객만족의 어프로치를 흐름에 따라 검토하고 고객만족 연구의 범위 및 연구 의의로부터 향후 연구 방향성과 전망을 살펴본다.

1) 매너지리얼 마케팅과 고객만족

1950년대에 있어서 소비자 만족에 관한 연구는 현대 고객만족에 관한 연구의 기반이 되는 이념으로서의 소비자 내지 고객 지향이 마케팅에 관리적 시각과 함께 강조되어 종래의 생산 중심 지향이나 제품 중심 지향으로부터 기업의 마케팅 이념을 소비자 내지 고객으로 이행시키고 있다.

加藤勇夫(가토 이사오(1979))에 따르면 이 시기에 있어서의 주된 컨셉으로서의 궁극적인 기업 활동의 목적은 이윤 추구이지만 제2차적 목적은 시장에 대한 자사의 유지와 잠재적인 경쟁 타사 방어 그리고 기업 내부 통제와 유지 및 PR의 확보와 유지 그리고 윤리 기준의 확보와 유지 등 단기적인 일이 주시되고 있다.[114]

그리고 그러한 달성을 위해 마케팅 믹스라고 하는 4P가 다루어진 것이다. 이러한 매너지리얼 마케팅[115]이 중시되게 되어 마케팅 활동 중에서 소비자 만족이나 소비자 니즈가 강조되게 된 것이다. 이 시기에 있어서 소비자 지향 내지 고객 지향에 관한 연구자 인식에는 다음과 같은 견해가 있다.

J. B. Mckitterick(1957), A. P. Felton(1959)은 사업의 영속성이란 고객 지향[116]에 의해 구성되는 것이라 하며[117] 소비자를 만족시키기 위한 마케팅의 기능적 역할을 서술하고 있다. 이 시대의 소비자 만족은 이념적 성격이 강하고 실천적 대응에는 이르지 못한 이념으로 취급되었다고 생각된다. H. L. Hansen(1956)에 따르면 마케팅이란 소비자의 욕구를 발견해 제품 및 서비스의 명세서에 그것을 도입하는 과정이며 보다 많은 소비자에게 더욱 많은 제품 및 서비스를 향수할

수 있도록 원조하는 것이라고 정의하고 있다.[118) 이 정의는 소비자 중심 지향을 근거로 하고 있는 것을 알 수 있다. W. Lazer and E. J. Kelly(1960)에 의하면 매너지리얼 마케팅은 단지 마케팅 그 자체가 아니고 다른 기업 활동과의 상호 관계를 인식하는 것이며 기업 관리 전체의 기본 철학으로 파악하고 있다. 그리고 소비자는 마케팅 또는 궁극적으로는 전체 기업 활동이 전개되는 초점이라고 한다.[119) 그리고 J. E. McCarthy(1962)는 마케팅 정의에 대해 마케팅은 고객을 만족시키고 또 기업의 목적을 달성시키기 위해 생산자로부터 소비자 또는 사용자에게 재화 및 서비스 흐름의 방향을 정하는 기업 활동의 수행이라고 한다.[120)

그러나 이 시기에 있어서의 소비자 만족은 한 가지 독립한 연구 영역으로 형성되어 있던 것이 아니라 어디까지나 이윤 목표 달성을 위한 중요한 수단으로서 소비자 지향 및 고객 지향이 표방된 것뿐이었다고 할 수 있다. 즉 당시의 고객만족에 관한 인식은 이념에 지나지 않았다고 할 수 있을 것이다.

2) 사회적 마케팅과 고객만족

매니지리얼 마케팅이 주목받은 후 등장한 마케팅 컨셉은 사회적 마케팅이다. 사회적 마케팅은 마케팅의 관리적 시각에 대한 재검토로 환경 문제와 자원 고갈 그리고 폭발적 인구 증가에 따른 세계적 기아와 빈곤 등 사회사업의 외면 문제를 떠안는 시대에 과연 적격인 이념 인지에 근거하고 있다. 사회적 마케팅 컨셉이란 기업의 역할은 표적 시장의 수요와 욕구 그리고 관심을 올바르게 판단해 고객과 사회의 행복을 유지하고 향상시키는 방식으로 요구 사항에 맞는 만족을 효과적이면서 동시에 효율적으로 제공하는 것이라는 사고에 근거한다(P. Kotler(2002)[121])).

그리고 사회적 마케팅의 영향에 의한 소비자 만족의 추구는 소비자 만족 그 자체를 하나의 목표나 종착지로 간주하는 움직임의 시작이고 소비자 만족을 직접적인 추구 목표로 부상시키는 것에 기여했다. 그러나 이 시기의 대부분의 연구는 소비자 만족의 구조 해명보다 만족도 측정 척도와 그 효과에 관한 관심이 높았고 그것이 주된 연구 테마였다. 그래서 이 시기에 있어서 소비자 만족 연구는 소비자 만족 구조의 해석의 계기가 되었다고 할 수 있다.

소비자 만족 연구의 이론 정비와 그 구조화에 관한 연구가 번성한 80년대 이후에는 소비자 행동 분야의 영향에 의한 이론 정비와 개념 확립에 관한 연구가 다수 진행되었다고 할 수 있다. 소비자 행동론의 어프로치는 1976년 H. Hunt에 의한 마케팅 사이언스 협회(MSI)의 워크숍과 다음 해 77년의 R. L. Day에 의한 인디애나 대학의 컨퍼런스가 견인차가 되었다. 특히 소비자 만족 구조의 이론화와 개념화, 측정화에 관한 논의가 주제가 되어 향후 연구에 지대한 영향을 주어 현재에 이르기까지 고객만족론의 연구 기반이 되고 있다.

마케팅에 사회적 지향이 받아들여졌던 시기의 고객만족에 관한 연구의 초점은 만족 형성 프로세스의 구조적 해석이었다고 할 수 있다.

3) 전략적 수단과 고객만족

80년대 고객만족 연구의 초점이 신규 고객 획득이었다고 하면 90년대 이후는 고객 유지율 향상이 보다 대폭적인 이익 향상을 가져온다고 하는 고객만족의 유효성 중심의 활동적 측면의 연구가 주류였다고 할 수 있다.

고객만족에 관한 연구는 90년대에 들어와 한층 더 발전되었고 고객의 만족도가 고객 유지율과 강하게 관계하고 있다는 것이 밝혀지면서 고객만족의 전사적 활동에 관한 관심이 급속히 높아지게 되었다(C. Fornell(1992), Engel, et al.(1995), P. Kotler(1997)[122]). T. O. Jones and W. E. Sasser, Jr(1995), J. L. Heskett, et al.(1997)의 연구에 따르면 고객만족도와 로열티에 근거한 기존 고객의 분류와 그 유형별 대응책은 고객만족을 보다 강하게 주목한 연구로 큰 영향을 주었다.[123]

90년대의 고객만족 연구가 마케팅 컨셉으로 기업 이익 창출에 공헌한다고 하는 논점이 중심이었던 것은 50년대의 마케팅 이념으로서 고객만족과 유사한 어프로치이다. 그러나 90년대에는 고객만족의 유효성을 확인하고자 하는 실증 연구가 다수 이루어졌고 50년대와 다르게 시장 적용 가능성이 추궁되었다는 것이다. 이 차이는 90년대 이후 고객만족 연구가 소비자 행동론에 의해 만족 과정 이해와 해명 그리고 실천적 전략으로서 만족도 형성에 의한 고객 유지율 향상 및 수익성 등과 구매 경험에 의한 결과적 행동 패턴과 그 대응 및 개선에 관한 실천적인 점에 주목하고 있는 것으로 알 수 있다. 90년대의 고객만족에 관한 어프로치의 특징은 고객만족을 위한 기업 활동이 기존 고객보다 재구매 빈도가 높은 우량 고객에게 집중하는 것이 기업에 보다 유효하다는 점에 주목하고 있는 것이다. 간단히 말하면 90년대 고객만족에 관한 연구 초점은 고객 유지율에 의한 이익 창출의 효과이다.

고객만족에 관한 연구가 이념으로 다루어지고 있던 시대부터 현재에 이르기까지 개념을 시작으로 요인 간 작용과 구조에 관해서는 연구자마다 조금씩 차이가 난다. 또 측정 기준과 방법이나 이론적 실증에 의한 검증 방법도 일반화되지 않은 것이 현황이라 할 수 있다.

2. 소비자 행동론에서 고객만족 연구

미국에서 1970년대 이래 축적된 소비자 행동론 및 소비자 심리학으로부터 소비자 만족을 해명하려는 연구가 시작되었다고 할 수 있다. 소비자 행동론의 영향으로 소비자 만족이 본격적으로 연구되기 시작했던 시기는 만족도 측정 문제에 중점이 놓여져 사회적 지향에 의한 생활의 질적 측면에 관한 연구, 생활의 쾌적도 측정에 관한 연구, 국민 레벨의 만족도, 만족도의 국제 비교 등 연구가 등장하게 되었다. 그러나 그 연구에서 만족 정도는 알 수 있었지만 만족 형성 프로세스 및 그 구조까지는 연구가 진행되지 않았다.

그러나 시간이 지나면서 만족 형성 과정, 만족 후 결과적 행동이나 태도까지 연구 테마가 상세히 확대되었다. 그 가운데 고객만족에 관한 연구에 대해 빠뜨릴 수 없는 서비스 부문도 연구 테마로 더해지게 되어 연구 영역은 확대된 것이다.

1965년 R. N. Cardozo에 의한 연구와 그 후 Hunt(1976)를 중심으로 한 마케팅 사이언스 협회(MSI)의 워크숍, 1977년 R. L. Day가 인디애나 대학에서 주최한 컨퍼런스가 소비자 만족 구조의 이론화와 개념화 그리고 측정화에 관한 연구 기반이 되고 있다(久保田進彦(구보타 유키히코)[124])).

소비자 행동론에 영향을 받은 고객만족에 관한 연구는 소비자가 만족을 형성하는 과정에 주목하고 있다(C. Fornell and B. Wenerfelt(1987)[125])). 많은 연구에서 볼 수 있는 것은 고객만족을 소비자가 구매 후 갖는 심리 상태로 간주하고 선행 요인으로 구매 전 기대와 지각 품질 그리고 지각 퍼포먼스를 채택하고 결과 요인으로는 재구매 의향, 추천 의향, 불평 행동 등으로 연결해 그러한 일련의 과정을 중심으로 각 요인 간 관련 및 작용을 검토하고 있다.

그 후 시장은 경쟁심화로 기업을 곤경에 빠뜨리게 했고 기존의 마케팅보다 구체적으로 포맷된 새로운 마케팅 전개를 필요로 하게 되었다. 이러한 시장 변화 가운데 고객만족은 이념만이 아닌 기업 활동의 달성 목표이며 전략적 목표가 되어 그 실천을 위한 다양한 유효성을 요구하게 된 것이다. 90년대에 들어 많은 주목을 받게 된 고객만족의 유효성에 관한 연구로 고객만족에 관한 지지는 또다시 상승하게 된 것이다. 90년대의 고객만족에 관한 연구는 기업에 가져다주는 이익에 관한 검증이라는 것이 이전과 확연히 다른 관점이라 할 수 있다. 이전의 연구 관점이 고객만족 자체에 집중한 연구라고 한다면 90년대 고객만족 연구 초점은 고객만족 실천에 의한 기업 이익을 검토하고 있는 것을 알 수 있다.

90년대 고객만족 연구의 특징은 기업 활동의 전략적 지침으로서 고객만족에 초점을 맞추고 있다. 90년대 기업을 둘러싼 환경은 세계 적 경제 불황이라고 할 정도로 소비 저하와 격심한 시장 경쟁에 국면하고 있었다. 그 때문에 많은 기업이 그때까지 확장해 온 사업이나 사업 영역을 재고하고 구조 조정이나 리엔지니어링이라고 하는 사업 진단을 실행하게 된 것이다. 즉 90년대 이후의 모든 기업 활동의 개념에는 비용 대비 효과를 고려하는 사고가 강했다고 할 수 있다. 그것은 신규 고객 개척이라 할지라도 이익이 보증되지 않는 막연한 투자를 실시하는 것보다 기존 고객 유지에 비용을 투자하는 것이 효율적이라는 견해를 갖게 된 것을 가리킨다. 90년대 고객만족론은 그 의미에서 고객 입장에 선 개념이 아닌 격렬한 시장 경쟁 속에서 기업의 존속을 위해 고객만족을 목표로 할 수밖에 없었던 것으로 최적 자원 배분의 모색, 고객 식별, 품질 개선, 불평 대응이라고 하는 구체적인 대응책으로 다루어져 왔다고 할 수 있다. 많은 연구

자가 고객만족의 장기적인 누적 효과와 장기적인 고객 유지율 향상
이 뛰어난 수익성을 가져온다고 하는 견해에 동감하고 있었던 것이
다.[126) 즉 90년대 이후의 고객만족에 관한 연구는 기업의 지속적인
경쟁 우위성 확립에 근거해 다루어져 왔다는 것이 연구의 특징일 것
이다.

소비자 행동론에 근거한 고객만족 연구의 주요 모델 중 하나인
기대-불일치 패러다임은 고객만족을 기대와 지각 퍼포먼스로 구성
된다고 보며 만족을 기대와 지각 퍼포먼스라는 비교에 근거한 구매
또는 소비 후 평가로 유쾌와 불쾌를 수반하는 충족 반응이라고 정의
하고 있다(Yi, Youjae(1990), E. W. Anderson and M. W. Sullivan(1993),
E. W. Anderson(1994), R. L. Olive(1997)[127)).

지각 퍼포먼스란 고객의 주관적 척도를 바탕으로 고객 지각에 의
해 좌우된다는 것이다. 또한 기대는 제품이나 속성 퍼포먼스 레벨에
관한 예측이고 긍정적인 것도 부정적인 것도 있으며 예측에 근거한
것도 있다고 설명한다. 그리고 불일치는 기대된 것과 관찰된 것의
비교 결과 혹은 기대와 퍼포먼스 차이의 심리적 상태의 견해이다(P.
Kotler(1997)[128)).

특히 퍼포먼스 측정이 곤란한 경우와 측정 불가능할 때 그리고
측정이 여의치 않을 경우 및 만족에 대해 기대가 지배적으로 작용되
는 한편 관여가 높을 경우, 퍼포먼스가 기대를 명료하게 뒤집을 경
우, 기대를 생각해 낼 수 없을 경우는 만족에 대해 불일치가 지배적
이 된다고 한다. 그리고 소비자가 동기나 능력 결핍으로 퍼포먼스
평가를 바라지 않을 때 기대는 만족에 대해 직접 작용하기도 한다고
한다. 또한 기대와 퍼포먼스 레벨이 가까운 경우에는 불일치가 제로
가 되어 만족은 사전 기대에만 의존한 것이 된다고 한다(R. L.
Oliver(1997)[129)).

이러한 기대-불일치 패러다임은 고객만족 연구에 기반이 되었다고 할 수 있다(E. W. Anderson(1994), R. L. Oliver(1997), 久保田進彦(구보타 유키히코(1998)[130])). R. L. Oliver의 기대-불일치 패러다임은 제6장에서 보다 구체적으로 검토하기로 한다.

그림 2-1 기대-불일치 패러다임

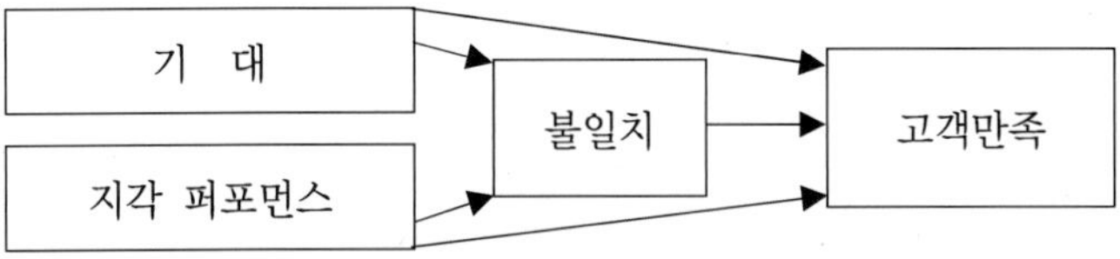

출처: R. L. Oliver, *Satisfaction, Boston*: Irwin McGraw-Hill, 1997, pp.98-131로부터 재작성.

다음으로 소비자 행동론에 근거한 고객만족 연구 모델 중 하나는 구매 후 상호 작용 패러다임(post-purchase interactions paradigm)이다. 구매 후 상호 작용 패러다임이란 소비 경험 후 나타나는 심리적 변화를 말하며 구매 후 상호 작용에 초점을 맞춘 것이다. 그리고 구매 후 상호 작용에 관한 어프로치에서는 구매 후에 나타나는 행동이나 태도로 재구매 의향, 추천, 불평 행동을 주로 채택하고 있다. 이 어프로치는 소비자의 정보 처리 과정에 의한 포괄적 흐름에 주목한 것이다.

특히 구매 후 상호 작용에 관한 어프로치에서는 고객만족과 재구매와의 관계에 대해 불만족을 경험한 소비자는 만족을 경험한 소비자보다 재구매 가능성이 적다고 지적하고 있다. 그에 관해 M. L. Rinchins(1983)는 기존 제품과 불만족을 경험한 소비자를 대상으로 한 연구에서 부정적인 구전에 관해 고찰하고 있다.[131]

이상의 소비자 행동론에 근거한 고객만족 연구에는 크게 나누어 2

가지 테마가 중심이 되는 것을 알 수 있다. 특히 90년대를 경계로 시장 환경 변화에 의해 시장이나 고객에 대한 마케팅 전개가 바뀌어 온 것으로부터 고객만족 연구의 초점도 바뀌어 왔다는 것을 알 수 있다. 다시 말해 90년대를 경계로 고객만족에 관한 연구는 만족 형성 과정의 선행 요인과 프로세스의 해명을 중심으로 하는 연구에서 고객만족의 실천적 유효성에 관해 연구로 바뀌었다.

그러나 시장 환경의 변화에 따라 연구가 변화해도 고객만족 연구는 연구자마다 다른 개념과 어프로치를 취하고 있으며 공통된 개념 및 이론 구조가 확립되지 않은 점이 있다는 것은 향후 고객만족에 관한 연구 과제를 시사하고 있다고 생각된다. 블랙박스라고 일컬어지는 소비자의 마음속을 밝히고 모델화하는 것에 한계는 있겠지만 지금까지 검토되어 온 만족 형성 과정의 모든 요인과 그러한 관계를 일반화하는 패러다임을 구축하는 것으로 고객만족 연구의 이론 구조를 명시화할 수 있을 것이다. 그러한 의도를 가지고 다음에서는 마케팅론에 근거한 고객만족 연구의 흐름을 검토하기로 한다.

3. 고객만족 연구의 시대별 분류

고객만족 연구를 久保田進彦(구보타 유키히코(1999))는 다음의 3개의 흐름으로 분류하고 있다.[132] 1950년대에 출현한 이념으로서의 고객만족 연구와 소비자 행동론에 의한 연구 그리고 기업 활동 책정에 있어서 고객만족에 관한 연구이다. 이념으로서의 고객만족 연구의 기반은 J. B. Mckitterick(1957), A. P. Felton(1959)의 지적처럼 기업에 있어서 사업의 영속성은 고객 지향에 의한 고객을 만족시키는 것으로 발생한다는 것이다.

이렇게 고객만족을 이념적으로 파악하는 방법은 마케팅에 사상적 기반이 되고 있으며 현대 기업의 모든 활동에 핵심 개념이 되고 있다. 그러나 고객만족의 중요성이 강조되었더라도 당시의 고객만족은 이념 내지 신조적 성격이 강하고 기업 행동에 직접적인 영향은 적었다고 할 수 있다.

久保田進彦(구보타 유키히코(1999))에 따르면 고객만족의 제2의 연구는 소비자 행동 분야에 근거한 연구 흐름이다. 1976년 Hunt를 중심으로 한 MSI(Marketing Science Institute)의 워크숍과 R. L. Day (1977)가 인디애나 대학에서 개최한 컨퍼런스는 오늘날에 이르기까지 소비자 만족의 구조, 개념화, 측정화에 크게 공헌해 온 연구 기반이 되었다.[133]

소비자 행동에 근거한 고객만족에 관한 연구의 주된 테마는 소비자에게 만족이 형성되는 과정을 이해하는 것이다. 특히 소비자 행동론에 근거한 고객만족 연구에서는 만족이 형성되는 과정에 주목한 어프로치와 만족이나 불만족 결과에 의해 일어날 수 있는 구매 후 평가나 영향에 관한 어프로치로 연구되어 왔다고 할 수 있다.

만족 형성 과정에 주목한 연구에 이용된 주된 연구는 기대 일치 모델이며 이 모델은 고객만족 연구에도 이론적 기반이 되고 있다. 만족 형성 과정에 주목한 어프로치에는 만족이나 불만족 경험이 미치는 태도 변용과 행동을 중심으로 연구되고 있었다. 원래 고객만족이란 소비자의 구매 경험으로부터 심리적으로 발생하는 것이기 때문에 다른 이론의 어프로치보다 소비자 행동론의 적용과 검토가 쉬웠기 때문일 것이다. 그러나 이 시기에 고객만족에 관한 연구는 그 형성 과정과 선행 요인 및 결과적 행동과 태도에 대해 검토할 수 있었지만 그것을 어떻게 조작해 만족을 증가시키고 불만족을 저하시킬 것인가에 관한 시장 적용까지는 연구 성과를 내지 못했다고 할 수 있다.

다음으로 세 번째 흐름은 90년대 후반 고객만족의 유효성에 주목한 연구이다. 그러한 연구 중 T. O. Reichheld and W. E. Sasser, Jr(1990)는 고객 유지율을 조금 높이는 것만으로 수익성이 크게 향상된다고 주장해 많은 관심을 모았다.[134]

J. L. Heskett, et al.(1994)은 제록스사의 고객 조사를 토대로 고객만족과 재구매 의향에 긍정적인 상관관계가 존재하고 있다는 것에서 고객 유지율이 고객만족을 좌우한다고 강조했다.[135] 또한 T. O. Jones and W. E. Sasser, Jr(1995)는 고객만족과 재구매 의향의 관계가 경쟁 관계로부터 영향을 받는 것을 보고하고 고객을 특성에 따라 전도사, 용병, 인질, 테러리스트로 분류했다.[136]

그림 2-2 고객만족의 연구 영역

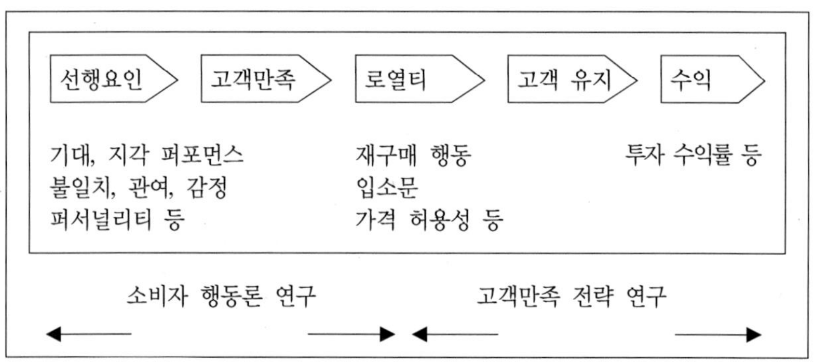

출처: 久保田進彦(구보타 유키히코) 「顧客滿足戰略研究の槪觀」 (『商學研究科紀要』第48号, 1999年), p.65.

90년대 이후 고객만족에 관한 연구는 고객만족을 기업의 지속적 경쟁 우위를 창출하는 전략 컨셉으로 파악하고 있고 그 타당성을 고객 선택, 경쟁 우위, 고객 투자의 결정적 포인트에 맞추고 있다.

久保田進彦(구보타 유키히코 (1999))의 고객만족에 관한 시대별 연구 분류는 고객만족을 검토하기 위한 이론적 기반을 검토한 것으로 각 시대마다 시장 환경에 영향을 받아 고객만족의 이론적 전개가 바뀌어 왔다고 할 수 있을 것이다.

3가지 연구 기반을 바탕으로 연구되어 왔음에도 불구하고 고객만족의 개념 및 그에 근거한 패러다임 구축에 관해서는 아직도 연구자마다 각기 다른 관점을 보이기 때문에 고객만족의 실천 가능 패러다임 구축이 연구 과제라고 생각된다.

제2절에서 검토한 고객만족 연구의 어프로치를 각 연구 특징에 따라 정리하면 다음과 같다.

표 2-3 고객만족의 연구 기반

마케팅에 있어서 연구	소비자 행동론에 의한 연구
· 매너지리얼 마케팅에 있어서 고객만족: 이념으로서 견해 · 사회적 마케팅과 고객만족: 소비자 만족을 중요한 연구 영역으로 인식 · 전략적 수단으로 고객만족: 실천적 추구에 의한 유효성에 초점	· 소비자가 만족을 판단하는 일련의 메커니즘의 해명에 주목하고 있다. · 만족의 결정 요인에 관한 연구로부터 만족 판단 과정으로 연구가 심화해 간다.

덧붙여 고객만족 연구를 시대별로 분류하고 각 시대의 연구 특징을 정리하면 다음과 같다.

표 2-4 고객만족 연구의 시대별 분류와 그 특징

시대별 분류		연구 특징
제1기	~ 1960년대	이념 인식의 시대
제2기	~ 1980년대	연구 기반 확립의 시대
제3기	~ 1990년대	실천적 성과 추구의 시대
제4기	2000년 ~	측정적 어프로치로 연구 틀 확립

우선 제1기 1960년대까지는 이념 인식의 시대라고 할 수 있다. 이 시기에는 초기 연구에서 알 수 있는 것처럼 고객 지향이나 고객 중심 및 고객 중시 등 고객만족의 기초가 된다 할 수 있는 인식 기반이 확산되고 있었지만 아직 연구 기반은 확립되지 않았다. 제2기 1980년대까지는 소비자 행동론의 영향으로 연구 기반이 확립된 시기이다. 제2기에는 만족의 결정 요인 및 판단 과정을 파악하려는 의도 때문에 인지 심리학 및 소비자 행동론의 이론 도입으로 연구 기반을 갖추었던 가장 활발한 연구가 이루어진 시기이다. 다음 제3기는 90년대까지로 이 시대에는 전략론적 파악 방법에 의한 기업 성과에 초점을 맞춘 실천적 추구의 시대라고 할 수 있다. 제3기는 기업의 실적 부진을 극복하기 위한 실마리로 고객 유지에 주목하는 것을 기초로 고객만족이 새롭게 주목을 받게 되고 고객만족에 관한 연구는 실천적 성과 추구로 이행했다고 간주할 수 있다. 즉 고객만족의 실현이 고객 유지와 확보에 공헌하는 것으로 그에 따라 기업 활동은 효율성을 높일 수 있으므로 결과적으로 기업 성과가 보장된다고 하는 기업 성과를 강조하는 연구로의 이행을 가리킨다. 그리고 마지막 제4기는 2000년 이후로 측정적 어프로치로 연구 틀 확립으로 이름 붙여진다. 지금까지 연구된 연구의 한계점을 극복하려고 하는 측정론적 연구 기반의 심화 및 확립을 의미한다. 이상의 고객만족 연구의 시대적 특징을 그림으로 나타낸 것이 그림 2-3이다.

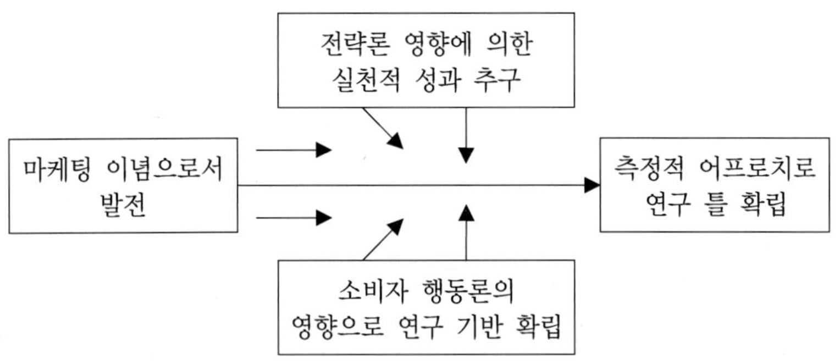

고객만족 연구 흐름의 개략적인 검토로부터 제3장에서는 각 시대별 연구 성과를 구체적으로 검토하고 현대 고객만족 연구의 과제를 고찰하기로 한다.

결 론

제2장에서는 고객만족에 관한 연구의 배경과 다양한 연구를 검토했다.

우선 제1절에서 검토한 고객만족 연구의 배경은 미국 연구에 그 배경을 갖고 있다고 해도 과언은 아닐 것이다. 연구 배경으로부터 부각된 것은 산업, 즉 시장 성숙과 경쟁이 초래한 기업 실적의 부진을 막기 위한 궁여지책으로 고객을 재구매 또는 재이용시키는 것이 기업 활동 존속에 유효하다는 생각에 근거한 것이라 할 수 있다. 경쟁 심화와 불황에 의한 리피터 고객 유지와 그 증대 문제를 위해 고객에게 충족감이나 만족스러움 및 감동을 제공해 재구매 또는 재이용을 촉진한다는 생각이 있었다고 할 수 있다. 즉 고객만족이라고 하는 개념이 등장한 배경에는 재구매 고객 확보에 의한 기업 실적 보증에 주목한 것을 살펴야 한다. 이렇게 고객만족을 파악하는 다양한 어프로치와 함께 고객만족 연구가 발전되어 온 것을 이해할 수 있었다.

계속해서 고객만족 연구를 마케팅에 근거한 연구, 소비자 행동론에 근거한 연구, 고객만족에 관한 3개의 연구의 흐름으로 분류하고 각 분류된 연구들의 특징이나 연구 방향성 등을 검토했다. 그 결과 고객만족에 관한 연구는 시대별로 4기로 나눌 수 있으며 시대마다의 연구 특징을 정리할 수 있었다. 우선 제1기인 1960년대까지는 마케팅 이념으로 인식된 시대로, 제2기는 1980년대까지로 소비자 행동론의 영향에 의한 연구 기반 확립의 시대로 분류했다. 그리고 제3기는 1990년대에 주로 행해진 고객만족의 유효성에 관한 기업 성과를 강조하는 실천적 성과 추구 시대라고 명하고 제4기는 2000년 이후 만족 측정에 의한 연구 발전 가능으로 분류했다.

이러한 검토를 통해 고객만족 연구가 중요시되게 된 배경은 산업 및 시장 성숙에 의한 경쟁 심화 그리고 실적 부진 등으로 고객만족 실현이 재구매를 유도하고 고객 유지 및 증가로 이어져 기업 실적의 보증이라는 인식이 확산된 것이었다.

이상의 고객만족 개념과 그 배경 고찰로부터 재차 확인할 수 있었던 고객만족 연구의 중요성을 가지고 다음 제3장에서는 고객만족 연구를 마케팅과 소비자 행동론에 근거해 구체적으로 고찰하기로 한다.

고객만족 연구의 변천사

고객만족 연구는 제2장에서 검토한 대로 지금까지 여러 각도에서 연구되어 온 것을 알 수 있었다. 그 이론적 배경에는 심리학을 기반으로 한 소비자 행동론 어프로치가 중심인 것도 확인할 수 있었다. 제3장에서는 고객만족에 관한 이론적 배경과 연구 계보를 보다 구체적으로 검토하기 위해 마케팅과 소비자 행동론에 근거한 고객만족 연구 어프로치와 연구 흐름 및 특징을 검토하고 향후 고객만족 연구의 방향성과 의의를 고찰하기로 한다. 덧붙여 고객만족에 관한 연구를 분류하고 연구 컨셉 및 특징을 정리한다.

제1절 마케팅 개념과 고객만족 연구

기업 활동에 마케팅이 도입된 때부터 마케팅은 5가지 패러다임으로 변화되어 왔다.

그 5가지는 생산 지향, 제품 지향, 판매 지향, 마케팅 지향, 사회적 지향이다.[137] 제1절에서는 고객만족 연구를 마케팅 패러다임의 변화에 따라 시대별로 구분하고 마케팅 개념과 사회적 마케팅 개념으로 나누어 그 흐름과 특징 및 앞으로 전개 방향성을 고찰하는 것으로 고객만족 연구의 중요성과 그 의의를 확인하도록 한다.

1. 마케팅 개념과 고객만족 연구

마케팅 개념은 종래의 생산 개념, 제품 개념, 판매 개념의 마케팅 이념이 판매자 중심에서 구매자 중심으로 또한 시장 지향에서 소비자 내지 고객 지향으로 이행하면서 새롭게 추구된 이념이다. 기업의 모든 마케팅 활동은 이윤 추구가 목적이기 때문에 소비자 지향이 아니라 이윤 추구를 중심으로 하는 목표 지향 경향이 강했다고 하는 종래의 사고방식은 변화될 수밖에 없었다. 즉 경쟁으로 인한 목표 달성률 저하 및 소비자 의식 향상과 기업 윤리 실천 및 책임에 대한 기대와 질타 등 일련의 사회적 변화는 시장에 대한 기업의 기존 가치관을 변화시키는 계기가 되었다. 그것은 기업 활동 초점이 기업 중심 지향으로는 더 이상 시장에 살아남을 수 없는 위기감을 주어 시장에 대한 생각을 소비자 지향으로 이행시킨 것을 의미한다.

그러한 소비자 지향 내지 고객 지향에 관해서 F. J. Borch(1962)는 마케팅 수행에는 이윤 외에 소비자 니즈를 중심으로 하는 2중 개념이 동시에 필요하게 되었다고 서술하고 있다.[138] 마케팅 개념이 마케팅 이념으로 확산되던 당시 고객만족의 실증 연구 중 고전이 되는 R. N. Cardozo(1965)의 연구에서 볼펜 구매를 상정한 실험을 실시해 구매자가 구매 이전 기대가 낮은 경우가 높은 경우보다 구매 후 만족도가 높다고 하는 밸런스 가설을 이끌어 내었다.[139] 이 연구는 그 후 많은 연구에 영향을 주었고 만족·불만족에 관한 연구로 선구적인 출발점이 되었다.

그 후 J. F. Engel, D. T. Kollat and R. D. Blackwell(1968)은 소비자 행동의 통합 모델화를 시도하면서 소비자 만족 개념을 도입했다.[140] 그들의 연구가 시사하는 것은 기업의 목표 달성이 소비자 요구를 중심으로 한 마케팅 활동이 아니면 소비자에게 만족을 주지 못하고 기업의 뜻대로 할 수 없다고 하는 것이다. 종래의 마케팅 관점이 기업 중심이었던 것에 비해 이 연구에서 기업은 발전과 존속을 위해 소비자를 중심으로 생각하지 않으면 안 된다고 인식하고 있다. 그러나 논거에 고객만족의 이론적 주장은 있지만 그것을 증명하는 실증적 검증이 없는 채로 단지 고객만족이라고 하는 개념만이 강조되고 있다. 바로 이 점은 이후 연구에서 주요 테마가 되어 고객만족의 유효성 해명에 관한 연구 발전을 견인하게 된다.

E. J. McCarthy(1969)의 연구에 따르면 마케팅을 정의할 때 기업의 목표를 최적으로 성취하면서 소비자를 만족시키기 위해 생산자로부터 소비자에게 재화와 서비스를 유통시키는 모든 활동을 성취하는 것이 만족이라고 설명한다. 그리고 마케팅의 부문 관리 활동인 4P(제품, 가격, 채널, 프로모션) 정책을 하나의 관리 체계로 통일·체계화해 4P로 대표되는 마케팅 믹스를 정의하고 그에 따라 시장 정책을 실시해야 한다고 서술한다.[141]

E. J. McCarthy(1960)에 의한 4P 이론은 그 후 마케팅·매니지먼트와 매너지리얼 마케팅의 핵심 개념이 되었고 현재에 이르기까지 마케팅 이론 및 마케팅 활동의 주요 개념이 되었다.

1960년대까지는 마케팅 매니지먼트 내지 매너지리얼 마케팅이 체계적으로 연구되었고 그 중심 이념으로 고객만족이 사상으로 정착되었던 시대였다고 할 수 있다. 원래 기업의 이윤 추구는 근대 자본주의가 시작되었을 때부터 요구되어 온 기업 행동의 근본적인 이유였기 때문에 기업은 생산 프로세스나 제품, 물류, 판매를 중심으로 하는 매니지먼트 구축을 끊임없이 추구하지 않을 수 없었을 것이다. 그 주된 활동은 대량 생산, 코스트 절약, 제품 차별화, 판매 집중, 시장 세어 유지 및 확대로 현재에 이르기까지 기업 활동의 목표가 되었다.

　　그러나 1960년대까지 고객만족 연구는 직접적인 정책 또는 그 평가에 이르는 이론을 위한 연구에는 이르지 않았고 어디까지나 기업 활동의 이념이나 철학으로서 고객만족의 기초를 마련했다고 할 수 있다. 즉 이 시기의 고객만족은 기업 마케팅 활동에서 사상 및 철학으로 인식되고 있었고 실제적으로 시장 세어나 이익이 실적 평가로 판단되고 있었기 때문에 고객만족에 관한 인식도 얕고 시장 실천 가능성에는 그다지 주의를 기울이지 않았다고 할 수 있다.

2. 사회적 마케팅 개념과 고객만족 연구

　　70년대를 맞이한 많은 기업은 성공과 발전만을 향해 온 기업 행동의 결과로 부정이나 악덕 판매 방법, 공해 문제 등 기업 윤리나 사회적 책임을 추궁당하게 된다. 결과적으로 기업은 소비자 운동이라는 컨슈머리즘에 직면하게 되고 기업 윤리, 사회적 책임, 환경 문제 등 사회적 마케팅 시대를 맞이하게 된다. 즉 기업의 윤리 부족과 경쟁의 결과가 초래한 컨슈머리즘의 태동이나 생활자 운동은 마케팅에 사회성과 윤리성을 요구하게 되고 기업은 고객 불만 제거에 주목한 고객만족을 주목하게 된 것이다(佐藤和代(사토우 카즈요)(2001) 142)).

　　이 시대의 고객만족은 고도 성장기에 기업이 낳은 사회적 악영향에 대한 소비자 불만 고발 운동에 대한 대응으로 파악되는 경향이 강했다. 특히 2차 오일 쇼크로 인한 자원 문제는 기업 본연의 자세로 사회 공헌에 관한 문제에 덧붙여 기업 활동을 재고시키게 되었다고 할 수 있다. 자원 문제는 또한 기업 활동 연구에 영향을 주어 그에 관한 연구가 활발히 진행되게 되었다. 그리고 나타난 마케팅 컨셉은 사회적 마케팅 및 마케팅의 사회적 책임이며 마케팅에 있어서 기업의 사회적 책임 및 사회 공헌을 모색하는 것에 초점을 둔 것이다.

그러한 사회적 움직임으로 연구된 마케팅 컨셉은 기업이 소비자의 욕구, 이익, 장기적 사회 복지까지 책임져야 하는 것을 강조하고 있다. 구체적으로 소비자 이익을 보장하고 사회 복지 및 책임을 높이면서 기업이 바라고 있는 만족을 공급하는 것을 나타낸다. 그 배경에는 경제 발전과 함께 발전해 온 소비자 의식이 기업에 대한 요구의 목소리를 신장시켜 그때까지 기업이 추구해 온 이윤 중심 또는 시장 셰어 중심 관점으로는 시장 경쟁력을 갖지 못하게 되었기 때문에 사회 또는 소비자(고객) 중심으로 관점을 바꾸지 않을 수 없었다는 것이다. 즉 기업의 사회적 책임은 사회 및 소비자 지향에 의해 이루어져 궁극적으로 장기적 이익을 가져오는 것으로 소비자 지향에 의한 사회적 만족 추구라고 하는 광의의 의미로 고객만족이 파악되고 있었다고 할 수 있다.

기업의 사회적 마케팅에 대해서 E. J. Kelly(1972)는 종래의 고객이나 소비자라고 하는 경제적 차원에만 주목한 고객 지향에 대해 다른 모든 차원을 고려한 고객 지향에서 소비자·시민으로 고객을 파악해야 한다는 것을 제안하고 있다.[143) 또한 W. Lazer and E. J. Kelley(1973)는 사회 생활자로서 고객을 파악하는 시점이 필요하다고 하고 있다.[144) 그리고 W. J. Stanton(1975)은 마케팅과 사회적 관련에 대해 고객 지향은 고객의 복지를 생각하는 시간 차원의 확장을 해야 하며 고객 지향은 판매자와 구매자 외 판매자와 구매자에게 영향을 받는 그룹을 고려해야 한다고 지적한다.[145)

이 시기의 고객만족에 관한 연구는 이념으로서 고객만족을 다루고 있던 선행 연구와 비교해 만족 실현에 의한 유효성을 증명하기 위한 만족도 측정에 관한 연구에 중점이 놓여져 있다. A. B. Pfaff (1972) 의 연구를 대표적으로 들면 A. B. Pfaff(1972)는 소비자 만족 지표를 ICS(Index of Consumer Satisfaction)로 나타내면서 ICS는 이익 측정 으로 코스트 측정을 보충한다고 정의하고 있다. [146]

당시 행해진 만족도 측정에 관한 연구는 그 검토된 척도를 어떻게 고객에게 응용·실행시키는가 하는 적용에 대해서는 그다지 연구가 진행되지 않았고 소비자의 평가만으로 끝나 버리는 경향이 많은 점 이 있다. 그러나 만족도 측정을 모색한 것은 그 후 연구에 미친 공헌 이 크다고 할 수 있다. 만족도 측정에 관한 다양한 문제점을 안고 1976년 마케팅 사이언스 협회(MSI)는 소비자 만족 연구의 이념과 개 념상 정비를 중심으로 하는 워크숍을 개최해 소비자 만족에 관한 연 구자 논의의 장을 마련하고 소비자 만족의 구조화를 시도했다. 이 워 크숍에 모인 연구자는 각각의 소비자 만족 정의나 가설 및 구체적 만족 수준의 측정 등에 관한 토론을 실시했다(H. K. Hunt (1977)[147]). 이 워크숍의 개최 의의는 그 이전까지 중요한 연구 테마가 아닌 만 족 측정에 관한 문제를 중심으로 새로운 연구 방향성을 찾아낸 것이 다. 특히 1977년 R. L. Day를 중심으로 개최된 심포지엄에서는 선행 연구에서 소비자 만족 구조의 이론화, 개념 확립, 만족도 측정 방법을 정리해 새로운 연구 방향을 시사하고 있다(J. A. Czepiel, L. J. Rosenberg(1977), H. K. Hunt(1977), R. L. Day(1977)).[148] 이러한 연 구를 계기로 만족 구조의 해명에 관한 연구가 다양하게 전개되게 되 었다. 이런 관점에서 70년대는 고객만족을 하나의 중요한 명시적 추 구 목표 및 성과 지표로 다루고 있었고 만족을 구매자가 아니라 생 활자 시점에서 파악한 점을 주목할 수 있다(W. Lazer and E. J. Kelley(1973)[149]). D. B. Montgomery(1975)는 유통 업자나 공급 업자 와의 관계성 구축과 유지에 도움이 된다고 서술한다.[150]

사회적 마케팅 중심 지향의 시대, 즉 1970년대 후반부터 1980년대 전반에 있어서 기업은 성숙한 경제 및 성숙 시장에서 성장을 목표로 달려왔다. 그러나 시장 성장이 끝난 후 일정 시장을 둘러싸고 기업이 타사와 생존을 건 경쟁을 하게 된 것은 주지대로이다. 그러한 배경에서 보았을 때 이 시대의 고객만족 연구는 셰어 중심, 경쟁 중심이라고 하는 종래의 기업 활동에 대한 반성으로 사회 공헌 등으로 초점을 바꾸지 않을 수 없었던 사회적 변화로 인한 경향이 강했다고 할 수 있을 것이다. 마케팅의 사회적 관점이 강조되었던 시대에 고객만족에 관한 연구는 기업 행동의 전체적인 목표임에도 불구하고 고객만족에 관한 조사와 거기에 기초를 둔 현장 레벨의 부분적 개선 활동에 머무르고 있었다. 그것은 고객만족의 구조적 해명에 의한 수단의 명확화, 전략적인 방향성 등은 논의되지 않은 채로 고객 접점에서의 퍼포먼스만을 확인하는 측정 연구가 주로 진행되어 온 것을 가리킨다. 게다가 고객만족을 최적화하기 위해 고객의 요구와의 적합에 가세해 경합 타사와 비교했을 때의 차별성이 중요해질 것이다. 본래 고객만족의 실천은 만족도를 향상시키는 것이며 그를 위해 기업 구조를 고객 지향에 맞게 발본적으로 재구축하는 것이다. 즉 이상적인 고객만족이란 고객만족 수단 및 기본 전략의 방향성이 고객의 요구에 적합하고 전략 실행 퍼포먼스 수준도 높은 상태를 나타낸다. 따라서 이상적인 고객만족의 실현이란 기업이 만족시킬 수 있도록 고객에게 제품 또는 서비스 제공을 고객 요구에 적합한 전사적 기업 행동으로 높은 레벨의 부가 가치를 제공할 수 있는 것을 가리킨다. 그러나 이 시대의 고객만족은 경쟁사의 만족 수준과 자사의 만족 수준을 비교해 뒤떨어지고 있는 서비스를 강화한다고 하는 약점 극복 어프로치에 집중하고 있던 경향이 보인다. 실제로 달성되는 만족 수준에 대해서는 거의 논의하지 않는 채 경쟁적 약점 극복에

초점을 맞추고 있었다고 간주할 수 있다.[151]

  지금까지 서술한 마케팅 이념에 비추어 본 고객만족 연구의 시대적 특징은 다음과 같이 정리할 수 있다.

표 3-1 마케팅 이념과 고객만족 연구와의 관련 및 그 변화

	연구 특징
마케팅 이념과 고객만족에 관한 연구	이론적 기반 및 그 정착을 위한 연구에는 이르지 않고 어디까지나 기업 활동의 철학으로서 소비자 내지 고객을 인식하고 만족을 기초로 한 경향이 보인다.
사회적 마케팅 개념과 고객만족에 관한 연구	기업 활동의 초점을 사회 공헌으로 변화시킬 수밖에 없었던 시장 환경 변화에 대응하기 위한 경향이 강하고 고객 접점에서의 퍼포먼스 측정에 대한 연구가 중심이 되어 있다.

제2절 소비자 행동론의 영향과 고객만족 연구

  소비자는 사회적 내지 사회 문화적 환경에서 행동하는 심리적 실태로 간주되기 쉽다. 구매에 대한 소비자 행동을 보면 소비자 행동은 항상 어떠한 필요성과 소망에 의한 요구에 근거해 행해지고 있고 그 요구는 인지, 동기, 개성 등으로 결정되고 학습되어 가는 것이라고 할 수 있다. 그 가운데 개인의 개성은 경제적, 사회적, 문화적 등 영향을 받은 가족, 친구, 귀속 집단에 의해 영향을 받고 있다. 따라서 소비자 행동 연구는 행동 주체가 되는 소비자의 심리적 행동으로부터 간접적인 사회, 문화, 인류학 등 폭넓은 연구 어프로치를 도입하지 않을 수 없다. 이러한 소비자 행동 연구의 연구 배경을 검토하면서 그 가운데 고객만족이 어떻게 연구되어 왔는지를 검토하기로 한다.

1. 70년대까지 연구 어프로치

　1970년대까지는 심리학 및 사회학적 관점에서 소비자 행동을 해명하려고 하는 어프로치가 많다.[152] 특히 소비자 행동을 설명하기 위해 심리학, 사회학, 사회 심리학 등 학문적 어프로치는 소비자의 구매 행동에 미치는 내·외부 요인을 밝히려는 움직임이 주류였다고 이해된다.

표 3-2 소비자 행동론의 영향에 의한 고객만족 연구(70년대까지)

연구 특징	만족의 선행 요인인 기대와 성과의 비교 판단에 초점을 맞추고 만족이 결정되는 요인 및 그 메커니즘을 중심으로 하고 있다.

R. N. Cardozo(1965)
　고객이 제품을 획득하기 위해 작은 노력을 기울인 경우 기대한 것보다 낮은 가치의 제품을 얻은 사람은 그 제품 가치를 기대하고 있던 같은 제품보다 낮게 평가한다. [153]
R. W. Olshavsky and A. M. Miller(1972)
　높은 기대-높은 성과, 높은 기대-낮은 성과, 낮은 기대-높은 성과, 낮은 기대-낮은 성과라고 하는 조정된 연구 조건을 정의하면서 제품의 기대 불일치의 부정적 및 긍정적 효과를 조사했다.[154]
R. E. Anderson(1973)
　제품 성과에 대한 인지적 불협화 이론, 대조이론, 부정적 일반화론, 동화·대조이론이라고 하는 4가지 이론을 들어 제품 평가의 효과를 검증하고 있다.[155]
J. C. Olson and P. Dover(1976)
　일반적으로 제품 특질에 대한 정보, 제품 기대는 광고와 구전, 제품 관찰, 실제 제품 사용 경험에 의해 발생한다.[156]

연구 특징	만족의 선행 요인인 기대와 성과의 비교 판단에 초점을 맞추고 만족이 결정되는 요인 및 그 메커니즘을 중심으로 하고 있다.

J. E. Swan and L. J. Combs(1976)

 기대 충족에 의한 만족 개념은 소비자 만족에 중요하지 않지만 그 성과가 만족이 아닌 경우에는 불만족과 관련한 만족 결정에 중요한 몇 가지 개념이 한정된 속성의 제품 판단에 관한 소비자의 아이디어에 초점을 맞추고 있다.[157]

J. A. Czepiel and L. J. Rosenberg(1977)

 소비자 만족은 측정 가능한 감정 경향의 평가라고 하는 태도 감각이다. 그것은 태도의 목적을 갖는 구매 또는 소비의 사전에는 존재하지 않는 특별한 종류의 태도이다.[158]

H. K. Hunt(1977)

 만족 레벨을 결정할 때 기준을 세우는 기대 모델이 부족한가 혹은 비교가 적절한가 어떤가에 관해 소비자 만족/불만족에 있어서 정보나 선택지의 무의식 효과에 관해 서술하고 있다.[159]

C. Leavitt(1977)

 만족의 측정을 마케팅 믹스에 있어서 주요 요소인 제품, 가격, 광고, 제품이 구매되는 곳이라고 하는 4가지 서브 스케일을 이용해 측정했다.[160]

M. L. Richins(1979)

 불만족을 경험한 고객이 그 원인을 소매업자에게 귀속시키는 경우 보다 부정적인 구전이 진행된다는 것을 검증했다.[161]

특히 R. N. Cardozo(1965)가 사회 심리학을 도입한 연구는 고객만족 연구의 기반이 되고 있다. 그 후 H. K. Hunt(1976)에 의한 MSI(Marketing Science Institute)의 개최와 R. L. Day(1977)에 의한 인디애나 대학에서 개최된 컨퍼런스도 고객만족의 구조 이론화와 개념화 및 측정 연구의 기반이 되고 있다(久保田進彦(쿠보타 유키히코)(1998)[162]).

여기서 이 시대에 고객만족 연구를 검토하는 데 간과할 수 없는 심리학적 어프로치 이론을 검토하기로 한다. 그것은 Howard-Sheth(1969)의 모델과 C. G. Walters and W. P. Gordon(1970)의 구매 의사결정 이론이며 이 이론들에서 심리학적 어프로치에 의한 소비자 만족에 관한 연구를 검토하기로 한다.[163]

1) Howard-Sheth 모델

J. A. Howard and J. N. Sheth(1969)는 만족에 대해 구매자가 안은 희생의 많고 적음이 적절한가 혹은 부적절한가에 관한 인지적 상태이며 구매 후 태도는 구매 직후의 만족도와 구매 전의 태도와의 함수라고 서술한다.[164] Howard-Sheth 모델은 외부 자극이 인풋된 구매라고 하는 행동으로 아웃풋될 때까지의 일련의 정보 처리 과정 가운데 만족이라는 개념을 도입하고 있다.

그러나 Howard-Sheth 모델에서 만족 개념은 오늘날의 만족 개념과 같지 않고 단지 형태로서의 개념으로 다루어진 것에 불과하다. 만족 개념을 도입했다 하더라도 Howard-Sheth 모델에서의 만족과 오늘날의 만족 연구는 시대성에서 볼 때 다르다고 말할 수 있다. 그것은 만족에 대한 견해가 오늘의 연구 어프로치가 아니라고 하는 것이다. 따라서 본 3장에서 Howard-Sheth 모델을 주시하는 것은 만족 개념을 도입했다고 하는 사실이다.

Howard-Sheth 모델은 소비자에게 인풋되는 정보가 지각과 판단에 의해 아웃풋될 때까지의 과정을 개념화한 모델이다. 어느 소비자가 상품을 구입하는 결정에 이르기까지 프로세스는 실로 복잡하고 다양한 영향 요인과 판단 과정이라는 것을 나타내고 있다.[165]

그렇지만 이 모델에서는 소비자를 자극에 반응하는 수동적인 존재로서 파악하고 있어 자극과 반응과의 관계에만 주목한 어프로치라고 생각된다. 소비자는 구매 행동 결정에 있어서 환경 자극에 의해 구매를 결정하는 수동적 존재가 아니라 명확한 목적이나 욕구를 바탕으로 구매를 결정하는 존재이다. 이러한 지적이 Howard-Sheth 모델이 발표된 이후 잇따르게 되었고 결국에는 외부 자극을 환경 정보로 소비자가 어떻게 이해하고 또 정보 처리하며 구매 결정에 이르게 되는지에 대한 소비자의 주도적 행동에 관한 연구가 1970년대 중반부터 주목을 받게 된다.

1970년대 중반부터 활발히 연구된 정보 처리 이론은 인지 심리학이나 소비자 행동에 있어서 새로운 인식 방법과 기초 개념에 근거해 소비자 행동을 욕구 충족을 위해 스스로 환경에 대해 적극적으로 움직이는 능동적 문제 해결 행동으로 파악하고 있다. 특히 소비자는 구매에 의해 발생하기 쉬운 불확실성 삭감을 위해 일정하게 한정된 능력하에 외부 환경 정보를 탐색·취득·견해·통합·저장하는 정보 처리계 역할을 하고 있다.[166]

그림 3-1 Howard-Sheth 모델

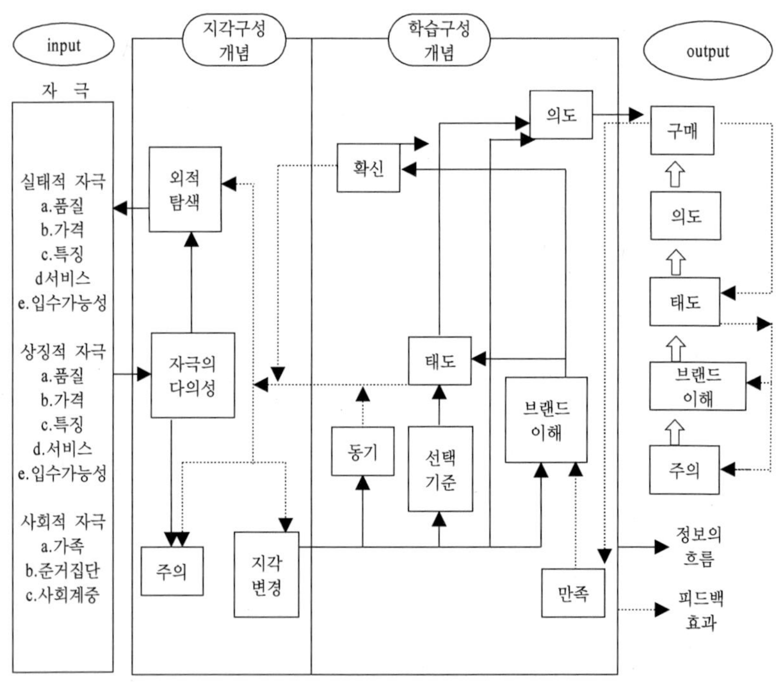

출처: Howard, J. A. and J. N. Sheth, *The Theory of Buyer Behavior*, John Wiley & Sons, 1969, p.30.

그러나 정보 처리 이론은 만족 및 불만족이라고 하는 개념이 다루어지지 않은 채로 소비자가 외부에서 정보를 어떻게 기억하고 행동을 취하는가 하는 과정에 주목하고 있다. 따라서 정보처리 이론에서는 소비자의 정보에 대한 기억 판단 과정은 이해할 수 있지만 구매 행동에 의해 형성되는 만족 및 불만족과의 상호 관계까지는 명확히 다루지 않고 있다고 생각된다.

Howard-Sheth모델과 정보 처리 이론이 시사하는 것은 두 연구 모두 심리학 및 사회학적 어프로치에 근거해 소비자의 구매 행동을 해명하고 있는 것과 소비자가 구매를 결정하는 판단 과정에 주목하고 있는 것이다. 두 연구는 당시의 소비자 행동 연구에 영향을 주었고 소비자 행동 연구의 연구 기반이 되었다. 그러나 만족 연구에 초점을 맞춰 보면 만족, 즉 소비자 만족은 소비자의 구매 결정 과정의 결과로서 하나의 개념으로밖에 다루어지지 않았다고 이해된다. 당시 연구가 소비자의 구매 행동을 해명하는 움직임이 강하고 아직 고객 만족이 이념으로서밖에 인식되고 있지 못했다고 하는 배경도 있기 때문일 것이다. 소비자 행동론에서 고객만족 연구는 그 후 다양한 어프로치로 그 영역을 넓혀 가게 된다. 다음에서는 구매 의사결정 과정에 주목해 70년대까지의 연구 흐름과 주요 이론으로부터 그 특징을 검토하기로 한다.

2) C. G. Walters and W. P. Gordon(1970)의 구매 의사결정 과정 이론

C. G. Walters and W. P. Gordon(1970)는 경제 체계는 효용 혹은 만족을 창조하는 것에 의해 그 목적을 달성한다고 서술한다. 효용(utility)이란 재화나 아이디어가 인간의 욕구를 채우는 능력이다. 소비자 만족(consumer satisfaction)은 형상적, 시간적, 장소적, 소유적 효용으로 간주할 수 있다. 생산은 제품의 물리적 변화를 통해 형태적 효용(form utility)을 창조한다. 한편 마케팅은 시간적, 장소적, 소유적인 효용을 창조한다. 시간적 효용(time utility)이란 소비자가 사고 싶은 상품을 손에 넣을 수 있는 것으로 정의된다. 장소적 효용(place utility)은 소비자가 상품을 바라는 장소에서 손에 넣는 것이며 소유적 효용(possession utility)은 상품의 소유권을 이전하는 데 필요한 모든 것이다. 효용의 4가지 타입은 따로 정의되지만 이것들은 분리할 수 없는 것이다. 소비자는 마케팅 없이 물리적 상품을 손에 넣지 못하고 마케팅은 유통해야 할 상품이나 서비스 없이는 어떤 목적도 완수할 수 없다. 이렇게 마케팅과 생산의 양쪽 모두가 소비자가 요구하는 것을 충족시키는 데 필요하다. 그리고 소비자 만족에 대한 마케팅의 역할에 대해 마케팅은 우리 목적에서 보면 소비자를 만족시켜 기업의 목적을 달성하기 위한 생산자로부터 소비자에게 실행하는 상품과 서비스의 흐름에 관한 기업 활동의 수행이다.[167]

그리고 소비자 행동을 동태적인 의사결정 과정으로 간주하고 소비자가 상품이나 서비스를 구매할 때의 의사결정 과정을 그림 3-2와 같이 단순화해 나타내고 있다.

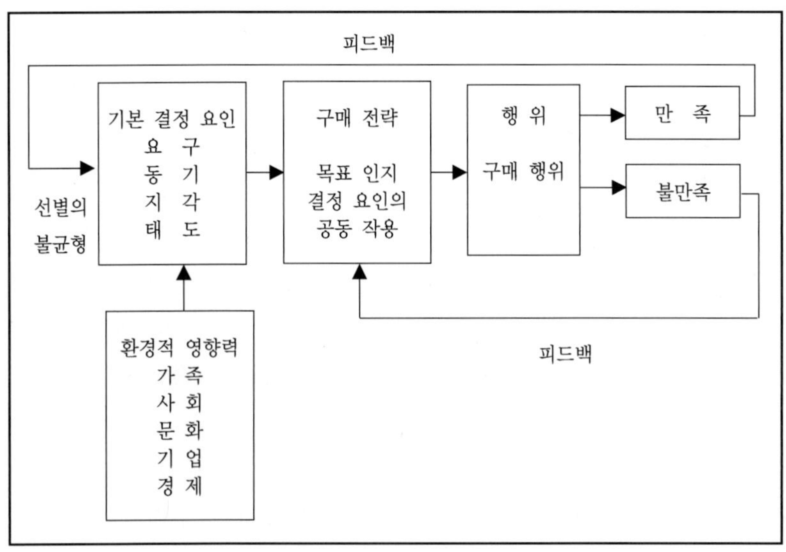

출처: C. G. Walters, and W. P. Gordon., *Consumer Behavior an Integrated Framework*, R. D. Irwin, Inc., 1970(佐々木土師二『体系消費心理學』R出版, 1974年, p.37).

그림 3-2에서 주목해야 할 것은 만족이나 불만족 경험이 피드백 되는 것이다. 만족·불만족 경험 후 피드백 순환 개념을 도입하고 있는 것은 소비자의 구매 의사에 경험의 영향력을 강조한 의미로 매우 의의 있는 것으로 생각할 수 있다. 그림 3-2는 의사결정 과정에 주목하고 있지만 그 가운데 개인적 요인과 환경적 요인만이 구매 의사에 영향을 미친다고 나타내고 있다. 그러나 구매 의사를 결정하는 요인에는 그러한 요인만이 아니라 기업이 발신하는 정보 및 모든 마케팅 활동이라고 하는 자극 요인에 의해서도 영향을 받는다. 그러나 C. G. Walters and W. P. Gordon(1970)는 사회 심리학에 근거한 소비자의 내부에서 행해지는 구매 결정 요인이 구매 행위에 도달하는

과정을 구매 전략으로 파악해 외부로부터의 자극에 개인을 둘러싸고 있는 모든 환경 요인을 도입하고 있지만 가장 큰 외부 자극 요인에는 기업의 마케팅 활동에 의한 것이 있을 것이다. 이 점에서 보았을 때 구매를 자극하는 기업의 노력이 만족 형성을 위한 활동으로 중요하다는 것을 놓쳐서는 안 될 것이다.

C. G. Walters and W. P. Gordon(1970)의 연구가 시사하는 것은 심리학, 사회학, 인류학 어프로치에 의한 동기, 지각, 학습, 사회적 상호 작용을 도입하는 것이며 또한 구매에 의한 만족·불만족 경험이 구매 요구, 동기, 지각, 태도가 소비자에게 학습되어 간다는 관점을 갖는 것이다. 소비자의 구매 의사결정 과정의 견해는 순환성을 갖는 것으로 만족이나 불만족이 후에 미치는 영향의 중요성을 이해할 수 있다. 그러나 순환적 어프로치는 있지만 구매 경험 후 만족이나 불만족이 초래하는 영향에 대해서는 그다지 강조되지 않았다는 것을 알 수 있다.

이상의 두 연구는 1970년대까지의 심리학적 어프로치에 의한 소비자 행동론의 고객만족의 파악을 검토할 수 있었다. 소비자 행동 연구의 기초에 심리학 및 사회학적 어프로치가 이용되는 것을 통해 소비자의 인식 그리고 판단 과정에 관한 해명이 명료화되고 구매에 이르기까지 각 단계에 주목하는 것도 가능하다는 것을 확인할 수 있었다. 그리고 만족 및 불만족까지 명확히 거론되고 있는 것도 확인할 수 있다. 그러나 개념 도입과 프로세스상에서의 자리매김은 확인되었지만 만족 및 불만족 경험이 미치는 영향에 관해서는 연구되지 않은 점에서 연구의 한계를 인식할 수 있었다.

다음에서는 80년대 이후의 고객만족에 관한 연구에 관해 검토하기로 한다.

2. 80년대 이후 연구 어프로치

소비자 행동의 정의에 대해 L. G. Schiffman and L. Kanuk(1983)는 소비자가 자신의 욕구를 만족시켜 줄 것이라고 기대하는 제품, 서비스, 아이디어를 찾아 요구하거나 구매·사용·평가·처리하거나 하는 경우의 행동이라고 한다.[168]

소비자 행동론적 어프로치로 고객의 구매 전후의 만족 형성 과정을 중심으로 하는 연구가 진행되어 90년대를 경계로 연구 어프로치에 변화가 보이게 된다.

표 3-3 소비자 행동론의 영향에 의한 고객만족 연구(80년대 이후)

연구 특징	만족 판단 과정의 선행 요인과 결과적 행동에 초점을 맞추고 있다.

R. L. Oliver(1980)
　만족은 기대(순응화) 레벨의 작용과 인지 불일치로 보인다.[169]
V. A. Zeithaml(1981)
　상품을 평가할 때 사용되는 서비스의 유니크한 특징은 여러 소비자 평가 과정을 필요로 한다는 가정에 반론하면서 재화와 서비스 타입을 구별했다.[170]
K. Gronhang and G. Zaltman(1981)
　불평에 대한 자원, 학습, 개성에 기초한 3가지 모델을 제안하면서 불평 행동과 그 관계에 관해 서술하고 있다.[171]
R. L. Oliver and R. L. Westbrook(1982)
　선행 연구가 불일치, 만족 및 태도라고 하는 3가지 구성 요인을 따로 인식하고 있는 데 대해 그 구성 요인이 이론상 관련된 구조인지 아닌지를 결정하고 있다.[172]
G. A. Churchill and C. Surprenant(1982)
　만족에 관해 제품 클래스의 차이는 다양하기 때문에 기대, 성과 및 불일치의 영향은 다르다고 생각하고 내구재 및 비내구재라고 하는 2가지 타입의 만족 모델화를 서술했다.[173]
W. O. Bearden and J. E. Teel(1983)
　고객만족은 마케터에게 재구매, 긍정적인 구전 그리고 소비자 로열티의 중요한 결정 요소로 추정되기 때문에 중요하다.[174]

<table>
<tr><td>연구 특징</td><td>만족 판단 과정의 선행 요인과 결과적 행동에 초점을 맞추고 있다.</td></tr>
</table>

V. S. Folkes(1984)
  고객만족을 구매 후 고객의 불평 행동에 주목하고 바람직한 리커버리 활동이나 리커버리 결과를 문제로 해 어떠한 리커버리가 효과적인가 불평 원인과 함께 논의했다.[175]
C. Fornell and B. Wernerfelt(1987)
  불평 관리를 중심으로 하는 방어적 전략에 관한 선행 연구에 초점을 맞추고 특히 소비자의 불만족, 불평 및 그 후 구매 행동을 검토했다. 특히 고객만족이 저하되고 불평 행동을 일으키는 고객을 어떻게 리커버리할 것인가 하는 관점을 도입한 모델을 제창하고 있다.[176]
D. K. Tse and P. C. Wilton(1988)
  이론상 연구 목적을 우선 Churchill and Surprenant(1982)의 연구 모델을 인용해 퍼포먼스의 역할을 이론적 실험적 검토를 하고 둘째로 선택지의 불일치와 비교 기준 개념의 효과를 비교하는 것 그리고 셋째로 만족 구성에 있어서 복수의 비교 기준의 가능성을 조사하는 것이라고 서술했다.[177]

소비자 행동론에 근거한 고객만족 연구는 주로 소비자가 만족을 형성하는 과정에 주목하고 있다. 그러한 연구에서는 공통적으로 고객만족을 구매 사용 후 나타나는 소비자의 심리 상태로 파악하고 만족의 선행 요인으로 구매 전의 기대, 지각 품질, 지각 퍼포먼스를 결과 요인으로 재구매 의향, 추천 의향, 불평 행동을 나타내고 있다.

그리고 고객만족에 관한 연구 초점은 크게 만족의 결정 요인에 관한 연구, 만족의 판단 과정에 관한 연구, 만족 경험 후 반응이나 행동에 관한 연구로 나눌 수 있다. 이들 연구의 공통된 것은 만족의 선행 요인과 결과적 행동이다.

앞서 검토해 온 대부분의 연구에는 사전 기대와 제품 성과가 만족의 선행 요인으로 모델에 이용되고 있다. 그리고 만족의 선행 요인에 관한 연구가 깊어 감에 따라 만족 후 결과적 행동 또는 요인이 주목을 받게 되었다고 확인할 수 있다. 그 배경에는 고객만족에 의한 결과적 효과를 검토하므로 고객만족 실천의 당위적 논리가 성립되는 것과 만족의 선행 요인과 결과적 행동 또는 요인 간의 관계를 해명하는 것으로 만족 패러다임의 일반화를 앞당기는 시도가 있었기 때문일 것이다. 소비자 행동론의 영향에 의한 고객만족 연구 검토로부터 다음과 같은 것을 정리할 수 있다.

표 3-4 소비자 행동론의 영향에 의한 고객만족 연구

소비자 행동론의 영향에 의한 고객만족 연구 테마	·제품 퍼포먼스에 관한 연구 ·만족의 선행 연구에 관한 연구 ·만족의 결정 요인에 관한 연구

**표 3-5 소비자 행동론의 영향에 의한 고객만족 연구의
연대별 분류와 특징**

연대별 분류	연구 특징
70년대까지의 연구 어프로치 ·제품 퍼포먼스와 만족의 선행 요인에 관한 연구	만족이 결정되는 요인 및 그 메커니즘의 해명을 중심으로 하고 있다.
80년대 이후의 연구 어프로치 ·만족의 선행 요인과 만족 후 결과 요인에 관한 연구	만족 판단 과정의 선행 요인과 결과 행동에 초점을 맞추고 있다.

그러나 이렇게 고객만족 연구는 90년대를 경계로 연구 초점은 고객만족이 가져다주는 기업의 경제적 효과로 그 초점이 변하게 된다.

제3절 전략론의 영향과 고객만족 연구

1980년대를 거쳐 기업을 둘러싼 시장 환경은 격심하게 바뀌어 왔다. 그 변화 중에는 경제 발전과 성숙화 사회에 의한 풍족한 생활, 극심한 시장 경쟁, 정보의 네트워크화, 소비자로부터 생활자로의 개념 확장, 환경 보호와 공존공영에 대한 깊은 관심 등을 들 수 있다. 끊임없이 변화해 가는 환경에서 기업은 경쟁이라고 하는 과제 해결을 위해 경쟁에 살아 남는 방법론을 요구한다. 그것이 전략적 시점이며 전략적 마케팅은 변화하는 환경에서 고객의 요구를 충족시키기 위해 기업의 강점을 이용하면서 명확히 경쟁 상대와 구별된 노력을 강구하는 것이다(井上崇道(이노우에 다카유키)(1996)[178]). 고객만족 연구에 대해 전략론적 시각에서 고객만족을 파악하는 것으로 고객만족이 가져오는 경제적 성과 및 효과를 강조하게 되어 고객만족의 실천적 당위성을 증명하는 연구가 활발히 진행되어 왔다.

1990년대 이후 고객만족 연구의 특징은 기업의 마케팅 행동의 지침으로 고객만족을 채택한 것이다. 경제 구조와 시장 환경 변화로 기업은 소비자 행동론의 연구 성과를 적극적으로 도입해 고객만족도 마케팅 활동의 주된 개념으로 파악하게 된다. 90년대의 기업 환경은 일본의 버블 붕괴나 아시아 통화 위기를 시작으로 한 세계적 경제 환경 변화와 함께 세계 규모의 불황으로 대표된다. 그러한 경제 환경의 어려움은 기업의 지금까지의 사업 영역이나 사업 스타일을 철저하게 재검토하는 계기가 되었고 비용 대비 효과 이윤 추구의 목적과 신규 고객 개발 투자보다도 기존 고객 유지 비용의 효율성에 주목하게 되었다. 이런 시각에 근거한 고객만족은 최적 자원 분배를 위한 모색과 고객 식별, 품질 개선, 불평 대응이라고 하는 구체적인 대응책으로 나타나게 되었다. 많은 연구자가 고객만족 실천에 의한 장기적 누적 효과와 고객 유지율 향상으로 인한 수익성에 주목한 연구를 전개한 것으로 확인할 수 있다. 90년대의 고객만족 연구는 기업의 존속을 위한 전략으로서 연구되었다고 할 수 있다.

90년대의 시장 변화는 종래에 기업 행동의 중심이 되던 매스 마케팅이 시장 셰어 달성과 유지를 위해 기업 관점에서 좋은 제품을 추구해 왔던 것에 대해 90년대 이후에는 고객이 기업 행동의 원점이 되어 기업이 고객에게 선택되는 시대가 되었다(이유재(1997)).[179] 그것은 이전의 기업 관점에서 만들어 낸 마케팅 행동으로는 고객 창조와 유지가 어려워졌기 때문에 고객 관점에 근거한 새로운 마케팅 행동을 실시해야 한다는 것을 시사한다. 고객 관점으로 전환은 기존 마케팅 연구의 초점이 신규 고객 개척 중심이었던 것에 대해 기존 고객과 양호한 관계 만들기로 고객만족도 향상을 의도하면 보다 많은 이익이 보장된다고 하는 연구가 계기가 되고 있다(F. F. Reichheld and W. E. Jr. Sasser(1990), C. Fornell(1992), Engel, et al.(1995), P. Kotler(1997)[180]). 한층 더 성숙한 시장에서 서비스 경쟁 대응으로 고객 관점에 의한 만족 실현의 필요성이 보다 강해졌기 때문이다.

90년대의 고객만족 연구는 고객만족 실천에 의한 누적 효과로 고객 유지율 향상이 가져다주는 수익성을 강조한 견해를 많이 볼 수 있다. 고객만족 실천에 의한 고객 유지율로 직결되는 기업 성과 추구는 90년대 이후 시장 환경에 대응하기 위한 기업의 타개책의 일환이라 할 수 있다. 그 추구에는 전략론에 근거한 고객만족의 실천적 성과 유효성이 있다고 할 수 있다. 그에 관한 중요한 연구 중 몇 가지 주요 연구를 검토하기로 한다.

1. 고객만족의 실천적 성과

우선 F. F. Reichheld and W. E. Jr. Sasser(1990)는 고객 유지율을 조금 높이는 것만으로 수익성이 크게 향상되는 것을 주장하면서 고객 감퇴율을 5%내리는 것으로 이익은 25%에서 85%정도 증가한다고 강조하고 있다.[181]

그 후, C. Fornell(1992)은 시장 셰어와 고객만족과의 관계에 대해 검토하고 있다.[182] 시장 셰어와 고객만족과의 관계에 주목해 시장 셰어가 큰 브랜드에 대한 고객만족은 낮고 시장 셰어가 작은 브랜드에 대한 고객만족도는 높다고 강조하고 있다. 차별화된 제품이 많이 존재하고 있는 산업에서 시장 셰어가 높은 기업은 그 기업이 제공하는 제품의 이상점에 고객이 흡인되고 있다. 반면 시장 셰어가 낮은 기업의 경우는 그 기업의 제품은 고객이 가지고 있는 이상점에 근접하고 있을 가능성이 높다. 따라서 시장 셰어가 높은 기업은 시장 셰어가 낮은 기업보다 만족도가 낮아진다고 하는 견해가 생기는 것으로, 시장 셰어와 고객만족과의 관계에 대해 설명하고 있다.

G. Kalyanaram and J. D. C. Little(1994)는 높은 브랜드 로열티는 소비자에게 브랜드 이점은 중요시 여기게 하지만 가격에는 주목시키지 않는다고 서술하고 있다.[183] E. W. Anderson(1994)은 고객만족을 내부와 외부로 나누어 외부적인 고객만족은 고객, 경쟁 상대, 투자가 및 사회 정책자를 포함한 다양한 이익 단체에 정보를 제공하는 것이라고 하고 있다.[184] 이들 연구는 경쟁의 약점, 무형의 고객 재산 가치, 그리고 경제 복지의 기여라고 하는 품질을 평가하기 위해 고객만족을 이용할 수 있다고 하는 고객만족의 폭넓은 적용성을 강조하고 있다.

A. W. Grant and L. A. Schlesinger(1995)는 기업은 가치 교환이라 할 수 있는 것을 최적화할 수 있고 그것은 기업이 특별한 고객과의 관계에서 실시하는 경제적 투자와 기업이 제공하는 특정의 방법에 따라 고객이 발생시키는 리턴 관계라는 것이라고 고객 관계와 고객 만족에 대해 검토하고 있다.[185]

또한 E. W. Anderson(1997)은 누적된 고객만족은 특유의 거래 또는 제품 속성에 대한 만족과 대비되듯이 장래의 제품이나 서비스 소비를 부속하는 순익 또는 유용한 고객을 보다 정확히 묘사할 것이라고 고객만족이 가져다주는 장래 이익에 대해 강조하고 있다.[186] 그의 연구는 고객만족과 가격 허용성과의 관계를 검토해 그 결과로서 고객만족의 시간적 변화와 가격 허용성의 시간적 변화에는 긍정적인 관계가 존재하고 있는 것을 검토하고 있다. 그리고 고객만족 수준과 가격 허용성 수준 사이에는 부정적인 관계가 존재하고 있다고 서술하고 있다.

고객 유지에 관한 가장 시사성 높은 연구는 F. F. Reichheld and W. E. Jr. Sasser(1996)에 의한 몇 개 산업에서 좋은 고정고객은 고객 감퇴를 5포인트 이상 줄이고 연 10%에서 15%까지 이익을 창출할 수 있다고 강조한 것이다.[187] Reichheld, et al.(1996)의 연구는 복수 기업을 대상으로 한 조사를 통해 몇 안 되는 고객 유지율 향상이 수익성에 크게 영향을 준다고 주장하고 있다. 그리고 이탈한 고객을 되찾기 위해 투자하는 비용은 신규 고객 획득에 드는 비용보다 높다고 강조한다. 이 연구는 P. Kotler(1997), R. L. Oliver(1997) 등 많은 문헌에 고객만족이나 고객 유지의 중요성을 논하는데 인용되고 있다.

앞서 서술한 것처럼 90년대 이후에 고객만족 연구는 전략론적 어프로치에 의한 기업 성과에 초점을 맞춘 실천적 추구의 연구가 주류를 이뤘다고 할 수 있다. 시장경쟁에서 실적 부진을 극복하기 위한 타개책으로 고객 유지율에 주목하게 되면서 고객만족 실천의 당위성이 주목받게 되었다고 보인다. 그것은 고객만족 실천이 고객 유지와 확보에 공헌하므로 기업활동은 효율성을 높일 수 있어 결과적으로 기업 성과가 보장된다고 하는 고객만족의 실천적 효과를 강조하는 연구로의 이행을 가리킨다.

표 3-6 90년대 고객만족 연구 I

연구 특징	고객만족의 전략적 유효성 추구에 초점을 맞추고 있다

P. Kotler(1991)
　높은 고객만족율은 기업의 장래 이익을 가장 잘 표현한다고 널리 생각되고 있다.[188]

D. A. Aaker(1992)、K. L. Keller(1993)
　헬로 효과에 의한 브랜드 에퀴티 구축을 촉진한다.[189]

C. Fornell(1992)
　로열티가 높은 고객은 타사로 하여금 마케팅 비용을 증가시키고 자사에는 신규고객획득비용을 저하시킨다.[190] 또한 만족도는 산업 내 공급의 이질성, 동질성과 수요의 이질성과 동질성이 합치할수록 높다.[191]

E. W. Anderson and M. W. Sullivan(1993)
　기대, 지각 퍼포먼스, 기대와 지각 퍼포먼스와 불일치 정도에 근거한 구매 후나 소비 후 평가이고 쾌·불쾌를 동반하는 충족반응이다.[192]

F. F. Reichheld(1993)
　종업원 만족과 인터널 마케팅 전략에 관해 서술하고 있다.[193]

J. L. Heskett,et al.(1994)
　고객 유지율이 고객만족에 좌우된다는 것을 지적하고 있다.[194]

R. Sambandam and K. R. Lord(1995)
　불만족은 고객의 심리 안에서 다른 선택지를 증가시키도록 작용하고 고려집합을 확대시킨다.[195]

M. D. Johson, et al(1995)(1996)
　기대는 시장 조건의 변화에 대해 적응적이고 시장 만족은 누적적이며 안정성을 필요로 한다. 시장 기대나 시장 만족의 작용에는 개인 레벨과 약간 다른 면이 있다. 일반적으로 고객만족은 가격 구동형이라기보다 품질 구동형이고 산업에 따라 다르다.[196]

<table>
<tr><td>연구 특징</td><td>고객만족의 전략적 유효성 추구에 초점을 맞추고 있다</td></tr>
</table>

F. F. Reichheld and W. E. Jr. Sasser(1996)
　　신규 고객을 획득하는 것보다 기존 고객을 유지하는 편이 필요 비용이나 노력도 적다. 복수 기업을 대상으로 한 조사에 근거해 고객 유지율을 조금 높이는 것만으로 수익성이 크게 향상된다. 구매 빈도나 구매량을 증대시킨다. 미래의 거래 비용을 저하시킨다. 고객 기반의 안정화는 장래의 현금 흐름의 안정화를 의미하기 때문에 마케팅 계획에 투자 가능한 자원양은 증가하고 그 전략적 자유도도 증대한다.[197)

2. 만족 경험 후 반응이나 행동이 초래하는 긍정적 효과

　90년대의 고객만족에 관한 또 하나의 연구는 고객만족이 가져다 주는 결과적 행동에 주목한 것이다. 구체적으로 기업에 대한 불평 행동으로 불리는 품질 개선 요구 및 잠재 고객에 대한 구전과 추천 등을 검토하는 연구이며 그 연구 중 다음과 같은 연구를 검토한다.

　Heskett, et al.(1994)은 제록스사의 48만 고객 대상 조사로부터 고객만족과 재구매 의향 사이에는 정의 관계가 존재하고 있고 그 관계에 반응을 일으키는 최소의 물리량이 포함되어 있다고 한다.[198) 만족도가 높은 고객만큼 재구매 의향이 강하고 매우 만족이라고 대답한 사람이 6배나 높다는 것으로 고객 유지율을 높여 수익성을 향상시키기 위해서는 고객의 만족도를 높은 수준을 계속 유지할 필요가 있다고 강조한다.

　게다가 T. O. Jones and W. E. Sasser(1995), Heskett, et al(1997)은 고객만족과 재구매 의향 관계를 경쟁 관계가 다른 업계를 대상으로 조사하고 있다. 그 연구에서는 경쟁이 격렬한 업계에서는 만족도가 높지 않으면 재구매 의향이 상승하지 않는 것에 대해 경쟁이 적은 업계에서는 만족도가 낮아도 재구매 의향은 높다고 서술한다. 이에 근거해 고객만족의 유효성은 경쟁 환경이 격심하고 스위칭 코스트가 낮은 경우 특히 높아진다고 지적하고 있다. 또한 만족도와 재구매 의향의 관계는 고객 특성을 규정한다고 하면서 고객을 특성에 따라 전도사, 용병, 테러리스트로 분류하고 있다.[199]

그 후 D. Halstead, E. A. Morash and J. Ozment(1996)는 항공 회사와 이삿짐 센터(서비스)를 대상으로 서비스에 대한 불평 조사를 실시한 결과 두 산업 모두 강한 불평 상관이 보이고 한층 불평 때문에 증가하는 거래 코스트에 의해 증가하는 불평 서비스 카테고리를 넘어 소비자 핼로 효과가 존재하고 있다고 서술하고 있다.[200]

이 연구는 고객을 계층화해 각 특성에 따라 기업이 어떻게 대응하면 유효한지 고객별 대응 방향성을 제시하고 있다. 기업에 고객 세그먼트에 개별 대응이 필요하고 그 대응은 보다 유효한 비용 투자를 하도록 한다고 강조한다. 그러나 이 연구가 검증한 경쟁 환경에 의한 산업별 및 고객별 유형화는 만족도 구성 요인의 특성을 분명히 하지 않은 곳이 있다. 업종별로 요구되는 만족 정도 및 구성 요인은 다를 수밖에 없으므로 어떤 만족 퍼포먼스로 고객이 만족하는지 혹은 불만을 느끼는지 로열티를 갖게 되는지 까지는 분명히 하지 않은 채 고객 유형별 대응책을 강조하고 있다고 할 수 있다.

이 점에 관해 久保田進彦(구보타 유키히코(1998))도 고객을 유형화해 그 대응방법을 검토하고 있다. 그것은 품질이나 퍼포먼스를 향상시키는 것이고 고객만족도를 향상시켜 우량 고객 유지에 주목적을 두고 있다고 한다.[201]

이상과 같이 종래의 선행 연구가 만족 그 자체의 해명에 주목하고 있었던 것에 비해 90년대의 연구는 고객만족이 가져다주는 기업의 유효한 성과에 관해 초점을 맞추고 있는 것이 이해된다. 고객만족에 관한 이념적 이해가 사회 전반에 아무리 확산되어 있어도 실천으로 연결되는 영향력이 없었기 때문에 기업 측의 유효성, 즉 이익을 어필하는 것으로 고객만족의 중요성을 강조하고 있다고 할 수 있다.

이와 같이 90년대의 고객만족 연구는 고객만족 실현에 의한 장기적인 고객 유지와 함께 수익률 유지와 향상에 관한 연구가 많았다고 할 수 있다. 그리고 그 검증을 위해 많은 연구가 무작위적인 대중 고객에 대한 기업의 대응은 유효하지 않고, 이익 유지와 향상을 위해 고객을 세분화해 대응하는 것이 유효하다는 결론을 내리고 있다.

그것은 확실히 90년대의 고객만족은 고객의 제품이나 서비스에 대한 기대와 요구에 답하는 것이었고 제품이나 서비스의 기획, 설계, 생산, 제공에 이르는 모든 단계에 만족을 만들어 내지 않으면 안 된다고 하는 이론적 배경을 갖고 있다. 즉 90년대의 고객만족 연구는 격렬한 시장 경쟁 속에서 기업의 존속을 위해 고객만족을 이념으로 채택할 수밖에 없는 상황이었다고 할 수 있다.

이에 관해 아사히 맥주 대표이사인 福地茂雄(후쿠치 시게오)씨는 고객만족 경영을 목표로 라고 하는 강연에서 고객의 요구 품질은 절대적인 것이라고 하면서 품질에 타협을 허락하지 않는 경영 자세를 강조했다.202) 그리고 또 가격과 품질을 중심으로 만족과의 상관을 연구한 中西正雄(나카니시 마사오(1996))에 의하면 다속성 어프로치에 의한 브랜드 선택 모델을 응용해 구매 브랜드가 고가격이면 소비자는 소비하는 제품 이익으로 효용도 높다고 판단한다고 서술하고 있다.203)

또 다른 관점에서는 제공된 제품이나 서비스에 포함된 기업 이념 등에 대해서 고객이 나름의 기준에 근거해 납득할 만한 퀄리티와 가치를 찾아내는 것이라고 제시하고 있다. 즉 고객만족이란 기업이 제공한 제품이나 서비스에 대해 고객 스스로의 기준에 따라 평가·판단하는 충족감이고 기업은 고객에게 만족을 제공하는 것으로 지속적인 이익이 보증된다고 하는 기업 활동의 이념 또는 목표라고 한다. 따라서 기업은 고객에게 제공한 제품이나 서비스가 만족을 일으키도록 여러 틀을 가지고 만족도를 향상시키려고 한다.

특히 기업이 제공하는 서비스에 주목한 연구 중 Heskett, et al.(1994)의 연구는 서비스 프로피트 체인(service profit chain)이라고 하는 모델을 제시하고 기업 내부의 사원 만족에 의해 향상되는 직무 능률이 고객만족 향상까지 연결된다는 것을 강조하고 있다.[204]

또한 고객을 생활자 관점에서 파악하고 단지 기업으로부터 제공된 제품이나 서비스에 대해 판단하는 주체가 아니라 자신의 생활을 풍요롭게 하는 것에 도움이 되는지 보다 종합적이며 새로운 가치를 얻을 수 있는 것을 요구하는 주체로 파악한다. 이 관점에서 제품이나 서비스에 관한 가치, 즉 고객 가치(Customer Value)의 창조라고 하는 개념이 등장하게 되었다. 고객 가치란 만족을 포함한 개념으로 개별 고객이 생애에 이르도록 제공된 제품이나 서비스에 대해 갖는 신뢰성·편리성·쾌적성이라고 하는 퀄리티를 스스로의 기준에 따라 평가한 가치이며 성과 및 종합적 가치이다(牛窪一省(우시쿠보 카즈아키)(1995)[205]).

상술한 것처럼 90년대의 고객만족 연구의 흐름은 고객만족의 실천이 가져오는 성과(특히 고객 유지에 의한 장기적 이윤 확보의 보증) 및 만족 경험 후 반응이나 행동(구전, 추천, 재구매)에 관한 연구를 중심으로 연구 영역 및 연구 어프로치를 다양화시켰다고 할 수 있다. 표 3-7은 지금까지 검토해 온 90년대의 고객만족에 관한 주요 연구의 초점을 정리한 것이다.

표 3-7 90년대 고객만족 연구Ⅱ

연구 특징	만족 후 반응이나 행동이 초래하는 긍정적 효과에 초점을 맞추고 있다.

이유재(1990)
　고객만족·불만족에 관한 설명력이 실증된 변수는 불평행동, 구전, 재구매 행동이다.[206]

C. Hart, et al.(1990)
　불평 처리의 중요성과 실천 방법에 관해 연구하고 있다.[207]

E. W. Anderson and M. W. Sullivan(1993)
　기대, 지각 퍼포먼스, 기대와 지각 퍼포먼서와의 불일치 정도에 근거한 구매 후 및 소비 후 평가이며 쾌·불쾌를 동반하는 충족 반응이다.[208]

J. Kolodinsky(1993), J. G. Blodgett, D. H. Granbois and R. G. Walter (1993)
　고객만족을 구매 후 고객의 불평 행동에 주목하고 바람직한 리커버리 행동이나 리커버리 결과가 문제가 되어 어떠한 리커버리가 효과적인가를 불평의 원인과 함께 논의하고 있다.[209]

F. F. Reichheld(1993)
　종업원 만족과 인터널 마케팅 전략에 관해 서술하고 있다.[210]

T. O. Jones and W. E. Jr. Sasser(1995)
　고객만족과 재구매 의향의 관계가 경쟁 환경으로부터 영향을 받고 있는 것을 보고하고 있다.[211]

R. Sambandam and K. R. Lord(1995)
　불만족은 고객 심리의 대체 선택지를 증가시키게 작용하고 고려 집합을 확대한다.[212]

S. M. Keaveny(1995)
　25종류의 서비스 중에서 838개의 제품명 변경 검토로부터 44％의 사례가 서비스의 핵심 부분에서의 실패가 있었다는 것을 검증하고 있다.[213]

D. Halstead, E. A. Morash and J. Ozment(1996)
　서비스 제공 기업에 대한 직접적인 품질 개선 요구에 관해 서비스 실패와 고객 불평에 초점을 맞춰 서비스 속성으로부터 그 관계를 검증하고 있다.[214]

　마케팅에 있어서 고객만족 연구는 심리학을 기반으로 한 소비자 행동론에 근거한 어프로치로부터 마케팅 컨셉에 따라 변화해 온 것을 검토할 수 있었다. 그 가운데, 특히 주목해야 할 점은 90년대의 연구는 고객만족에 의한 기업의 유효한 효과를 강조한 실증 연구가 다수 이루어진 것이다.

제4절 측정적 어프로치로 연구 틀 확립

고객만족의 연구가 심화되어 감에 따라 만족도 측정에 한계가 있다고 지적되고 있다.

90년대의 연구가 고객만족 실현에 의한 기업 성과의 증명, 즉 고객만족의 전략적 유효성이었던 것에 대해 2000년에 들어서 연구 경향은 만족 측정에 관한 방법론의 일반화를 추구하는 것이다. 그 때문에 지금까지 연구 중에서 지적되어 온 측정론의 한계가 주목받고 있으므로 다음에서도 그 부분을 검토하기로 한다.

첫째로 만족도 측정에 관한 문제점이다. 만족이 제품이나 서비스에 대한 전체적인 평가인지 그렇지 않으면 개개의 측정 항목에 대한 평가에 근거해 형성된 판단인지 하는 의문이다. 게다가 만족이 제품이나 서비스에 관한 것인지 아니면 구매 의사결정 또는 소비 경험에 관한 것인지 하는 문제도 제기할 수 있다. 그리고 만족은 고객에게 어떠한 의미를 가지는가 하는 의문도 문제가 될 수 있다. 어느 고객에게는 만족이 최소한의 인정을 의미할 수 있지만 다른 고객에게는 완전한 것을 의미할지도 모른다. 만족의 레벨에 관한 보다 심층적인 검토가 필요하다는 것이다.

둘째는 만족도 조사 방법에 관한 지적이다. 만족에 관한 측정 방법은 직접적인 조사와 간접적인 조사를 상호 보완해야 한다는 것이다. 직접적인 조사 방법은 넓게 사용되고 있는 수단으로 목적이 명백한 것이지만 반응이 애매하지 않고 만족과 그 측정 목적의 관계가 명확하다는 장점이 있다. 그러나 답변자가 측정을 의식해 그 반응이 솔직하지 않은 경향을 보일 가능성이 있어 표본 추출, 면접자 또는 회답 없음 등에 따라 격차가 발생할 가능성이 있기 때문에 조사 자료의 타당성에 의문의 여지가 있다.

반면에 불평이나 재구매 의도 등을 목적으로 만족을 측정하는 간접적 조사 방법은 측정 대상이 고객만족과 밀접히 관련되고 답변자의 측정에 관한 의식을 약화시킬 가능성이 있는 점에서 주목받고 있다. 그러나 불평이나 재구매 의도의 측정 대상과 만족과의 관계가 명백하지 않고 다른 요인의 영향에 대해 독립된 측정이 곤란한 것과 표본 추출의 한계점 등은 지적되고 있다.

이와 같이 측정 방법 모두 장단점이 있기 때문에 연구 목적에 맞추어 적절히 조화시켜야 할 것이다. 그때 두 방법을 배타적으로 인식해 이용하는 것이 아니라 상호 보완적인 수단으로 적절히 조화시키는 방법을 생각해야 할 것이다.

셋째로 척도의 타당성에 관한 것이다. 고객만족은 직접 관찰할 수 없는 관념이며 이론 변수라고 할 수 있다. 따라서 이론 변수의 측정에는 개념의 일반성과 타당성이 항상 중요해진다. 그것을 만족에 맞춰 보면 연구에 이용된 만족도 척도에는 만족 개념의 타당성을 주장하지 않는다(B. J. Babin and M. Griffin(1998)[215]). 게다가 고객만족에 측정 척도 수준이 비판 없이 이용되고 있다고 말하면서 대부분의 척도가 타당성과 신뢰도 및 민감도와 같은 표준적 측정 기준이 충족하고 있는 것이 아니라 단지 척도로서 명명한 것만으로 이용되고 있다고 지적되고 있다(R. A. Peter and G. A. Churchill(1986)[216]).

이러한 검토로부터 만족 측정에 필요한 향후 연구 전개 및 방향성은 첫째로 무엇에 관한 만족인지를 명확히 구분하는 것이다. 앞서 살펴본 것처럼 만족에는 해당 제품이나 서비스에 대한 것과 해당 기업에 대한 것, 거래 과정에 있어서의 일, 소비 사용 후 등으로 구체적으로 분류할 수 있다. 따라서 어떤 만족 측정을 실시하는지에 따라 측정되는 만족이 의미하는 것은 다를 것이다. 둘째로 만족 레벨에 관한 측정이다. 지금까지 연구에서 만족 레벨은 제로 만족, 약간 만족, 만족이었다. 그러나 재구매 행동으로 이어지는 가장 강력한 만족 정도는 어느 정도의 레벨인가, 가족이나 주위 사람들에게 긍정적 구전이나 추천을 말하는 만족 정도는 어느 정도인지를 이론화하는 것까지는 연구가 도달하지 않은 점이 있다고 생각된다. 만족 정도를 구체화하기 위해서는 만족을 불만족과 1 차원에서 취급해도 좋은지, 그렇지 않으면 복수 차원을 이용하는 것이 좋은지를 고려해야 된다. 셋째로 측정 방법의 조사 항목 및 척도의 일반화를 시도하는 것이다. 지금까지 이용된 항목이나 척도는 각 연구의 목적에 따라 다르고 연구자마다 방법도 차이가 난다. 그러나 향후 고객만족 연구의 심화와 이론 체제 구축을 생각한다면 측정의 타당성이 있는 일반화된 항목이나 척도에 관한 검토는 중요할 것이다.

이상과 같이 만족에 관한 측정론적 어프로치로부터 부상하는 과제는 향후의 이론 전개의 방향성을 시사하고 있는 것이 이해된다. 현재까지 도달하는 연구는 만족의 선행 요인, 판단 과정, 판단 후의 태도 변용 및 행동에 관한 이론화에 주력해 왔지만 그것을 검증하는 데 이용한 측정론에 관한 연구는 그만큼 중요시되지 않은 점이 있다고 생각된다. 그러나 이러한 지적은 2000년에 들어서 자주 보이고 있어 향후 고객만족 연구의 테마로 더욱 그 중요성이 높아질 것이라 생각된다.

결 론

    고객 창조나 고객만족이 언급된 이래 그에 관한 연구는 다양하게 진행되어 왔다. 마케팅에서 고객만족은 신규 고객보다 기존 고객을 유지하는 것이 비용 효율을 높일 수 있다고 하는 고객 유지 중시 이론이나 만족도에 따라 도출되는 고객 행동으로서 잠재 고객이나 기업에 대한 행동 등을 채택한 연구가 있다.

    한편 소비자 행동론에서는 구매 전후의 만족 형성 과정을 중심으로 하는 연구가 진행되어 왔다. 거기에는 90년대를 경계로 연구 어프로치의 변화를 볼 수 있다. 80년대까지의 고객만족 연구의 출발점에는 산업 발전과 고도 성장 중에서 무시해 온 기업의 윤리적 책임, 환경 문제 등 기업의 사회적 책임이 추궁당한 배경이나 소비자의 의식 진전이 기업에 요구하는 소망을 보다 확대시켜 소비자의 주장도 강해졌다고 하는 시장 환경의 변화나 소비자의 의식 변화가 있었다고 말할 수 있다. 많은 연구자는 소비자가 만족을 형성하는 과정에 주목하고 고객만족을 소비자가 구매 사용 후에 나타나는 소비자의 심리 상태로 파악해 선행 요인으로 구매 전의 기대, 지각 품질, 지각 퍼포먼스로 나타내고 결과 요인으로는 재구매 의향, 추천 의향, 불평 행동 등과 연결 짓고 있다.

    그리고 90년대 이후의 고객만족 연구의 특징은 기업의 마케팅 행동 지침으로서 고객만족을 채택한 것이다. 많은 연구가 고객만족의 장기적인 누적 효과나 장기적인 고객 유지율 향상이 뛰어난 수익성을 가져온다고 하는 고객만족의 실현에 의한 기업 성과의 증명에 대해 연구하고 있다.

    고객만족은 제품이나 서비스의 소비 경험에 의한 심리적인 견해

프로세스이기 때문에 그것을 외부로부터 관찰해 해명하는 것은 곤란한 점이 있다고 할 수 있다. 그럼에도 불구하고 다양한 어프로치의 실증 및 이론 연구를 해 오고 있다. 본 3장에서는 고객만족에 관한 선행 연구의 전체적 흐름을 마케팅적 관점과 소비자 행동론적 관점을 가지고 연구 경향의 차이를 검토했다.

다음 제4장에서는 고객만족에 필요 구성 요인이 되고 있는 서비스에 초점을 맞춰 고객만족에 관한 연구와 서비스에 대해 그리고 고객만족 연구에서 서비스의 연구적 위상 등을 검토하기로 한다.

마케팅과 서비스 그리고 고객만족 연구

기업을 둘러싼 동적이며 예측할 수 없는 경쟁 구도는 제품보다 서비스에 주목한 경쟁 시대를 도래시켰고 마케팅 행동은 서비스를 보다 중요시 여기게 하였다. 그 이유에는 기업이 제공하는 제품만으로는 경쟁의 차별화가 어려워 소비자 마음을 사로잡을 서비스가 절대적으로 필요하게 된 배경이 있었기 때문이다. 덧붙여 마케팅에 서비스 품질 관리의 필요성이 중요시된 이래 서비스 측정 지표로 품질을 강조하는 경향이 더욱 강해졌기 때문이다(Grönroos(1984), Parasuraman, et al.(1985), Gummesson(1994)[217])).

원래부터 고객만족 연구에서 만족의 원점은 제품 품질 및 서비스 품질 유지이며 제품 및 서비스의 품질로 계속적 만족 제공이 고객만족 이념의 구현화라고 할 수 있다. 소비자는 제품 품질에 서비스 품질을 더해 토털 품질을 주관적으로 판단하고 있다. 따라서 제품 품질 외에 서비스 품질에 관한 연구가 가장 활발히 진행되어 왔고 두 연구는 같은 보조를 취해 왔다고 해도 과언이 아니다. 고객만족 이념 실현에 제품 품질을 포함해 서비스 품질 문제가 만족 실현에 중요한 역할을 하게 되었기 때문이다. 즉 구매 전후에 받게 되는 서비스가 구매 결정에 큰 비중을 차지하게 되었고 품질 문제가 만족 실현에 크게 영향을 주게 되어 한층 더 그 중요성이 높아진 것이다.

고객만족은 소비자인 고객과의 관계에서 형성되는 것으로 거래에서 기업 관계자와의 상호 작용에 영향을 받는다. 그 상호 작용은 서비스 질에 의해 만족 정도가 결정된다고 할 수 있을 것이다. 그런 관점에서 보면 고객만족을 고려할 때 서비스에 있어서 고객만족의 위상은 간과할 수 없다.

제4장에서는 고객만족과 서비스에 있어서 고객만족의 위상과 역할 및 그 중요성을 검토하기 위해 서비스에 관한 연구 흐름을 시작으로 마케팅에 있어서 서비스 어프로치와 마케팅과 서비스의 구조적 관계를 검토하기로 한다.

제1절 서비스와 고객만족의 관계

1. 서비스 정의와 그 특성

1) 서비스 정의

현대 모든 기업은 격변하는 시장 정세와 격렬한 경쟁 가운데 소비자 마음을 사로잡기 위해 악전고투하고 있다. 넘치는 시장 제품은 소비자로 하여금 선택의 폭을 넓혔지만 어느 한 제품이라고 하는 애착심을 갖게 하기 어려워졌다. 또한 기술 발달은 소비자가 품질 차이를 알 수 없을 정도로 각 기업의 기술력의 발전은 거의 구별이 어려울 정도로 비슷해졌다. 그렇기 때문에 기업은 소비자에게 구매를 촉진시키기 위한 다양한 마케팅 노력을 실시하지 않으면 안 되게 되었다. 기업으로서는 제품 품질이 거의 비슷한 수준에 이르고 있는 시장에서 제품 품질이 아닌 서비스로 차별화를 도모해 안정적 성장을 의도하게 된 것이다.

일반적으로 서비스란 구매에 있어서 제품 제공자에 의한 소유권 이전을 동반하지 않는 무형의 행위이며 생산과 소비가 동시에 이루어지는 제품과 구별되는 제품이나 사람의 기능이라고 한다. 서비스를 이와 같이 서술하게 된 이유 내지 시장 환경의 변화에 대해 생각해 보면 시대에 따라 서비스에 대한 연구 초점이 어떻게 다른지 검토하지 않으면 안 된다고 생각하기 때문이다. 서비스에 대한 시대별 연구 초점을 검토하는 것에 의해 서비스 연구의 역사적 배경을 탐구할 수 있으므로 서비스 연구의 방향과 향후 전개 방향성을 살펴볼 수 있을 것이다.

어느 연구에나 개념은 그 연구의 어프로치를 나타내는 함축된 이해의 시각을 가리킨다. 그래서 제4장에서도 서비스에 관한 개념이 시대에 따라 어떻게 달라지는지를 개관한다.

(1) 70년대까지의 서비스 연구

1960년 미국의 마케팅 협회 AMA(American Marketing Association)는 서비스에 대해 서비스란 판매에 동반되거나 재화의 판매와 관련해 제공되는 행위, 편익, 만족이라고 정의하고 있다.[218] 같은 해 A. H. Norman and J. Stapleton(1960)은 서비스란 판매를 위해 제공된 혹은 상품 판매와의 관계로 준비된 모든 활동, 편익 혹은 만족이라고 서비스에 의해서 주어지는 만족을 정의하면서 그 예로 오락 서비스, 호텔 서비스, 전력 서비스, 수송 서비스, 이 / 미용 서비스, 신용 서비스 등을 들고 있다.[219] 이 관점에서 보면 서비스는 유형재[220] 판매에 수반되는 사람에 의한 활동이며 그 활동의 평가는 충족 내지 만족으로 나타나는 것을 이해할 수 있다. 즉 서비스에 의해 만족이 형성되며 서비스에 있어서도 고객만족이 나타나는 것을 알 수 있다.

서비스 연구의 선구적인 연구자인 Regan(1963)은 AMA의 정의에
대해 교환되는 객체는 순수의 무형재나 유형재라고 하는 것이 아니
라 이들을 복합한 중간적인 것이라고 서술하고 있다.221)

이 지적은 확대되는 서비스와 서비스업에서 유형재와 서비스를 구
별하는 기준은 단순히 분류되는 것이 아니라 실제로는 보다 다양한
조합이 존재한다는 것을 시사하는 것으로 서비스 관련 연구에 크게
영향을 끼쳤다.

서비스 마케팅 연구가 활발히 진행되는 것과 동시에 가장 먼저 서
비스 개념을 서술한 것은 R. C. Judd(1964)이며 그는 시장에서 판매
되는 서비스를 한정해 다음과 같이 서비스를 정의하고 있다. 시장
서비스(Marketed Services)-시장 거래의 대상이 유형 상품의 소유권
이전 이외인 기업 또는 기업가에 의한 시장과의 거래라고 한다. 제
품 개념과 함께 서비스 경제재의 범주를 가리킬 수 있어 계산 가능
한 서비스로 한정해 서비스 영역으로 제품을 소유하고 사용하는 권
리로서 임대재 서비스(Rented Goods Services), 제품 수리 또는 개량
에 의한 고객 창조로서의 소유재 서비스(Owned Goods Services), 제
품 요소가 아닌 경험 또는 경험 소유로 불리는 비재화 서비스(Non-
Goods Services)가 인식 가능하다고 서술하고 있다.222)

이 정의는 유형재와 구별되는 시장 서비스를 소유권 이전의 유무
관점에서 설명하고 있지만 서비스의 본질적 특징 내지 특성까지는
서술하고 있지 않아 서비스의 본질적 특성이 무엇인지 알 수 없는
점이 있다고 생각된다.

그 후 R. C. Judd에 의한 서비스 연구의 영향을 받아 서비스를 본
질적 관점에서 다룬 연구가 J. M. Rathmell(1966)의 연구이다. 그의
연구는 서비스를 유형재와 구별되는 인간 활동으로 파악해 재화와
구별되는 한 가지 함축적인 구별은 재화를 명사로 서비스를 동사로

생각하는 것이다 – 즉 재화는 물건이며 서비스는 행위라고 생각하는 것이다. 전자는 물체, 물품, 고안물, 물질이고 후자는 행위, 동작, 노력이다. 재화가 구매되는 경우 구매자는 자산을 취득할 수 있지만 서비스가 구입되는 경우는 구매자는 비용으로 소비만 하는 것이다. 그리고 재화를 서비스로부터 구별할 수 있는 다른 하나의 단서는 제품의 효용(product's utility)의 성질이다. 즉 소비자에 대한 효용이 제품의 물질적 특성에 있는지 아니면 행동(action) 또는 동작(performance)의 성질에 있는가를 통해 분류할 수 있다고 서술한다. 또한 회화나 조각과 같은 예술품에서 생기는 만족(Satisfaction) 또는 효용은 오로지 재화 그 자체에 있지만 법률 상담에서 생기는 편익(Benefit) 또는 효용은 오로지 이루어진 서비스의 결과라고 한다.223)J. M. Rathmell(1966)의 연구는 유형재와 구별을 위해 명사와 동사 그리고 효용과 행동이나 동작이라고 하는 기준을 이용하고 있지만 이 기준은 교육 및 의료와 정보 서비스 구분에는 해당되지 않는 점이 있을 것이다.

그 후 연구 중 W. J. Stanton(1967)은 우리는 서비스를 소비자 및 산업 사용자 또는 어느 한편에 판매되었을 때에 욕망의 만족(Satisfa – ction)을 가져오고 또 제품이나 다른 서비스 판매에 반드시 결합되지 않는 단독으로 식별 가능한 무형의 활동(activities)으로 파악한다고 서술했다.224)

그의 연구는 상업적 서비스에 주목해 서비스를 욕망의 만족을 가져오는 활동으로 인식하고 있는 점에 주목해야 할 것이다. R. C. Judd(1966), J. M. Rathmell(1966), W. J. Stanton(1967)의 연구는 AMA(1960)에 의한 서비스 개념의 비판으로 서비스를 활동으로 파악해 그 후 연구에 공헌했다.

서비스에 관한 연구가 활발해짐에 따라 점차적으로 다양한 관점의 서비스 연구가 진행되게 되었다. 그중에서 서비스를 판매 시점에서 보는 W. E. Sasser and S. P. Arbeit(1976)는 서비스는 사람이 중심이 되는 비즈니스라고 하면서 사람, 즉 서비스 제공자를 중심으로 다루고 있다.[225]

그 가운데 특히 주목해야 할 연구로는 J. E. G. Bateson(1979)에 의한 무형재 생산과 소비의 동시성에 관한 연구이다. 주된 논점은 무형재의 품질 평가에 있어서 소비와 생산의 동시성은 고객과 기업의 조직에 공통되는 문제라는 것으로 거기에 서비스 마케팅 연구의 중요성이 있다는 것이다.[226]

그림 4-1 무형성과 경영 문제와 프로세스 관계

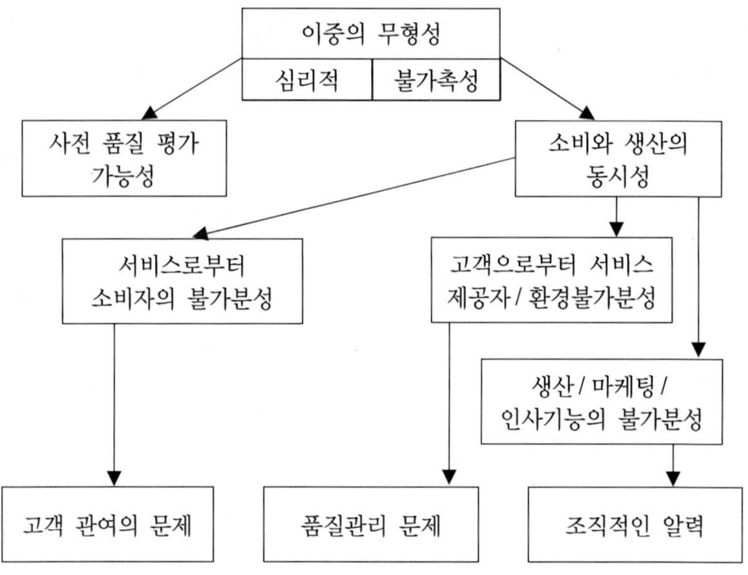

출처: Bateson, J.E.G.,"Why We Need Service Marketing", in *Conceptual and Theoretical Development in Marketing*, ed., Fornall, O. C., S. W. Bowen, and C. W. Lamb, Jr., Chicago: American Marketing Association, 1979, p.140.

70년대까지의 서비스 연구에서는 주로 서비스가 무엇인지를 명확히 하기 위해 유형재와의 구별에 주목한 것을 확인할 수 있었다. 당시의 연구는 서비스를 명확히 하기 위해 서비스 자체에 주목하는 것보다 제품과 비교해 서비스를 고찰하는 경향이 많았다고 할 수 있다.

(2) 80년대의 서비스 연구

P. Kotler(1983)는 제품이란 주목, 취득, 사용, 소비를 목적으로 해 시장에 제공되는 제품이며 서비스, 퍼서널리티, 장소, 조직 그리고 아이디어를 포함한 제품이라고 간주하고 제품 자체에 서비스가 포함되어 있다고 지적하고 있다.[227] 이 정의는 제품에 서비스를 포함해 다루고 있지만 실제로는 제품과 서비스는 서로 다른 객체인 경우가 많다. P. Kotler(1983)의 정의에는 서비스가 단순히 제품의 부수적 요인에 지나지 않는다고 간주하고 있다고 이해된다.

제품과 서비스를 구별하지 않고 검토하고 있는 경향에 대해 다음과 같은 견해가 있다. 소비자는 제품이나 서비스에 주목하는 것보다 제품이나 서비스로부터 얻을 수 있는 이익에 주목하고 있다는 것이다.

B. M. Enis and K. J. Roering(1981), P. E. Murphy and B. M. Enis(1986), M. L. Bell(1986)의 연구에 의하면 구매자인 소비자는 제품이나 서비스가 아니라 이익을 구입하고 있기 때문에 객체가 유형이든 무형이든 관계없다는 생각을 주장하고 있다.[228] 그 이익이라고 하는 것은 고객에게 있어서의 이익이며 요구의 충족이고 만족을 가리킨다.

그러한 견해와는 별도로 G. L. Shostack(1987)은 서비스는 제품과 같은 물건이 아니라 프로세스라고 강조한다.[229] 일반적으로 서비스는 물건과는 다른 객체, 즉 제공자와 수취인이라고 하는 대상을 필요로 하는 프로세스의 의미가 강하다. 그것은 예를 들어 항공 회사라고 하면 서비스는 항공 수송(Air Transportation)을 의미하고 영화는 오락 서비스(Entertainment Service) 호텔은 숙박 서비스(Lodging Rental)를 의미한다. 이와 같이 서비스를 과정적 어프로치로 간주하는 견해에 의해 서비스 특징이 부각될 것이다.

이와 같이 서비스에 관한 연구가 다양하게 이루어져 가는 중에 거래에 있어서 서비스의 본질적인 특징과 거래 과정의 특징으로부터 서비스를 명확히 하려는 연구 경향이 등장하게 되었다. 그중에 오늘날에 이르기까지 주목받는 연구가 C. H. Lovelock(1983)과 Zeithaml, et al.(1985)의 연구이다. 우선 C. H. Lovelock(1983)은 서비스를 행위나 퍼포먼스로 간주하는 시각을 갖고 서비스 분류를 위한 기준으로 거래에 있어서 제공자의 특징과 제공 방식을 채용하고 있다. C. H. Lovelock(1983)에 의해 제시된 것은 (1)서비스의 특징(유형성 / 무형성)과 서비스의 수취인(사람 / 물건이나 일), (2)서비스 딜리버리의 특징(계속적 서비스 딜리버리 / 불계속적 거래)과 서비스 조직과 고객 사이의 관계(멤버십 관계 / 무관계), (3)고객 요구에 대한 실행 판단의 범위(고 / 저)와 서비스의 특징이 커스터마이즈된 범위(고 / 저), (4)강요된 제공 범위(요구가 충족되는 것 / 요구가 재량을 넘는 것)와 요구 시간 변동 범위(넓음 / 좁음), (5)서비스 조직과 고객 사이의 상호 작용 특징(고객이 서비스 조직에 / 서비스 조직이 고객에게 / 고객과 서비스 조직의 통신 수단의 상호 작용)과 서비스 아울렛의 유효성(싱글 사이트 / 멀티 사이트)이다.[230]

위 서비스 분류는 서비스 자체에 대한 분류가 아니라 서비스 제공자와 수취자인 고객을 중심으로 거래상의 서비스 특질에 주목해 서비스를 이해하려고 한 것이라고 볼 수 있다. 그러나 서비스 그 자체의 본질적인 특질에는 깊이 주목하고 있지 않았다고 할 수 있다.

그 후 연구 중에서 Parasuraman, et al.(1985)은 서비스 및 서비스

업을 명확히 분류하기 위해 서비스 관련 문헌에서 공통되는 서비스나 서비스업의 특징으로 무형성, 품질의 비균일성, 소비와 생산의 비분리성, 소멸성을 강조했다. 또한 고객이 서비스를 어떻게 평가하고 있는지에 주목해 서비스와 서비스업의 특징을 서비스 품질, 즉 서비스 퀄리티에 대한 소비자의 판단 측정 규모의 멀티 아이템이라고 하는 SERVQUAL을 제시했다(Parasuraman, et al.(1988)[231])). SERVQUAL은 그 후 Cronin, et al.(1994)의 SERVPERF와 비교되었지만 서비스 특징을 측정 가능한 품질 지표로 제시한 것으로 서비스 관련 연구에 크게 공헌했다.

이상과 같이 80년대에 있어서 서비스 연구는 이전 시대의 연구에 이어 서비스업을 분류하기 위해 제품과 구별에 초점을 맞추고 있다는 것을 알 수 있었다. 그 때문에 많은 연구가 서비스 자체의 본질을 분명히 하는 것보다 제품과의 비교 또는 거래상의 특징을 중심으로 논의하고 있다. 그러나 서비스 특징을 기술해도 그것은 유형재와의 차이에 근거한 결정적 특징으로 인정되는 것은 아니라는 한계가 부상하면서 서비스 자체에 대한 탐구가 시작되게 된다. 그러한 배경에서 연구의 초점은 고객이 서비스를 어떻게 평가하고 있는지에 관심이 모이게 되고 이윽고 연구의 초점은 서비스 품질로 이행했다고 할 수 있다.

(3) 90년대의 서비스 연구

C. Grönroos(1991)는 서비스의 성질에 주목하면서 서비스를 유형적 또는 무형적 활동으로 간주할 수 있다고 서술한다. 그의 연구에서 서비스는 무형의 특성을 갖는 일련의 활동이며 서비스는 고객의 문제를 해결하기 위해 서비스 제공자가 소비자에게 물리적 자원 혹은 제품을

제공하는 시스템 중에 행해지는 종합적 활동이라고 정의한다.[232]

그리고 A. Payne(1993)은 서비스는 무형의 활동이며 소비자 및 그 자산과의 종합적 활동이고 소유권 이전을 하지 않는 물건과 융합되는 경우도 있고 그렇지 않은 경우도 있다고 말한다.[233] A. Payne(1993)은 서비스 대상을 소비자와 자산까지 확대하면서 물건과 융합되는 서비스와 그렇지 않은 서비스로 서비스를 분류하고 있다. 이 분류는 Regan(1963)에 의해 나타난 유형재와 무형재의 복합적인 것과 상통한다.

이후의 연구 중에서 서비스에 관한 정의를 활동론적 정의, 속성론적 정의, 봉사론적 정의, 인간 상호 관계론적 정의로 분류하고 그중 고객과 서비스 제공자 사이의 상호 작용을 의미하는 종합 관계론적 정의에 주목하고 있는 연구가 있다(이유재(1999)). 연구에 의하면 서비스는 무형적 특성을 갖는 일련의 활동으로 고객과 서비스 종업원의 상호 관계에서 발생하는 것이고 고객의 문제를 해결하는 것이라고 말하고 있다.[234] 덧붙여 고객이 서비스의 품질을 판단할 때 기대와 성과는 고려되는 측면이며 이러한 서비스의 품질은 다양한 속성에 의해 결정된다고 서술한다.[235]

이와 같이 서비스에 관한 과정적 어프로치를 지적하고 있는 것과 비교해 Lovelock and Wright(1999)는 서비스란 어느 한쪽에서 다른 한쪽으로 제공되는 행위 및 퍼포먼스라고 정의하면서 서비스는 특정의 시간과 장소에서 가치를 창조해 고객에게 이익을 주는 경제 활동이라고 서비스의 역할에 관해 강조하고 있다.[236]

高橋秀雄(다카하시 히데오)(1998)는 서비스를 대략 고객 욕구를 만족시키기 위해 행해지는 무형의 활동이라고 정의한다.[237] 이 정의로부터 고객만족에 있어서 서비스의 중요성을 이해할 수 있다.

90년대의 서비스 연구는 서비스 품질을 측정적 관점에서 관리적 관점으로 이행해 가는 경향을 보이고 있다고 생각된다. 서비스 품질 측정에 관한 다양한 연구는 결국 서비스를 제공하는 기업이나 서비스 제공자의 품질 관리가 중요하다는 것을 강조하게 되고 서비스 매니지먼트의 중요성을 견인하게 된다. 즉 서비스를 행위나 퍼포먼스로 간주하고 있는 서비스에 대한 기본적인 사고로 돌아오게 되었다고 할 수 있다. 90년대까지의 서비스 연구의 흐름은 서비스를 바라보는 시각에 변화를 보인다고 할 수 있다. 결국 서비스는 거래에서 제공자의 수신자에 대한 행위 과정이며 제품과 구별되는 과정상의 특징이 존재하고 그것에 대한 소비자 판단은 충족감이나 이익이라는 형태로 나타나는 것이라고 할 수 있다.

이러한 연대별 서비스의 연구에 관한 검토로부터 P. Kotler(2001)에 의한 서비스업의 분류와 정의를 기초로 서비스업과 서비스를 검토한다. 서비스업은 공적 기관, 비영리 조직, 영리 조직으로 나누어 볼 수 있다. 공적 기관은 공공 서비스를 제공하는 공립 학교, 경찰, 소방서, 우체국, 관공서이며 비영리 조직은 민간에 의한 미술관, 대학, 재단법인이 있고 영리 조직은 항공 회사, 은행, 호텔, 영화사, 부동산 회사, 보험 회사, 법률 사무소, 의료 기관 등이 포함된다. 서비스란 사람으로부터 사람에게 인적 요소나 물리적 증거에 의해 제공되는 프로세스 또는 퍼포먼스라고 정의한다.

그러나 최근 서비스는 제조업의 제품이라 해도 거기에 부수되는 서비스가 존재한다(P. Kotler(2001)[238]). 현대 시장에 있어서 제품과 서비스의 분류에서도 그 변화를 알 수 있다. 오늘날 시장에는 순수한 유형재, 즉 제품, 서비스가 부수되는 제품, 제품과 서비스의 복합형, 서비스를 지원하는 제품 및 핵심 서비스로 나눌 수 있다. 이상을 정리하면 다음의 표와 같다.

표 4-1 서비스업의 분류와 서비스 분류[239)

서비스업의 분류	서비스 분류
① 공적 기관 　공공 서비스를 제공하는 공립학교, 경찰, 소방서, 우체국, 시청(구청) 등 ② 비영리 조직 　민간에 의한 미술관, 대학, 재단법인 등 ③ 영리 조직 　항공 회사, 은행, 호텔, 영화사, 부동산 회사, 보험 회사, 법률 사무소, 의료기관 등	① 순수한 유형재(제품) 　서비스가 동반되지 않는 비누, 치약 등 ② 서비스가 부가된 제품 　유형재에 동반한 서비스로 배송, 수리, 매인티넌스, 설치, 보증 내용 이행 등 ③ 제품과 서비스의 복합형 　레스토랑과 같이 음식과 서비스가 동시에 제공되는 것 ④ 서비스를 지원하는 제품이 핵심 서비스에 부가된 타입 　항공기 이용이라고 하는 우송 서비스에 동반되는 식사, 음료, 기내 잡지와 같은 유형재가 부수적으로 포함되는 경우 ⑤ 순수한 서비스 　마사지, 심리 치료 등

이렇게 서비스 정의를 정리하면서 다음에서는 서비스 특성에 관해 구체적으로 검토하는 것으로 고객만족과의 구조적 관계와 그 의의를 검토하기로 한다.

2) 서비스 특성

서비스는 제품과는 다르기 때문에 제품을 중심으로 하는 마케팅 원리로는 커버할 수 없는 점이 있다고 할 수 있다. 이러한 서비스 특징에 관한 연구 중 몇 가지를 들어 검토하면 다음과 같다.

표 4-2 연대별 서비스 특성에 관한 주요 연구

연대별	연구 특징	연구자	서비스 특성에 관한 주요 연구 내용
70年代	서비스가 제공되는 거래과정에 주목해 유형재와 비교해 분류하고 있다. 그렇지만 그 비교에 제공자와 수취자인 고객은 포함되지 않았다.	J. M. Rathmell (1974)	·서비스는 구매자와 판매자 사이의 관계나 제품의 사용에 대한 통제가 불확정적이다. ·생산과 소비가 동시에 행해진다. ·서비스에 처음부터 구비된 성질은 재고가 없으며 재고에 고유의 탄력성이 결여돼 있고 소멸적이다. ·획기적인 퍼포먼스 준비를 달성하는 것이 곤란하다. ·서비스에 관련한 전통적인 마케팅 기능을 재검토할 필요가 있다.[240]
		W. J. Stanton, M. J. Etzel and B. J. Walker(1975)	서비스 특성은 무형성, 불가분성, 이질성, 실수하기 쉬움, 동시성이 있다.[241]
		W. E. Sasser, R. P. Olson and D.D.Wyckoff(1978)	서비스 특성으로 무형성, 실수하기 쉬움, 이질성, 동시성 4가지를 제시하고 있다.[242]
80年代	70년대 연구의 계속	L. L. Berry (1980)	서비스 특성은 유형이라기보다 무형이며 생산과 소비의 동시성, 지나친 표준화, 획일화되지 않음이라고 하는 3가지 점을 들고 있다.[243]
		P. Kotler (1984)	서비스에는 무형성, 불가분성, 변화하기 쉬운 것, 실수하기 쉬움 4가지 점이 있다.[244]
		C. H. Lovelock (1984)	서비스는 단명적, 경험적, 소비 단위로서 시간에 대한 강조, 사람들의 서비스업의 종업원과 그 이외 고객 쌍방은 종종 서비스 제품의 일부분이라고 하는 사실의 3가지 점을 들고 있다.[245]
		D. Cowell (1984)	무형성, 불가분성, 이질성, 실수하기 쉬움, 소유권 결여가 있다.[246]
		Parasuraman, et al. (1985)	무형성, 비균일성, 비분리성, 소멸성이 있다.[247]
		E. M. Johnson, E. E.Sheuing and K. A. Gaida(1986)	서비스 특성으로서 무형성, 실수하기 쉬움, 동시성, 이질성이라고 하는 점을 서술하고 있다.[248]

연대별	연구 특징	연구자	서비스 특성에 관한 주요 연구 내용
90年代	서비스 거래 과정에 주목해 제공자에서 고객으로 흐르는 일련의 사이클 안에서 서비스 특징을 검토하고 있다.	C. Grönroos (1990)	· 서비스는 많든 적든 무형의 것이다. · 서비스는 물질이라기보다 오히려 모든 활동 혹은 일련의 활동이다. · 서비스는 적어도 어느 정도 동시에 생산되고 그리고 소비되는 것이다. · 적어도 어느 정도의 생산 과정에서 고객의 참가이다.[249]
		C. H.Lovelock and L. K. Wright (1999)	· 고객이 서비스 소유권을 얻는 것은 없다. · 서비스 프로덕트란 무형의 퍼포먼스이다. · 고객은 서비스 생산 프로세스에 깊이 관여하고 있다. · 다른 사람들의 존재가 프로덕트를 부분적으로 형성하는 것이다. · 인풋과 아웃풋에는 큰 변동성이 있다. · 서비스의 대부분은 고객에 의한 평가가 곤란하다. · 보통은 재고가 존재하지 않는다. · 시간 요소가 상대적으로 중요하다. · 서비스 딜리버리 시스템에는 물리적 채널과 전자적 채널이 있어 유형재와 다르다.[250]

    위 표는 서비스의 특성에 관한 연구자의 견해를 정리한 것으로 연대별 연구 특징 및 연구 경향은 다음과 같이 정리할 수 있었다.

표 4-3 연대별 서비스 특성에 관한 연구 경향

연대별	연대별 연구 특징 및 경향	
70년대까지	개념 인식의 시대	제품과 대비되는 서비스 특성이 주된 연구 초점이 되었다.
80년대까지	형태적 분류에 의한 기초 확립의 시대	서비스 형태적 분류와 본질적 특성을 명확히 하는 경향이 강하다.
90년대 이후	관리적 어프로치로의 이행	서비스 형태적 특성으로부터 서비스 품질에 주목하고 있다.

위 검토로부터 서비스 특성의 공통점을 정리하면 다음과 같은 것이 이해된다. 우선 서비스는 유형재와 같이 오감으로는 식별할 수 없는 무형의 특성이 있다. 이것은 유형재와 근본적으로 구별되는 특성이며 객관적 측면과 주관적 측면의 두 측면을 갖고 있다. 따라서 서비스의 무형성을 극복하기 위해 기업은 판매 후 고객과의 커뮤니케이션을 강화해 기업 이미지 업, 구전 효과 만들기, 유형적 보증을 제공하는 노력을 실시하지 않으면 안 된다.

다음으로 서비스는 사람에 의한 행위이기 때문에 구매마다 그 질이 달라지는 비균일성이 있다. 그 때문에 유형재와 같은 규격화나 표준화가 어렵다. 서비스 제공자와 고객의 구매 상황에 의해 서비스 질이 차이가 나기 때문에 완전히 같은 품질을 유지하는 균일화는 있을 수 없다. 따라서 기업으로서는 소비자 한 사람 한 사람에게 적절하게 커스터마이즈된 서비스를 제공할 수 있도록 현장 중심 지향을 가지고 서비스 질을 유지할 수 있도록 노력해야 한다.

그리고 서비스는 생산과 소비가 동시에 행해지기 때문에 따로 분리할 수 없다고 하는 동시성이 있다. 따라서 서비스 제공자에 의한 모든 접객 활동은 고객 경험이 되어 그 후 영향을 주기 때문에 매우 중요할 것이다. 따라서 기업은 서비스 제공자에게 철저한 교육과 훈련을 바탕으로 접객 및 관리를 위한 서비스망 구축이 필연적으로 요구된다.

그 외에 서비스는 제품과 같이 재고를 보관할 수 없는 1회 한정이라고 하는 소멸성이 있다. 서비스의 소멸성에 대해 기업은 수요 예측과 함께 제공 능력을 충분히 발휘할 수 있는 자세를 정하지 않으면 안 된다. 서비스의 소멸성은 측정에서도 절대적 기준보다 오히려 소비자 한 사람 한 사람의 주관적 기준에 의해 평가된다. 따라서 기업은 고객과 만나는 현장을 중심으로 하는 품질 향상과 계속적인 관리가 필요하게 된다.

이상의 서비스 특징을 정리하면 서비스에는 소유권 이전이 없는 무형성, 생산과 소비가 동시에 행해지는 동시성, 사람의 행위에 의해 행해지기 때문에 그 품질이 전혀 균일하지 않은 비균일성, 사람의 행위로 행해져 소멸되는 소멸성이라고 하는 특성이 있다.

이러한 서비스 특성을 유념하면서 기업은 앞서 서술한 것처럼 철저한 현장 중심의 고객 지향 접객을 실행해야 한다. 그러므로 현장 권한으로 어느 선까지 고객이 요구하는 서비스를 발휘할 수 있는가 하는 문제는 현장 권한의 확대가 중요함을 시사한다. 기업에게 현장 종업원의 권한 확대는 투자나 리스크 발생의 부담을 준다. 결국 고객만족 또는 고객 지향을 위해 기업이 어디까지 투자 및 리스크 부담을 감수할 수 있는지가 고객만족이나 고객 지향의 성공 열쇠이며 과제라고 생각할 수 있다. 서비스에 의한 고객 지향 또는 고객만족 실천에 관한 이러한 과제를 검토하면서 다음에서는 서비스에 있어서의 고객만족의 자리매김을 확인하기 위해 서비스와 고객만족과의 구조 관계를 검토하기로 한다.

2. 서비스와 고객만족

1) 마케팅 교환 컨셉과 서비스와의 관계

서비스와 고객만족과의 관계를 고찰하기 위해 우선 마케팅 컨셉에서 보면 P. Kotler and S. J. Levy(1969)는 마케팅의 가장 중요한 본질은 시장 거래라고 하는 좁은 개념이 아니고 교환이라고 하는 일반적인 개념이다. 각 당사자는 서로 만족하는 교환을 성취하는 목적으로 자신에게 주어진 제품의 가치를 강조한다고 하면서 마케팅 컨셉을 판매자와 구매자의 상호 만족의 교환으로 강조하고 있다[251]. 이처럼 마케팅 본질을 만족의 교환이라고 하는 개념에 주목하고 있는 것에 대해 R. P. Bagozzi(1975)는 교환 개념의 확대를 주장하며 R. P. Bagozzi(1975)는 마케팅 영역은 보다 넓어야 하고 교환과 관련한 인과 현상을 포함한 모든 활동을 포괄하는 것이 필요하다고 서술하고 있다.[252]

마케팅을 교환으로 간주하는 경우 그것이 지시하는 것이 무엇인지에 관해 P. Kotler(1986)는 마케팅이란 니즈와 원츠를 교환이라고 하는 프로세스를 통해 충족시키는 것을 목적으로 하는 인간 활동이라고 정의하고 있다.[253] P. Kotler에 의한 이 정의에는 마케팅, 즉 교환의 목적과 그 수단이 명확히 나타나 있다. 이 정의의 배경에는 시장 발전과 함께 증가되어 온 기업의 마케팅 활동 시각의 확대가 있었다고 할 수 있을 것이다. 마케팅 개념은 사회적 지향과 함께 보다 확장되어 가고 있다.

마케팅의 개념에 대해 淺井慶三郎(아사이 케이자부로우) (2000)는 마케팅은 사회적 교환과 사회적 협력을 창조, 유지, 고양 혹은 예방하는 것과 관계되는 인간적 활동이라고 정의한다.[254] 여기서 말하는 교환이란 구매자와 판매자의 거래를 사회적 관점에서 보는 것으로 특히 양자의 상호 작용을 강조하고 있다. 그리고 만족에 대해 인간이 의식적 혹은 구조적(문화적)인 욕구에 근거해 그 충족을 위한 목표 설정(기대)과 목표 달성의 인간적 상호 작용을 찾아 요구하고 상호 작용의 프로세스에 들어가 성과와 기대의 대비나 평가 판정(이것이 서비스 퀄리티)을 실시한 결과로 인식된 욕구 충족의 정도라고 서술하고 있다.[255] 서비스 퀄리티의 결과로 나타나는 충족의 정도가 만족이라고 정의한 다음 만족 판단 기준으로 서비스를 강조하고 있다. 특히 거래 과정을 인간적 상호 작용으로 간주하고 그 상호 작용에 서비스를 이용해 마케팅 및 거래 과정의 특성을 판매자가 제공하는 서비스에 맞추고 있다.

上原征彦(우에하라 마사히코)(1990)는 마케팅에 있어서 서비스 개념을 재화 마케팅과 비교하면서 재화 마케팅에 있어서 판매자와 구매자의 관계는 거래 교섭을 제외하고 상호 제어 관계에 이르지 않는 상호 행위 관계에 머무른다고 설명한다. 이에 대해 서비스 마케팅은 구매자 활동 프로세스의 외생화(外生化)이기 때문에 경제적 거래 교섭에 한정되지 않고 판매자는 구매자의 활동 시스템 자체에 개입해 많든 적든 이것을 제어하게 된다. 즉 서비스 마케팅에 있어서 판매자와 구매자의 관계에는 거래 교섭 장면뿐만이 아니라 서비스의 제공 활동 그 자체에 상호 제어 관계 전개가 포함되어 있다고 서술한다.256) 그의 연구에서는 기업 활동 및 마케팅에 있어서 서비스의 중요성이 보다 강조되고 있는 한편 제품의 거래 특성과 서비스를 중심으로 한 거래 특성을 비교해 그 차이점으로 판매자의 제어에 집중하고 있는 것을 이해할 수 있다. 그것은 거래 장면만이 아니라 마케팅 전체에서 서비스에 의한 판매자의 컨트롤 가능성을 가리키고 있는 것이다.

앞서 검토한 연구에서 마케팅 개념은 제품이나 서비스와 고객의 니즈의 만족과의 교환이며 그 교환이란 제품의 기능이나 품질을 기본으로 하며 거기에 부가되는 무언가의 가치를 제공하는 것이었다.

이러한 교환 컨셉에서 보는 마케팅에는 판매자와 구매자의 상호 작용을 필요로 한다. 교환 컨셉에서 검토하는 서비스는 사람과 사람의 상호 작용에 의해 발생하는 것이며 서로의 자원 교환을 기본으로 한다. 따라서 서비스의 기능적 레벨을 측정하는 척도는 만족을 느끼는 정도로 이어지게 되는 것이다.

그림 4-2는 마케팅의 교환 컨셉에서 보는 서비스와 서비스가 부가된 제품의 특성을 나타낸 것이다.

그림 4-2 교환 컨셉과 서비스

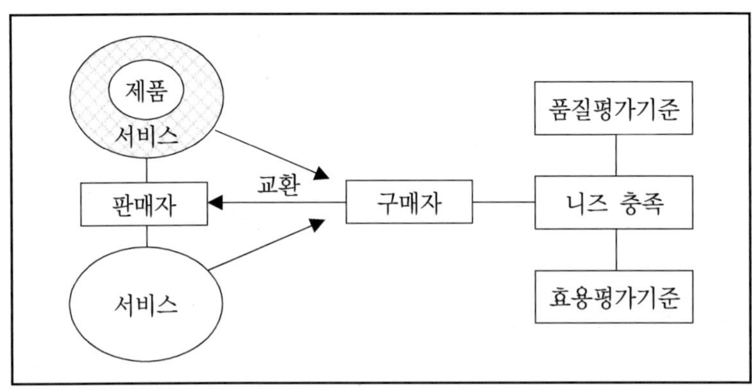

출처: 김성혁「サービス・マーケティングにおける人間相互作用に關する槪念枠組」『三田商學硏究』第30卷3号、1987年8月, pp.138-142에 의한 재작성.

그림 4-2을 구체적으로 살펴보면 제품에 부가된 서비스의 경우는 당연한 것으로 제품과 함께 교환이 이루어져 왔다고 할 수 있다. 이 경우 유형재로서 제품을 중심으로 하는 서비스가 요구되기 때문에 제품 품질이나 기능에 동반한 구매 후 관리가 주된 서비스 내용이 된다. 그것은 구매자, 즉 고객을 대하는 판매원이나 구매 후 문제를 담당하는 고객 센터의 역할과 그 시스템의 중요성이 다수 연구되어 온 것으로부터도 중요성을 확인할 수 있다.

반면 서비스업을 중심으로 하는 무형재의 서비스 경우는 기본적으로 제품, 즉 제품과 다른 퍼포먼스의 교환이 중심이 되고 있다. 서비스 자체가 상품이 되고 있어 고객은 그 서비스 상품의 내용에 따라 구매나 이용을 결정하고 있다. 따라서 기업 및 서비스 판매자는 보다 좋은 퀄리티 내용을 어필하기 위해 각고의 노력을 하게 되었고 그러한 노력은 서비스 산업의 발전 및 서비스의 세분화와 업종 증가로부터 확인할 수 있다.

여기서 주목해야 할 것은 서비스와 제품에 부가된 서비스는 근본적으로 그 성질이 다르다는 것이다. 양자 모두 인간의 행위에 의한 활동이지만 전자는 서비스 자체가 상품화된 것이기 때문에 제공자에 의한 스킬과 그 시스템이 명확한 경우가 많고 고객도 사전에 비교 판단할 수 있어 주체적으로 선별할 수 있다. 그러나 후자의 제품에 부가된 서비스의 경우는 고객의 구매 목적 대상은 부가된 서비스가 아니라 어디까지나 제품이기 때문에 기업이나 판매자는 제품을 중심으로 마케팅을 실시하므로 부가된 서비스는 고객이 사전에는 비교할 수 없는 것이다. 그러므로 제품에 부가된 서비스에 관해 고객은 주체적으로 선택할 수 없다고 할 수 있다.

이러한 차이점과는 별도로 두 서비스 모두 재화로서 품질, 안전성, 문제 발생 시의 신속한 대응, 보상 등이 요구된다. 그리고 고객은 그에 대해 일정한 판단 기준을 갖고 있으며 구매에 의한 이익을 구매 전후 또는 다른 서비스와 비교 및 판단하고 있다.

그림 4-2와 같이 일반적으로 시장에서 거래를 실시하는 판매자와 구매자는 구매를 통해 상호 만족을 충족시키는 것을 목적으로 하고 있다. 그 교환 과정 중 판매자는 상품화된 기술력이나 노하우라고 하는 교환의 중심적 역할을 완수하는 대상 제품을 갖고 있다. 그리고 상품화된 기술력과 노하우는 유형재에도 서비스에도 존재한다. 즉 유형재 제품이라 해도 무형재 서비스라 해도 사람이 중심이 되어 교환이 행해지고 판매자와 구매자 또는 종업원과 고객이라고 하는 사람과 사람의 관계에서 존재하고 있는 것에 주목해야 할 것이다.

마케팅에서 바라보는 모든 거래가 사람과 사람의 관계에 의한 활동이라고 하는 관점은 서비스를 시작으로 마케팅에서 매우 중요한 관점일 것이다. 그리고 인간 활동이기 때문에 서로의 존중에 근거한 상호 만족이 충족되지 않으면 안 되는 것을 이해해야 할 것이다. 그것은 또 판매자와 구매자의 상호 작용이라고 할 수 있는 거래는 구매자에게 충족감을 주지 않으면 유효하고 지속적인 관계 유지에 무리가 있다. 항상 판매자가 구매자를 리드하거나 그렇지 않으면 따를 수밖에 없는 두 가지 문제이기도 하다. 어느 쪽이라도 구매자, 즉 기업이 고객을 끌어들일 수 있다면 기업 활동의 목표 달성은 그만큼 어렵지 않을 것이다. 그러나 기업의 효율성에서 보면 고객을 따르는 것보다 리드하는 것이 기업 활동을 장기적으로 안정시킬 것이다. 그 관점에서 서비스를 살펴보면 기업 또는 판매자는 구매자인 고객이 바라는 대로 서비스를 제공하는지 그렇지 않으면 고객은 눈치채지 못하지만 필요하고 갖고 싶어 하는 지금까지 존재하지 않았던 서비스를 제공하는 것으로 고객의 마음을 사로잡아 기업 활동 목표를 달성해 나가야 할 것이다. 어느 쪽이라 해도 수용자가 되는 고객은 충족감을 느꼈는지 판단하게 될 것이다. 그리고 기업에서 보면 장기적으로 고객을 끌어당기는 서비스를 제공하는 것이 지속적 성장이 보장될 것이다.

이상의 검토로 마케팅의 교환 컨셉 개념에서 보면 서비스는 판매자와 구매자의 거래 프로세스이며[257] 유형재에 부가되는 경우도 있기 때문에 기업 마케팅 활동의 교환 컨셉의 중요성은 증대되었다고 이해된다. 이러한 서비스를 고객은 도대체 어떠한 기준을 가지고 판단하고 있는가를 고객만족에 있어서 서비스 판단 기준에 관한 연구를 통해 검토하기로 한다.

원래 서비스에 대한 고객의 평가는 만족, 불만족, 어느 쪽도 아닌 무관심 등이 존재하고 있다. 그 점에 관해 淺井慶三郎(아사이 케이자부로우)(1988)는 Maslow(1954)의 욕구 단계설을 이용해 서비스의 질에 있어서 만족에 관한 소비자 의식을 그림 4-3과 같이 주장하고 있다.258)

그림 4-3 서비스에 대한 고객의 만족

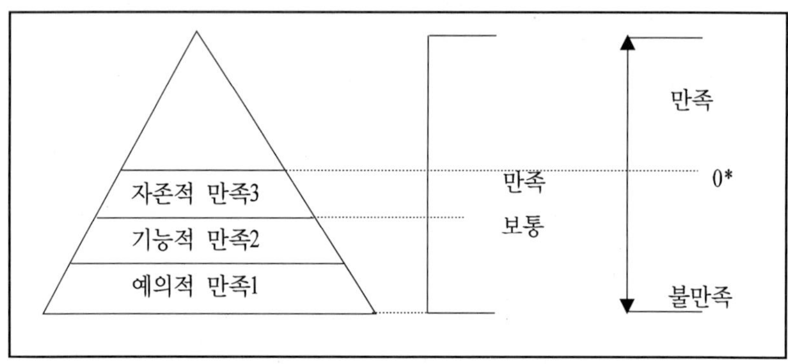

*만족 불만족 모두 0상태를 의미한다.

출처: 淺井慶三郎『サービスのマーケティング管理』同文舘, 1989年, p.62.

그림 4-3과 같이 고객에게 제공되는 서비스의 질에 대한 평가로부터 이해되는 것은 예의적인 만족 단계에서 기능적 만족 단계, 자존적 만족에 도달하는 욕구가 충족되지 않으면 불만족이 되는 것이다.

따라서 서비스에 의한 만족도 고객 자신의 요구에 근거해 평가되고 있는 것을 이해할 수 있다. 이와 같이 만족 구조에 있어서 서비스의 현대적 의미와 그 견해를 제품과 함께 항상 존재하고 있던 부가적 무형의 서비스와 시장 발달과 함께 발전해 온 서비스업의 무형재로서 서비스로 나누어 검토하기로 한다.

이 두 가지 서비스 모두 품질, 안전성, 문제 발생 시 신속한 대응, 사용 후 보상 등이 요구된다. 그리고 소비자는 그에 관한 어느 일정한 판단 기준을 가지고 있어 구매에 의한 이익을 구매 전후 또는 다른 서비스 및 자신의 기대 수준과 비교하고 있다. 그 판단 기준에는 고객이 지불하는 대가에 대한 당연한 기대로서 본질적 서비스가 있고 대가에 대해 당연하지 않지만 있으면 있는 대로 좋은 표층 서비스가 있다. 본질적 서비스는 무형재로서 서비스를 나타내고 표층적 서비스는 제품에 부가되는 무형의 서비스를 가리킬 수 있을 것이다. 바로 이러한 서비스가 기대되고 비교되며 판단되는 것이다.

이렇게 마케팅의 교환 컨셉에 서비스 개념을 검토하면서 현대적 의미에서 서비스를 본질적 서비스로서 무형재인 서비스재와 표층적 서비스로서 제품에 부가되는 서비스 두 가지로 분류했다. 두 개념과 고객만족과의 구조 관계에서 서비스 실행과 관리의 중요성을 확인하면서 다음에서는 마케팅에 있어서 서비스 분류에 대해 검토하기로 한다.

2) 마케팅에서 서비스 분류

서비스는 제품과 본질적으로 다른 특성 때문에 제품보다 평가가 곤란하다고 여겨져 왔다. 그러나 서비스도 그 특성에 근거해 서비스나 서비스업을 카테고리별로 분류할 수 있으며 그에 관한 연구가 진행되어 왔다. 바로 그러한 서비스 분류로부터 평가가 시작되게 될 것이다. 그 연구 중 가장 많이 인용된 것은 V. A. Zeithaml(1981)에 의한 서비스 속성별 분류로 서비스 속성과 평가 정도에 따라 그림 4-4와 같이 나타내고 있다.

그림 4-4에서 알 수 있는 것은 제품과 서비스 구분은 명확히 구별되지만 경험 속성을 필요로 하는 재화이면서 서비스를 포함하고 있는 제품이 있다는 것이다. 게다가 서비스 특성에 관한 모든 연구가 제품과 비교해 서비스 특성을 찾고 있는 것과 같이 서비스 분류

를 서비스 특성에 대조해 분류하고 있는 것에서 이런 어프로치의 연구는 서비스 특성에 관한 연구의 연속으로 간주된다고 생각된다.

그러나 그림 4-4에서 주목해야 할 것은 탐색 속성이 강한 유형재라도 구매 전후 또는 판매장에서 판매자에 의해 서비스가 행해지고 있다는 것이다. 즉 현대 시장에서 모든 제품은 서비스와 함께 소비자에게 구매되고 있다고 할 수 있다는 것이다. 그 관점에서 보면

그림 4-4 속성별 서비스 분류

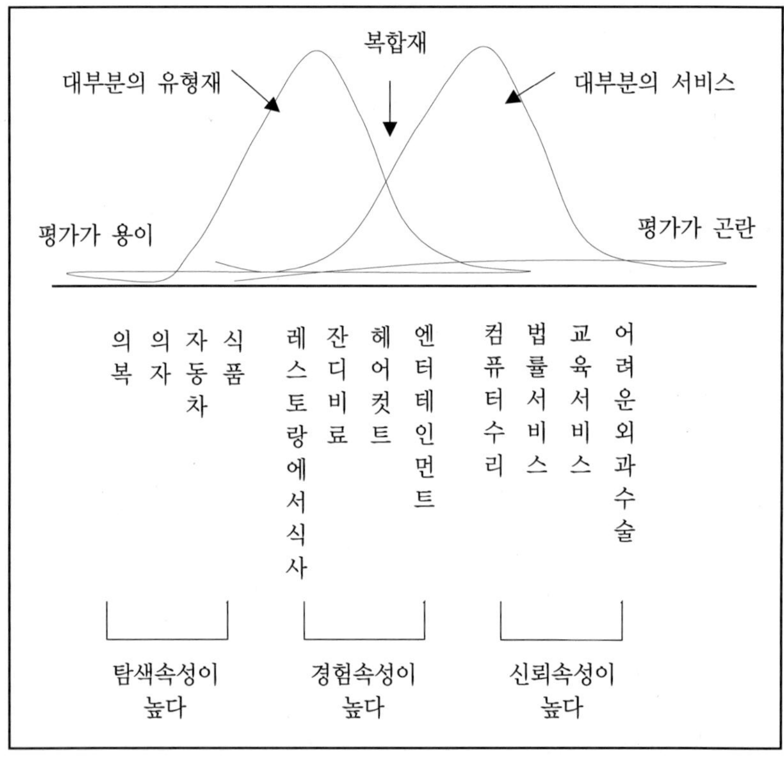

출처: Zeithaml, V. A., "How Consumer Evaluation Process Differ Between Goods and Services", in *Marketing of Services*, ed. J. H. Donnelly, and W. R. George, Chicago: American Marketing Association, 1980, p.186.

서비스에 의한 고객만족의 중요성을 재확인할 수 있으며 고객만족 연구와 서비스에 있어서 고객만족 연구와의 양립 및 통합적 연구가 필요하다는 것을 이해할 수 있다. 서비스를 고객만족 관점에서 검토할 때 어떤 관점에 근거해야 하는 것일까에 관해 다양한 시도가 있었지만 대다수의 연구는 서비스의 특성을 중심으로 하는 측정 개념 및 기준에 관한 연구이다.

의복, 가구, 자동차, 식품 등 탐색적 속성이 강한 제품의 경우는 품질 기준이 유형성 또는 신용, 기능성 등으로 평가되고 있다고 생각된다. 레스토랑에서의 식사, 헤어 컷트, 엔터테인먼트와 같은 경험적 서비스의 품질 요인은 신뢰성, 응답성, 접근성, 예의, 커뮤니케이션, 고객 이해 등이 판단된다. 탐색형 서비스와 비교해 경험형 서비스는 서비스 제공자와 고객과의 상호 관계에 의해 서비스 수급이 이루어지기 때문에 특히 서비스 제공자의 숙련도에 따라 품질 평가가 좌우되는 경향이 강하다. 마지막으로 고도 전문 서비스 분야의 신뢰형 서비스 품질 요인은 능력, 안심 등이다. 표 4-4는 위 그림 4-4의 속성별 서비스 품질 결정 요인을 나타낸 것이다.

표 4-4 속성별 서비스 분류와 품질 요인

속 성	서비스 품질 요인
탐색형 서비스	유형성(Tangibles) 신용도(Credibility)
경험형 서비스	신뢰성(Reliability), 응답성(Responsiveness), 접근성(Access), 예의(Courtesy), 커뮤니케이션(Communication), 고객이해(Understanding the Customer)
신뢰형 서비스	능력(Competence), 안정성(Security)

이와 같이 서비스는 그 특성에 따라 유형화할 수 있다. 이 점에 대해 近藤隆雄(곤도 타카오)(1991)는 서비스를 정상 업무 서비스와 특별 업무 서비스로 크게 나누고 있다. 항공사의 서비스를 예로 정상 업무 서비스에는 서비스를 핵심으로 하는 공간 이동과 신속성과 같은 코어 서비스와 부가적 서비스로 항공사의 기내식이나 음료 또는 영화 상영 및 음악 방송 등을 서브 서비스로 설명하고 있다. 특별 업무 서비스에 관해서는 컨틴젠트(contingent) 서비스로 병자를 위한 특별식이나 아이 돌보기 등을 예로 들고 있다.[259] 이러한 서비스 항목 분류는 서비스를 보다 깊이 구분해야 함을 시사하고 있다.

그 후 연구 중에서 久保田進彦(구보타 유키히코)(1997)는 서비스를 목적형 서비스와 수단형 서비스로 나누고 있다. 목적형 서비스는 어떤 목적으로 소비되는 서비스이며 수단형 서비스는 목적에 이르는 수단으로 소비되는 서비스를 가리킨다. 수단형 서비스는 수단 탐색형 서비스와 수단 수행형 서비스로 나눌 수 있다. 수단 탐색형 서비스는 목적에 이르기 위한 수단을 탐색하는 것이며 수단 수행형 서비스는 목적에 이르기 위한 수단을 수행하는 서비스로 분류된다고 설명한다.[260]

위 검토로부터 이해되는 것은 어떤 속성을 가진 서비스에 대해서도 신뢰와 신용의 속성 요인이 포함되어 있다는 것이다. 서비스가 부가되는 제품이라 해도 신용과 신뢰는 필요 불가결한 품질 요인이라는 것이 이해된다. 그렇다면 그러한 신뢰와 신용은 어떻게 만들어지는 것일까 어떤 구성 요인으로 신뢰와 신용이 형성되는 것 일까. 그것은 서비스의 업종 또는 제품의 유형에 따라서 다를 것이다. 따라서 기업은 서비스재 또는 부가되는 서비스라 할지라도 고객에 대해 끊임없이 신뢰와 신용을 주어야 하고 그것을 위해 고도로 균일화된 서비스의 품질을 유지해야 할 것이다.

지금까지 검토해 온 서비스 정의와 마케팅에 있어서 서비스 분류와 그 품질 요인에 관한 견해를 정리하면 다음 그림 4-5과 같다.

그림 4-5 현대 시장의 서비스 분류와 그 추이

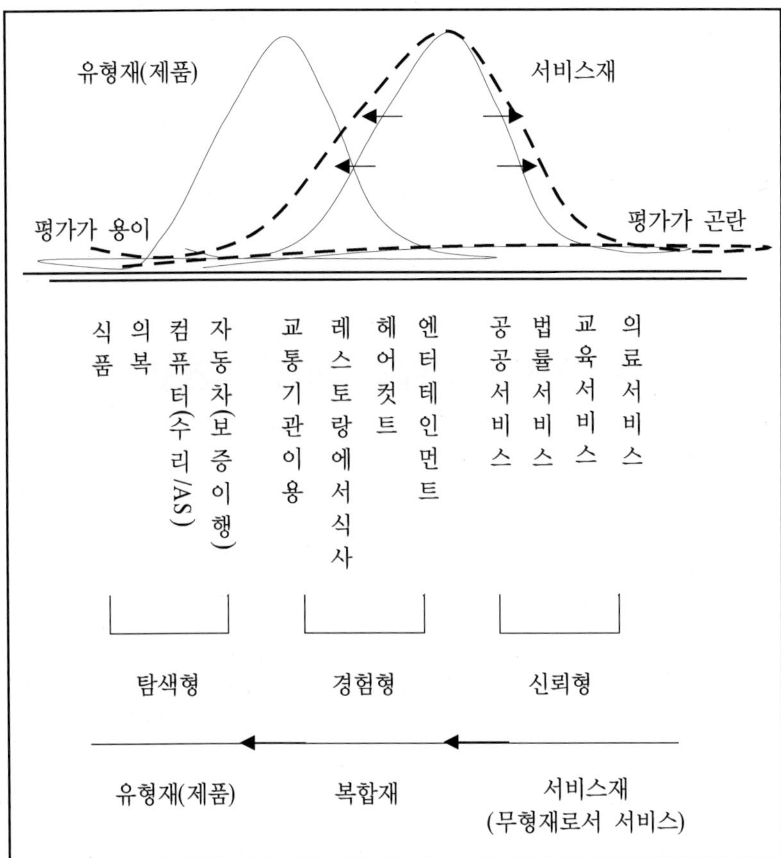

출처: Zeithaml, V. A., "How Consumer Evaluation Process Differ Between Goods and Services", in *Marketing of Services*, ed. J. H. Donnelly, and W. R. George, Chicago: American Marketing Association, 1980, p.186의 재작성.

표 4-5 서비스의 현대적 분류

서비스 분류	형태적 분류	기능적 분류
	무형재로서 서비스 (서비스재)	비물리적 본질 기능
	제품에 부가되는 서비스 (복합재)	비물리적 부가 기능

다음에서는 서비스가 마케팅에서 어떻게 연구되어 왔는지를 주요 연구로부터 검토하고 시대별 연구의 특성을 정리하고 구분하기로 한다.

제2절 마케팅에서 서비스 연구

제1절에서 검토해 온 서비스 개념과 그 특성으로부터 마케팅에서 서비스 연구에 관해 검토하기로 한다. 고객만족에 있어서 서비스 역할과 중요성을 미리 검토하고 재확인하기 위함이다. 특히 마케팅에서 서비스 연구를 검토하는 것에 서비스 마케팅은 빠트릴 수 없는 부분이기 때문에 제2절에서는 서비스 마케팅 연구를 중심으로 고찰하기로 한다.

1. 마케팅에서 서비스 연구의 흐름

경쟁 심화와 함께 제품에 부수되는 서비스와 서비스 수요의 증가는 서비스 시장의 확대에 의한 경제적 효과가 주목받게 되면서 서비스와 서비스업에 관한 연구가 활발히 진행되어 왔다. 연구 중에는 특히 서비스 마케팅에 주목한 연구가 많고 서비스 개념 및 특성과 분류 기준 그리고 서비스 품질 요인, 서비스 산업의 전략 등에 관한 연구가 다수이다.

우선 여러 연구에서 서비스 개념을 살펴볼 때 上原征彦(우에하라 마사히코)(1990)는 경제 주체는 욕구 충족을 위해 넓은 의미로 생산 활동(위상 변화 활동)에 관여하고 있는 해당 경제 주체가 이러한 활동을 스스로 실시하는 것이 아니라 시장 거래를 통해 다른 경제 주체에게 위임할(外生化) 때 서비스를 급부받게 된다. 즉 서비스란 어느 경제 주체가 다른 경제 주체의 욕구를 충족시키기 위해 시장 거래를 통해 다른 경제 주체 자체의 위상 내지는 다른 경제 주체가 사용·소비하는 물건의 위상을 변화시키는 활동(행위) 그 자체라고 서술한다.261) 주목할 것은 서비스의 주고받음은 행위의 주고받음이기 때문에 생산과 소비가 일체화되어 있고 판매자로부터 구매자에게 소유권 이전이 없으며 양자 간 상호 제어 관계인것이 제품과 다른 차이점이다. 서비스 연구에 관한 관점을 마케팅의 판매자와 구매자 관계로 보면 서비스 마케팅이란 판매자인 서비스 제공자와 구매자인 고객과의 상호 관계가 연구 초점이 되고 있다. 즉 서비스는 판매자와 구매자의 상호 관계에 의해 발생하는 것이기 때문에 서비스 자체에 주목한 연구라 하더라도 서비스 특성은 간과할 수 없으며 마케팅과 연계된 서비스 연구에서도 서비스 제공자가 미치는 영향력에 관해 중요하게 다루고 있다.

서비스에 관한 연구에 대해 R. P. Fisk, S. W. Brown and M. J. Bitner(1993)는 1953년부터 1979년까지를 '연구 태동의 단계(Crawling Out)' 1980년부터 1985년까지를 '걸음마 단계(Scurrying About)' 1986

년 이후는 '보행 단계(Walking Erect)'로 분류하고 서비스 마케팅은 이 3 단계를 거쳐 발전해 왔다고 서술했다.262)

서비스 연구의 태동기에는 서비스 마케팅의 본질을 이해하기 위한 서비스 콘셉트와 그 특성을 파악하려는 연구가 주로 행해졌다. 다음 단계인 걸음마 단계에서는 C. H. Lovelock(1983)에 의한 서비스 분류 체계와 A. Parasuraman, et al.(1985)의 서비스 품질 모델263) 등 서비스 자체에 관한 연구가 주로 진행되었다. 보행 단계인 1986년 이후에는 서비스 관리 및 통제 등 서비스 특성과 관련 분야를 확대한 어프로치로 서비스 마케팅 이론 형성과 연구 과제 등에 주목한 연구가 왕성히 이루어졌다. R. P. Fisk et al.(1993)은 서비스 연구의 발전 과정을 설명하면서 서비스 마케팅의 중요한 연구 과제로 서비스 품질과 고객만족 연구가 필요하다고 강조했다.

서비스에 관한 선행 연구에 대해 山本昭二(야마모토 쇼우지)(1986)는 크게 두 어프로치가 있다고 했다. 한 가지는 서비스와 유형재 혹은 재화의 쌍방의 성질 차이에 의한 구별이라고 하는 본질적 문제에 관한 어프로치이며 다른 하나는 서비스와 유형재 혹은 재화를 실제 경제 활동 중에서 구별하려는 실태적 문제에 관해 파악하는 방법이다.264) 연구 어프로치는 마케팅에서 서비스 연구에 영향을 주어 전자의 경우는 서비스 본질의 해명과 그 성질에 관한 연구로 후자는 서비스업을 중심으로 하는 마케팅 연구에 영향을 주었다.

표 4-6 마케팅에서 서비스 연구의 흐름

마케팅에서 서비스 연구의 특징	
~ 1985년	서비스의 본질 해명과 그 특징에 초점을 맞추고 있다 (제품과 구별되는 시점).
1985년 ~	서비스업을 중심으로 하는 마케팅에 초점을 맞추고 있다 (서비스 품질관리적 시점).

이 점에서 보면 서비스에 관한 검토는 서비스 자체에 주목하는 것보다 마케팅에서 서비스 연구에 중점을 두는 것이 서비스와 고객 만족과의 관계를 명확히 볼 수 있을 것이다. 다음에서는 서비스를 중심으로 하는 마케팅 연구에 주목해 고객만족과의 관련을 검토하기로 한다.

2. 서비스 마케팅

서비스를 중심으로 하는 마케팅 연구는 지금까지 많은 연구가 이루어져 왔고 특히 1980년대에 들어서 다수의 연구가 진행되었는데 그 배경에는 전통적인 마케팅 매니지먼트의 체계화가 있었다고 생각된다. 일본의 서비스 관련 연구도 미국 연구보다 훨씬 늦었기 때문에 서비스 마케팅 연구의 역사는 그다지 길지 않고 향후 연구 과제가 더 많다고 할 수 있다(野村淸(노무라 키요시)(1983), 藤村和宏(후지무라 카즈히로)(1991), 이유재(1991), 鍋田英彦(나베타 히데히코)(2000)[265]).

이러한 서비스는 일반적으로 봉사, 진력, 무료, 덤, 가격 인하라고 하는 의미로 인식되고 있지만 비즈니스상에 있던 서비스라는 것은 유형재에 부수된 서비스 외에 교환 행위의 대상이 되는 서비스재가 있다.

P. Kotler(1972)는 상품의 개념 범위에 대해 물품(일반의 상품), 서비스(여행, 보험, 치료, 컨설팅 등), 장소(관광지, 테마파크 등), 사람(탤런트, 선거 입후보자 등), 조직(미술관, 대학, 지방공공단체 등), 아이디어(각종 캠페인 등)라고 서술한다.[266]

그 후 미국 마케팅 협회(AMA)는 1985년 마케팅의 정의를 개정했을 당시 상품 개념뿐만이 아니라 서비스 개념을 다루어 마케팅의 정의를 확장시켰다. 그 정의에는 호감을 창조하기 위한 상품으로서 아이디어, 상품, 서비스를 들고 있으며 또한 마케팅 활동의 수행자로서 영리 조직의 일반 기업만이 아니라 개인이나 비영리 조직까지 그 범위를 확대시켰다. 지금은 마케팅에 있어서 상품 범위는 보다 확대되었고 이제는 유형재, 즉 상품만을 가리키는 것이 아닌 서비스의 중요성으로도 인식되고 있다.

이와 같이 서비스가 서비스화의 시대라고 불릴 만큼 주목되게 된 것은 비교적 최근이라고 한다(淺井慶三郎(아사이 케이자부로우)(1993)[267]). 앞서 살펴본 것처럼 서비스가 가져오는 효과에 주목하게 되면서 서비스를 명확히 정의하고 분류하려는 연구가 시작되게 되었다. 그리고 그 후 마케팅에 서비스를 도입한 연구나 서비스 산업을 중심으로 하는 서비스 마케팅이 활발히 연구되었다.

그렇다면 서비스 마케팅은 기존의 마케팅과 어떠한 점에서 다른지 서비스 자체가 갖는 본질로부터 발생하는 차이점인지를 검토하기로 한다.

마케팅은 사회 변화와 함께 변화하고 있기 때문에 사회적 요청에 응하는 역할을 항상 짊어져 왔다고 말할 수 있을 것이다. 그에 대해 P. Kotler(1986)는 사회적 마케팅 개념은 기본적으로 기업 이익과 소비자의 현재 만족에 더해 사회 복지를 상승시키는 방식으로 다루었다. 그 후 A. C. Samli(1992)는 사회적 마케팅의 발상을 한층 더 뛰어넘어 프로 액티브 마케팅이라고 하는 개념을 말하고 있다.[268] A. C. Samli에 의하면 현대 마케팅에 요구되는 것은 우선 사회의 안전, 행복, 자원, 환경에 관한 평가에 앞서서 그 어려운 기준 범위에 어떻게 소비자를 만족시키는 제품 및 서비스를 개발하고 결과적으로 수익이나 기업의 존속 및 성장이 가능하게 하는가 하는 발상의 전환이 필요하다고 지적하고 있다.[269]

이러한 사회적 관점에 선 마케팅이 서비스 마케팅이라는 주장도 있다. 영리 추구로부터 비영리 추구로의 마케팅 목표 확장에 의해 서비스 마케팅 연구는 1980년대 이후 새로운 연구 영역으로 인지되고 있다.

이러한 배경을 가지는 서비스 마케팅에 대해 淺井慶三郎(아사이케이자부로우)(1993)는 신규 고객의 단골화와 단골 고객의 매체로서 활성화 촉진이 서비스 마케팅 전략의 키 포인트 중 하나로 채택돼야 한다고 말하고 있다.270) 전통적인 마케팅 이론에서는 제품의 교환 행위를 전제로 하고 있다. 그러나 제품과 서비스가 본질이 달라도 마케팅의 기본 이념 및 기본적 구조에 큰 차이점은 찾아 볼 수 없다.

마케팅에 있어서 수단이라 불리는 E. J. McCarthy의 4P(Product, Price, Place, Promotion)271) 에 대해 V. A. Zeithaml and M. J. Bitner (1996)는 서비스 마케팅에 3P를 채택해 People, Physical evidence, Process가 적용된다고 서술한다. People이란 인간, 즉 종업원, 고객을 일컬으며 Physical evidence란 물적 환경 요소로서의 건물, 경관, 주차 시설, 레이아웃, 유니폼 등을 의미하고 Process는 서비스 제공 과정으로 서비스 활동의 프로세스를 가리킨다.272)

서비스 관점에서 보는 마케팅 컨셉은 서비스를 제공하는 제공자라고 하는 존재에 의해 추측 결과가 달라진다. 그 점이 전통적인 마케팅과 구별되는 특징이라고 할 수 있을 것이다. 그리고 서비스 제공자와 고객과의 교환 과정에서도 기존 마케팅의 컨셉과 다른 특징이 있다. 그 특징이란 서비스의 본질적인 특성에 의해 기존의 마케팅 컨셉 개념에 사람이라고 하는 인적 수단에 의한 적용과 관리가 포함된다는 것이다.

표 4-7 서비스 마케팅의 연구 배경과 연구 특징

서비스 마케팅의 연구 배경	서비스 마케팅의 특징
서비스 소비의 증가 서비스업의 증대 기업 활동에 있어서 서비스 부문의 확대	서비스 제공자의 제공 과정에 있어서 품질 관리가 핵심 요소

결 론

제4장에서는 마케팅에서 서비스와 고객만족의 연구와 마케팅에서 서비스의 위상과 고객만족과의 관련을 검토하는 것을 목적으로 했다. 서비스에 관한 기존 연구로부터 그 개념 및 특성을 검토했으며 마케팅에서 서비스 관련 연구와 서비스 마케팅 연구를 고찰하는 것으로 현대 시장에는 서비스재와 제품에 부수되는 서비스가 다수 존재하고 있다는 것을 확인할 수 있었다. 서비스 품질 요인과 고객만족과의 관계로부터 서비스에 있어서 고객만족 연구의 필요성을 재확인할 수 있었다.

특히 서비스의 현대적 분류와 그 의의를 검토하기 위해 서비스 분류에 관한 기존 연구로부터 서비스재와 제품에 부수되는 서비스라고 하는 두 가지 개념을 정리할 수 있었다. 그리고 제품과 구별되는 서비스를 탐색재, 경험재, 신뢰재라고 하는 분류에서 현대적 분류로 제품, 서비스재, 복합재라고 하는 개념으로 정리했다. 제4장에서는 현대 시장에 있어서 서비스에 관한 이해와 분류를 마케팅 시각으로 검토하는 것으로 마케팅 및 고객만족 연구와 서비스 연구의 관련과 연구의 중요성을 재인식할 수 있었다.

제 5 장

서비스와 고객만족 연구

마케팅은 고객 지향을 중시한 경영 활동을 의미하고 고객만족 이념은 현대 기업 활동의 방향성을 위한 목표가 되고 있다. 고객만족은 기업의 마케팅 행동에 다양한 수단으로 이용되고 있지만 그 중 고객과의 커뮤니케이션을 기축으로 한 A / S 활동을 포함한 서비스 활동이 차지하는 비중은 매우 크다. 따라서 서비스의 질과 내용 및 형태 등에 따라 만족 정도가 어떻게 바뀌는가는 서비스에 있어서 고객만족에 관한 연구의 중요성을 높인다고 생각된다.

제5장에서 검토하려는 서비스에서 고객만족 연구는 서비스 본질에 주목하는 것으로 서비스의 자리매김을 검토 하는 것이다. 제4장의 제1절에서 고찰해 온 연구자의 견해에서 공통되는 서비스의 본질은 무형성, 비균일성, 동시 발생성, 소멸성이었다. 이러한 본질을 가진 서비스가 고객에게 어떻게 평가되고 만족으로 판단되는지를 검토해 서비스에서 고객만족의 자리매김을 명확히 하기로 한다.

제1절 서비스 품질 판단에 관한 연구

1. 80년대까지 서비스 품질 판단에 관한 연구

서비스의 품질 개념은 1980년대부터 서비스 기업의 주요 관심 대상이 되어 왔고 기업의 수익 향상을 위한 핵심 전략적 과제로 다루어져 왔다. 그 배경에는 서비스 부문의 급속한 발전이 타사와의 경쟁 차별화를 겨룰 때 서비스 품질이 중요하며 그 측정과 관리가 필요하다는 인식의 향상이 있었다. 종래와 같이 단순한 모방이나 가공된 서비스에 의지하는 것으로는 서비스 품질에 민감해진 소비자의 특별한 욕구를 충족시킬 수 없게 되어 시장에서 지속적인 성장을 기대할 수 없다고 하는 인식이 뒷받침된 것이다.

이러한 서비스 품질 평가 기준에 대해 U. Lehtinen and J. Lehtinen (1982)은 서비스 품질 기준을 서비스 전달 과정에 근거해 구분하고 물적 품질(설비, 건물, 기회 등), 상호 작용 품질(서비스 공급자와 소비자), 기업 품질(기업 이미지, 프로파일)로 나타내고 있다.[273] 또한 D. A. Garvin(1984)은 서비스 품질을 주관적 품질과 객관적 품질로 나누고[274] 있으며 C. Grönroos(1983)는 기술적 또는 결과적 품질과 기능적 또는 과정 품질의 결합으로 서비스 품질을 인식하고 어떠한 서비스를 어떻게 제공할까에 초점을 맞춰 서비스 품질을 평가하고 있다.[275]

서비스 품질을 정리하면 서비스가 제공되는 과정에서의 품질과 서비스가 제공된 후 품질로 나눌 수 있고 각 기준에 기대가 충족된 정도에 의해 판단되는 것을 이해할 수 있다.

한편 서비스 품질 기준에 관한 연구에 지대한 영향을 준 A. Parasuraman, V. A. Zeithaml and L. L. Berry(1988)에 의하면 지각된 서비스 품질이란 소비자의 기대와 지각 간 불일치 정도이며 서비스에 대한 소비자 경험은 서비스 품질에 관한 소비 후 평가, 즉 지각된 서비스 품질에 영향을 미친다고 서술한다. 소비자인 고객이 지각하는 특정 서비스 품질은 고객 자신의 서비스에 대한 기대와 지각된 서비스와 비교된 결과인 것을 가리킨다.

그리고 서비스 품질에 대해 다음과 같은 특성을 서술하고 있다. 첫째로 서비스 품질은 고객 지각과 관련한 고객 지향적 개념이다. 둘째로 서비스 품질은 태도와 유사한 개념이다. 셋째로 서비스 품질은 제공한 결과만이 아니라 제공되는 과정과 관련한 평가이다. 넷째로 서비스 품질은 구매 이전에 평가할 수 있는 탐색적 품질보다 제품 구매나 소비 과정에서 평가되는 경험적 품질 특성이 더욱 강하다. 다섯째로 서비스 품질은 기대와 수행의 비교에 의해 결정된다. 그리고 서비스 품질을 구성하는 요소 및 품질 차원으로 SERVQUAL(A Multiple-Item Scale for Measuring Consumer Perceptions of Service Quality)이라는 측정 방법을 제시하고 있다.[276]

서비스 품질 기준에 관한 연구는 Parasuraman, et al.(1988)의 연구 영향을 받아 SERVQUAL의 검증 및 적용에 관한 연구가 다수 행해지고 있다.

오늘날 정보 사회로의 급속한 변화를 생각해 보면 서비스도 정보화되어 가는 경향이 있다고 할 수 있다. 그 관점에서 보면 SERVQUAL이 현대 서비스의 본질적 특성을 전부 말할 수 있는 것인가 하는 의문이 부상한다. 따라서 SERVQUAL을 바탕으로 한 서비스 품질 기준에 관한 검토 및 새로운 어프로치 적용이 필요하리라 생각된다.

그리고 고객만족 측정에 SERVQUAL을 이용하는 것으로 만족과 서비스 품질 관계에 대해 혼잡한 견해가 생기고 있는 것과 관계해 서비스는 물론 제품에 부수되는 서비스가 확대되고 있는 현대 시장의 특성을 생각하면 서비스 품질은 만족 판단 요인의 일부를 구성하고 있다고 간주할 수 있을 것이다. 제5장에서는 그러한 관점을 가지고 만족과 서비스 품질 관계를 조명하면서 서비스에서 고객만족의 중요성을 확인하기로 한다. 표 5-1은 앞서 검토해 온 연구자의 서비스 품질에 관한 주요 연구를 분류 정리한 것이다.

표 5-1 80년대까지 서비스 품질 연구

연 구 자	서비스 품질 유형	내 용
V. A. Zeithaml (1981)	탐색 품질 (Search Quality) 경험 품질 (Experience Quality) 신뢰 품질 (Credence Quality)	•구매 이전에 평가 가능한 모든 유형재의 품질 •소비 후 평가 가능한 품질 •소비 후 어느 정도 시간 경과와 함께 평가 가능한 품질
U. Lehtinen andJ. Lehtinen (1982)	물리적 품질 (physical quality) 기업 품질 (corporate quality) 상호 작용 품질 (interactive quality)	•서비스의 물리적 측면 •기업의 이미지와 프로필 •객관적 그리고 고객과 접촉하는 종업원과 상호 작용으로 발생하는 품질
C. Grönroos (1983)	기술적 품질 (Technical Quality) 기능적 품질 (Functional Quality) 이미지 (Image)	•서비스 제공자의 기술적 공정 결과가 고객과의 상호 작용으로 남는 것 •기술적 품질이 어떻게 제공되는가에 관한 것 •고객이 서비스를 제공하는 기업에 대해 지각하는 결과

연 구 자	서비스 품질 유형	내 용
D. A. Garvin (1984)	주관적 품질 (Subjectively Quality) 객관적 품질 (Objectively Quality)	•소비자의 니즈, 원츠, 선호에 대한 것 •제품의 객관적 특징
Lehtinen and Laitamaki (1985)	제도적 품질 (Institutional Quality) 물리적 품질 (Physical Quality) 상호 작용적 품질 (Interactive Quality)	•병원 또는 기업 이미지와 관계된 품질 •서비스의 물리적 프로세스에 관련된 품질로서 서비스 결과를 포함한 품질 •서비스 제공자와 고객 간 상호 작용과 관련된 품질
A. Parasuraman, V. A. Zeithaml, and L. L. Berry (1988)	객관적 품질 (objective quality) 인지적 품질 (perceived quality)	•제품 지향, 생산 지향적 개념 •고객 지향으로서 개념
	SERVQUAL •신뢰성(Reliability) •확신성(Assurance) •반응성 (Responsiveness) •공감성(Empathy) •물적 요소 (Tangibles)	서비스 품질 차원 •제공자의 서비스 수행에 관한 신뢰 •기대한 결과가 얻어진다고 하는 확신 •서비스 제공자의 제공에 있어서 스피드와 의욕 •고객의 니즈와 원츠의 이해 •물적 요소

표 5-1의 서비스 품질 연구는 서비스가 제공될 때에 판단 규범이 되는 일정한 품질 기준과 제공자에 의해 서비스가 고객에게 제공되는 과정에서의 품질과 고객이 서비스를 소비 또는 경험한 결과로 평가 판단하는 품질이 있는 것을 알 수 있었다(藤村和宏(후지무라 카즈히로)(1991)[277]). 연구자에 의한 서비스 품질 분류 방법은 어느 품질에 있어서도 기업의 노력이 중요하다는 것을 시사하고 있다.

그러나 여기서 간과할 수 없는 것은 서비스는 사람에 의해 행해지는 활동이며 또한 그것을 받아들이는 고객도 사람이다. 서비스는 가변적 특성이 있기 때문에 아무리 기술적인 공정을 거쳐도 고객에게 제공될 때에는 제공자의 재량에 의해 달라지고 그것을 평가 판단하는 고객도 개인 나름대로 판단하고 있다는 것을 가리킨다. 즉 앞서 서술한 품질 기준에 이르거나 또는 그 수준을 넘어도 서비스를 받아들이는 각 고객의 평가 판단 기준을 충족시키지 않으면 그 서비스는 만족감을 가져올 수 없다는 것이다. 그 때문에 고객이 어떠한 서비스에 만족하고 감동하고 있는지를 치밀히 검토할 필요가 있으며 서비스 제공자에 대한 철저한 교육과 훈련이 보다 필요하게 된다. 실제로 많은 기업이 그러한 서비스 실현에 착수하고 있으며 서비스 품질 평가 척도를 중심으로 한 많은 연구를 진행해 오고 있다.

2. 90년대 이후 서비스 품질 판단에 관한 연구

서비스 품질과 고객만족의 구조에 관한 이론과 실무에는 큰 혼란이 존재한다는 것을 지적하고 있다(Taylor(1994)[278]). 그 점에 관해 山本昭二(야마모토 쇼우지)(1999)는 서비스 품질과 서비스에 대한 고객만족 개념은 복잡하게 뒤엉켜 있다고 서술한다.[279] 그것을 뒷받침하는 것이 고객만족도를 측정하는 척도로 서비스 품질을 이용하는 방법이 연구마다 다르다는 것이다. 그리고 이점이 마케팅에서 고객만족 및 서비스 품질 측정에 일반성이 있는 방법에 관한 연구의 관심을 높이게 된 계기가 되었다(A. Parasuraman, et al.(1994), J. Cronin and S. A. Taylor(1994), Smith(1995)[280]).

고객만족과 서비스 품질에 관해 둘은 밀접히 관련되어 있지만 다른 구조를 갖고 있다는 견해도 있다(V. Liljander and T. Strandvik (1993), S. A. Taylor(1994)[281]). 특히 M. J. Bitner and A. R. Hubbert

(1993)에 의하면 고객만족과 서비스 품질의 구조적 차이는 고객만족이 특정 거래에 관계하는 한편으로 지각 서비스 품질은 보다 넓은 의미로의 서비스 경험 평가와 관계하고 있다고 서술하고 있다.[282] 그리고 고객만족과 서비스 품질의 구별에 관한 연구에 대해 만족은 감정적 판단의 결과이며 서비스의 지각 품질은 인지적 판단에 의한 평가라고 하는 만족의 느낌은 서비스의 품질 지각보다 선행한다고 하는 견해도 볼 수 있다(Bitner, et al.(1990), R. Bolton and J. H. Drew (1991)[283]).

한편으로 만족은 서비스 품질 평가보다 상위 개념이며 서비스 평가의 일부로 품질은 만족보다 선행한다고 서술한다(J. Cronin and S. A. Taylor(1992)[284]). 여기 제5장에서는 고객만족과 서비스 품질 평가에 관해 둘은 서로 다른 구조를 갖는 것으로 만족은 제품 품질을 평가 판단한 결과 및 서비스 품질의 평가 판단 결과 발생하는 것으로 간주한다. 따라서 만족은 제품의 품질 판단에 의한 만족과 서비스의 품질 판단에 의한 만족이 존재하고 있고 고객만족에 관한 연구도 제품에 관한 것과 서비스에 관한 것으로 구분되어야 한다고 간주한다. 그러므로 고객만족과 서비스 품질 평가의 관계는 고객만족이라고 하는 연구에 서비스에서 고객만족 연구가 새롭게 자리매김되어야 한다고 본다. 이러한 이유로 서비스 품질 평가 기준에 관한 연구를 검토하므로 고객만족과 서비스에서 고객만족 연구와의 관계를 살펴볼수 있을 것이다.

고객만족에 관한 연구 및 관심은 제조업이나 서비스업 등 구별 없이 현대 기업의 마케팅 컨셉이 되고 있는 것에 틀림없다(正田聰(히키다 사토시), 塚田朋子(츠카다 토모코)(1993)[285]). 고객만족의 근간이 되는 고객 지향은 고객만족을 기업 이념 및 활동 목표로 해 기업의 모든 활동을 견인시키고 있다. 이와 같이 고객만족 실현을 목표로 하는 기업의 모든 활동은 각 기업에 있어서 다양한 의미를 갖는다고 이해된다. 그중 특히 서비스를 중심으로 하는 서비스 매니지먼트는 90년대 이후 연구는 물론 많은 기업으로부터 주목받고 있다.

서비스 품질이 주목받게 된 배경에는 기업이 아무리 뛰어난 제품을 제공해도 제품이 고객에게 이전되는 장소 및 거래 후 관계한 기업 관계자와의 접촉에서 받는 서비스 내용이 기업에 대한 태도나 만족 정도에 크게 영향을 주고 있는 것을 알아차렸기 때문이다. 게다가 산업 기술의 발달은 제품 간 차이를 좁혔고 경쟁 제품과의 차이를 구별하기 어려워져 고객에게 제품 자체를 어필하는 것보다 그것을 제공하는 과정의 노력 여부에 따라 효과가 달라진다고 깨달았기 때문일 것이다. 따라서 고객만족을 논의할 때 서비스는 중요한 연구 테마가 되는 것이다.

서비스 품질과 만족에 대해 山本昭二(야마모토 쇼우지)(1995)는 품질은 만족과는 달리 전반적인 판단이나 평가라고 서술한다. 만족은 특정 거래로부터 얻을 수 있는 것이지만 품질은 그렇지 않다. 다만 이 두 개념은 밀접한 관계를 갖고 있어 만족은 구입 대상의 제품에 대한 전반적인 태도 뒤에 발생한다고 서술한다.286) 山本昭二(야마모토 쇼우지)는 선행 연구에서 서비스 품질의 평가 기준으로 제시된 내재적 단서와 외재적 단서에 복합적 단서를 더해 그 유효성에 대해 설명하고 있다.287)

山本昭二(야마모토 쇼우지)(1995)의 연구는 제품에 부수되는 서비스가 많은 것에 주목해 외형적 또는 과정적 평가 기준으로서 외재적 단서에 그 질을 나타내는 내재적 단서를 복합한 복합적 단서 개념을 나타내고 있다. 그러나 제품에 부수되는 서비스의 품질 평가 기준을 나타내는 개념은 제시되었지만 실증할 수 있는 명확한 요소까지는 나타나 있지 않다.

村上恭一(무라카미 쿄이치)(1999)는 서비스의 품질 개념과 소비자 만족에 관해 서비스의 품질 개념은 소비자 만족 연구의 성과에 의거하고 있고 소비자 만족 개념의 마케팅 도입은 그 단서가 된 연구로부터 의문이 제시되었다고 제안하고 있다. 게다가 고객만족/불만족의 연구 성과를 서비스 마케팅 연구에 인용해 서비스 품질 연구를 실시한 것이 Parasuraman, et al.이며 서비스의 품질은 소비자의 기대와 지각한 서비스와의 차이와 방향성에 의해 규정할 수 있다고 서술했다. 그러나 村上恭一(무라카미 쿄이치)에 의하면 Sheth, et al.(1988)의 소비자 만족은 심리적이며 직접적으로는 사전 기대와 경험과의 괴리의 함수이다. 그러므로 동일 시점에서 소비자 간 변화하는 것과 더불어 동일한 소비자에게서 시간과 함께 변화한다. 따라서 시장에서 보편적인 소비자 만족을 획득하는 것은 곤란하다. 소비자 간 공시적(共時的) 다양성과 동일 소비자 사이의 통시적(通時的) 변화에 의해 마케터가 보편적인 소비자 만족을 획득하는 것은 곤란하다고 서술한다.[288]

村上恭一(무라카미 쿄이치)(1999)의 연구는 소비자 개개인의 판단 기준이 다양함에 따라 서비스 품질의 일반화가 어려운 점과 시간적 변화에 의한 소비자의 소비 판단 기준의 변화라고 하는 문제점이 소비자 만족 측정의 어려움이라는 것을 지적하는 것으로 기존 연구의 한계점을 시사하고 있다. 이러한 지적처럼 만족의 보편적인 실현을 위한 일반화된 모델 연구는 아직 확립되지 않았다고 할 수 있다. 그러나 만족과 품질에 관한 연구는 만족 판단 과정에 관한 어프로치로 연구되고 있는 것을 주시해야 할 것이다.

近藤隆雄(곤도 타카오)(2004)는 서비스가 초래하는 서비스 가치(고객 가치)는 서비스 가격과 그것을 이용하기 위해 걸리는 비용으로 서비스가 제공되는 과정을 포함해 결과적으로 품질을 비교하는 것으로 정해진다고 설명한다. 그리고 서비스의 품질을 객관적 품질과 주관적 품질로 나누어 제품도 서비스도 정말로 중요한 것은 소비자가 주관적으로 파악한 품질이라고 강조하고 있다. 그리고 서비스 품질과 만족과의 관계에 대해 서비스 품질의 평가와 만족감은 다른 것이지만 모두 사전 기대와 실제의 서비스 체험과의 비교로 발생하고 하나의 서비스 체험이 고객에게 생겨나는 두 종류의 주관적 아웃풋이라고 생각할 수 있다. 이와 같이 어느 쪽이 먼저라고 하는 논의에 관해 연구자의 상당수는 서비스 품질의 평가가 고객만족에 선행하고 있으며 서비스 품질이 높으면 만족감도 높아지고 품질이 낮으면 만족감도 낮아지는 상관 관계가 있다고 서술하고 있다.289)

표 5-2 서비스 품질 기준 연구의 검토 결과

서비스 품질 기준 연구	
~ 80년대까지	90년대 이후 ~
① 서비스가 제공될 때에 판단 규범이 되는 일정한 품질 기준 ② 서비스가 제공자에 의해 고객에게 제공되는 과정의 품질 ③ 서비스를 소비 또는 경험한 고객이 결과적으로 평가·판단하는 품질	서비스 품질 측정에 의한 관리적 측면의 연구 어프로치를 다수 볼 수 있다. ⇒ 고객만족과의 관련 연구에 있어서는 만족의 척도로서 서비스 품질 측정 기준을 이용하는 등 고객만족과 서비스 만족을 비슷하게 간주하는 경향이 있다.

제2절 서비스 품질 측정에 관한 연구

현대 시장에서 서비스는 필요 불가결한 것이 사실이다. 특히 고객의 서비스에 대한 욕구 수준의 고조는 안정적인 고객 평가를 얻기 위해 보다 고도의 서비스 내용을 요구하게 한다. 이러한 서비스 품질에 관한 논의는 제품의 효용을 결정짓는 역할을 완수하는 것으로 다루어져 왔다. 또한 마케팅 이념이 되고 있는 소비자 내지 고객 지향은 현대의 기업 활동의 목표가 되었다. 이렇게 고객만족 달성을 목적으로 한 기업 활동은 각기 나름대로 다양한 어프로치로 서비스 제공 활동을 매니지먼트하기 위해 서비스 품질 개념을 명시화해 왔다.

서비스 및 서비스에 대한 주관적 평가를 내리는 다양한 고객 특성을 고려했을 경우 서비스 품질을 고객이 어떻게 인식하고 판단하는가 하는 의문이 떠오른다. 서비스에 관한 연구의 흐름도 이제는 서비스 품질 측정에 의한 품질 관리에 관한 것으로 초점이 맞추어지게 되었다.

그러나 일반적으로 서비스 품질 향상이 어려운 이유로 서비스 특징인 무형성을 지적하고 있다. 무형인 서비스 특성상 제품과 같은 객관적 측정 기준을 정하기 어려운 것이 약점이다. 그럼에도 불구하고 기업은 경쟁이 심화되므로 차별화, 효율화, 신뢰 획득 측면에 집중하게 되어 제공자의 서비스 품질까지 중요시 여기게 되었다. 그리고 그러한 기업 활동의 변화 배경에는 서비스 품질을 소비자 자신의 기준에 맞추려는 경향이 소비자에게 강해졌다는 것을 들 수 있다 (Lovelock(1984)[290]). 게다가 서비스 품질은 마케팅에서 유효한 경쟁 수단일 뿐만 아니라 서비스 생산성 향상을 위한 열쇠이며 기업의 코스트 효율을 향상시키고 나아가 고객 손실 코스트도 저감시킨다고 강조되고 있다(Berry, et al.(1989)[291]).

이렇게 서비스 품질의 중요성에 대한 관심과 집중은 측정 가능한 개념으로 연구되기 시작했고 다수의 연구가 진행되어 왔다. 다음에서는 서비스 품질과 고객만족과의 관계를 서비스 품질 평가에 대한 연구의 시대별 특징으로부터 검토하는 것으로 향후 서비스 품질 연구의 방향성을 고찰하기로 한다.

1. 80년대까지 서비스 품질 측정에 관한 연구

서비스 품질 평가는 고객이 서비스 품질을 어떻게 평가하고 있는가 하는 것에 관한 것이며 서비스가 행해지는 과정상의 품질과 서비스가 제공된 후의 기술적 결과로서의 품질로 나누어 검토할 수 있다.

소비자는 서비스가 어떻게 제공되고 있는지를 나름의 기준으로 그 서비스 질을 평가하고 있기 때문에 소비자가 서비스 품질을 정확히 평가할 수 있는 능력이 없는 경우는 서비스가 제공되는 그 과정에서 종합적으로 평가하게 된다. 따라서 서비스에 대한 소비자의 평가 판단에 의해 서비스의 과정적 품질과 결과적 품질의 중요성은 달라질 것이다.

서비스 품질에 관한 A. Parasuraman, V. A. Zeithaml, and L. L. Berry(1985)의 연구는 서비스를 중심으로 하는 고객만족에 관한 연구의 진전에 크게 영향을 주었다. 연구는 포커스 그룹 인터뷰를 통해 소비자가 제공받는 서비스 유형과 관계없이 서비스 품질 평가에는 근본적으로 유사한 기준이 있다는 것을 발견해 그 보편적 서비스 품질 결정 요인을 10개 차원으로 신뢰성(Reliability), 반응성(Responsiveness), 능력(Competence), 접근 가능성(Access), 예의(Courtesy), 커뮤니케이션(Communication), 신용성(Credibility), 안전성(Security), 고객 이해(Understanding Knowing Customer), 유형성(Tangibles)을 들어 설명하고 있다.[292]

이러한 서비스 품질은 고객의 기대와 성과와의 지각의 차이이며 고객의 기대에 영향을 미치는 변수로 구전, 개인적 욕구, 과거 경험, 외적 커뮤니케이션 등이 있다고 설명한다. 그러나 10가지 항목은 전부 독립적이지 않고 어디까지나 정성적인 조사이기 때문에 중복된 항목이 많다고 생각할 수 있다. 이러한 한계점과 함께 10가지 서비스 품질 차원을 5개 차원의 SERVQUAL로 함축 발전시켰다.[293] 그

5가지 항목 정의는 다음과 같다. 5가지 서비스 품질 차원은 유형성 (Tangibles), 신뢰성(Credibility), 반응성(Responsiveness), 보증성(Assu-rance), 공감성(Empathy)이다.

표 5-3 서비스 품질 측정의 10가지 차원(Parasuraman, et al.(1985))

측정차원	정 의	구체사례
신뢰성 (Reliability)	약속된 서비스를 정확히수행하는 능력	청구서 작성의 정확성, 기록의 정확성 약속 시간 엄수, 서비스 수행의 철저함
반응성 (Responsiveness)	고객에게 신속한 서비스를 제공하려는 의지	고객의 질문 및 요구에 대한 즉각적인 응답, 신속한 서비스 제공
능력 (Competence)	서비스를 제공할 때 필요한 지식과 기술의 소유	서비스 제공자의 기술과 능력, 조직의 조사 능력, 조직 기술 요인의 기술과 지식
접근가능성 (Access)	서비스 조직에 대한 접근 가능성과 접근 용이성	전화 예약, 대기 시간, 서비스 제공 시간 및 편리한 장소 입지
예의 (Courtesy)	고객과 접촉하는 종업원의 친절함과 배려, 예의 바름	사원의 친절한 태도, 고객의 요구에 대한 서비스 제공자의 일관된 각별함
커뮤니케이션 (Communication)	고객의 목소리에 귀를 기울이고 고객이 이해 가능한 언어로 정보를 제공하는 것	서비스에 대한 설명, 서비스 가격의 설명, 문제 해결의 보증
신용성 (Credibility)	서비스 제공자의 진실성, 정직성	기업의 평판, 서비스 제공자의 인간성, 고객에 대한 강압적 판매 정도
안정성 (Security)	거래에서의 위험, 의문으로 부터의 자유	물리적 안전, 금전적 안전, 고객의 비밀 보장
고객 이해 (Understanding the Customer)	고객과 고객의 요구를 이해하려고 하는 노력	고객의 특별한 욕구 파악, 개인적 관심의 표현, 고정 고객의 파악
유형성 (Tangibles)	물리적인 시설이나 설비, 인적 요인 등 외부적인 것	물리적 설비, 장비, 사원의 외견

출처: Parasuraman, A., V. A. Zeithaml, and L. L. Berry, "A Conceptual Model of Service Quality and Its Implications for Future Research", *Journal of Marketing*,Vol.49(1985). p.47.

표 5-4 SERVQUAL의 5가지 구성 차원 (Parasuraman, et al.(1988))

구성 차원	10가지 항목	정 의
유형성 (Tangibles)	유형성	물리적 설비, 장비, 접촉 사원, 커뮤니케이션 수단 등
신뢰성 (Reliability)	신뢰성	약속된 서비스를 정확하게 수행 할 가능성과 신뢰 가능한 기업의 능력
반응성 (Responsiveness)	반응성	즉각적인 서비스 제공, 고객의 요구에 대응 가능한 정도
보증성 (Assurance)	능력, 예의, 신용성, 안정성	사원의 예의 바름, 지식 및 확신과 신뢰를 주는 능력
공감성 (Empathy)	접근 가능성, 커뮤니케이션, 고객 이해	고객에게 개별적인 관심과 애정을 표현하는 능력

출처: Parasuraman, A., V. A. Zeithaml, and L. L. Berry, "SERVQUAL: A Multiple-Item Scale for Measuring Consumer Perceptions of Service Quality", *Journal of Retailing*, Vol.64(Spring. 1988), p.23.

Parasuraman, et al.(1988)에 의한 SERVQUAL은 중복된 항목에서 일반적 항목을 추출한 것으로 개별적 평가 기준을 나타낸다. 그리고 서비스 품질의 구성 차원을 포괄적 개념으로 말한 C. Grönroos의 연구와 달리 Parasuraman, et al.(1988)은 서비스 품질의 결정 요인을 구체화한 것으로 연구 공헌도가 높다고 평가되고 있다.

이러한 서비스 품질 척도는 서비스의 각 특성에 대한 고객의 지각적 평가이며 지각된 서비스 품질에 대한 고객의 심리적 반응으로 고객만족이 나타나게 된다고 할 수 있을 것이다.

다음으로 서비스 품질 평가를 이용해 고객이 실시하는 평가·판단을 모델화한 연구를 들어 고객만족의 판단 과정과 비교해 검토하기로 한다.

C. Grönroos(1984)에 의하면 서비스 품질 평가는 고객이 기대한

서비스와 지각된 서비스와의 비교가 고객에게 지각된 것을 전체적인
서비스 품질로 규정하면 다음과 같은 그림으로 나타낼 수 있다.

그림 5-1 서비스 품질 평가 모델(Grönroos(1984))

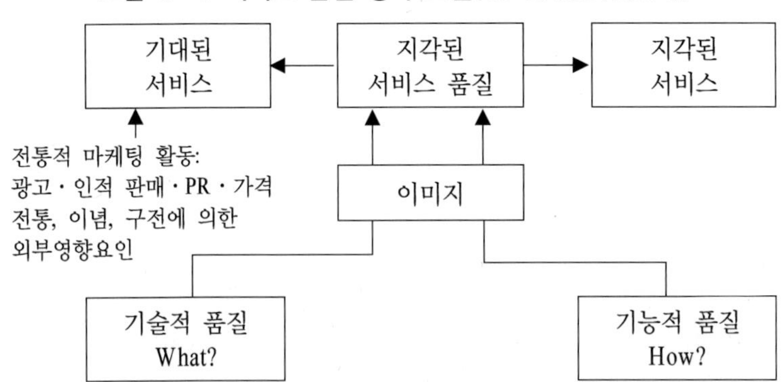

출처: Grönroos, C., "A Service Quality Model and Its Marketing Implication",
European Journal of Marketing, Vol.18, No.4(1984), p.40.

　C. Grönroos는 기대된 서비스는 기업의 전통적인 마케팅 활동과
전통, 이념, 구전 등 외부 영향 요인에 의한 과거의 서비스 경험이
나 지각에 영향을 받지만 서비스 제공자, 물리적·기술적 과정이 보
다 중요한 영향을 미친다고 강조한다. 그리고 서비스 품질을 기술적
품질과 기능적 품질로 나누어 기술적 품질은 고객과 서비스 기업이
무엇을 제공할까에 대해 고객이 무엇을 지각하는지를 의미한다고 설
명하고 있다. 그리고 그 의미는 서비스 생산 과정상의 산출물인 정
보 및 그 내용을 포함하는 것으로 도구적 성과라고도 할 수 있다고
한다. 한편 기능적 품질은 소비자가 서비스를 어떻게 지각하고 있는
지 또는 그 결과로서 기술적 품질을 어떻게 판단하는지를 의미한다
고 말하고 있다. 이것은 서비스의 표현적 성과라고도 할 수 있다.
　C. Grönroos(1984)는 기대된 서비스와 지각된 서비스와의 차이를

최소화하는 것으로 고객이 지각한 서비스 품질의 본질을 구체적으로 이해할 수 있도록 모델화했다. 이 모델은 Oliver의 기대-불일치 패러다임(paradigm)의 영향을 받았다고 할 수 있다. 지각된 품질이 서비스 제공자의 기술적 품질과 서비스 수취자인 고객 판단에 의한 기능적 품질이 이미지되어 판단된다고 하는 일련의 과정을 나타내고 있는 것을 주목할 수 있다.

다음으로 A. Parasuraman, V. A. Zeithaml and L. L. Berry(1988)에 의한 모델이 있다. 이 연구에서는 고객에게 지각된 서비스 품질은 서비스 기업이 제공해야 할 서비스 품질에 대한 고객의 지각과 서비스 기업의 성과에 대한 고객의 비교 결과라고 파악하고 있다. 그리고 서비스 품질을 기대-불일치 패러다임(paradigm)에 근거해 설명하고 있다.

그림 5-2 서비스 품질 결정 요인 모델(Parasuraman, et al.(1985))

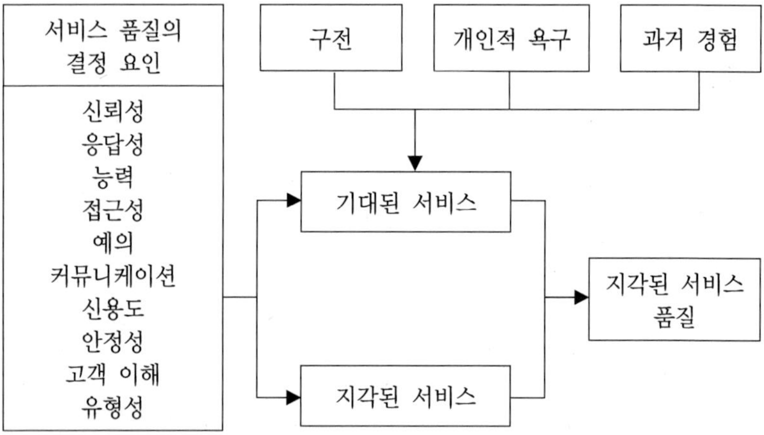

출처: Parasuraman, A., V. A. Zeithaml, and L. L. Berry, "A Conceptual Model of Service Quality and Its Implications for Future Research", *Journal of Marketing*, Vol.49(Fall. 1985), p.48.

위 모델은 기대된 서비스와 실제 지각된 서비스의 결과인 전체적인 서비스 품질을 서비스 품질의 결정 요인과 영향 요인으로 결합해 그림 5-2로 나타내고 있다.

이 모델은 기대-불일치 패러다임(paradigm)에 영향을 받았지만 서비스 품질의 결정 요인을 구체적으로 제시해 그 요인이 기대 서비스와 지각 서비스에 영향을 주고 지각된 서비스 품질로 인식될 때까지의 과정을 나타내고 있다. 그러나 기타 외부 영향 요인으로 제시하는 구전, 개인적 욕구, 과거 경험이 서비스에 대해 영향을 나타내고 있다고 하지만 결과적으로 지각된 서비스 품질이 그 3가지 요인에 피드백되는 것에 관해서는 명시하고 있지 않다. 다시 말하면 과거 경험이 앞으로의 서비스 소비에 영향을 주는 것에 대해서는 나타내고 있지만 지각된 서비스 품질이 과거의 경험이 되어 또다시 영향을 준다고 하는 순환 구조는 아니라는 것이다. 제품도 서비스도 소비된 경험은 다음 소비 행동에 과거 경험으로 영향을 준다고 하는 소비의 순환성을 잊어서는 안 될 것이다. 또한 이러한 관점을 고객만족과 관련해 보면 그것은 보다 복잡한 구조라는 것을 추측할 수 있을 것이다.

이렇게 80년대까지 서비스 품질 측정에 관한 대표적인 연구 검토로부터 서비스 특성에 의한 측정 개념은 명확히 할 수 있었지만 그것들이 측정 요인으로 고객에 의해 판단되는 심리 메커니즘에 관해서는 깊이 있게 연구되지 않았다고 생각된다. 다만 서비스 품질 판단이 제품과 같이 기대와 성과의 비교에 의해 판단된다고 하는 기대-불일치 패러다임(paradigm)이 이용되는 것은 기대-불일치 패러다임(paradigm)의 이론적 공헌을 다시금 확인할 수 있다.

2. 90년대 이후 서비스 품질 측정에 관한 연구

90년대에 들어 서비스 품질과 고객만족에 대한 연구는 폭넓게 진행되게 된다. 그 배경에는 포화 상태인 시장에 변화가 심하고 예측할 수 없는 소비자의 소비 패턴과 경쟁으로 인한 업적 부진 등이 있었기 때문이다.

연구가 심화됨에 따라 두 연구 테마는 종합적으로 관련된 개념으로 다루어지게 된다. 많은 연구자가 퀄리티에 대한 고객 지각은 기업의 서비스 딜리버리의 장기적인 인식에 의한 평가에 근거하고 있어 고객만족은 특정 서비스 퍼포먼스에 대한 단기적인 한편으로 정서적 반응이라고 설명한다(J. J. Cronin and S. A. Taylor(1992), R. L. Oliver(1993), R. T. Rust, A. J. Zahorik and T. L. Keiningham (1996)[294]). C. H. Lovelock and L. K. Wright(1999)는 서비스 품질은 어느 서비스 조직의 서비스 딜리버리에 대해 고객 인식에 근거한 평가이며 고객만족은 특정 서비스 퍼포먼스에 대한 고객의 단기적 한편 정서적인 반응이라고 설명한다.[295]

그러나 서술한 것처럼 서비스는 물론 제품에 부수되는 서비스가 이미 보편화되어 버린 현대 시장의 특성을 생각하면 서비스 품질은 만족 판단 요인의 일부를 구성하고 있다고 할 수 있다.

측정 개념으로서 서비스 특징에 관해서도 Hartman and Lindgren (1993)에 따르면 서비스 특성을 8개 항목으로 나누어 조사 분석하고 결과적으로 소비자가 지각하는 서비스 특성을 개별화된 커스터마이제이션(Individualized Customization), 평가 용이성(Easy of Evaluation), 서비스 지연(Delay of Service)으로 제시하고 있다.[296]

이 연구는 평가 용이성 항목에서 서비스와 제품과의 구분은 명확히 하는 반면 커스터마이제이션과 서비스 지연에 관해서는 제품과 서비스의 구분을 명확히 하고 있지 않다. 그것은 제품에 서비스 특성이 요구되고 있는 제품이 있고 어느 제품의 경우는 그 서비스 특성이 강하게 요구되는 것을 가리킨다. 즉 제품에 부수되는 서비스가 보편화되어 있는 것을 뒷받침하는 것이다. 그러나 이러한 서비스는 제품과 달리 품질 측정에 대해 객관적 척도 기준을 설정하는 것이 곤란하다.

그림 5-3 서비스 품질과 가치에 관한 소비자 평가의 다단계 모델

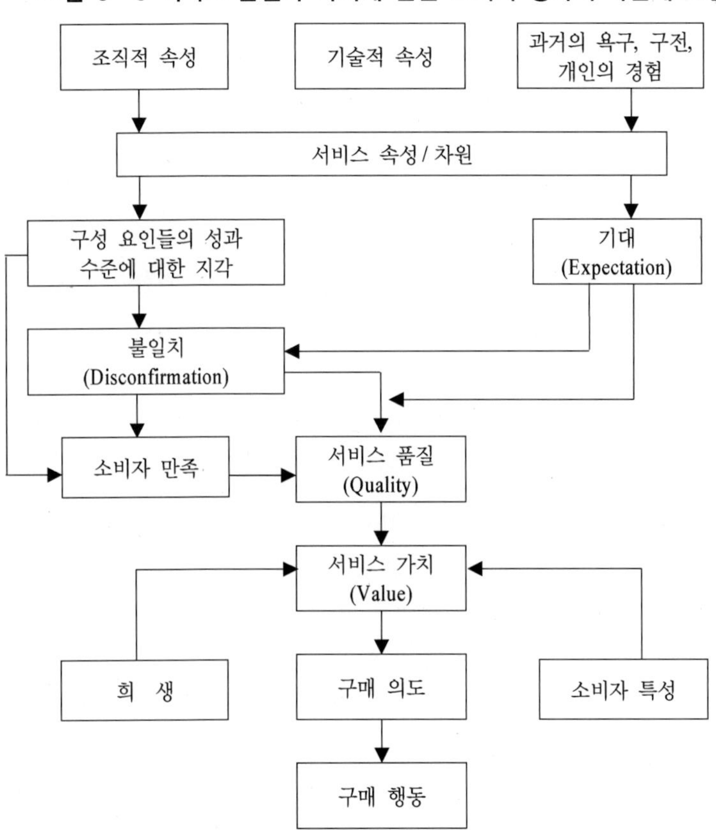

출처: Bolton, R. N. and J. H. Drew, "A Multistage Model of Customers, Assessments of Service Quality and Value", *Journal of Consumer Research*, Vol.17(1991), p.376.

90년대에 있어서 서비스 품질 측정에 대한 연구 중 R. N. Bolton and J. H. Drew(1991)는 Parasuraman, et al.(1988)의 서비스 품질 요인 모델의 영향을 받아 서비스 품질과 서비스 가치에 대한 다단계 모델을 제시했다.

이 모델은 고객만족이나 불만족으로 지각된 서비스 품질은 기대와 성과 지각의 불일치에 의해 영향을 받는 것을 전제로 고객 서비스에 대한 전체적 평가를 상호 관련이 있는 3가지 단계로 나타냈다. 그 3가지 단계란 성과의 평가, 서비스 품질, 서비스 가치이다. 이 모델은 서비스 성과에 의한 평가에 초점을 맞추고 있다. 그리고 서비스의 품질은 불일치에 의해 직접적으로 영향을 받아 소비자인 고객만족/불만족의 결과적 판단을 거쳐 기대와 성과에 의한 간접적인 영향을 받는다고 그 구조를 설명하고 있다.

그리고 서비스 가치는 고객이 서비스 품질을 평가한 후 서비스 품질과 비용과의 관계에 의해 영향을 받는다고 제안했다. 서비스 가치에 대해 지금까지 연구는 고객이 서비스를 평가할 때 서비스 품질에 직접 영향을 받는 것을 가정한 것에 대해 이 연구 모델에서는 서비스 품질 구성 요인인 기대, 성과, 불일치 각 요소에 의한 다른 영향력을 부가하고 있다. 또한 소비자 만족이라고 하는 개념을 도입한 점에서도 시사하는 점이 크다고 생각된다.

이렇게 90년대 이후 서비스 품질 평가에 관한 모델은 서비스 품

표 5-5 서비스 품질 측정에 관한 연구 검토 결과

서비스 품질 측정에 관한 연구	
~ 80년대까지	90년대 이후 ~
서비스 특성에 근거한 측정 기준이 확립되어 서비스 평가에 관한 연구가 진행되었다.	서비스 품질이 고객에 있어서 어떻게 평가되는가 하는 과정의 해명에 초점이 맞추어졌다.

질이 고객에게 있어서 어떻게 평가되는가 하는 과정의 해명에 초점을 맞추고 있다는 것을 알 수 있다.

제3절 연구 가설과 검증

1. 연구 가설

여기 제5장에서는 서비스에 있어서 고객만족 연구를 중심으로 서비스 특성 및 고객만족과의 관계와 그 영향력을 고찰했다. 구체적으로 마케팅에서 서비스로부터 고객만족과 관련한 서비스 연구를 중심으로 서비스 품질의 개념과 서비스 품질 평가에 관한 연구까지 검토할 수 있었다.

이러한 검토로부터 현대 시장에서 서비스의 의의와 고객만족과 서비스의 관계와 그 중요성을 재인식할 수 있었다.

첫째로 현대 시장에서는 서비스 산업의 확대와 발전을 포함해 기존 제품의 특성보다 부수되는 서비스가 차별 요인이 되고 있어 제품이라 할지라도 부수되는 서비스가 보편화되어 있는 것을 확인할 수 있었다. 즉 현대 시장에는 서비스가 부수되는 제품이 다수 존재하기 때문에 제품과 서비스에 관한 기존의 분류로는 한계가 있는 것이다. 따라서 제품과 서비스의 분류에 서비스와 제품이 복합된 복합재 개념을 포함시킬 수 있을 것이다. 이와 같은 분류가 가능한 것은 서비스의 현대적 의의가 서비스를 중심으로 하는 서비스 산업의 확대와 발전과는 별도로 제품에 부수되는 서비스가 보다 중시되고 있기 때문이다. 즉 고객이 평가 판단하는 품질에는 제품의 물리적 기능의 품질에 비물리적 부수 기능의 서비스 품질이 복합되어 있다는 것이다.

둘째로 서비스 품질 평가 기준과 고객만족의 관계에 관한 혼동하기 쉬운 논의가 발생하고 있는 것을 확인할 수 있었다. 고객에게 제품이나 서비스 소비에 의한 충족감 제공이 고객만족 실현의 목표라고 한다면 서비스 품질 평가에 의한 고객만족 연구와 고객만족에 관한 연구가 양립되어 검토되는 것은 당연하다고 생각된다. 서비스 품질이 만족 판단 요인의 일부를 구성하고 있다고 간주하는 연구는 있지만 고객만족의 판단 대상을 제품 품질에 대한 평가 판단과 서비스 품질에 대한 평가 판단이라고 보았을 경우 서비스에 있어서 고객만족 연구는 당연히 일반적으로 일컬어지는 고객만족에 관한 연구와 달리 양립되는 연구 영역이라고 말할 수 있기 때문이다. 그리고 덧붙여 서비스를 중심으로 하는 품질 평가 기준에 관한 연구와는 별도로 보편화되어 온 제품에 부수된 서비스에 관한 연구는 그다지 진행되지 않은 점에 주목해야 한다고 생각된다. 이러한 관점에서 제5장에서는 서비스 품질과 만족과의 관계를 제품에 부수되는 서비스 특성에 주목하면서 서비스에 있어서 고객만족의 중요성을 실증하기 위해서 다음과 같은 가설을 제시한다.

H_1: 제품의 물리적 본질 기능이 서비스의 비물리적 부수 기능보다 만족도에 강한 긍정적인 영향을 미치고 있다.

H_2: 서비스의 비물리적 부수 기능이 제품의 물리적 본질 기능보다 만족도에 강한 긍정적인 영향을 미치고 있다.

H_3: 제품의 물리적 본질 기능과 서비스의 비물리적 부수 기능은 강한 긍정적인 상관이 있다.

H_4: 제품의 물리적 본질기능과 서비스의 비물리적 부수 기능은 모두

만족도에 영향을 미친다.

휴대폰 및 PHS 시장은 1997년도 이후 타깃 연령층을 넓혀 10대에서 중년층까지 폭넓은 보급화를 목표로 급성장을 이루었다. 그 가운데 특히 20대에서 30대 연령층은 주 고객층이라 할 수 있다. 급속한 보급율 상승으로 휴대폰 및 PHS 시장은 이미 포화 상태라고도 할 만큼 시장이 확대되었고 기술 발달과 함께 속속히 등장하는 신모델과 새로운 서비스와 기계 및 사용료 인하라고 하는 격심한 경쟁 가운데 있다.

이러한 이동 통신 업계의 특징은 이동성, 공공성, 첨단 기술에 의한 혁신성을 들 수 있다. 이동 통신사는 근본적으로 이동하면서 전화를 주고받을 수 있는 것을 셀링 포인트로 하고 있기 때문에 이동성이라고 하는 중요한 특징을 갖고 있다. 또한 이용자 모두가 같은 공중 전파를 사용하기 때문에 공공성이 있다. 그리고 첨단 기술 개발로 인한 새로운 단말기나 컨텐츠 서비스 변화가 빠른 것으로부터 혁신성이 높다고 할 수 있다. 이러한 이동 통신사의 특징을 확인하면서 휴대폰의 물리적 본질 기능과 서비스에 있어서 비물리적 부수 기능을 구분하고 두 기능이 만족에 미치는 영향력과 상관 관계에 관해 검증하기로 한다. 휴대폰의 물리적 본질 기능과 서비스의 비물리적 부수 기능은 다음과 같이 구분한다.

표 5-6 휴대폰 및 PHS의 물리적 본질 기능과 비물리적 부수 기능

	특 성	개념 및 구체 사례
제 품	물리적 본질 기능	→ 당연한 수단적 성질, 경험적 성질 성능, 통화 가능 지역, 기종의 풍부함, 디자인, 경량감, 인터넷 접속 등
서비스	비물리적 부수 기능	→ 부수적 기능, 심리적 성질 정보 서비스, 부가 기능, 문자 송수신, 다운로드, 무료 통화 시간 등

2. 조사 개요

휴대폰 및 PHS 이용에 대한 만족도 평가 조사를 2001년 8월 말부터 9월 중순까지 한국과 일본에서 실시해 유효 표본으로 한국 219개, 일본 223개를 얻었다. 질문은 전체 8문항으로 구성되었으며 5점 척도로 조사되었다.

표 5-7 조사표 항목 구성

구 성	질문 내용		질 문 (Likert척도 구성)[297]
도입 질문	휴대폰 및 PHS 소유 유무 가입 이동 통신 회사 가입 연수 가입 회사 변경 경험의 유무 이동 통신사에 대한 연상		Q1~Q5
본 질문	휴대폰 및 PHS 이용 가입 시 고려점		Q6(6항목)
	만족도		Q7 (X1~X14)
	제 품	서비스	
	성능, 통화 가능 지역, 기종의 풍부함 디자인, 경량감 인터넷 접속	정보 서비스, 부가 기능, 문자 송수신, 다운로드, 무료 통화 시간	
조사대상자 특성	성별, 연령, 직업		

총 표본 한국 219, 일본 223으로 남성과 여성 비율 및 연령 분포는 다음 표와 같다.

표 5-8 피험자 성별과 연령 분포

성별(분포)	한 국	일 본
성별(분포)	남성 108(49%) 여성 112(51%)	남성 97(43%) 여성 126(57%)
10대	9(4.11)	12(5.38)
20대	122(55.71)	108(48.43)
30대	64(29.22)	47(21.08)
40대	16(7.30)	36(16.14)
50대	7(3.20)	16(7.18)
60대	1(0.46)	4(1.79)
계	219(100)	223(100)

　　기술 발달로 인한 편리함과 함께 커뮤니케이션 수단도 발전해 왔기 때문에 휴대폰 및 PHS의 이용도와 가치는 날로 높아져 이제는 커뮤니케이션 수단으로 중요한 위치를 차지하고 있다. 한국과 일본의 휴대폰 및 PHS 이용 유무와 가입 회사 및 이용 기간과 가입 시 고려 사항은 다음 표와 같이 정리할 수 있다.

표 5-9 피험자의 휴대폰 및 PHS 이용에 관한 일반 사항

구 분	빈도수(비율)			
휴대폰 및 PHS 이용 유무	한 국 유 무	 208(94.5) 12(5.5)	일 본 유 무	 190(85.2) 33(14.8)
휴대폰 및 PHS 가입 회사 분포	한 국 SK 텔레콤 한국통신프리텔 LG 텔레콤 SK 신세기통신	 66(32.5) 53(26.1) 52(25.6) 32(15.8)	일 본 NTT DoCoMo KDDI J폰 아스텔	 105(54.7) 51(26.6) 33(17.2) 3(1.6)

구 분	빈도수(비율)			
휴대폰 및 PHS 이용 기간	한 국		일 본	
	6개월~1년	56(26.4)	6개월~1년	20(10.5)
	1년~1년 반	24(11.3)	1년~1년 반	20(10.5)
	1년 반~2년	44(20.8)	1년 반~2년	21(11.1)
	2년 이상	88(41.5)	2년 이상	129(67.9)
가입시 고려 사항*	한 국		일 본	
	기계성능	135(39.9)	기계성능	90(20.3)
	부가기능	58(17.2)	부가기능	88(19.8)
	다양한 정보서비스	50(14.8)	다양한 정보서비스	54(12.2)
	기종의 풍부함	35(10.4)	기종의 풍부함	53(11.9)
	다양한 가격플랜	50(14.8)	다양한 가격플랜	56(12.6)
	기본 사용요금	60(17.8)	기본 사용요금	103(23.2)

* 복수 응답

3. 분석 결과 및 가설 검증

1) 휴대폰 및 PHS 이용에 대한 만족 요인의 추출

만족에 영향을 주는 요인 추출을 위해 이용된 분석 프로그램은 우선 신뢰성 분석에 의한 스크리닝을 실시해 신뢰성 계수를 확인한 후 인자 분석을 실시했다. 인자 분석 결과 주 인자로 나타난 항목을 재차 신뢰성 분석을 실시해 그 타당성을 유지하는 것을 시도했다.

표 5-10 신뢰성 분석 결과

		측정 항목	Cronbach-α	
			한 국	일 본
[제품 기능] 물리적 본질기능	성능	X1. 성능		
	통화 가능 지역	X2. 통화 연결		
	부가기능	X3. 카메라, MD·라디오 기능		
	기종의 풍부함	X4. 기종 구색		
	디자인	X5. 디자인		
	경량감	X6. 경량감		
	인터넷 접속	X7. 인터넷 접속 속도	0.89	0.84
[서비스 기능] 비물리적 부수 기능	다양한 정보서비스	X8. 정보서비스		
	다운로드	X9. 최신 착신멜로디 다운로드		
	문자 입력 기능	X10. 문자 변환 기능		
	대량 메일 송수신	X11. 대량 메일 송수신		
	다양한 가격 플랜	X12. 다양한 가격 플랜		
	무료 통화 시간	X13. 무료 통화 시간		
	요금 할인 서비스	X14. 요금 할인 서비스		

우선 제1 단계 신뢰성 분석 결과는 한국은α=0.89이며 일본은 α=0.84였다. 일반적으로 Cronbach의 α 신뢰성 계수가 신뢰성이 있다고 판정하는 기준은 α=0.7 정도이다. 두 데이터의 α 계수가 높은 것으로 데이터의 신뢰성은 확인되었다. 다음으로 실시한 인자 분석은 다변량 해석의 하나로 기본 변수가 없고 다변량 데이터 행렬 X가 주어졌을 때 X의 정보를 가능한 소수의 구성 변수로 집약하기 위한 통계 방법이다. 이 방법에 의해 추출된 주 인자는 표 5-11과 같다.

인자 분석으로 주 인자를 추출하기 위해 요인 적재량 기준에서(본 연구에서는 0.60 이상으로 함) 보면 한국은 '성능', '다자인', '인터넷 접속', '다양한 정보서비스', '다운로드', '대량 메일 송수신'이 높았고 일본의 경우는 '기종의 풍부함', '디자인', '다운로드', '대량 메일

송수신', '무료 통화 시간'의 요인 적재량이 높았다. 이러한 요인 적
재량이 높은 데이터의 신뢰성을 확인하기 위해 재차 신뢰성 분석을
실시했다. 그 결과 요인 적재량이 높았던 항목의 신뢰성에서 한국의
경우는 α=0.85, 일본의 경우는 α=0.72인 것을 통해 주 인자에 관한
신뢰성 확인을 할 수 있었다. 결과적으로 요인 적재량이 높은 인자를

표 5-11 요인 적재량

	요 인*	속 성	요인 적재량**
한 국	Factor 1 제품 기능 / 서비스 기능 (39.55%)	성능	.701
		통화 가능 지역	.616
		부가 기능	.652
		기종의 풍부함	.722
		디자인	.708
		인터넷 접속	.728
		다양한 정보서비스	.709
		다운로드	.679
		문자 입력 기능	.654
		대량 메일 송수신	.706
일 본	Factor 1 제품 기능 / 서비스 기능 (29.85%)	성능	.641
		기종의 풍부함	.678
		디자인	.641
		다양한 정보서비스	.610
		다운로드	.679
		대량 메일 송수신	.724
	Factor 2 제품 기능(7.98%)	무료 통화 시간	.662

* Varimax 회전 후, 요인을 추출한 각 요인의 설명 분산
   (누적 계수 한국 45.41%, 일본 37.83%)
** 요인 적재량 0.5 이상 변수를 나타냄
   (한국의 경우 factor 2 요인 적재량이 0.5 이하이므로 생략).

중심으로 명명하면 두 나라 모두 '제품 기능'과 '서비스 기능'이 되었다. 이것은 제품의 물리적 본질 기능과 서비스의 비물리적 부수 기능은 만족도에 모두 영향을 미치고 있는 것을 의미한다. 따라서 가설 4의 채택은 검증되었으며 반대로 가설 1과 2는 기각되었다.

그리고 추출된 요인 인자로부터 한국과 일본의 차이점을 도출하기 위해 만족 항목의 t검정을 실시했다. 그 결과는 그림 5-4와 같다.

그림 5-4 만족 항목의 t검정

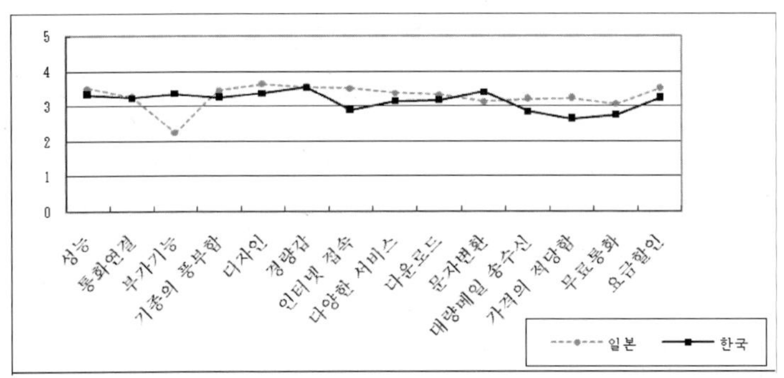

Note: 두 나라의 만족도 평균차의 t검정 결과, p <.05% 및 p <.01%
의 유의차가 인정되었다.

그림 5-4에서 한국 피험자의 경우는 가격의 적당함에 대해 만족도가 낮고 일본 피험자의 경우는 부가 기능에 관해 그다지 높게 평가하지 않고 있는 것을 알 수 있다. 그러나 기타 항목에서는 그다지 큰 차를 보이지 않으며 두 조사 데이터가 거의 비슷한 요인 인자를 나타내는 이유가 t검정 결과로부터 나타났다.

표 5-12 주 인자와 만족도의 중회귀분석 결과

한 국				일 본			
항 목	계수 추정치	t 치	판 정	항 목	계수 추정치	t 치	판 정
성 능	2.145	6.779	**	성 능	0.270	0.865	
디자인	1.079	4.119	**	기종의 수	0.257	1.030	
인터넷 접속	1.294	5.058	**	디자인	0.566	2.373	*
다양한 정보서비스	1.009	3.351	**	다운로드	1.357	4.460	**
다운로드	1.230	4.670	**	대량 메일 송수신	−0.002	0.005	
대량 메일 송수신	1.518	5.382	**	무료 통화 시간	0.552	1.891	
수정 후 결정 계수	0.779			수정 후 결정 계수	0.136		

**1% 유의 *5% 유의

표 5-12는 한국과 일본의 휴대폰 및 PHS 이용에 대한 만족도의 인자 분석에서 추출된 주 인자를 독립 변수로 두고 주 인자로 나타난 항목을 제외한 만족 득점을 종속 변수로 설정해 독립 변수가 만족도에 미치는 영향의 정도를 검증하기 위해 중회귀분석을 실시한 결과이다. 결과는 주 인자 항목 중 한국의 경우는 6개 항목 전부가 만족도에 영향을 주고 있는 것을 확인할 수 있었다. 반면 일본의 경우 6개 항목 중에서 '디자인'과 '다운로드'가 만족도에 영향을 미치고 있다는 것을 알 수 있었다.

이상의 분석 결과로부터 만족에 평가되는 요인에는 제품의 물리적 본질 기능과 서비스의 비물리적 부수 기능이 양립하고 있다는 것을 알 수 있었다. 다음으로 가설 3을 검증하기 위해 제품의 물리적 본질 기능과 서비스의 비물리적 부수 기능 간 상관(공분산) 관계와 만족의 판단 기준이 되는 품질에 제품의 물리적 본질 기능과 서비스의 비물리적 부수 기능 모두가 존재한다는 것을 나타내는 구조 모형의 검증을 실시했다.[298]

우선 제품의 물리적 본질 기능과 서비스의 비물리적 부수 기능은 상관이 있다고 하는 가설 3을 검증하기 위해 확인적 인자 분석 모형을 설정하고 Amos4.0 프로그램을 이용해 검증을 시도했다.

확인적 인자 분석은 구성 개념에 대해 관찰 변수와의 측정 모형을 특정화하고 그러한 인자 구조가 성립하는지 아닌지를 주어진 데이터로 체크하는 의도를 근거로 하고 있다.

그림 5-5는 만족 평가 판단에 기준이 되는 품질을 제품의 물리적 본질 기능과 서비스의 비물리적 부수 기능이라는 잠재 변수로 설정하고 잠재 변수와 각 항목 요인(X1~X14)과의 인과관계(λ11~λ81)와 잠재 변수 간의 상관(공분산(μ11)) 관계를 확인하기 위한 모형이다. 잠재 변수를 도출하기 위해 이용되는 항목은 14개 만족 요인 항목으로부터 적합도가 비교적 뛰어난 항목이 우선적으로 선택되었다.

Amos에 의한 공분산 구조 분석의 모형 적합도는 $\chi2$, GFI, AGFI, CFI, RMR, RMSEA의 수준으로 판단할 수 있다. 일반적으로 $\chi2$의 검정은 인과 모형이 올바른지 어떤지에 대한 검정이며 이 경우 귀무 가설로 '구조 모형은 올바르다'라고 하는 설정을 실시하므로 $\chi2$가 대응하는 자유도를 바탕으로 일정한 유의 수준 값보다 작으면 모형은 기각되지 않는다는 의미로 채택된다(유의하지 않으면 채택된다).

GFI는 모형 적합도로 GFI가 1에 가까울수록 설명력이 있는 모형이라 할 수 있다(단 GFI가 높아도 반드시 '좋은 모형'은 아니다). 그리고 AGFI는 수정 적합 지표도로 1에 가까울수록 데이터 적합이 좋다고 할 수 있다(GFI>AGFI이며 GFI에 비해 AGFI가 현저하게 저하된 모형은 별로 바람직하지 않다). 그 외에 CFI>0.95이며 RMSEA와 RMR는 0.05 이하이면 모형으로 채택할 수 있다고 한다.

가설 3을 검증하기 위해 실시한 품질 기능에 대한 확인적 인자 분석을 위해 제품의 물리적 본질 기능에서 4개의 측정 변수를 구조 모형의 구성 요인으로 검출했다. 그리고 서비스의 비물리적 부수 기능에서 측정 변수도 4개의 변수를 검출했다. 품질을 평가 판단하는 전반적인 범위는 닮아 있어도 세부 항목의 중요성은 국가별, 성별, 세대별, 수입 등에 따라 차이가 있는 것을 확인할 수 있다.

이들 구성 요인을 가지고 그림 5-5와 같은 품질 기능에 대한 확인적 인자 분석 모형을 제시해 모형 적합도를 측정했다. 그 결과가 그림 5-6과 그림 5-7이다.

그림 5-5 품질 기능에 대한 확인적 인자 분석 모형(가설)

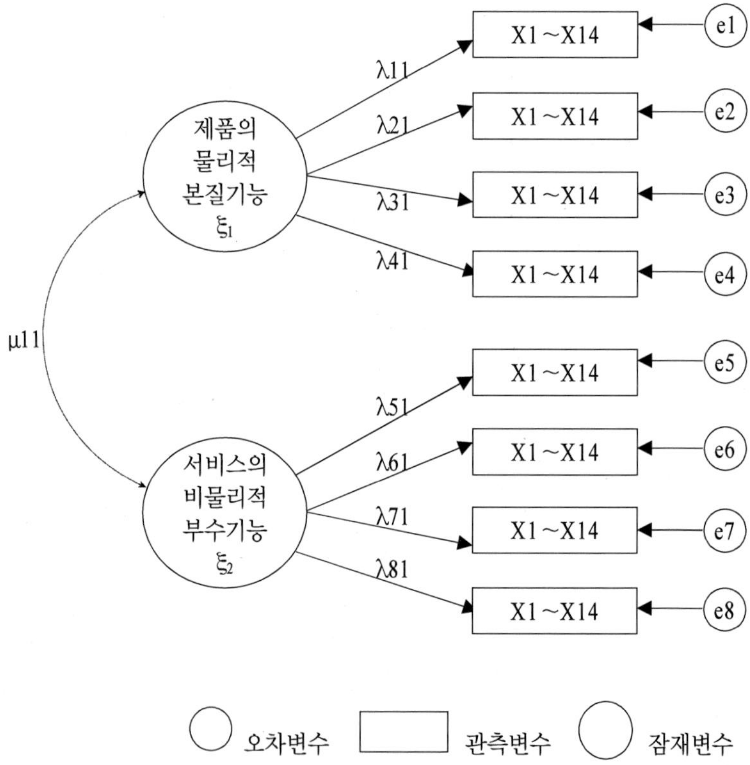

그림 5-6 품질 기능에 대한 확인적 인자 분석 모형(한국)

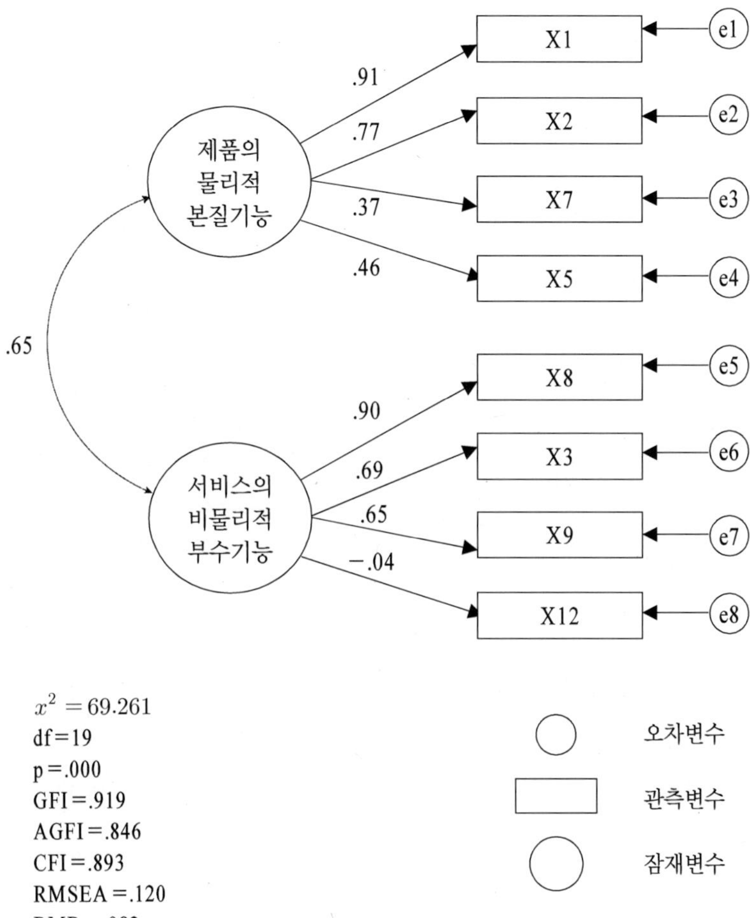

$x^2 = 69.261$
df=19
p=.000
GFI=.919
AGFI=.846
CFI=.893
RMSEA=.120
RMR=.082

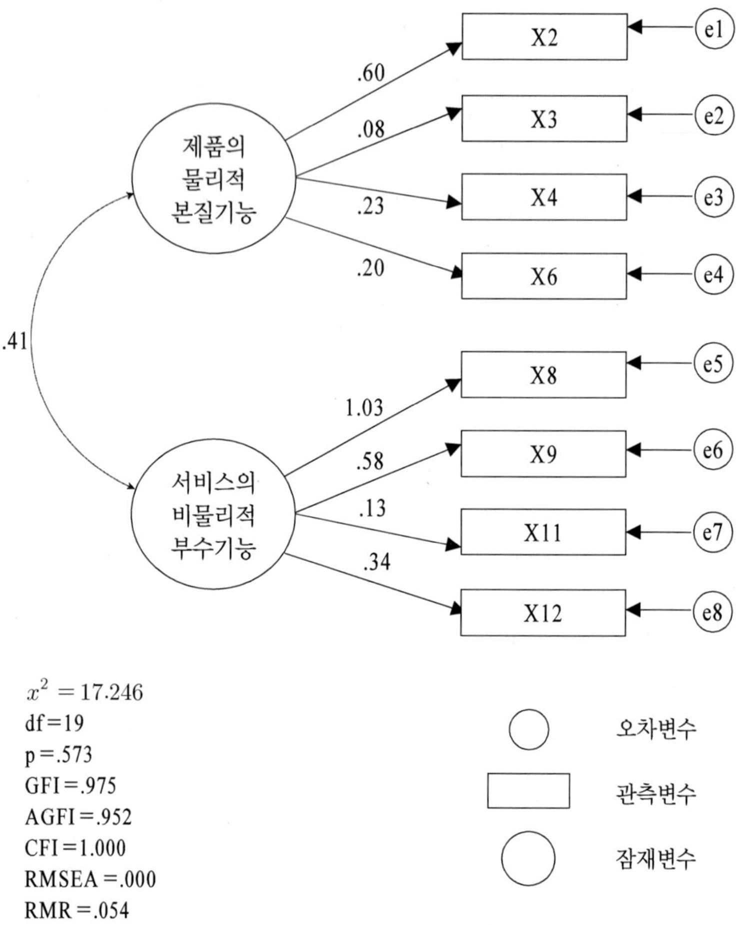

모형 적합도에서 보면 한국보다 일본의 확인적 인자 분석 모형이 높은 수준의 적합도를 보이고 있으며 두 기능 간 공분산도 유의한 관계를 보이고 있다. 한편 한국의 경우는 모형 적합도는 일본에 비해 좋지 않지만 품질 평가 판단에 있어 두 기능은 모두 유의 수준

인 것을 알 수 있다. 즉 두 모형이 의미 있는 상관 관계를 보이므로 가설 3은 채택되었다.

제품의 물리적 본질 기능과 서비스의 비물리적 부수 기능과의 공분산 표준화 계수로부터 두 나라의 피험자는 서비스가 부수되는 제품인 휴대폰 및 PHS 이용에 대한 만족 판단에서 제품의 물리적 본질 기능과 서비스의 비물리적 부수 기능이라고 하는 두 기능을 복합적으로 평가 판단하고 있는 것을 확인할 수 있다.

따라서 품질 평가는 제품의 본질적인 기능 품질과 함께 부수적인 서비스 기능 품질로 나누어야 한다. 그러나 서비스 품질에 관한 선행 연구에서 서비스 분류와 서비스 품질 기준은 서비스에만 집중하는 경향이 강하다. 그러나 현대 시장에는 제품에 복합되는 서비스가 다수 존재하고 있다는 것을 생각하면 제품에 부수되는 서비스에 대해 서비스 품질 평가를 중심으로 한 판단 척도를 그대로 이용해도 좋은 것인지 하는 의문이 생긴다. 그 이유는 지금까지 연구에서 나타난 품질 평가 기준이 서비스의 모든 기능 측정에 어울리는 척도로는 부족했다고 할 수 있기 때문이다. 예를 들어 제품에 부수되는 서비스의 경우 그 서비스의 품질은 비물리적 부수 기능을 해 왔기 때문에 선행 연구에서 분류된 탐색재 이른바 제품에 있어서의 서비스 품질이 유형성과 신용도인 것만으로는 충분하지 않다는 것이다. 따라서 서비스 품질 평가의 측정 기준은 서비스가 재화가 되었을 경우와 제품에 부수되었을 경우에 따라서 달라져야 한다는 것이다. 본 제5장에서는 바로 그 점에 주목해 서비스가 부수된 또는 서비스가 복합된 제품에 대한 만족 판단 요인의 확인에 대해 검증해 가고 있다.

그림 5-8은 앞서 분석한 모형에 품질 변수를 도입한 모형이다. 그림 5-8 모형은 제품의 물리적 본질 기능과 서비스의 비물리적 부수 기능이 궁극적으로 품질과 어떠한 인과 관계를 갖는지를 조사

하는 것을 의도한다.

그림 5-8 품질 기능에 대한 구조 분석 모형(가설)

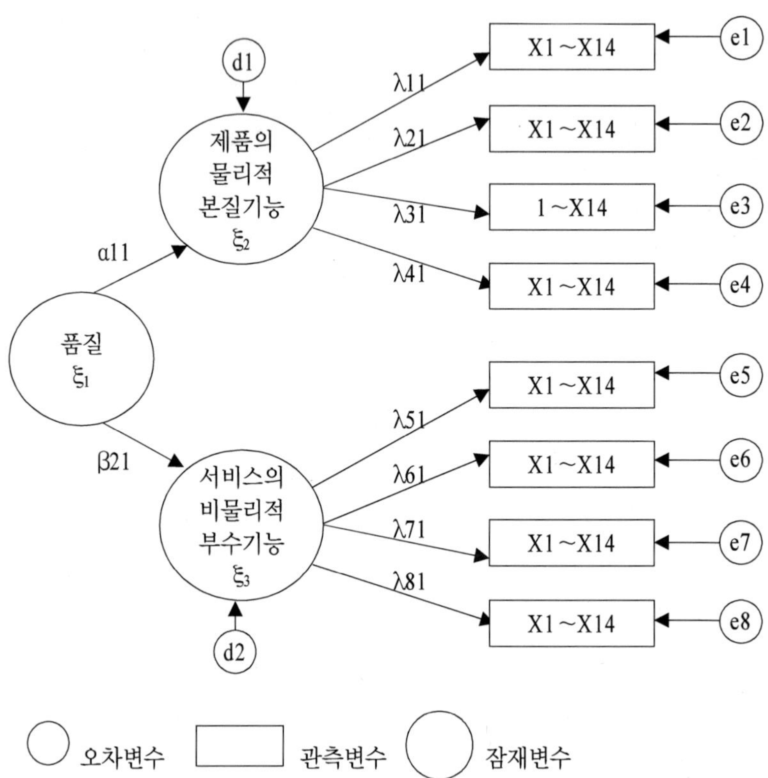

그림 5-8 모형을 설정하고 한국과 일본의 만족 항목 요인을 하나씩 조합해 모형 적합도를 조사한 결과 그림 5-9와 그림 5-10과 같은 결과를 얻었다.

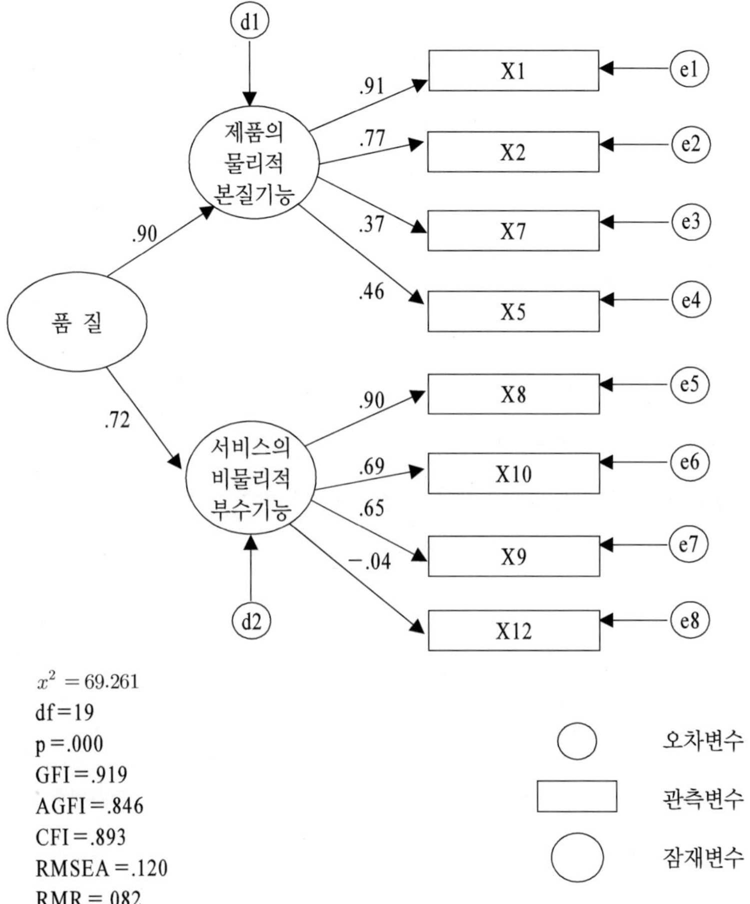

d1
제품의
물리적
본질기능
.91
X1
e1
.77
X2
e2
.37
X7
e3
.46
X5
e4
.90
품 질
.72
서비스의
비물리적
부수기능
.90
X8
e5
.69
X10
e6
.65
X9
e7
−.04
X12
e8
d2
$x^2 = 69.261$
df=19
p=.000
GFI=.919
AGFI=.846
CFI=.893
RMSEA=.120
RMR=.082
오차변수
관측변수
잠재변수

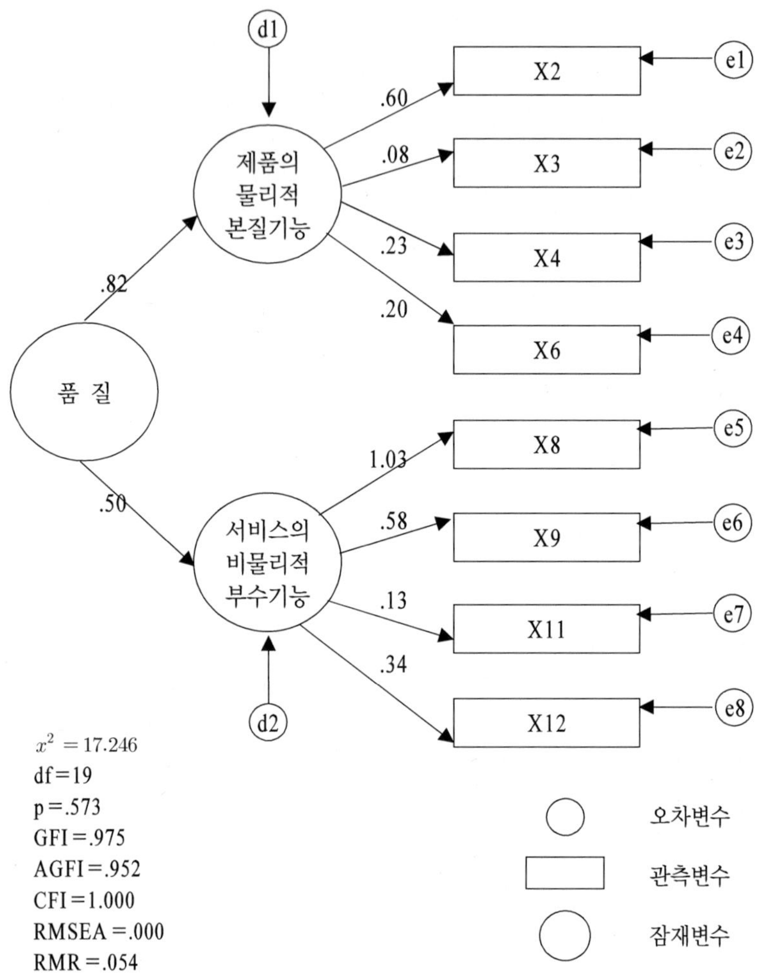

그림 5-10 품질 기능에 대한 구조 분석 모형(일본)

결과는 한국의 경우는 물리적 기능의 설명력이 0.80이고 일본의 경우는0.67인 것으로부터 양국 모두 서비스의 비물리적 부수 기능보다 품질 기능으로서 물리적 본질 기능을 중요시 여기고 있는 것을 확인할 수 있었다(그림 5-9, 그림 5-10 참조).

　가설 4의 제품의 물리적 본질 기능과 서비스의 비물리적 부수 기능은 모두 만족도에 긍정적인 영향을 주고 있다고 하는 것은 그림 5-9와 그림 5-10에서 확인한 것처럼 채택되었다.

　모형 적합도는 한국보다 일본이 안정된 결과를 보였다. 한국 피험자에 의한 모형의 설명력이 낮게 나타난 이유로 생각할 수 있는 것은 데이터가 다변량 정규 분포의 가정에 맞지 않는 경우와 데이터의 표본 추출 과정상의 문제 등 조건이 충족되지 않은 점 등을 들 수 있다. 일반적으로 공분산 구조 분석의 모형 적합도를 설명하는 데 이용되는 지표에 비추어 보면 본 3절에서 분석한 모형 적합도는 적극적인 의미에서 적합하다고 할 수 있는 수준이었다.

　분석 결과로 알 수 있는 것은 앞서 서술한 것처럼 현대 시장에는 제품에 부수되는 서비스가 보편화되어 있기 때문에 그에 대한 만족 판단에 이용되는 평가 요인에는 제품의 물리적 본질 기능과 서비스의 비물리적 부수 기능이 병행되어 이용되어야 한다는 것이다. 이것은 선행 연구에서 제품을 중심으로 하는 품질 기능을 본질 기능과 비물리적 부수 기능으로 나누어 구분하고 있는 관점에서 보면 조금 다른 관점이 될 것이다. 왜냐하면 본질 기능과 비물리적 부수 기능은 제품의 품질뿐만 아니라 제품에 부수되는 서비스의 기능에도 대비할 수 있는 기준이기 때문이다.

표 5-13 품질 판단과 품질 기능 분류

품질 판단과 품질 기능 분류				
기존 연구의 연구 관점		현대 시장에서의 관점		
제품	서비스	제품	복합재	서비스
물리적 기능	비물리적 기능	물리적 본질 기능		비물리적 부수 기능

표 5-13와 같이 현대 시장에서 품질 기능의 분류는 제품, 복합재, 서비스로 나눌 수 있으며 제품이나 서비스마다 마땅히 충족되어야 할 본질 기능이 존재하고 있고 덧붙여 부수 기능으로 서비스 기능이 강하게 작용하는 경우가 있다는 것이다.

특히 여기서 주목할 것은 만족 판단에서 품질은 제품 기능뿐 아니라 서비스 기능도 판단 기준으로 평가되고 있다는 것이다. 서비스는 만족 판단 과정의 구성 요인이 되어 있지만 선행 연구 대부분이 품질 기능에서 제품과 서비스를 구별하지 않고 다루고 있고 서비스 품질 연구가 고객만족 연구에 적용되었다 하더라도 서비스 측정에만 주목한 경향이 강했다고 할 수 있다.

오늘날과 같이 제품과 서비스가 복잡하게 세분화되어 가는 시장 특성에 비추어 제품과 서비스 분류 및 그 기능과 품질에 대한 시각을 보다 명료히 해야 한다는 것을 지적한다.

결 론

제5장은 서비스는 물론 제품에 부수되는 서비스가 세분화되고 그 시장이 확대되어 가는 현대 시장 특성에 주목하면서 서비스 품질이 만족 판단 과정에서 판단 요인으로 평가되고 있다는 관점을 가지고 서비스 품질과 고객만족을 조명하면서 서비스에 있어서 고객만족 연구의 중요성을 재확인했다.

특히 만족 판단 과정에 이용되는 기준이 되는 결정 요인으로 품질 기능에 관해 제품에 다수 보이는 물리적 본질 기능과 서비스의 비물리적 부수 기능으로 나누어 두 기능은 양립되어 상호 복합적으로 판단되고 있다는 것을 검토했다.

그리고 이러한 검토를 가설로 설정하고 검증을 위해 휴대폰 및 PHS 이용에 대한 만족도에 관한 조사를 일본과 한국에서 실시해 얻어진 데이터로 확인적 인자 분석을 실시했다. 결과는 첫째로 일본과 한국의 휴대폰 및 PHS 이용자가 요구하는 품질 기능에는 그다지 차이가 없다는 것과 둘째로 두 나라의 피험자가 제품의 물리적 본질 기능과 서비스의 비물리적 부수 기능 모두에 주목하고 있다는 결과를 얻었다. 셋째로 물리적 본질 기능인 제품의 성능과 비물리적 부수 기능인 서비스는 만족도에 긍정적인 영향을 주고 있다는 결과를 얻었다. 넷째로 이동 통신사에 대한 만족 판단 기준에는 성능을 기본으로 하는 정보 서비스의 품질 향상이 중요하게 판단되고 있는 것을 알 수 있었다.

제**6**장

만족 결정 요인에 관한 연구

본래 마케팅은 항상 시장 대응이라고 하는 과제를 짊어져 왔고 진화해 가는 학문적 특성상 연구 어프로치 및 이론 도입이 재빠르고 시대의 요구에 응할 수 있도록 다양한 테마의 연구가 진행되어 왔다. 또 마케팅은 이론과 실천의 양면성을 갖고 있기 때문에 주된 연구 이론의 적용 가능성을 검증하는 실증 연구의 역할도 중시되어 왔다.

이론 연구의 추이를 보면 고객만족에 관한 연구도 시대적 요구나 연구의 한계점 등을 이유로 다양한 어프로치를 갖게 되었다고 할 수 있다. 고객만족 연구는 3가지 테마로 구분할 수 있다. (1) 만족 결정 요인에 관한 연구, (2) 만족 판단 과정에 관한 연구, (3) 만족 경험 후의 태도 변용이나 행동에 관한 연구(그림 6-1의(1), (2), (3) 참조). 이와 같은 분류는 시장 환경 변화로 기업 마케팅 활동도 그에 호응하는 형태로 연구 방향이 변해 왔다고 할 수 있기 때문이다.

원래 만족은 어느 일정한 판단 과정에 의해 고객에게 인식되는 것이다. 그 과정 중에는 다양한 판단 기준이 존재하고 있으며 그 기준은 고객의 제품과 서비스 구매에 대한 기대 및 소비 경험 후 비교 기준이라 할 것이다. 이러한 관점에서 보면 고객만족은 만족을 판단하는 결정 요인 내지 기준이 무엇인가를 이해하는 것부터 시작된다고 할 수 있다.

고객만족에 관한 초기의 연구는 기대-불일치 패러다임에 근거한 것이 많고 기대와 소비 성과의 불일치로 만족이나 불만족이 발생한다고 하는 견해가 지배적이었다. 그 후 만족이 판단되는 메커니즘에 주목하게 되면서 실제로 만족을 결정하는 구조 요인이 무엇인가에

연구 초점이 맞추어지게 된다. 본 제6장에서는 만족 결정 요인에 주
목하는 연구를 검토하고 연구 과제를 검토하기로 한다.

제1절 만족 결정 요인에 관한 연구의
이론적 기반

　만족 결정 요인에 관한 연구를 검토하기에 앞서 고객만족 연구
영역에서 제6장의 어프로치를 살펴보면 그림 6-1의 (1)과 같다. 만
족 결정 요인에 관한 주된 초점은 기대 수준과 성과의 비교가 만족
에 미치는 영향에 관한 것과 기대와 성과가 판단될 때 판단 기준에
관한 연구가 다수 연구되어 왔다.

　제6장은 만족 결정 요인에 관한 연구에서 만족 성과 판단을 기대-
불일치 패러다임에 근거한 연구와 만족 판단 과정의 판단 기준에 관
한 연구로 나누어 주요 연구를 고찰한다. 주요 연구에서 공통적으로
강조되는 것을 확인하고 연구 과제로 삼아 만족 판단 결정 요인에
근거한 만족 판단 과정을 구조 모형으로 제시한다.

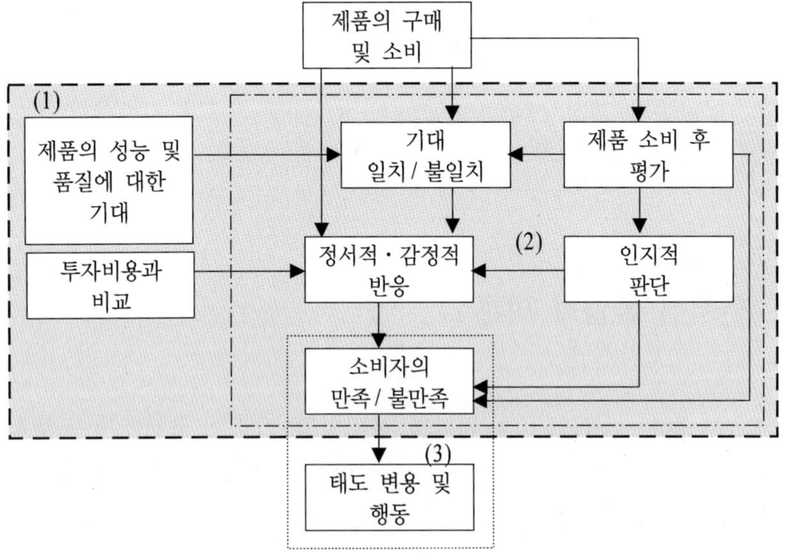

출처: Mowen, J. C. and Minor M. S., *Consumer Behavior: A Framework*, Prentice-Hall, New Jersey, 2001, p.200로부터 재작성.

제2절 기대-불일치 패러다임과 만족의 성과 판단에 관한 연구

만족의 성과 판단에 관한 연구는 고객만족에 관한 연구 중에서 가장 일찍부터 연구되어 왔다고 하지만 연구 배경에는 심리학적 어 프로치를 이용한 심리 과정에 주목하고 있다. 만족의 성과 판단에 관한 선행 연구의 초점은 기대와 성과의 불일치가 초래하는 효과와 그 효과가 나타나는 메커니즘을 밝히는 데 있다. 다음에서는 기대-불일치 패러다임에 근거한 성과 판단에 관한 연구 중에서 특히 '인지적 불협화 이론', '대조 이론', '동화-대조 이론', '비교 수준 이론', '일반화된 부정성 이론'을 중심으로 이들 연구가 시사하는 것을 재검토하기로 한다.

1. 인지적 불협화 이론

L. A. Festinger(1959)에 의하면 불일치된 기대는 고객에게 불협화 상태, 즉 심리적 불안을 발생시키고 있다고 한다. 첫째로 불협화의 존재는 심리학적으로 불쾌하기 때문에 불협화를 저감시키고 협화를 획득하도록 사람들을 동기부여할 것이다. 둘째로 불협화가 존재하는 경우 사람들은 그 저감만을 시도하는 것만 아니라 한층 더 불협화를 증대시킨다고 생각되는 상황이나 정보를 회피하려고 할 것이라고 서술한다.[299] 게다가 사람들은 불협화한 두 가지 생각에 직면할 때 한 가지 혹은 두 가지 다 변화시켜 그것들을 조화시켜 정신적 불안정을 해소하려고 한다고 주장하고 있다. L. A. Festinger는 "사람이라는 유기체는 자기 의견, 태도, 지식 및 가치 사이의 내부적 조화, 무모순성 내지 적합성을 확립하려고 노력한다. 즉 수많은 인지 사이에는 협화의 동기가 존재하고 있다."고 인지적 불협화가 일어날 수 있는 상황을 설명한다.[300] 상황이란 두 가지 또는 그 이상의 선택 사항의 취사선택을 결정한 후에는 항상 불협화가 존재한다는 것이다. 선택된 선택 사항의 부정적 성질에 대응하는 인지 요소란 그 행위(결정)을 했다고 하는 지식과의 불협화이다. 선택된 선택 사항의 적극적인

성질 및 선택되지 않았던 선택 사항의 부정적 성질에 대응하는 인지 요소는 그 행위를 실시했다고 하는 것에 대응하는 인지 요소와 협화적이라는 것이다.

그리고 인지적 불협화가 일어날 수 있는 상황을 적용해 다음과 같은 자기 결정에 관한 가설을 제시하고 있다.

(1) 결정 후 불협화는 선택된 선택 사항의 매력을 증대시키든지, 선택되지 않은 선택 사항의 매력을 감소시키든지 또는 그 쌍방에 의해 저감될 것이다.
(2) 결정 후 불협화는 선택된 선택지와 선택되지 않았던 선택지와의 어떤 특성이 동일하다고 지각하는 것에 의해 저감될 것이다.
(3) 결정 후 불협화는 결정 후 여러 측면의 중요성을 감소시키는 것으로 저감될 것이다.[301]

이러한 인지적 불협화 이론을 제품 성과에 적용해 보면 제품에 대한 기대와 제품 성과 사이의 불일치가 존재하는 경우 소비자는 심리적인 긴장 상태에 직면하게 된다. 그 결과 제품에 대한 평가를 변화시키는 것으로 심리적 긴장을 감소시키고 있는 것을 알 수 있다. L. A. Festinger(1965)의 인지적 불협화 이론에 대조해 보면 만족을 결정할 때 고객에게 일어날 수 있는 불협화는 다음과 같이 생각할 수 있다. 첫째는 기대와 비교로 구매 이전의 기대와 구매 후 성과 판단과의 비교에 의해 생기는 경우이다. 둘째는 요구나 욕구의 충족 비교로 니즈나 욕구 충족과 성과와의 비교에 의한 경우이다. 셋째는 투자 비용과의 비교로 지불 비용과 성과와의 비교에 의해 생기는 것이다. 넷째는 다른 사람이나 다른 선택 사항이라는 비교에 의해 생기는 경우이다.

이러한 상황하에 고객은 구매 이전 기대와 구매 후 지각 성과의 거리에 의해 만족 또는 불만 태도를 갖게 되는 것이다. 즉 앞서 제시한 불협화가 일어날 수 있는 4가지 상황은 만족이나 불만의 판단 요인이 되고 결과 정도에 따라 판단이 결정된다는 것이다. 따라서 불협화 이론이 시사하는 인지 메커니즘은 소비자 행동론을 중심으로 연구되어 왔으며 그 영향을 받아 만족 결정 메커니즘도 다수 연구되었다. 인지적 불협화 이론의 학문적 의의는 소비자의 소비 후 심리적 상태에 관한 이론으로 적용 범위가 매우 넓다는 것과 하나의 이론으로서 이렇게 많은 영역에 적용되는 것은 없다는 것이다(W. H. Cummings and M. Venkatesan(1976)[302])).

그러나 그 후 연구 중 다수의 연구가 실험실 내 실험으로 효과를 검토하거나 실제 적용이 어려운 연구 어프로치로 불협화가 발생하지 않는다는 비판도 초래했다(J. F. Engel and M. L. Light(1968)[303])). 또한 불일치가 불협화를 초래하는지를 검증하는 것이 어렵다는 것도 지적되었다. 이 지적은 불협화가 발생하는 선행 조건에 신념, 의지, 관여도라고 하는 명백하게 불일치 가능성을 예측시키는 요인이 존재하지만 일반적으로 조사에 이러한 조건을 갖추어 검증하는 것이 어렵기 때문이다. 따라서 기대와 성과의 불일치는 불협화를 초래하는 조건 중 하나에 지나지 않는다는 것에 주의해야 할 것이다.

그렇지만 이 이론이 시사하는 것을 주목해야 할 것이다. 그것은 기업이 판매 촉진 활동으로 고객에게 기대를 높이 갖게 할수록 기업에 유리한 효과를 가져올 수 있다는 것이다. 따라서 기업은 제품이나 서비스에 대해 고객에게 어느 정도까지 기대 수준을 갖게 할지를 고려해야 할 것이다.

2. 대조 이론

인지적 불협화 이론에 근거해 불협화 효과를 검토하는 고전적 연구가 되는 R. N. Cardozo(1965)의 연구에서는 기대와 성과의 불일치가 만족 평가 판단에 미치는 영향을 조사하고 있다.

그 연구에서 이용되는 만족 판단에 관한 논거는 대조 이론으로 "제품에 대한 기대가 소비 후 제품 성과와 일치하지 않는 경우 기대와 제품 성과의 대조에 의해 소비자는 불일치를 과장하게 된다."고 서술한다.[304] 이것은 고객은 사전 기대가 일치하지 않는 경우 기대로부터 자신의 평가를 이탈시키려고 하는 것을 의미한다. 기대보다 지각된 제품 성과가 높은 긍정적 불일치 경우는 고객은 제품 성과를 보다 높이 인식하게 되고 반면에 부정적인 불일치가 생겼을 경우 제품 성과를 보다 낮게 판단한다는 것이다. 따라서 만족에 대한 기대와 성과 판단의 불일치는 소비 후 제품 성과로부터 기대를 뺀 만큼이 되고 지각된 제품 성과는 결국 기대와의 일치 또는 불일치에 의해 결정된다고 할 수 있다.

대조 이론은 앞서 서술한 대로 만족 판단은 기대와 성과 판단의 대조에 의해 결정된다는 것에 주목하고 있다. R. N. Cardozo(1965)의 연구는 볼펜 품질을 높은 레벨과 낮은 레벨로 나누어 제시한 카탈로그를 피험자에게 보이는 것으로 기대를 조작한 후 일반적인 볼펜을 사용해 조사하고 있다. 연구의 가설은 다음과 같다.

H₁ 제품을 입수하기 위해 거의 노력을 들이지 않는 고객은 기대한 것보다 가치 없는 제품을 입수하면 같은 제품을 입수하기 위해 노력한 사람들이 평가하는 것보다 그 제품을 낮게 평가할 것이다.

H₂ 노력이 증가할 때 그 효과는 감소한다.

H₃ 제품을 입수하기 위해 높은 노력을 들인 고객은 그들이 기대한 만큼 가치 없는 제품을 입수한 경우 거의 노력을 들이지 않은 사람들이 평가한 것보다 높게 평가할 것이다.

H₄ 제품을 입수하기 위해 높은 노력을 들인 고객은 그들이 기대한 것과 거의 비슷한 가치 있는 제품을 입수한 경우 거의 노력을 들이지 않았던 사람들이 평가한 것보다 높게 평가할 것이다.[305]

위 가설을 가지고 R. N. Cardozo는 제품에 대한 기대와 카탈로그와의 비교에 있어 중점을 두지 않았던 조합에 제품 평가로 제품의 유용성, 가격, 퀄리티 비교, 가치와의 비교에 관한 조사를 실시해 가설을 검증했다. 조사 결과는 만족도는 제품에 관한 기대 및 제품을 입수하기 위해 소비된 노력에 의해 영향을 받는 것을 나타내고 있다. 특히 이 조사는 제품을 입수하기 위해 상당한 노력을 소비했을 때 만족은 적은 노력을 이용했을 때보다 높은 것을 시사하고 있다. 게다가 고품질을 기대한 피험자는 기대대로의 품질을 경험한 피험자에 비해 제품 성과를 보다 낮게 평가하고 있다고 밝히고 있다. 또한 이 조사 결과는 마케팅 효율과 고객의 편리에 관한 일반 관념에 반대되는 고객만족도는 제품이 기대에 맞지 않을 때 제품이 기대에 부응할 때보다 낮다는 것을 시사하고 있다.[306]

이 연구는 소비에 들이는 노력 정도와 기대가 성과 판단의 불일치 정도에 대조되는 것으로 만족 정도가 평가된다고 하는 논거를 실증 연구를 바탕으로 검증하고 있다. 기대와 부정적 불일치를 경험한 사람은 제품 성과를 낮게 평가한다고 하는 것이 실증되어 부정적 불일치가 초래하는 마이너스 효과가 연구에서 중시되게 되었다. 덧붙여 Cardozo(1965)의 연구는 만족 판단 과정에서 소비에 들이는 노력, 기대, 성과 판단, 만족 정도의 인과 관계를 밝히는 것으로 연구에 공헌했다. 반면에 조사 대상인 두 그룹의 피험자에게 기대가 조작되

어 있고 조건이 차이가 나므로 해당 제품의 성과 판단 비교에 일반
성이 결여되어 있다는 지적이 있다.307)

R. N. Cardozo(1965)의 연구 이후 J. B. Cohen and M. E. Goldberg
(1970)도 부정적 불일치가 소비 경험의 선호에 부정적 효과를 초래
하는 것을 검토하고 있다. 이 연구에서는 인지적인 재평가(학습대비
정당화)가 기대한 것을 결정해야 한다고 하는 소비자 결정 과정에서
브랜드의 친밀감으로부터 생기는 사전 정보와 구매 후 특징과 퀄리
티의 두 요소를 정의하고 조사했다. 그 결과 인스턴트 커피의 소비
결정 후 인지적 재평가는 주로 제품에 대한 일치－불일치에 의해 영
향을 받고 있었다. 브랜드의 친근함에 기인하는 일치는 결정 후 재
평가의 방향으로 영향을 미치는 것이었다.308)

그러나 J. B. Cohen and M. E. Goldberg(1970)의 연구는 불일치
정도와 긍정적 불일치와 부정적 불일치의 경계를 분명히 하는 수준
이나 긍정적 불일치 측정 및 그 효과를 검토하지 않았기 때문에 그
점이 연구 한계로 지적되고 있다.309)

그렇지만 대조 효과는 주목을 받아 J. C. Olson and P. Dover(1976)
에 따르면 불일치 경험에 의한 사용 후 인지적 변화는 동화 작용이
아니라 불협화의 축소로 일어날지도 모르는 대조가 발생하는 상황에
서 조정 변수로 제품에 관한 관여도, 투입 노력, 평가 판단에 관한 일
반적인 애매함이 다루어지기에 이르렀다.310)

3. 동화－대조 이론

대조 이론의 불일치 효과를 보다 심화시킨 이론이 동화－대조 이
론이며 그 주된 내용은 소비자 지각에는 수용 범위와 기각 범위가

존재하고 있다고 하는 M. Sherif and C. I. Hovland(1961)의 주장을 바탕으로 한다. 연구에 의하면 소비자 기대와 성과 판단의 불일치 정도가 작은 경우는 판단 결과가 수용의 범위(a latitude of acceptance)에 위치하고 소비자는 갖고 있던 기대에 제품 성과의 평가를 동화시키려고 한다고 서술하고 있다. 그와 반대로 기대와 제품 성과 사이의 불일치가 커서 판단 결과가 기각 범위(a zone of rejection)에 위치하는 경우는 대조 효과가 발생해 그 불일치를 과장해 지각한다고 서술한다.311)

이 이론에 의하면 기대가 갖는 효과는 성과 판단과의 불일치 정도에 따라 규정되는 것으로 적당한 정도의 불일치는 동화 효과를 유도하지만 일정 수준 이상의 불일치가 발생했을 경우는 대조 효과가 발생한다는 것을 알 수 있다.

동화 효과에 관해 R. W. Olshavsky and J. A. Miller(1972)는 제품의 품질을 보다 높게 설정하는 경우와 보다 낮게 설정하는 경우 제품 성과의 지각이 어떻게 바뀌는지를 검토하고 있다. 설정된 연구 조건은 높은 기대-높은 성과, 높은 기대-낮은 성과, 낮은 기대-높은 성과, 낮은 기대-낮은 성과로 조정되어 제품 성과와 기대와 불일치의 부정적 및 긍정적 효과를 조사하고 있다.312) 그 결과 제품 품질을 보다 높게 설정했을 경우에 보다 호의적인 반응을 유도한다는 결과가 나타나고 제품 품질을 보다 낮게 설정했을 경우는 호의적인 반응으로의 유도가 뒤떨어지는 것을 밝히고 있다.313) R. W. Olshavsky and J. A. Miller(1972)의 연구 결과는 제품 성과에 관한 판단은 긍정적인 불일치에서도 부정적인 불일치에서도 조작된 기대 수준을 향해 유도되어 간다고 하는 결과를 볼 수 있다.

그렇지만 동화-대조 이론이 기대 불일치의 긍정적 및 부정적 효과를 설명할 수는 있어도 대조 효과 혹은 동화 효과를 일으키게 하는 불일치 정도를 명확히 파악하는 것에는 한계가 있다고 할 수 있다. 그것은 고객이 대조 효과를 실시할수록 충분히 높은 기대를 갖지 않은 경우나 관여도 등 특정 조건에서만 대조 효과가 발생한다고 하는 조건 설정이 어렵기 때문이다.[314) 이와 같이 기대와 성과의 불일치에 의한 판단 메커니즘에 관한 대조 이론, 동화-대조 이론에 대해 R. E. Anderson(1973)은 동화(Assimilation) 이론, 동화·대조(Assimilation -Contrast) 이론, 일반화된 부정성(Generalized Negativity) 이론, 대조(Contrast) 이론을 이용해 지각된 제품 성과와 불일치된 기대 효과를 비교하고 있다.[315) R. E. Anderson(1973)의 가설은 다음과 같다.

(1) 귀무 가설(Null Hypothesis)

　　제품 지각은 기대의 여러 레벨에서 현저히 차이 나지 않는다.

(2) 동화(Assimilation) 이론

　　제품 지각은 기대 레벨에[316) 정비례할 것이다.

(3) 대조(Contrast) 이론

　　제품 지각은 기대 레벨에 반비례할 것이다.

(4) 일반화된 부정성(Generalized Negativity) 이론

　　제품 지각은 기대와 실제 제품 성능 간 불균형이 있는 경우 제품 지각은 항상 부정 혹은 부정 정도는 불균형의 양에 정비례할 것이다.

(5) 동화·대조(Assimilation-Contrast) 이론

　　제품 지각은 실제 성과 범위와 기대에 정비례하지만 그러나 역치(threshold value) 이상 및 역치(threshold value) 이하의 경우 제품 지각은 기대 레벨에 반비례할 것이다.

R. E. Anderson(1973)에 의한 위 가설은 성과 판단의 기대 불일치로 발생하는 갭의 크기가 제품 평가에 영향을 미치는 메커니즘을 말하고 있다. 특히 4가지 이론을 종합하고 기대와 성과 판단의 불일치에

의한 만족이나 불만족 판단의 복잡한 메커니즘을 나타낸 것에 주목
할 수 있을 것이다. 결국, R. E. Anderson(1973)의 연구에서는 고객
의 기대에 제품 성과가 가까워질수록 만족 판단이 긍정적인 영향을
받을 가능성이 높다는 추측을 할 수 있다. 그렇지만 기대에 비교되
는 성과 판단은 일반화할 수 없는 만큼 복잡하고 애매한 메커니즘이
기 때문에 앞서 검토해 온 지각 판단 레벨을 구체화하는 것이 어렵
다고 할 수 있을 것이다.

그림 6-2 기대-불일치 이론

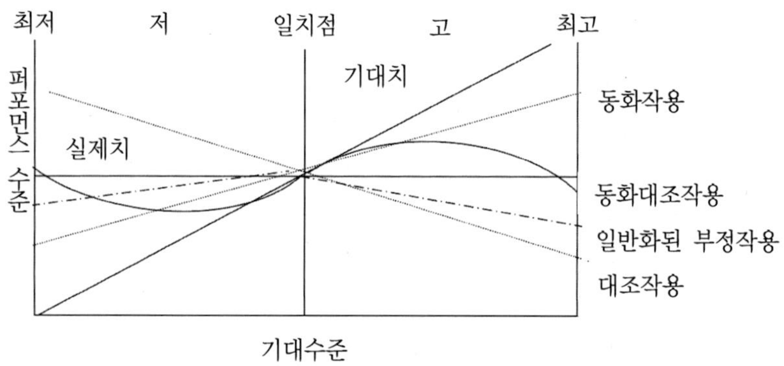

출처: Anderson, R. E., "Consumer Dissatisfaction: The Effects of Disconfirmed
Expectancy on Perceived Product Performance", *Journal of Marketing
Research*, Vol.10(February, 1973), p.39.

이상의 검토에서 보면 동화 이론은 기업은 고객에게 기대 수준을
가능한 한 높게 창출하도록 노력하는 것이 보다 유효하다는 것을 시
사한다. 그러나 동화-대조 이론에서 보면 기업이 전하는 과장된 메
시지는 오히려 고객에게 대조 효과를 가져올 가능성이 있다고 이해
된다.

4. 비교 수준 이론

만족이 판단되는 메커니즘에 주목한 연구는 기대와 성과가 어떻게 비교·판단되는지 구체화하는 것에 초점을 맞추게 된다.

그 연구 중에서 J. A. Miller(1977)는 소비자 만족은 기대된 성과에 관한 기대 레벨 및 지각된 성과 평가의 상호 작용에 기인하고 있다고 설명하고 기대 타입과 성과 레벨을 서술하고 있다.[317]

그에 따르면 지각된 성과 수준이 이상적인 성과 수준을 넘는 경

그림 6-3 성과 레벨과 기대 타입

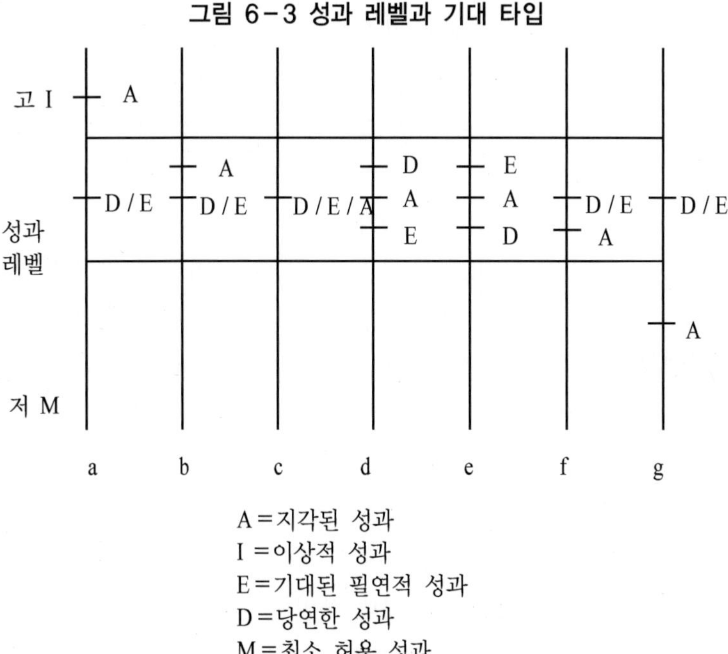

출처: Miller, J. A., "Studying Satisfaction, Modifying, Posing Problems and Meaningful Measurements", in *Conceptualization and Measurement of Consumer Satisfaction and Dissatisfaction*, 1977, p.78.

우 소비자는 만족 상태가 되고 지각된 성과 수준이 이상적인 성과 수준을 약간 밑도는 경우는 소비자는 약간 만족 상태이다. 그리고 지각된 성과 수준과 기대된 성과 수준이 이상적 성과(I)와 최소 허용 성과(M) 사이에 거의 비슷한 수준인 경우 소비자는 만족도 불만도 아닌 어느 쪽도 아닌 상태이다. 또한 지각된 성과 수준이 기대된 수준을 밑돌지만 최소 허용 성과 수준을 웃도는 경우는 소비자는 약간의 불만족을 느끼고 지각된 성과 수준이 최소 허용 기준을 밑도는 경우에는 소비자는 불만을 느낀다고 하면서 그림 6-3과 같이 만족과 불만족이 판단되는 기준을 5가지로 분류해 설명한다.

성과는 제품이나 서비스 본질로 측정된다. 게다가 만족은 만족을 구성하는 요인이 있다. 이상적 기준과 지각된 성과와의 거리에 의해 만족 정도가 달라진다. 따라서 기업은 고객의 이상 기준에 지각된 성과가 가까워지도록 해야 한다. 또한 만족을 규정하는 제품·서비스 본질을 다원화하는 것으로 만족 구성 요인과 그 판단 과정을 보다 구체화해 갈 필요가 있다고 생각된다.

J. A. Miller(1977)의 비교 수준 이론은 만족 판단에 기대와 성과의 비교·판단 기준이 존재하고 있으며 그것은 기대된 성과가 지각된 성과 레벨로 이루어지는 것에 주목하고 있다. 특히 성과 기준은 이상적 성과 수준과 최소 허용 수준이라고 하는 기준으로 판단된다는 기대와 성과의 비교 판단에 관한 심리 과정을 구체화하고 있다.

비교 수준 이론은 기대와의 불일치에 의해 발생하는 효과에 주목하고 있던 당시 연구에 비해 기대와 성과 수준에 의한 만족 판단 과정을 구체적으로 제시하므로 기대 불일치 패러다임에 근거한 성과 판단에 관한 연구를 심화시켰고 특히 만족 자체도 수준에 의해 나누어진다는 것을 시사하고 있어 연구 공헌도가 높다 할 것이다.

5. 일반화된 부정성 이론

기대와 불일치 효과에 대한 연구로서 일반화된 부정성 이론에 의하면 개인은 기대가 불일치인 경우 일치한 경우에 비해 유쾌한 정도가 낮은 감정을 지각하게 된다고 하는 불일치의 부정적인 효과에 초점을 맞추고 있다.

J. M. Carlsmith and E. Aronson(1963)에 따르면 기대 불일치가 사람들을 유쾌하지 않은 상태로 이끈다고 서술하고 있다. 소비자가 제품에 특정 수준의 성과를 기대하는 경우 실제 성과가 기대와 차이를 보이면 사전에 조금이라도 기대를 갖고 있지 않았던 경우와 비교해 호의도가 낮은 평가를 내리게 된다. 이 경우의 불일치는 그것이 긍정적이더라도 제품 평가를 낮추게 한다고 설명하고 있다.[318] 즉 제품에 대한 감정적 판단은 불일치 정도와 마이너스 관계를 갖는 것이다.

그 후 R. L. Oliver(1976)는 긍정적 및 부정적 불일치가 제품에 대한 호의적 평가를 유도하는 것을 검증하면서 일반화된 부정성 이론을 지지하고 있다.[319] 다만 관여도, 몰입도, 관심 등이 높은 경우라고 하는 선행 조건이 제시되고 있다. R. L. Oliver(1976)는 쾌락적 성질의 감정적 판단은 주로 촉진하는 조건이 특정되지 않기 때문에 희소 기준에 근거해 관찰된 부정적 결과와 같이 개인은 기대하지 않는 긍정적 결과도 반대로 반응한다고 설명하고 있다. 이 문제를 위해 새롭게 소개된 자동차 기대에 불일치로의 감정적 반응에 대해 연구하고 자기 관여, 태도 커미트먼트 및 태스크 흥미를 나타내는 3가지 조건을 이용해 검토하고 있다. 절대적인 불일치 및 감정적 판단의 정도 간 상관 관계는 2×2×2 디자인으로 8가지 편성으로 488명 학생으로 추정되었다. 결과적으로 관여, 커미트먼트, 흥미가 높을 때에만 쾌락 반응을 볼 수 있었다.[320] 즉 일반화된 부정성 이론은 기대와 성과의 불일치가 초래하는 부정적인 효과가 나타나는 특정 상황 및 조건이 전제가 되어야 하는 것에 주목해야 한다.

불일치가 초래하는 효과는 이 이론에서 보면 기업이 송신하는 판매 촉진을 위한 메시지는 제품 성과 수준에 적합한 기대를 창조할 수 있도록 해야 한다는 것을 시사한다. 왜냐하면 너무 높은 기대를 갖게 하면 성과와의 괴리에 의해 결과적으로 부정적인 판단을 하게 되기 때문이다.

6. 기타 연구

만족 판단에 영향을 주는 결정 요인에 관한 연구는 주로 만족의 판단 요인과 만족 및 불만족과의 관계를 분석하는 것에 초점을 맞추고 있다. 연구에서는 제품이나 서비스의 소비 경험을 복수 항목으로 설정하고 종합적인 만족도에 어떻게 영향을 주는지 조사해 만족 형성에 가장 영향을 미치는 만족 요인을 해명하고 있다(R. N. Cardozo(1965), J. E. Swan and L. J. Combs(1976)[321]).

한편 서비스에 관한 연구에서 藤村和宏(후지무라 카즈히로)(1991)는 고객이 서비스를 소비 경험하고 그것을 평가해 가는 과정에서도 품질 평가는 행해지며 그 평가 기준이 되는 것이 과정 품질과 성과 품질이라고 하는 제품과 다른 관점이 존재하고 있는 것을 서술하고 있다.[322] 그리고 품질 평가에 대해 과정 품질과 성과 품질이 형성되는 가운데 상호 작용되는 것이며 그 상호 작용에는 고객과 서비스 제공자 사이의 작용, 고객과 물리적 환경과의 작용, 고객 간 상호 작용이 있다고 서술하고 있다.

그러나 이 연구에서는 몇 가지 의문이 부상한다. 우선 제품도 서비스도 평가 척도가 되는 항목은 각각 다르다. 기준이 되는 판단 요인은 아직 체계화되지 않은 점이 있기 때문에 연구자마다 중요시 여기는 평가 기준도 다르다. 고객만족은 제품이나 서비스 소비 전후의 경험 과정의 인지적 및 정서적·감정적 판단이기 때문에 소비 경험 전후에 이르는 만족 평가 요인으로 파악해야 한다고 하는 문제를 지적할 수 있다. 다음으로 제품과 서비스에 대한 판단 기준의 문제점이 있다. 모든 제품과 서비스에는 고객이 요구하는 당연한 서비스나 제품 본연의 자세가 존재하고 있어서 그것들이 만족을 판단하는 기준이 되고 있기 때문에 그 기준 이상의 서비스나 제품 본연의 자세가 제공될 때 고객은 만족감을 느끼는 게 아닐까 생각된다.

따라서 제품이나 서비스의 만족 판단 기준이 되는 요인은 각각 차이가 있다고 할 수 있다. 선행 연구에서 만족 요인의 추출 방법이나 개념이 일반적으로 체계화되지 않은 것으로부터 그 타당성과 적용 가능성에 문제점이 있다고 할 수 있다.

7. 연구 검토 결과

지금까지 기대 불일치 패러다임에 근거한 성과 판단에 대한 연구 검토로부터 기대와 성과의 불일치 효과가 어떻게 발생하는가 하는 심리 과정을 이해할 수 있었다.

앞서 검토해 온 5가지 이론을 다음과 같이 정리할 수 있다. 첫째로 기대는 성과 레벨에 비추어 판단되고 있다. 둘째로 기대는 이상적 기대 기준과 최소 허용 기대 기준으로 분류할 수 있다. 셋째로 지각된 성과는 기대와의 괴리, 즉 불일치에 의해 만족 또는 불만 범주에 속한다는 것이다. 넷째로 기대와 성과의 괴리, 즉 기대와 성과의 불일치는 긍정적인 불일치와 부정적 불일치로 만족 또는 불만에 작용한다. 다섯째로 긍정적인 불일치도 부정적인 불일치도 기대 레벨에 의해 만족이나 불만에 영향을 주는 효과가 차이 난다는 것이다.

그러나 이러한 연구에서 언급되고 있는 대상은 주로 제품에 관한 것이고 기대나 성과 레벨도 한꺼번에 연구되고 있다. 서비스에 관한 중요성이 아직 인식되지 않았던 시대였다 하더라도 기대나 성과 판단에 있어서 기준이나 불일치가 초래하는 효과는 제품이나 서비스 본질에 따라서 다른 점이 있을 것이다. 예를 들어 제품에 대한 기대보다 서비스에 대한 기대가 높아서 성과 판단이 제품에 대한 불일치 정도는 높지 않더라도 서비스에 대한 불일치가 높은 경우와 반대로 제품에 대한 기대가 서비스에 대한 기대보다 높고 성과 판단이 제품에 대한 불일치 정도가 서비스에 대한 불일치보다 높은 경우 불일치 만족이나 불만족 효과에 관한 것을 연구 과제로 생각할 수 있을 것이다.

그렇지만 기대와 성과와의 불일치가 초래하는 만족이나 불만의 효과에 관한 심리 과정은 복잡하고 애매하다. 따라서 그 메커니즘을 나타낼 수 있어도 서술한 것처럼 실증 연구에서 조건 갖춤 등 문제점을 해소시키는 것은 무리가 있다.

그러나 일반적으로 생각하면 소비에 대한 기대는 그 대상의 가격이나 용도 및 소비 의도 등 중요성과 관계 없이 어느 정도, 즉 최소 허용 수준은 존재하고 있다고 생각할 수 있다. 그런데 만족이나 불만이 결정적으로 성과 수준에 의해 영향을 받는다고 하는 것에 주목해 보면 성과 기준을 명확히 하는 편이 만족 판단 과정의 구도를 이해하는 데 중요하다고 생각된다. 그래서 등장한 연구가 만족 판단 과정의 결정 기준에 관한 연구이다.

제3절 만족 판단 과정의 판단 기준에 관한 연구

앞서 서술한 성과 판단에 관한 연구는 만족에 영향을 주는 기대와 성과의 불일치 효과에 관한 심리 메커니즘의 검토였다. 그 후 심화된 연구로 등장한 것이 만족 판단 기준에 관한 연구이다. 제3절에서는 다속성 태도 모델, R. P. Fisk and C. E. Young(1985)의 공정성 이론, R. B. Woodruff, E. R. Cadotte, and R. L. Jenkins(1983)의 규범 모델과 R. L. Oliver and W. S. Desarbo(1988)에 의한 만족 판단의 기준에 관한 연구에 주목한다. 그리고 선행 연구에서 검토된 만족 판단 기준에서 만족 결정 요인에 관한 연구의 새로운 방향성을 검토한다.

1. 다속성 태도 모델

만족에 대한 실증 연구가 시작된 후 기대-불일치 패러다임의 효과 및 기대와 성과의 비교·판단 기준에 관한 다양한 연구가 진행되었다. 그러나 그러한 연구에서 실증에 한계가 있는 것에서 만족을 결정하는 요인, 즉 만족 판단 기준을 주목하게 되었다. 그중에서 가장 오래된 연구는 만족 연구에 다속성 태도 모델을 도입한 연구일 것이다.

다속성 태도 모델은 그 이름과 같이 대상의 다차원적 속성 평가와 대상에 대한 태도, 즉 선호 관계에 주목하고 있다. 다속성 태도 모델은 마케팅으로의 응용을 위해 여러 가지로 정의되고 많은 연구가 진행되었다.

다속성 태도 모델은 대상에 대한 주관적 속성 평가와 각 속성에 대한 중요도로부터 대상에 대한 태도가 결정된다는 것이다. 다속성 태도 모델은 신념을 브랜드 이해와 중요성이라는 척도로 측정한 것으로 합성적 어프로치로 일컬어지지만 그와 반대로 속성 데이터와 태도 데이터로부터 중요도를 결정하려는 의도에서 분해적 어프로치라고도 일컬어지고 있다.

애초부터 다속성 태도 모델은 사회 심리학에 있어서 기대-가치(expectancy-value) 모델을 원류로 마케팅론에서 다속성 태도 모델로 이름 붙여졌다. '기대-가치' 모델은 행동에 대한 경향을 행동이 있는 결과에 의해 수반된다고 예측되는 기대의 힘과 개인에 있어서 결과 가치에 의존하고 있다(M. B. Mazis, O. T. Ahtola and R. E. Klippel(1975)[323]).

다속성 태도 모델의 대표적인 모델로서 Fishbein 모델을 들 수 있다. M. Fishbein(1967)은 소비자가 제품이나 서비스의 중요 속성을 헤아릴 수 있는 것은 각 소비자에 따라 다른 특정 속성의 중요도에 의존하고 있기 때문이라고 강조한다. M. Fishbein(1967)의 논리에 의하면 특정 속성에 근거한 성과에 관한 지각이 측정 가능해져 중요한 속성에 관한 성과 판단을 나타낼 수 있는 것이 된다.

Fishbein 모델은 제품에 대한 태도가 제품의 중요한 속성에 관한 개인의 신념 평가에 의해 결정되는 것으로 간주한다.[324] 예를 들어 고객이 자동차를 구매할 때 연비 효율과 편리함을 중시하고 있다고 하면 그 고객의 특정 브랜드에 대한 태도는 연비 효율과 편리함에 대한 신념으로 얼마만큼 연비 효율이 좋아서 편리할까 하는 것이 평가된다. Fishbein 모델은 특정 대상에 대한 개인의 태도는 중요한 속성에 관한 신념의 강도와 각 신념에 대한 평가의 함수라고 나타내고 있다.

$$A_0 = \sum_1^n B_i a_i$$

A_0 = 대상에 대한 태도
B_i = 속성i에 대한 고객 신념의 강도
a_i = 속성i에 대한 고객의 평가
n = 고려되는 중요한 속성의 수[325]

Fishbein 모델에 의하면 어느 대상에 대해 좋은 속성이 연상되면 사람들은 이 대상에 호의를 갖게 되고 그 대상이 좋지 않은 속성이 연상되면 그 대상에 대해 호의를 갖지 않게 되는 것을 추측할 수 있다. 고객만족에 대조하면 우선 Rosenberg 모델과 Fishbein 모델은 정부(正負) 2극 척도(만족－불만족)가 이용되고 있고 Rosenberg 모델에서 가치 중요도는 그 가치가 개인에게 만족을 주는가 불만족을 주는가 하는 차원에서 정부(正負) 2극으로 측정되고 있지만 Fishbein 모델은 좋다－나쁘다로 가치 방향을 식별하고 있다.[326]

이 두 모델은 사회 심리학에 근거한 태도 측정에 초점을 맞추고 있기 때문에 상표나 점포 선택에 대한 태도와 같이 대상의 수가 많고 조사 방법 적용이 어려운 경우에는 적절하지 않은 점이 있다.

2. 공정성 이론

앞서 서술한 다속성 태도 이론이 만족 판단 기준을 기대와 소비 경험에 의해 얻을 수 있는 가치와의 비교라는 것에 주목하고 있는 것에 대해 소비 지출과의 비교에 주목하는 이론이 공정성 이론(Equity Theory)이다.

이 공정성 이론에 있어서 기초 명제는 (1)개인은 교환에 있어서 그들의 투입과 비교해 그들의 성과를 최대로 하려고 한다. (2)개인은 그들이 공정하게 행동하는 것으로 자신들의 성과를 최대로 할 수 있다고 지각하고 있는 것이다(E. Walster, G. W. Walster, and E. Bershei (1978)[327]). 이 경우 비교 기준은 소비자가 지각하는 비율과 타인과의 비율 사이의 공정성에 의한 것이다. 따라서 만족은 소비자의 투입과 산출의 비율이 공정하다고 느끼는 경우에 한해 발생한다고 할 수 있다.

공정성 이론에 근거한 연구 중에서 가장 주목할 연구는 R. P. Fisk and C. E. Young(1985)에 의한 것이고 그들은 소비자에게 불만족을 형성시키는 요인으로 공정성에 대한 기대가 불일치되는 것을 조작시켜 검토하고 있다.[328] 특히 공항에서의 대기 시간과 가격을 변수로 설정하고 일치 및 불일치가 되도록 고안했다. 그 결과 불공정한 대기 시간과 가격은 소비자에게 불만족을 초래했다는 것을 찾아내 공정성과 만족과의 구조를 밝히는 것을 시도했다.

또한 J. E. Swan and R. L. Oliver(1985)는 자동차 시장에서의 판매원에 대한 만족도 조사를 실시해 만족이 불공정성과 불일치에 의해 결정되고 이 2가지 결정 요인은 독립적으로 가산적 효과를 불러일으키는 것을 확인하고 있다. 이 효과를 통해 공정성 이론이 기대－불일치 패러다임을 보완할 수 있다는 것이 밝혀졌다.329) 공정성 이론은 소비자가 긍정적이거나 부정적이거나 불공정을 경험한 경우 불만족을 느끼게 된다고 설명하고 있다.

그러나 Swan, et al.(1985)의 연구는 높은 수준의 부정적인 불공정의 경우만 불만족이 발생한다고 주장한다. 이것은 공정성 이론이 주장하고 있듯이 긍정적인 불일치가 불만족을 초래한다는 가설을 기각하는 것으로 많은 소비자가 긍정적인 불일치를 공정하다고 판단하고 있는 것 혹은 만족으로 지각하는 것을 이해할 수 있다.

여기서 주목해야 할 것은 앞서 검토한 선행 연구에서는 투입과 산출의 공정성은 성과와는 다른 것으로 다루어지고 있다는 것이다. 그렇다면 성과 판단이 되는 요인은 무엇이며 그 가운데 소비를 위한 투입과 소비 후에 얻어진 산출로서 가치 등은 포함되지 않은 것인가 하는 의문이 일어난다. 성과라고 하는 것은 물리적 성질에 근거한 결과만이 아니라 비물질적, 즉 심리적 결과로서 요인이 존재하고 있는 것을 생각하면 공정성이라는 것은 성과 판단에 있어서 하나의 기준에 지나지 않는 것이 아닐까 생각된다. 그렇지만 소비자 심리에 근거해 성과 판단의 기준을 구체화한 것으로 공정성 이론의 의의를 주목할 수 있을 것이다.

3. 규범 모델

만족 판단 요인을 규명하려는 연구 노력은 소비 경험에 초점을 맞추게 된다. 그 주요 콘셉트는 사람들은 소비 경험에 근거한 규범적 기준을 가지고 있으며 그것을 기본으로 다음 기회의 소비 경험을 비교·판단한다는 것이다.

비교 기준으로서 규범을 이용해야 한다는 주장은 다수의 연구에서 제시되고 있다. 각 연구에서 규범에 대해 무엇을 가리키는가에 앞서서 기본 요점은 제품 성과가 무엇인가 하는 것이다. 이것은 기대-불일치 패러다임에서 예측 기대와 구별되는 것이다. 즉 막연한 기대와 달리 규범적 기준은 이전의 소비 경험에 근거한 기준이기 때문에 어느 정도 확실한 데이터로 작용되는 것을 의미한다. 따라서 불일치가 발생했을 경우 만족이나 불만에 미치는 영향이 보다 크다고 추측할 수 있을 것이다.

R. B. Woodruff, E. R. Cadotte, and R. L. Jenkins(1983)는 경험에 근거한 규범을 비교 기준으로 채택하는 것을 제안하고 있다. 그들은 기대-불일치 패러다임에서는 기대가 해당 제품에 대한 소비자 경험에 근거하고 있는 것과 기대의 기초로 다른 제품에 대한 경험도 포함해 파악하고 있다. 그리고 Woodruff, et al.(1983)는 경험에 근거한 규범이 비교 기준으로 사용될지를 검증하고 있다. 사용 전후 측정을 통해 다양한 유형의 비교 기준을 검토했던 것이다. 그 비교 기준에는 제품 범주의 모든 상표에 대한 전형적 또는 평균적인 성과 수준을 의미하는 제품 유형에 대한 규범, 해당 제품 범주의 가장 높은 성과 수준을 의미하는 최고의 상표에 대한 규범, 그리고 연구에서 사용되는 상표에 관한 기대가 있다. 결과적으로 고객만족을 설명할 때에 제품 유형에 대한 규범과 최고의 상표에 대한 규범은 상표 기대에 비해 강하게 작용하고 있는 것이 밝혀졌다.[330] 비교 기준은 조사 대상이 되는 상표만이 아니라 관련 상표에 대한 경험도 모두 다루어져야 한다는 주장이 제시된다. 따라서 하나의 상표에 대한 성과 평가 기준에는 해당 상표의 기대와 함께 제품 유형에 대한 기대와 최고 상표에 대한 기대도 존재하고 있는 것을 고려해야 할 것이다.

4. 만족 판단의 결정 기준

　만족 결정 기준에 관한 연구로 E. R. Cadotte, R. B. Woodruff and R. L. Jenkins(1987)는 만족 경험에 근거한 규범과 상표에 대한 기대의 인과 관계를 검토하고 있다. 연구 결과는 경험에 근거한 기준이 만족에 영향을 주는 예측 변수가 되는 것을 확인하고 있다.[331]

　그 후 R. L. Oliver and W. S. Desarbo(1988)는 고객만족 형성에 있어서 5가지 결정 변수의 효과를 분석하고 있다. 그 모델에서는 주로 기대, 귀속, 제품 성과, 불일치, 공정성 등에 관한 조작을 통해 주식 시장의 가상 시나리오의 측정이 서술되고 있다.[332]

　R. L. Oliver and W. S. Desarbo(1988)의 연구는 고객만족과 관련한 다양한 이론으로부터 만족 판단 요인에 대해 검토하고 있다. 우선 사회 심리학, 조직 행동론에서 기대-불일치 패러다임을 검토하고 있다. 그 검토에 따르면 고객만족은 2개의 과정, 즉 기대 형성과 기대에 대한 불일치 과정으로 구성되어 있다고 전제하고 있다. 거기에는 ‘동화 이론’과 ‘대조 효과’ 이론이 서술되어 있으며 ‘공정성 이론’을 이용해 소비자는 기억에 의존해 투입과 지출을 계산하고 그 비율의 공정성에 근거해 만족을 판단하고 있는 것이 강조되고 있다. 게다가 귀속 이론을 채택해 책임 소재, 결과를 초래한 이유의 안정성, 통제 가능성에 근거한 결과가 개념화되었다. 그리고 그때 만족은 내적 요인과 밀접하게 관련하고 있다고 강조한다. 마지막으로 제품 성과에 관한 선행 연구를 설명하고 그 가운데 객관적인 성과 차원의 부재를 지적하면서 성과의 효과가 애매하다는 과제를 지적하고 있다. R. L. Oliver and W. S. Desarbo(1988)가 설정한 가설은 다음과 같다.

H₁ 구매 결정에 대한 책임이 타인에게 있고 제품 성과가 낮은 경우 만족은 구매 결정에 대한 책임 추구가 낮아진다. 그리고 제품 성과가 높은 경우에 만족은 높아진다. 반대로 책임 소재가 자신에게 있는 경우는 제품 성과의 고저에 관계없이 긍정적이면 성취를 인식하기 때문에 만족은 높아진다.

H₂ 구매 결정에 대한 책임 소재는 자신에게 있지만 결과가 타인에게 유리하다고 판단되는 경우 만족은 낮다. 그러나 결과가 자신에게 유리한 경우 만족은 높다. 반대로 구매 결정 책임이 타인에게 있고 결과적으로 투입이 감소된 경우는 비공정성이 상대적으로 낮은 투입 수준에 의해 정당화되기 때문에 공정한 경우도 비공정한 경우도 만족은 적당한 수준에서 결정된다.

H₃ 기대가 높은 상황에서는 낮은 제품 성과는 다소 낮은 만족을 초래하고 높은 성과는 높은 만족을 경험시킨다. 기대가 낮은 경우 낮은 제품 성과는 상당히 낮은 만족이 되고 상대적으로 높은 제품 성과는 상당히 높은 만족으로 연결된다.

H₄ 기대가 높은 경우 비공정성은 소비자 자신의 이익에 대한 감정을 약화시키기 때문에 낮은 만족으로 연결되지만 반대로 공정성이 높은 경우는 높은 만족을 초래한다. 기대가 낮은 경우는 공정성과 비공정성 효과는 비슷하게 약해져 간다.

H₅ 제품 성과가 낮은 경우 비공정성은 만족을 감소시키거나 또는 공정성은 결과에 대한 인식을 강화시키고 만족을 증가시킨다. 높은 제품 성과에서는 공정과 비공정의 차이는 없다.[333]

분석 결과 모든 주요 효과는 의미 있다는 것이 판명되었고 그중 불일치 효과가 가장 큰 것을 확인할 수 있었다. 또한 만족 이론에 대한 이전의 개념화 작업을 지지하는 결과가 나타나 그러한 개념이 보조적 설명력을 갖고 있는 것을 확인할 수 있었다.[334] 그리고 불일치와 제품 성과는 상호 영향을 주고 있다는 것과 소비자는 각 개념에 독립적으로 반응할 수 있다는 것을 서술하고 있다. 따라서 2가지 종합 결과가 발생하는 상황에 관한 의문과 어느 상황에서 어느 개념 이 보다 큰 효과를 발생시키고 있는지에 관한 문제를 제기할 수 있을 것이다. 기대 효과는 독립적이라는 것이 판명되었고 공정성은 4 번째로 큰 역할을 다하는 것을 확인할 수 있었지만 그 효과에 관해서는 아직 밝혀지지 않았다.

군집 분석을 이용한 개별의 검토로 소비자가 불일치에 대해 반응하는 것이 밝혀져 불일치가 만족의 주요한 결정 요인인 것을 확인할 수 있었다. 또한 각 개인에게 있어서 책임 소재와 공정성은 전부 유익한 결정 변수라는 것을 확인할 수 있었다. 그리고 투자 태도, 결과에 대한 태도, 인구 통계학적 배경 등이 이러한 영향에 관련돼 있다는 주장도 확인할 수 있었다.

그러나 연구의 한계점으로 구매 상황이 모의 상황인 것과 관찰된 결과가 설계상의 조작 수준에 밀접히 관련되어 있고 일반화의 어려움과 제품 범주의 편향이 존재하고 있는 것 등이 제시되었다.[335]

R. L. Oliver and W. S. Desarbo(1988)의 연구는 고객만족의 결정 변수에 관한 관계를 폭넓게 연구하고 있고 개별적 반응 경향 등을 검토하고 있다. 분석 결과에 의해 새로운 만족 결정 변수가 추가되어야 하며 그에 관한 검토가 요구되는 것을 서술하고 있다. 또한 다양한 결정 변수에 대한 가중치 부여를 강조하면서 상황에 의한 결정 요인의 주도적 역할의 움직임에 관한 연구의 필요성도 강조하고 있다.

다른 연구로는 D. K. Tse and P. C. Wilton(1988)의 기대를 예측적 기대와 이상적 기대로 제시하고 공정성을 더해 3가지 결정 기준을 이용한 연구[336] 를 주목할 수 있다. 연구 결과는 예측적 기대와 이상적 기대는 만족에 유의한 효과를 주고 있다는 것을 밝혔다. 특히 예측적 기대는 만족에 긍정적이며 직접적인 영향을 주고 있는 반면에 이상적 기대는 지각 판단에 영향을 주어 만족에 부정적이며 간접적인 영향을 미치고 있다는 것을 확인했다. 그러나 공정성은 만족에 영향을 준다는 결과는 나타나지 않았다. 연구 결과는 동화·대조 이론을 이용해 설명되었으며 예측적 기대는 동화 작용을 일으키게 하고 이상적 기대는 대조 작용을 일으키도록 작용한다고 서술하고 있다.

5. 기타 연구

만족의 결정 요인에 관한 연구 중 요인 측정 레벨을 3가지로 나눌 수 있다고 하는 견해가 있다(W. Boulding, et al.(1993), E. W. Anderson(1994), E.W. Anderson, et al.(1994), C. Fornell, et al.(1996), R. L. Oliver(1997), 久保田進彦(구보타 유키히코)(1999)[337])).

3가지 레벨은 첫째로 개인에게 있어서 특정 거래에 대한 만족 판단 레벨이다. 이것은 특정 구매 및 소비에 관한 고객의 만족 판단 기준을 나타내는 것이다. 그 때문에 이 측정 레벨은 기업에 있어서는 서비스 또한 제품에 관한 고객 개인의 진단 정보가 된다. 둘째로 고객 한 사람 한 사람의 누적된 만족 측정 레벨이다. 이것은 제품이나 서비스를 제공하는 기업 및 그 브랜드에 대한 누적된 만족을 가리킨다. 즉 이 측정 레벨로 기업 및 브랜드에 대한 재구매 의향이나 충성심까지를 파악할 수 있는 전체적인 평가가 가능해진다. 셋째로 제품이나 서비스를 제공하는 기업, 산업 또는 시장 규모의 집계 레벨로서 만족도 측정이다. 이 측정 레벨은 시장 레벨, 시장 만족이라고도 하며 제품이나 서비스에 관한 기업 활동의 판단 지표가 된다. 이에 관해 久保田進彦(구보타 유키히코)(1999)는 일반적으로 소비자 행동 분야의 연구는 제1의 레벨과 제2의 레벨을 대상으로 고객만족 전략 연구는 제2레벨과 제3레벨을 대상으로 하고 있다고 지적한다.[338]

만족 결정 요인의 추출에 관한 연구에서는 이하와 같은 연구 과제를 생각할 수 있다. 첫째로 선행 연구에서 만족에 영향을 미치는 요인으로 다루어진 것들이 정말로 추출되어야 할 만족에 가장 영향을 미치는 요인인가 하는 신빙성의 문제이다. 둘째로 만족은 제품이나 서비스의 성과 판단에 의한 소비자 태도를 포함한 인지적 평가이기 때문에 구매 전과 구매 후에 있어서 만족에 영향을 미치는 요인은 분명히 다르다고 할 수 있을 것이다. 따라서 만족 판단 요인의 추출은 시간적 경과 안에서 프로세스 단계를 따라서 검토해야 하고 명확한 연구 시점이 필요하다고 생각된다.[339] 셋째로 만족 평가의 판단 기준에 있어서 표현의 문제가 있다고 할 수 있다. 만족 측정 항목의 질문 방법에 따라 결과는 달라진다. 그렇기 때문에 고객만족을 가장 정확히 측정할 수 있는 측정 항목을 설정하는 것이 당연하다고 생각할 수 있다. 넷째로 만족 판단 요인은 고객의 관심사에 따라서 특정 요인의 중요도가 바뀐다는 문제가 있다. 과연 업종이나 제품·서비스 특성에 관계없이 일반적인 만족을 구성하는 속성의 설정이 가능할 것인가 그리고 그 측정이 가능할 것인가 하는 문제이다. 따라서 각 제품이나 서비스에 적합한 판단 기준으로 요인을 정의할 수 있도록 보다 폭넓은 연구가 필요하다는 것이다. 다섯째로 만족 판단 요인은 구매 사용 이전의 기대에도 존재하고 있는 개념인가 그렇지 않으면 기대와 비교되는 다른 개념인가 하는 의문도 발생한다. 이러한 문제의식을 확인하면서 다음에서 연구 검토 결과를 정리한다.

6. 연구 검토 결과

만족 결정 요인, 즉 판단 기준에 관한 선행 연구 검토로부터 알 수 있는 공통된 것은 기대, 성과, 기대와 성과의 비교에 의한 불일치를 중심으로 판단의 심리 메커니즘을 밝히려는 견해였다. 또한 기대와 성과의 불일치 정도에 따라 만족이나 불만족이 구별된다는 것에 대한 다양한 연구가 진행되어 왔고 기대와 성과의 불일치에 의한 만족/불만족의 판단 메커니즘에 관한 공통된 관점을 볼 수 있다. 그러나 많은 연구가 소비자의 만족 판단 과정의 해명에 초점을 맞추고 있어 판단 대상에 근거한 결정 요인에 관한 연구는 그다지 진행되어 오지 않은 것을 확인할 수 있었다. 게다가 만족 결정 요인에 관한 연구가 제품과 서비스를 구별하지 않고 개략적으로 간주해 온 것을 확인할 수 있었다.

만족 결정 요인 또는 판단 기준에 관한 연구의 대부분이 판단 대상인 제품과 서비스를 구별하지 않고 있는 배경에는 서비스의 중요성은 인식되고 있었어도 서비스에 있어서 고객만족 연구 어프로치를 중요시 여기지 않았기 때문일 것이다. 그러나 시장 성숙은 제품의 특성을 구별할 수 없게 하고 제품 특성만으로는 소비자의 재구매를 유도할 수 없는 경쟁 상황이나 불황 등 시장 환경의 변화가 서비스의 중요성을 부상시키게 되면서 서비스의 중요성은 더욱 강조되게 된다. 그리고 그러한 배경에 의해 서비스에 관한 연구가 심화되게 되었다고 할 수 있을 것이다.

고객만족 연구에서 서비스 검토는 그다지 심화되지 않은 점이 있다고 생각된다. 특히 제6장에서 검토해 온 만족 결정 요인, 즉 판단 기준에 관한 주요 연구가 고객만족 연구에서 주요 이론으로 고찰되고 있는 것에 비해 만족 판단 대상으로 서비스 특성을 구별해 결정 요인에 관해 검토한 연구는 그다지 눈에 띄지 않는 것을 알 수 있다. 만족 결정 요인에 관한 연구 중에서 판단 대상인 제품과 서비스 특성을 나누어 주목한 연구가 심화되지 않은 것은 연구의 필요성을 지적한다고 생각된다.

이러한 판단하에 다음에서는 만족 판단 과정에서 선행 요인인 기대와 성과를 제품과 서비스의 특성으로 나누어 종합 기대와 경험 성과로 제시해 제품 특성과 서비스 특성 요인이 종합 기대와 경험 성과로 만족이나 태도에 미치는 영향과 만족 판단 과정에 있어서 각 요인 간 인과 관계를 확인하기로 한다.

제4절 연구 가설과 검증

1. 연구 가설

만족 판단에 가장 강력한 영향을 주는 요인 또는 기준을 밝히는 것은 고객만족의 패러다임을 나타내는 것에 매우 중요한 일일 것이다.

만족의 결정 요인, 즉 판단 기준에 관한 연구 검토로부터 공통되는 결정 요인은 기대, 성과, 기대와 성과의 비교에 의한 불일치를 중심으로 한 판단 심리 메커니즘을 알아내려는 견해라는 것을 이해할 수 있었다. 그러나 많은 연구가 소비자의 판단 과정을 밝히는 것에 초점을 맞추고 있고 판단 대상으로부터 결정 요인을 명확히 하려는 연구는 많지 않다고 생각된다. 만족 판단 대상이 언급되었다 하더라도 제품 특성에 한정한 채로 다루는 경향이 강하고 만족 결정 요인에 관한 선행 연구가 제품과 서비스의 특성을 구별하지 않고 있다고 할 수 있다.

그러한 배경하에 제4절에서는 만족 결정 요인에 관한 선행 연구와 다른 어프로치로 판단 대상으로부터 만족 결정 요인을 확인하기로 한다. 특히 제품과 서비스 특성이 기대나 성과에 작용할 때 만족도나 태도에 미치는 영향을 구조 모델로 분석한다. 이상의 문제점에 근거해 제품 특성에 근거한 기대와 성과 그리고 서비스의 특성에 근거한 기대와 성과 그리고 기대와 성과의 비교, 만족과의 종합 관계에 주목해 그 인과 관계를 검증하기 위해 다음의 가설을 설정한다.

H_1 제품 특성에 근거한 기대는 경험 성과에 정(正)의 영향을 미친다.
H_2 서비스 특성에 근거한 기대는 경험 성과에 정(正)의 영향을 미친다.

H_3 제품 특성에 근거한 기대는 만족도에 정(正)의 영향을 미친다.
H_4 서비스 특성에 근거한 기대는 만족도에 정(正)의 영향을 미친다.

H_5 제품 특성에 근거한 기대는 태도에 정(正)의 영향을 미친다.
H_6 서비스 특성에 근거한 기대는 태도에 정(正)의 영향을 미친다.

H_7 제품 특성에 근거한 경험 성과는 기대와 비교에 정(正)의 영향을 미친다.
H_8 서비스 특성에 근거한 경험 성과는 기대와의 비교에 정(正)의 영향을 미친다.

H_9 제품 특성에 근거한 경험 성과는 만족도에 정(正)의 영향을 미친다.

H₁₀ 서비스 특성에 근거한 경험 성과는 만족도에 정(正)의 영향을 미
친다.

H₁₁ 제품 특성에 근거한 경험 성과는 태도에 정(正)의 영향을 미친다.
H₁₂ 서비스 특성에 근거한 경험 성과는 태도에 정(正)의 영향을 미친다.

이상의 가설을 검증하기 위해 기대와 경험 성과 요인의 특성을
제품과 서비스로 나누어 다음과 같이 나타내기로 한다.

표 6-1 만족 결정 요인에서 기대와 성과의 구성 요인 특성

	특성 분류	종합 기대	경험 성과	교통 기관 예
제품 특성	물리적 특성	물질적 특성	기능적 특성	당연한 수단적 / 객관적 특성
서비스 특성	비물리적 특성	심리적 특성	추상적 특성	비수단적 / 주관적 특성

조사는 교통 기관 이용 경험에 대한 만족도 조사를 바탕으로 만
족 판단의 결정 요인 간 인과 관계 확인을 의도해 가설을 근거로
그림 6-4와 같은 모형을 제시한다.

그림 6-4 만족 판단 과정의 결정 요인과 인과 관계의 구조 모형

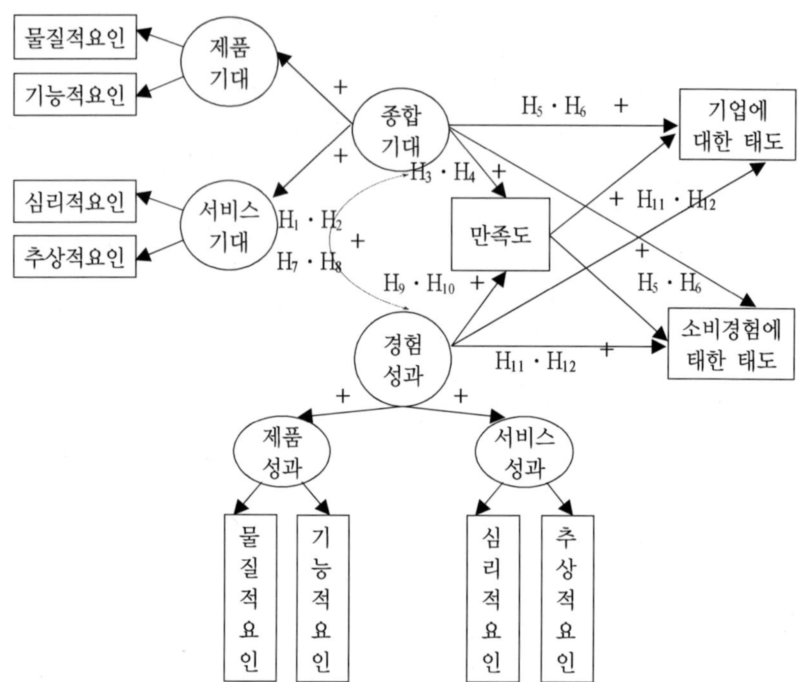

2. 조사 개요

조사는 교통 기관(철도, 고속버스, 비행기) 에 관한 만족도 조사로 10대에서 50대 이상 남녀 700명을 대상으로 2004년 7월 26일부터 8월 25일까지 무작위 우편 발송으로 실시했다.

조사표는 교통 기관에 대한 기대에 관한 12항목과 철도, 고속버스, 비행기에 대한 12개 성과 항목 그리고 만족 정도를 묻는 질문 및 경험 후 태도에 관한 4개 항목으로 재이용 의도, 추천, 구전에

관한 질문으로 5점 척도(Likert 척도)로 구성했다.

표 6-2 조사표 항목 구성

항목 분류	측정 항목(수)	항목 명
종합 기대	제품 기대: 물질적 기대(3), 기능적 기대(3) 서비스 기대: 심리적 기대(3), 추상적 기대(3)	X1~X12
경험 성과	제품 성과: 물질적 경험(3), 기능적 경험(3) 서비스 성과: 심리적 경험(3), 추상적 경험(3)	Y1~Y12
만족도		Y13
태 도	기업에 대한 태도(2) 이용 경험에 대한 태도(2)	Y14-1~4

조사표 회수율은24.4%(171명)로 유효 표본 수는 철도 168(98.2%), 고속버스 87(50.9%), 비행기 119(69.6%)이다. 피험자의 속성을 보면 성별은 남성이 87명(50.9%), 여성 67명(39.2%), 무응답 17명(9.9%)이고 직업은 학생이 38명(22.2%), 사회인 118명(69%), 무응답 17명(9.9%)이었다. 연령 분포는 10대 6명(3.5%), 20대 44명(25.7%), 30대 31명(18.1%), 40대 16명(9.4%), 50대 56명(32.7%), 60대 1명, 무응답 17명(9.9%)이다. 그리고 수입에 대해서는10만 엔 이하 45명(26.3%), 20만 엔 이상 40명(23.4%), 30~40만 엔이 33명(19.3%), 50만 엔 이상은 18명(10.5%), 무응답 35명(20.5%)이었다.

피험자가 이용하는 각 교통 기관은 철도의 경우 JR동일본 108명, JR서일본 5명, JR동해 18명, 기타 64명이었다(복수 응답 가능). 그리고 고속버스는 피험자 이용도가 그다지 높지 않아 京王(케이오) 버스 55명, 京成(케이세이) 버스 3명, 東急(도큐) 버스 4명, 西武(세이부) 버스 7명, 기타 21명이었다(복수 응답 가능). 비행기의 경우는 JAL 47명, ANA 35명, JAS 15명, 외국 항공사 25명, 기타 4명이었다.

3. 분석 결과 및 가설 검증

　가설 검증을 위해 사용한 통계 프로그램은 SPSS의 신뢰도 분석과 인자 분석 그리고 AMOS의 공분산 구조 분석이다. 우선 교통 기관에 대한 기대와 각 교통 기관에 대한 성과 판단 항목의 신뢰도 분석을 실시해 항목의 신뢰성을 측정했다. 각 항목을 신뢰도 분석으로 스크리닝한 후 인자 분석의 주 인자법 Varimax 회전을 실시해 인자 간 상관을 확인하는 순서를 취했다.

　기대 항목의 신뢰도는 Cronbach $\alpha=0.9$로 신뢰성이 인정되었다. 그리고 주 인자법을 실시해 주 인자를 4개로 설정해 나타난 0.8 이상의 요인 적재량이 높은 항목을 다시 신뢰도 분석으로 스크리닝해 신뢰성을 확인했다($\alpha=0.77$로 신뢰성은 인정되었다).

　각 교통 기관에 대한 성과 판단 항목의 신뢰성을 확인하기 위해 같은 순서로 분석을 실시한 결과 철도에 대한 성과 판단 항목의 신뢰도는 $\alpha=0.9$였고 주 인자 분석 결과 나타난 0.8 이상으로 요인 적재량이 높은 항목을 재차 신뢰도 분석한 결과 $\alpha=0.86$으로 신뢰성은 인정되었다. 고속버스의 경우는 성과 판단 항목의 신뢰도는$\alpha=0.9$로 주 인자 분석으로 나타난 0.8이상의 요인 적재량이 높은 항목의 2차 신뢰도는 $\alpha=0.82$였다. 마지막으로 비행기의 경우는 전체 성과 판단 항목의 신뢰도가 $\alpha=0.88$로 주 인자 분석 결과 나타난 0.8 이상의 요인 적재량이 높은 항목의 2차 신뢰도 분석 결과는 $\alpha=0.88$로 신뢰성이 인정되었다. 각 교통 기관에 대한 이용 후 태도에 관한 항목의 신뢰성을 확인한 결과도 철도는 $\alpha=0.85$, 고속버스 $\alpha=0.82$, 비행기 $\alpha=0.88$로 신뢰성을 확인할 수 있었다.

표 6-3 항목별 신뢰도 분석 결과

항 목		전체 항목의 신뢰도	주 인자 항목의 신뢰도
교통 기관에 대한 기대	X1~X12	$\alpha=0.9$	$\alpha=0.77$
경험 성과 Y1~Y12	철도	$\alpha=0.9$	$\alpha=0.86$
	고속버스	$\alpha=0.9$	$\alpha=0.82$
	비행기	$\alpha=0.88$	$\alpha=0.88$
태도 Y14-1~4	철도	$\alpha=0.85$	
	고속버스	$\alpha=0.82$	
	비행기	$\alpha=0.88$	

* Cronbach $\alpha=0.7$ 정도

데이터의 기본 스크리닝을 마치고 가설 검증을 위해 AMOS 공분산 구조 분석을 실시해 가설의 채택 유무를 확인했다. 공분산 구조 분석 모형의 적합성은 GFI>0.95, AGFI<GFI, CFI>0.95, RMSEA는 0.05~0.08이라고 하는 판정 기준에 근거한 제6장에서 시도하는 모형 적합성은 다음 표와 같다.

표 6-4 공분산 구조 분석 모형의 적합성 비교

	철 도	고속버스	비행기
χ^2	52.961	52.961	58.417
df	42	42	42
p	.120	.120	.047
GFI	.935	.935	.914
AGFI	.897	.897	.865
CFI	.876	.876	.816
RMSEA	.043	.043	.059
RMR	.050	.050	.050

가설 검증은 전체적으로 기대와 성과의 구성 요인이 미치는 효과는 마이너스 상관(공분산)이 나타났지만 그 밖의 제품이나 서비스 특성에 근거한 경험 성과가 만족도와 대상 기업이나 이용 경험 태도에 미치는 영향은 유효한 것으로 판정되었다.

표 6-5 가설 검증 결과

가 설	판정 결과
H_1 제품 특성에 근거한 기대는 경험 성과에 정(正)의 영향을 미친다.	×
H_2 서비스 특성에 근거한 기대는 경험 성과에 정(正)의 영향을 미친다.	×
H_3 제품 특성에 근거한 기대는 만족도에 정(正)의 영향을 미친다.	△
H_4 서비스 특성에 근거한 기대는 만족도에 정(正)의 영향을 미친다.	△
H_5 제품 특성에 근거한 기대는 태도에 정(正)의 영향을 미친다.	△
H_6 서비스 특성에 근거한 기대는 태도에 정(正)의 영향을 미친다.	△
H_7 제품 특성에 근거한 경험 성과는 기대와 비교에 정(正)의 영향을 미친다.	×
H_8 서비스 특성에 근거한 경험 성과는 기대와의 비교에 정(正)의 영향을 미친다.	×
H_9 제품 특성에 근거한 경험 성과는 만족도에 정(正)의 영향을 미친다.	○
H_{10} 서비스 특성에 근거한 경험 성과는 만족도에 정(正)의 영향을 미친다.	○
H_{11} 제품 특성에 근거한 경험 성과는 태도에 정(正)의 영향을 미친다.	○
H_{12} 서비스 특성에 근거한 경험 성과는 태도에 정(正)의 영향을 미친다.	○

그림 6-5 만족 판단 과정의 결정 요인과 인과 관계의 구조 모형 (철도)

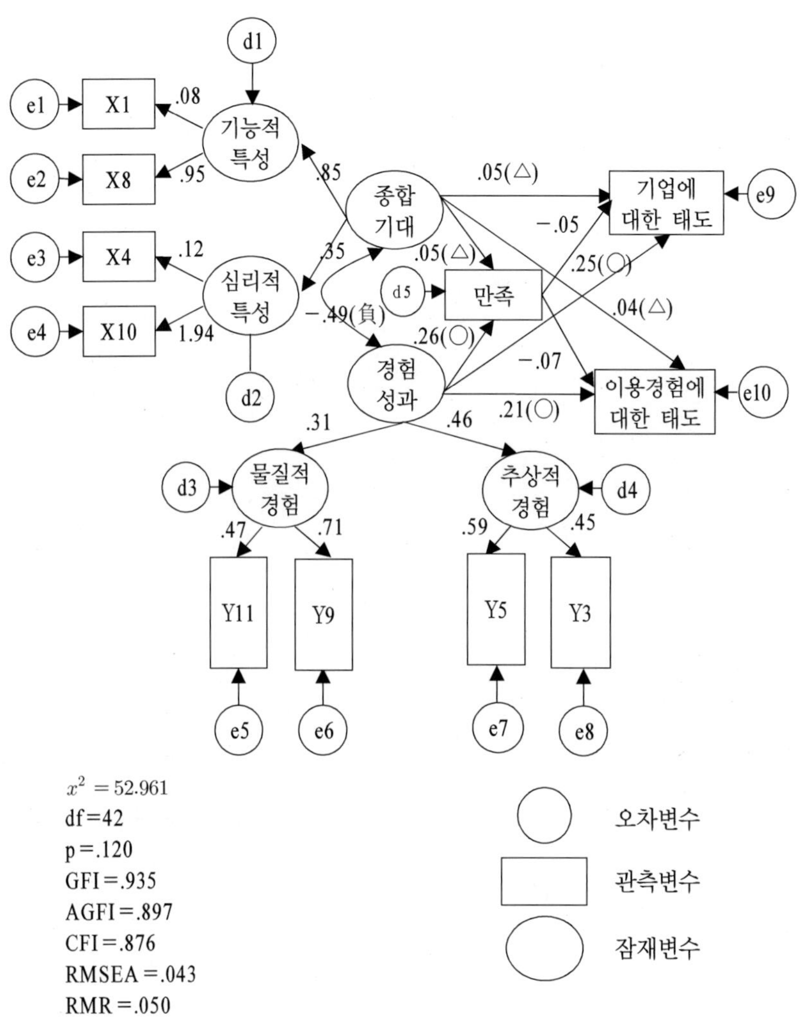

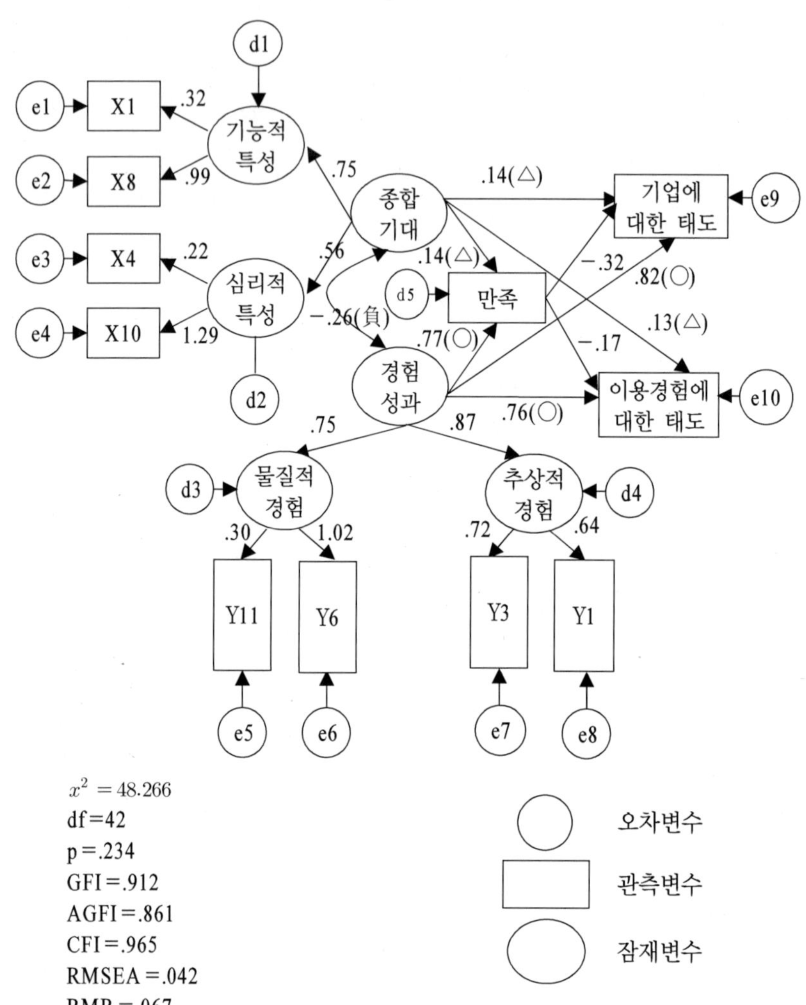

$x^2 = 48.266$
df=42
p=.234
GFI=.912
AGFI=.861
CFI=.965
RMSEA=.042
RMR=.067

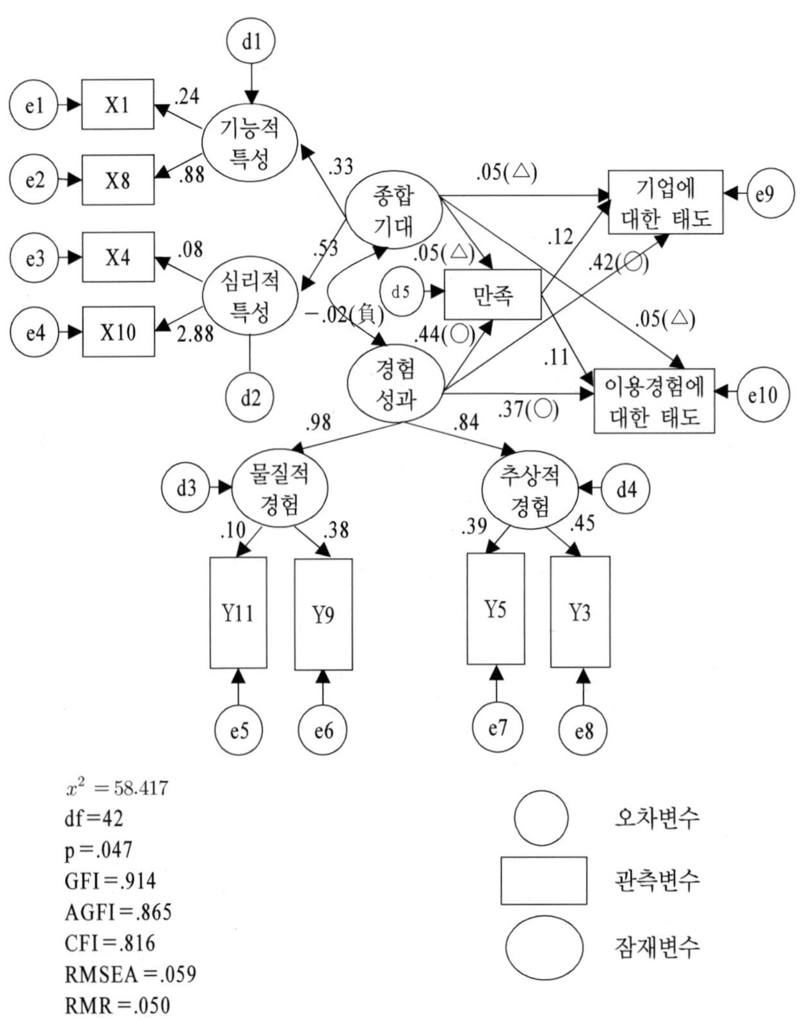

그림 6-7 만족 판단 과정의 결정 요인과 인과 관계의
구조 모형 (비행기)

전체적으로 기대 요인보다 성과 요인이 만족이나 태도에 미치는
영향이 강한 것을 볼 수 있다. 업종별로 보면 고속버스의 경험 성과

가 만족 정도나 기업에 대한 태도 및 이용 경험에 미치는 영향이 가장 강하게 나타났다. 다음으로 강한 영향을 미치는 교통 기관은 비행기라는 것을 알 수 있지만 철도의 경우는 전체적으로 계수치가 낮게 나타났다. 그 이유는 철도 시설이 발달한 일본에서는 철도 이용이 일상생활화되었기 때문에 기대나 경험 판단과 만족과의 관계가 낮게 나타난 것은 철도 시설은 당연한 일상으로 인식되고 있기 때문일 것이다.

제6장에서 검증을 시도한 것은 만족 판단의 선행 요인이 되는 기대와 성과에 제품 특성과 서비스 특성에 근거한 요인을 명시해 각 요인 간 인과 관계를 확인하는 것이었다. 구체적으로 제품 특성과 서비스 특성에 근거한 종합 기대와 경험 성과 개념을 제시해 만족이나 태도에 미치는 영향을 주목했다. 결과적으로 만족에 강한 영향을 미치는 것은 종합 기대보다 경험 성과이며 태도에 미치는 영향도 종합 기대보다 경험 성과가 강하게 영향을 미치고 있다는 결과를 얻을 수 있었다.

가설 검증에서 채택되지 않았던 기대 요인과 성과와의 관계, 성과 요인과 기대와의 비교에 관한 것 외에 철도와 고속버스는 거의 비슷한 경향의 인과 관계를 보이고 있다. 기대가 만족에 미치는 영향에서 기능적 특성이 심리적 특성보다 약간 강하고 기업이나 이용 경험에 대한 태도에서도 심리적 특성보다 강하게 나타났다. 그러나 경험 성과에서는 추상적 특성이 만족이나 기업 또는 이용 경험에 대한 태도에 강하게 영향을 미치고 있는 것을 볼 수 있다. 반면에 비행기의 경우는 심리적 특성의 기대가 만족이나 기업 또는 이용 경험에 미치는 영향이 강하게 나타났고 경험 성과의 경우는 물질적 경험이 만족이나 기업 또는 이용 경험에 대해 강한 영향을 주고 있다는 결과가 나타났다.

철도와 고속버스에 대한 기대에는 기능적 또는 물질적 기능이 만족에 영향을 주는 요인으로 서비스의 심리적 기능보다 강하게 요구되지만 이용 경험 후 경험 성과에는 추상적 경험이 물질적 경험보다 기업이나 이용 경험에 대한 태도에 영향을 주고 있다는 것을 알수 있었다. 반면에 비행기에 대한 기대는 서비스의 심리적 특성에 관한 것이 기능적 특성보다 더 강하게 만족에 영향을 주고 있지만 이용 후 경험 성과에는 제품 특성인 물질적 경험에 관한 판단이 추상적 경험보다 만족 결정 요인으로 중시되고 있다는 결과가 나타났다.

결 론

제6장은 고객만족 연구 중에서 만족 결정 요인에 관한 연구에 초점을 맞춰 주요 연구에서 그 의의를 검토했다. 그리고 만족 결정 요인에 관한 선행 연구가 기대와 성과의 불일치에 관한 판단 메커니즘에 연구 초점을 맞추고 있는 것에 대해 판단 대상의 특성인 제품 특성과 서비스 특성에 근거한 기대와 성과 그리고 만족 및 태도와의 인과 관계를 이해하려고 했다.

특히 만족 결정 요인에 관한 연구에서 기반이 되는 Oliver의 기대−불일치 패러다임을 이용해 모델의 확장을 시도했다. 구체적으로 기대와 성과를 종합 기대와 경험 성과로 설정하고 그것이 만족이나 태도에 미치는 영향을 만족 결정 요인으로 간주하는 것으로 종합 기대와 경험 성과를 구성하는 요인을 제품 특성과 서비스 특성으로 나누어 제시했다. 종합 기대에서 제품 특성에 근거한 기대란 물질적 또는 기능적 특성에 관한 것이고 서비스 특성에 의한 기대는 심리적 추상적 특성이다. 그리고 성과란 소비 또는 이용 경험을 가리키는 것으로 경험 성과라 할 수 있으며 물질적 또는 기능적 특성의 제품 특성의 성과와 심리적 추상적 특성의 서비스 성과가 만족 판단 기준, 즉 만족 결정 요인으로 작용하고 있다고 간주했다. 교통 기관을 대상으로 한 조사 분석 결과에서 종합 기대와 경험 성과와의 관계가 마이너스 경향을 보이고 있는 것 외에 가설은 채택되었다. 그리고 공분산 구조 분석으로부터 만족에 영향을 미치는 결정 요인으로 종합 기대보다 경험 성과가 강하게 영향을 주고 있다는 것도 확인할 수 있었다. 업종별로 각 요인 간 인과 관계는 조금 차이가 나지만 제품 특성도 서비스 특성도 기대보다는 이용 경험에 의한 성과 판단에 미치는 효과가 높게 나타났다.

이러한 검토를 가지고 다음 제7장에서는 만족 판단 과정에 관한 연구를 중심으로 제품과 서비스의 특성을 이용해 만족 판단 과정에서 각각의 영향력과 자리매김을 검토하기로 한다.

제 **7** 장

만족 판단 과정에 관한 연구

만족은 판단 과정을 통해 고객에게 인식되는 것이다. 그 과정에는 다양한 판단 기준이 존재하고 있으며 그 기준은 고객이 갖는 인지, 감성, 경험 등의 영향을 받아 소비 경험에 비교되고 판단·결정된다 할 수 있다. 그 관점에서 보면 고객만족은 우선 만족 판단 과정에 존재하는 고객의 인지, 감성, 경험 등 특성에 의한 영향력을 이해하는 것부터 시작된다고 할 수 있다. 이러한 관점은 고객만족 연구에서 판단 과정의 특성에 관한 연구가 하나의 큰 테마가 된 것에서 그 중요성을 이해할 수 있다.

만족 판단 과정의 특성에 관한 연구는 만족 평가 기준이 되는 요인에 관한 연구와 만족 평가 결과의 특성에 관한 연구가 있다. 그리고 후자의 제품이나 서비스에 대한 만족 평가의 결과로서의 특성에 관한 연구에는 만족을 인지적 판단으로 간주하는 연구와 정서적·감정적 반응으로 간주하는 연구로 나눌 수 있다. 그러나 어느 쪽도 만족 특성은 연구자마다 다르고 만족을 측정하는 방법도 체계화되어 있지 않은 이유로 연구의 한계점으로 지적되고 있다.

제7장에서는 이러한 만족 특성에 근거한 판단 과정에 관한 연구를 중심으로 만족 판단 과정의 요인과 요인 간 관계로부터 판단 과정의 특성에 관한 새로운 제안을 시도하기로 한다. 특히 고객만족을 인지적 판단 과정[340] 으로 간주하는 연구와 정서적·감정적 반응으로 간주하는 연구로 나누어 검토하고 공통된 특성은 무엇인가를 재확인한 다음 도출된 연구 과제를 가설로 세우고 실증 연구를 통해 새로운 연구 모형 제시를 시도한다. 특히 제품과 서비스 특성에 따라 만족

판단 과정의 구성 요인 및 판단 과정의 특성이 다른 것에 주목해 만족 판단 과정의 구성 요인 추구에 연구 초점을 맞추기로 한다.

제1절 만족 판단 과정의 특성에 관한 이론적 기반

만족 판단 과정에 관한 연구를 검토하기에 앞서서 우선 고객만족에 관한 지금까지의 연구 흐름을 나타내면 다음과 같다. 그림 7-1처럼 고객만족에 관한 연구는 평면적 연구가 아니라 시간적 흐름에 따라 구조적 연구가 진행되어 왔다고 할 수 있으며 만족 자체는 단면적으로 간단히 설명될 수 있는 것이 아니라는 것을 이해할 수 있다.

제7장에서는 고객이 소비 전후에 행하는 판단 과정에 주목해(그림 7-1의 (2) 참조) 만족 판단 과정의 선행 요인과 그 특성에 관해 재검토한다. 우선 고객만족의 판단 과정 특성을 나타내는 개념에 관한 주요 연구를 검토하고 고객만족이 형성되는 과정을 구성하는 선행 요인은 무엇인지 그리고 그 요인의 특성은 무엇인가를 고찰하고 공통 개념을 확인하며 새로운 연구 과제와 그 검증을 시도한다.

출처: Mowen, J. C. and M. S. Minor, *Consumer Behavior: A Framework*, Prentice-Hall, New Jersey, 2001, p.200로부터 재작성.

1. 만족 판단 과정에 관한 기초 이론

고객만족에 관한 연구에서 가장 많이 연구되어 온 테마는 만족 판단 프로세스에 관한 구조적 해명에 관한 것으로 이론 기반에는 L. Festinger(1957)의 인지적 불협화 이론과 R. L. Oliver(1980)의 기대·불일치 패러다임이다. L. Festinger(1957)의 인지적 불협화 이론은 R. L. Oliver(1980)보다 먼저 소비자 태도에 관해 연구되어 많은 연구에 만족·불만족 경험 후 태도로서 다수 인용되고 있다.

L. Festinger(1957)에 의하면 소비자는 한번 형성된 태도를 바꾸려

하지 않지만 자신의 태도와 상반되는 경우에 조우했을 때 어떻게 대처하는지에 관해 다음과 같이 설명하고 있다. 우선 행동 자체를 바꾼다. 다음으로 불협화를 일으키게 하는 정보를 회피한다. 그리고 정보의 중요도 랭킹을 바꾼다. 또한 새로운 정보를 탐색하는 행동을 취한다고 서술하고 있다.[341] 이 연구에 따르면 불일치된 기대는 고객에게 불협화 상태, 즉 심리적 불안을 발생시킨다고 한다. 따라서 불협화의 존재는 심리학적으로 불쾌하기 때문에 불협화를 줄이고 협화 획득을 시도하도록 사람들을 동기부여한다. 그리고 불협화가 존재하는 경우 사람들은 그것을 줄이는 것만을 시도하는 것이 아니라 한층 더 불협화를 증대시킨다고 생각할 수 있는 상황이나 정보까지도 회피한다고 하면서 사람들은 불협화한 2가지 생각에 직면했을 때 1가지 혹은 2가지 모두를 변화시켜 그것들을 협화시키고 정신적 불안감을 해소하려고 한다고 주장한다.

이 이론을 제품 성과에 적용해 보면 제품에 대한 기대와 제품 성과 사이에 불일치가 존재하는 경우 소비자는 심리적 긴장 상태에 직면하게 되고 그 결과 제품에 대한 평가를 바꾸는 것으로 심리적 긴장을 감소시키려고 한다.

이 이론은 불일치가 불협화 상태를 이끌어 낼지를 검증하는 것에 조금 무리가 있는 것처럼 생각된다. 그 이유는 불협화 상태는 단지 불일치만이 존재하는 것이 아니라 소비자의 강한 신념, 의지, 제품에 대한 관여 정도, 불일치 가능성, 그리고 명백한 불일치가 존재하고 있기 때문이다. 게다가 일반적 실험 조사로는 이러한 조건을 갖출 수 없기 때문에 검증에는 반드시 한계가 있어 검증이 어렵고 또한 불일치 존재가 불협화 상태를 초래하는 필요 조건 중 하나에 지나지 않는다고 하는 것에도 문제가 있다고 할 수 있다.

그러나 만족이 형성될 때까지 어떠한 선행 요인이 있으며 각 요인과의 관련은 어떠한 구조를 이루고 그 프로세스는 어떤 것인가에 관해 다양한 각도로 선행 연구가 진행되어 왔다. 그 중 미시간 대학 중심의 연구에서 기업에 대한 상황 대응적인 고객만족 전략 책정을 제시하는 것을 목적으로 만족에 영향을 주는 선행 요인으로 또한 기업이 측정 가능한 변수로 제품이나 서비스에 대한 전체적 만족도 그리고 소비 이전의 기대와의 일치 정도 또는 이상적인 제품이나 서비스와의 괴리 정도를 설명하고 있다.

다음으로 기대-불일치 패러다임은 만족의 선행 요인으로 관련된 제품 퍼포먼스에 주목하고 있다. 그리고 기대, 퍼포먼스, 기대와 퍼포먼스의 불일치 또는 만족을 만족 판단 과정의 모델로 다루고 있다. 그중 퍼포먼스란 주관적인 척도에 의해 또는 소비자의 지각에 의해 판단되는 것이다. 제품이나 퍼포먼스 레벨에 관한 예측이나 전망에 근거하고 있다.

R. L. Oliver(1997)에 의하면 불일치는 기대와 경험된 퍼포먼스와 비교로 또한 기대와 퍼포먼스의 어긋남에 의한 심리적인 견해라고 한다. 그리고 그 불일치에는 퍼포먼스가 기대를 웃돌 때에 발생하는 적극적인 불일치가 있으며 기대보다 퍼포먼스가 밑도는 네거티브한 불일치가 있다고 설명한다.[342]

이에 대해 J. F. Engel, et al(2001)은 만족이란 실제 결과와 구매 이전 기대와의 비교 결과라고 한다. 이 기대-불일치 패러다임은 고객만족에 관한 많은 연구에 광범위하게 지지를 받고 있다.[343]

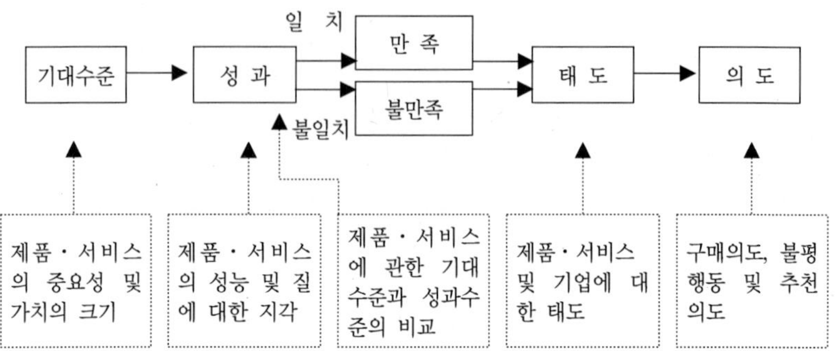

그림 7-2 만족 판단 과정의 기대 일치와 불일치의 인지 모델

출처: R. L. Oliver "A Cognitive Model of the Antecedents and Consequences of Satisfaction", *Journal of Marketing Research*, Vol.17(November, 1980), pp.460-469. -(1997), *Satisfaction: A Behavioral Perspective on the Consumer*, Boston: Irwin McGraw-Hill. pp.98-131로 부터 재작성.

R. L. Oliver(1980)는 종래의 연구가 고객만족에 영향을 주는 요인 만을 연구했던 것에 대해 인플루엔자 예방 주사에 관한 조사를 실시해 그 경험이 관계하는 만족 전후의 요인을 포함한 종합적인 모델을 제시했다.344)

특히 고객만족에 영향을 미치는 요인 간 관계와 그 영향이 결과적으로 재구매 의도로 연결되는 것을 제시하는 것으로 만족 효과를 특정했다. 이 연구에서 주목해야 할 것은 만족 태도는 변형되어 재구매 의도로 나타난다고 하는 것이다. 이 연구는 그 후 많은 연구자에 의해 기대와 불일치에 관한 어프로치와 다양한 고객 행동으로 재구매, 다른 상표로의 스위치 행동과 불평 행동으로 연구되게 되었다.

이처럼 만족 판단 과정의 특성에 관한 연구는 소비자, 즉 고객의 만족 판단 과정을 구조 요인으로 모형화해 만족과의 인과 관계를 검증하는 것에 주목하고 있다. 이 연구는 고객만족을 이론화하는 것에 기반이 되었으며 연구가 시사하는 것은 오늘날 고객만족 연구에 강한 영향을 미치고 있다 할 수 있다.

2. 만족 판단 과정의 특성

만족 판단 과정에 관한 주요 연구를 보면 만족 판단 과정을 인지적 평가, 태도, 정서적 반응, 인지적 평가와 정서적 반응이 결합된 특성으로 간주하고 있는 것을 알 수 있다. 그렇다면 이러한 의미 해석이 제시하는 것은 도대체 어떠한 것일까를 검토하는 것으로부터 시작하도록 하자.

우선 인지의 일반적 의미는 어느 사실을 인정하는 것이다. 고객만족에서 보면 제품이나 서비스 소비 후 경험 판단을 인정하는 것이라 할 것이다. 그리고 평가란 물질의 판단이라 하며 정서는 어떤 것을 경험할 때에 생기는 감정 혹은 그 감정을 유발시키는 주위의 분위기 및 기분이라 한다. 그 견해에서 보면 고객만족에서 정서적 평가란 제품이나 서비스를 소비한 후 느끼는 희로애락과 같은 감정적 판단이라 할 수 있을 것이다. 그리고 태도란 어느 물건이나 일에 대한 감정이나 생각이 밖으로 나타난 모습, 어느 상황이나 물건에 대한 마음가짐이며 태도라는 관점에서 보는 고객만족은 소비를 경험한 제품이나 서비스에 대해 생겨난 마음가짐으로 간주할 수 있을 것이다.

이와 같이 고객만족의 판단 과정에 있어서 특성은 견해에 따라 의미 부여와 파악이 상이하다는 것을 알 수 있다.

그 관점에서 우선 인지적 판단으로 고객만족을 간주하고 있는 J. A. Howard and J. N. Sheth(1969),[345] J. A. Czepiel and L. J. Rosenberg(1977),[346] J. F. Engel and R. D. Blackwell(1982)[347]에 의한 만족 특성은 공통적으로 다음과 같은 점이 기술되어 있다.

그것은 고객 욕구 및 요구를 충족시키는 정도 또는 사전 기대와 실제 소비 경험과의 일치에 관한 평가라고 고객만족을 나타내고 있다는 것이다.

그러나 그 후 만족이라는 것이 실로 인지적 성향뿐이라고 할 수 있는가 하는 의문이 부상하게 되었다. 원래부터 만족에는 정서적 성향이 강하게 포함되어 있고 정서는 사람에게 동기를 부여시키는 주요 원천이면서 기억 및 사고 과정에 대해서도 영향을 미치는 것에서 (R. A. Westbrook and R. L. Oliver(1991)[348]) 만족 특성을 정서적 관점에서 서술하게 된다.

정서적 관점에 근거한 고객만족 연구는 1980년대 후반부터 다수 행해져 왔고 주요 연구자에는 R. A. Westbrook(1981), R. A. Westbrook and M. D. Reilly(1983), D. K. Tse and P. C. Wilton(1988), R. L. Oliver and W. S. Desarbo(1988), R. A. Westbrook and R. L. Oliver(1991), R. L. Oliver(1993), R. A. Spreng, S. B. Mackenzie, and R. W. Olshavsky(1996) 등이 있다(제1장 표 1-2, 표 1-3 참조).

앞서 열거한 연구자들의 연구에서 파악하는 만족 판단 과정의 특성은 소비 경험에서 유발되는 정서적 반응으로 만족을 다루고 있으며 만족 자체는 정서적이면서 정서적 요인은 만족을 구성하는 하나의 구성 요인이기도 하다고 서술한다. 그 관점에서 고객만족의 측정 척도를 정서적 측면을 바탕으로 측정하고 있다.

그러나 정서적 척도로 측정된 만족은 제품이나 서비스 평가를 소비에 의한 정서적 요인과 구별하기 어렵다. 그 경우 측정된 고객만족에는 제품이나 서비스 평가와 관계 없는 일시적 감정으로 분류되는 개념이 포함될 가능성이 있다. 따라서 고객만족에서 순수한 정서적 측정은 어렵다고 할 수 있다. 즉 만족을 인지적 특성과 정서적 특성 중 하나의 어프로치만으로 판단하는 것은 타당성이나 일반성이

낮다는 것으로 그 2가지 어프로치가 결합된 개념으로 파악하는 것이
보다 만족 판단 과정의 해석에 유효하다는 것을 가리킨다.

그러나 만족 판단 과정의 특성을 명확히 하기 위해서는 이론적인
측정이나 타당성을 검토하지 않으면 안 되지만 인지적 측면은 별도
로 정서적·감정적인 측면의 측정은 어려운 점이 있기 때문에 지금
까지 만족 측정에 관해서는 인지적 측면을 중심으로 한 연구가 주로
진행되어 왔다고 할 수 있다.

그러한 의미에서 제7장에서는 만족 판단 과정의 특성이 인지적인
가 또는 정서적·감정적인가는 만족의 판단 대상에 따라서 다르다는
것에 초점을 맞춘다. 그 초점이란 만족 판단 대상이 제품인지 서비
스인지에 의해 만족 판단 기준이 인지적이 되거나 정서적·감정적이
되거나 하는 것을 가리킨다. 즉 만족 판단 과정의 특성을 나타내는
개념은 판단 대상에 따라서 그 특성이 다르다는 것에 주목하고 있
다. 그러한 관점에서 제7장에서 검토하는 만족 판단 과정의 특성은
구매에 의해 기대와 욕구가 충족되었는가 하는 인지적 측면과 소비
행동 자체에 의해 정서적·감정적으로 충족되었는가 하는 판단의 결
과로 간주한다. 고객만족의 판단 과정의 특성을 주로 인지적 측면과
정서적 측면이 결합된 복합적 의미로 파악해야 하며 2가지 측면은
상호 관련되어 있다고 판단한다. 주목해야 할 것은 만족 판단 대상
이 되는 제품이나 서비스에 따라서 만족 판단 과정의 특성이 인지적
측면이 강한지 그렇지 않으면 정서적·감정적 측면이 보다 강하게
판단되어 결과적으로 만족 판단 과정의 특성이 차이 나게 된다는 것
이다. 현재까지의 연구에서는 만족 판단 과정의 특성을 인지적인 것,
정서적·감정적인 것, 복합적인 것으로 구분하고 있지만 그것이 판
단 대상에 의해 나타나는 특성이라고 하는 관점에서는 검토되지 않
았다고 판단되기 때문이다.

3. 만족 판단 과정의 선행 요인

만족 판단 과정의 특성에 관한 연구는 크게 나누어 제품이나 서비스 소비·사용 후 판단 특성에 대한 의미 부여와 만족에 직접적으로 영향을 미치는 선행 요인을 탐구하는 것으로 나눌 수 있다.

만족에 직접적으로 영향을 주는 선행 요인의 탐구는 산업이나 업종에 따라 다르고 그 요인 항목을 체계화하는 것이 만족 판단 과정을 구성하는 요인이기도 하다고 간주할 수 있다. 즉 만족에 직접 영향을 미치는 선행 요인은 산업이나 업종에 따라 다르며 구체적이고 상세한 것이기 때문에 그 상세 요인을 묶어 체계화한 상위 개념의 확립이 필요하다고 생각한다.

그러나 만족에 영향을 미치는 선행 요인에 관한 연구는 주로 실무적 어프로치로부터 다수 행해지고 있어 조사적 성격이 강하고 단지 만족 정도나 불만족 요인을 조사하는 정도에 머물고 있는 경향이 강하다고 할 수 있다. 이러한 이유로 만족에 영향을 미치는 요인에 관한 연구의 체계화가 확실하지 않다고 할 수 있다. 따라서 만족에 영향을 주는 선행 요인, 즉 만족의 구조 요인을 상위 개념으로 체계화하기 위해서는 만족 판단 과정의 특성 검토에서 시작하는 것이 만족 판단 구조의 세부 요인이 보일 것이라 생각된다.

여기서 말하는 특성이란 존재하고 있지만 본질적이며 항상적 특성을 의미한다. 따라서 고객만족의 판단 과정의 특성을 간단히 말하면 만족의 본질적이며 항상적인 특성에 의한 의미를 의미한다.

만족 판단 과정의 특성에 대한 주요 연구는 대체적으로 인지적 측면과 정서적 측면으로 나뉘어 있는 것은 이미 알고 있는 것이다. 그러나 이 2가지 특성은 전혀 관계없는 것이 아니라 서로 영향을

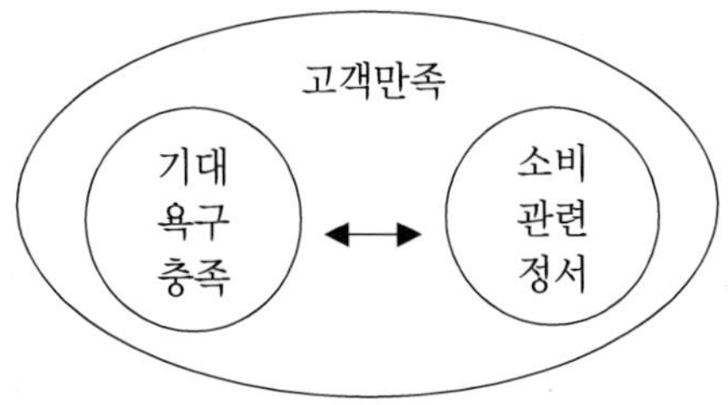

출처: 조형지 「고객만족 개념의 재검토와 척도개발에 대한 연구」,
계명대학교 박사학위논문, 1999년, p.33.

미치는 관계라는 것이다. 그것을 그림 7-3과 같이 나타낼 수 있다.

그림 7-3처럼 만족 판단 과정의 선행 요인의 특성은 기대와 욕구에 근거한 충족이라는 개념과 소비와 관련된 정서라고 하는 2가지 특성으로 형성되었다고 할 수 있다(조형지(1999)[349]).

그렇다면 충족, 소비 관련 정서는 무엇인지 만족과의 관계 그리고 이론적으로 시사하는 것은 무엇인가를 검토하기로 한다. 우선 기대에 따른 충족 개념을 보면 충족은 무엇인가를 충만·충족시키는 것이고 고객만족에서 보면 고객의 소비 경험에 의한 충분한 심리적 만족을 나타낸다. 이 충족이라고 하는 개념은 고객만족론에서도 다루어져 왔으며 그 의미는 충분히 충족시키는 것이고 거기에는 충족되어야 할 수준의 존재 또는 어느 목표의 준거 수준이 있고 그 수준에 의해 평가되고 있다(R. L. Oliver(1997)[350]).

만족에 목표 수준이 되는 준거 기준에 관해 선행 연구에서는 기대와 욕구의 2가지 개념을 채택해 설명하고 있다. 만족과 관련된 기대는 제품이나 서비스에 대해 기대가 충족되었을 경우 고객은 만족을 느끼고 있다고 설명하고 있다.

대표적인 연구에 기대-불일치 패러다임(R. L. Oliver(1980)[351])이 있고 주요 논점은 고객은 제품이나 서비스에 대한 사전 기대를 소비 경험 후 비교해 그것이 일치하든지 혹은 기대를 뛰어넘었을 경우 만족으로 판단한다는 것이다. 기대 관점의 충족은 R. L. Oliver(1980)의 연구 후 다양한 실증 연구로 검증되어 왔다. 다양한 연구로부터 기대는 예측 가능한 기대(R. L. Oliver(1980)(1997)[352]), 이상적 성과의 기대(D. K. Tse and P. C. Wilton(1988)[353]), 동등성에 관한 기대(D. K. Tse and P. C. Wilton(1988)[354]), 경험 중심적 규범의 기대(R. B. Woodruff, E. R. Cadotte, and R. L. Jenkins(1983)[355]), 제품이나 서비스로부터 제공되는 성과의 가능성에 관한 소비자의 심리적 신념(J. C. Olson and P. Dover(1979)[356])으로 나눌 수 있다.

많은 연구에서 거론된 기대 의미를 정리해 보면 만족을 판단하는 기준이 되는 준거 수준을 기대라 할 수 있다. 기대가 어느 정도 충족되었는가 정도에 의해 만족의 대소가 판단되기 때문이다. 즉 소비의 기대는 소비에 대한 만족 판단 기준이 되고 있다고 할 수 있다. 그 때문에 기대는 일정한 기준 또는 수준을 갖고 있는 특징이 있고 인지적 판단 과정을 필요로 하고 있다.

다음으로 욕구 충족은 고객만족을 시작으로 마케팅에 있어서도 기본적 개념이며 기대 개념이 Oliver에 의해 고객만족론의 구조적 해석 테마로 다루어져 온 것과 같이 고객만족 개념으로 많은 이론적 지지를 받아 왔다. 특히 기대-불일치 패러다임의 적용이 재화의 특성에 따라 상이하다는 관점에서 욕구 개념은 보다 강조되어 왔다(G. A. Churchill, Jr., and C. Surprenant(1982), D. K. Tse and P. C. Wilton(1988)[357]).

욕구는 기초적이고 근본적인 니즈 및 궁극적인 상태를 달성시키는 수단의 의미로 정의할 수 있다. 따라서 욕구에는 차원이 존재하고 있고 그 높낮이에 의해 고차원과 저차원 또는 추상적인 차원으로 분류할 수 있다.

이에 관해 R. A. Spreng, S. B. Mackenzie and R. W. Olshavsky (1996)는 욕구 충족이란 제품이나 서비스의 특성 혹은 성과가 소비자의 궁극적인 편익을 가져오게 되었는지 또는 가치를 얻게 되었는지의 정도에 관한 평가라고 서술하고 있다.[358] 욕구에 관해 D. K. Tse and P. C. Wilton(1988)의 연구를 보면 내구재의 경우는 만족은 실제로 소비 후 경험한 성과에 의해 형성된다고 서술하고 있다.[359]

즉 고객은 제품이나 서비스 성과가 욕구를 어느 정도 충족해 주었는지 평가하기 때문에 욕구가 충족의 목표가 되어 있다고 할 수 있을 것이다. 소비의 욕구는 소비 목적에 더해 소비에 의해 얻을 수 있는 궁극의 욕구 충족까지 포함하고 있다. 따라서 욕구는 고객에게 있어서 만족의 목표 수준이며 기대에 근거한 만족과 비교해 보다 상위 차원의 수준이 요구된다고 할 수 있을 것이다. 즉 기대에 의한 충족은 제품이나 서비스가 특성이나 편익 제공, 성과에 대한 소비자 신념의 정도이며 욕구에 의한 충족은 제품이나 서비스의 특성 성과에 의한 편익이나 가치의 성취라고 할 수 있다.

그러한 특성에서 보면 두 요인은 수단과 목표의 관계라는 것이 이해된다. 왜냐하면 욕구 충족은 기대 충족보다 상위라고 할 수 있기 때문이다. 즉 소비자가 추구하는 궁극의 목표는 고차원의 편익이나 가치 획득에 의한 욕구 충족이며 제품이나 서비스의 특성 성과는 이러한 고차원의 편익이나 가치 획득에 의한 욕구 충족 달성을 위한 수단이 되고 있다는 것이다. 그리고 기대 충족은 소비자가 궁극적으로 추구하는 고차원의 편익이나 가치 획득에 의한 욕구 충족을 달성시키기 위한 비교 또는 기준의 수단이 되고 있는 것이다. 즉 기대는 욕구 충족을 위한 비교 판단 기준이 되고 있다는 관점에서 보면 기대 충족은 욕구 충족의 목표 달성을 위한 수단이라고 할 수 있다는 것이다. 그 의미에서 욕구 충족은 기대 충족보다 상위 레벨이라고 할 수 있기 때문에 기대 충족 없이 욕구 충족은 바랄 수 없지만 욕구 충족이 낮은 경우 기대 충족도 매우 낮게 나타난다고 할 수 있을 것이다(조형지(1999)[360)]).

이와 같이 고객만족의 선행 요인에는 기대와 욕구라고 하는 두 측면이 있고 두 측면 모두가 충족되었을 때에 만족이 형성된다고 할 수 있다. 그렇다면 만족 특성으로 소비 관련 정서는 어떤 것인지 검토하기로 한다.

소비 관련 정서에 보편적으로 이용되는 척도에는 C. E. Izard(1977), R. Plutchik(1980)에 의한 기초 정서(basic emotions),[361)] A. Mehrabian and J. A. Rusell(1974)이 개발한 PAD(Pleasure－Arousal－Dominance)[362)] 척도 및 광고에 관한 척도 등이 있다.

그러나 R. Plutchik(1980), C. E. Izard(1977)(1993)의 연구에서는 유기체의 생존 기회의 향상에 정서의 역할에 주목하고 있고 제품 또는 서비스 소비와 관련한 정서 요인의 역할과는 그다지 관계없는 정서라고도 할 수 있다.

또한 A. Mehrabian and J. A. Rusell(1974)의 PDA 척도도 정서 측정을 위한 척도가 아니라 점포 환경과 같은 환경적 자극에 의한 정서적 반응을 측정하기 위한 척도이다. 그리고 광고에 관한 정서 척도도 소비 경험과 같은 경험에 의해 유발되는 정서가 아니라 광고의 타인의 경험에 의해 유발되는 정서를 나타내는 것이기 때문에 순수한 정서라고는 할 수 없다.

이와 같이 지금까지 연구에서 소비와 관련된 정서의 측정 척도로 이용되고 있는 척도는 충족과의 관계를 분명히 하는 순수한 결과 측정이 불가능하기 때문에 연구 목적과 방법이 다른것을 이해 할수 있다. 게다가 정서라고 하는 개념 자체의 순수한 결과 측정이 어렵다고 하는 본질적인 특징으로부터 결과 측정에 한계가 있다. 그러나 고객만족을 나타내는 소비 관련 정서는 소비자인 고객이 소비 상황에서 가장 많이 경험하는 긍정적인 정서 요인으로 나타내야 하고 조사 척도도 단순해야 할 것이다.

이러한 정서 측정에 관해 M. L. Richins(1997)는 정서는 상황에 따라 다르기 때문에 심리학자에 의해 개발된 대인 관계 상황 속에서 유발되는 정서는 구매 상황에서 발생하는 정서와는 상이하다고 서술하고 있다.363) 그리고 소비 상황에서 고객이 만족을 경험했을 때 유발되는 정서는 심리학자가 개발한 정서적 요인과는 다른 요인이라고 주장하고 있다. M. L. Richins(1997)가 제시한 소비 관련 정서 요인에는 소비 상황에서 소비자가 비교적 경험할 수 없는 또는 이해할 수 없다고 생각되는 정서 개념(화, 질투, 외로움, 사랑, 불만족, 걱정, 슬픔, 공포, 수치 등)을 제외한 평화, 만족, 희망, 즐거움, 사랑스러움, 놀라움 등이 포함되어 있다.364)

위 검토 결과 만족 판단 과정의 특성이 명확하지 않은 점이 있다는 것을 확인할 수 있었다. 연구 초기에는 인지적인 측면이 주목을 받았지만 이후 소비 정서적인 관점이 주목을 받게 되고 현재는 두 개념을 복합한 포괄적인 관점에서 만족을 간주하는 경향이 보이는 등 만족 판단 과정의 특성을 파악하는 방법이 아직 확립되지 않은 점이 있다는 것을 확인할 수 있다.

다음에서는 만족 판단 과정의 특성에 관한 두 가지 어프로치인 인지적 측면과 정서적·감정적 측면의 연구 중에서 주요 연구를 검토하고 향후 연구 방향성을 검토하기로 한다.

제2절 만족 판단 과정의 특성에 관한 인지적 측면의 연구

앞서 서술한 것처럼 만족 판단 과정의 특성에 주목한 연구를 보면 심리학 인지 이론에 근거한 고객의 심리 처리 과정에 집중하고 있는 것을 알 수 있다. 그러나 그중에서 만족을 그 본질적인 특성에서 서술하는 견해는 연구자마다 다르고 일반적인 타당성을 가진 측정 지표도 아직 확립되지 않았다고 할 수 있다. 그 이유는 지금까지의 연구가 심리학 인지 이론의 영향이 많아 만족의 본질적인 특성 분석보다 주로 고객의 심리 처리 과정에 초점을 집중하고 있기 때문일 것이다. 지금까지의 연구 대부분에서 보이는 것은 고객만족 형성에 영향을 미치는 선행 변수와 결과 변수와의 관계를 다루는 것이 많다. 이 점을 보다 깊이 검토하기 위해 만족 판단 과정의 특성을 고객의 욕구 및 요구를 충족시키는 정도 또는 사전 기대와 실제 소비 경험과의 일치에 관한 평가 또는 고객이 사전에 갖는 기대와 욕구를 채우는 것이라고 하는 인지적 측면에서 간주하는 연구를 고찰한다.

1. 소비자 만족과 제품 성과 개념에 관한 연구

J. E. Swan & L. J. Combs(1976)에 따르면 소비자 만족은 제품이나 서비스 본질 기능과 표층 기능 모두가 기대와 일치했을 때이고 어느 쪽이든 불일치할 경우에는 만족이 되지 않는다고 서술하면서 소비자 만족은 표층 기능에 강한 관련성을 갖고 있으며 불만족은 본

질 기능의 결여와 관련성을 갖는다고 강조하고 있다.365) 그것은 소비자에게 본질 기능은 물리적 특성이며 표층 기능은 심리적 특성으로 인식·판단되고 있기 때문에 만족도 향상을 위해서는 물리적 특성 수준을 최저한으로 유지하면서 심리적 특성의 표층 기능을 추구할 필요가 있다는 것이다.

그리고 속성 퍼포먼스에 대해 W. Mittal, T. Ross Jr., and P. M. Baldasare(1998)는 속성 퍼포먼스가 만족에 주는 영향이 비선형인 것을 지적하고 있다. Mittal, et al.(1998)은 전망 이론(prospect theory)을 이용해 어느 특성의 부(負)의 퍼포먼스는 같은 속성의 정(正)의 퍼포먼스보다 고객만족 및 재구매 의향에 큰 영향을 주는 것과 고객만족은 속성 퍼포먼스의 변화에 네거티브 태도를 나타낸다고 서술한다.366)

그림 7-4 속성 퍼포먼스가 고객만족에 미치는 영향

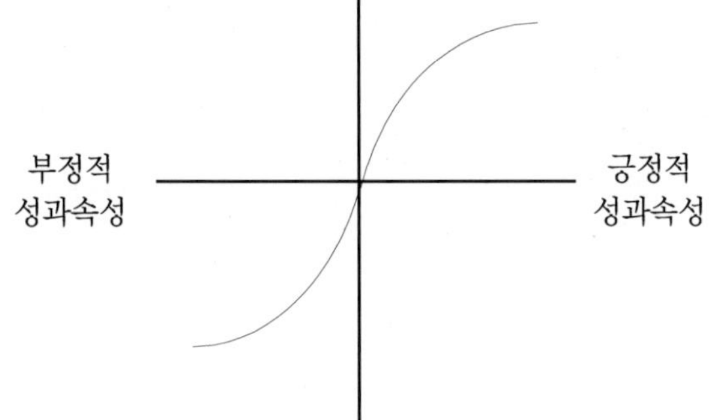

출처: Mittal, V., W. T. Ross. Jr., and Baldasare, P. M., "The Asymmetric Impact of Negative and Positive Attribute-Level Performance on Overall Satisfaction and Repurchase Intentions", *Journal of Marketing*, Vol.62 (Spring, 1998), p.34.

그리고 Mittal, et al.(1998)은 속성 퍼포먼스가 고객만족에 미치는 영향력이 시간 경과와 함께 변화하는 것을 실증하고 구입 단계와 사용 단계를 거친 후 또한 신규 고객과 단골 고객의 경우 만족 향상에 영향을 주는 특성이 변화할 것을 밝히고 있다. 소비자 지각에는 만족을 판단하는 일정 기준으로 제품이나 서비스에 관한 본질적 기능과 표층적 기능이 있으며 그에 따라 만족이 판단되고 결정될 수 있다고 한다. 그중에서 표층 기능의 경우는 만족도를 보다 높일 수 있고 퍼포먼스가 정(正)인 경우 만족도를 향상시킬 수 있다는 것이다.

Mittal, et al.(1998)의 연구가 시사하는 것은 제품이나 서비스를 제공하는 기업이 그러한 본질 기능을 충분히 실행하면서 부가적인 표층 기능 수준을 높이는 것이 바람직하다는 것이다. 그리고 만족이 형성되는 과정에서 지각 기준과 만족과의 관계를 서술하면서 만족에 영향을 미치는 제품 성과를 강조했다.

이상과 같이 만족의 제품 성과에 관한 J. E. Swan and L. J. Combs (1976)의 연구를 시작으로 그에 관련한 이론에 공통되는 것은 고객에게 만족이 형성되는 과정에는 제품 성과가 크게 작용하고 있고 고객이 그 성과를 판단하는 기준으로 당연한 기준과 이상적 기준이 존재하고 있다는 것이다. 그리고 그 비교로 만족이 판단된다고 주장하고 있다. 그리고 앞서 검토한 연구에서 만족의 본질적인 특성은 제품 성과와 고객의 인지적 판단에 의한 평가 기준의 해석에 있는 것을 이해할 수 있다.

그러나 인지적 판단을 가능케 하는 평가 기준은 성과에 따라 만족에의 영향력이 다르고 기준도 고객에 따라서 다르기 때문에 평가 기준의 존재는 설명할 수 있어도 그 기준과 만족과의 관계를 나타내는 것은 한계가 있는 것은 아닌가 하는 의문이 부상한다. 그 이유는 사람에 따라서 이상 기준은 만족되지 않아도 당연한 기준이 만족된다면 불만은 아니지만 만족도 아닌 경우가 존재하고 있기 때문이다. 그리고 이상 기준이 만족되어도 완전히 만족하고 있다고 할 수 없는 경우도 있기 때문이다. 그것은 업종의 특성, 개인적 환경 요인 등 외부 환경 요인에 의한 판단 기준이 다르기 때문일 것이다. 그 때문에 이러한 점은 연구 과제로 고려해야 할 것이라고 생각된다. 그리고 재화와 다른 서비스의 경우 소비 현장에서의 제공자에 의한 품질 기준의 가변성에서 보면 제품 성과만으로 만족과의 관계를 설명하는데 한계가 있다고 할 수 있을 것이다. 즉 제품 성과의 평가 기준의 존재가 명확하게 된 것으로부터 보다 심층적인 제품 성과 기준의 해석과 만족과의 종합적인 관계를 분명히 하는 것이 필요하다고 생각된다.

2. 지각 품질에 관한 연구

A. Parasuraman, V. A. Zeithaml and L. L. Berry(1985)에 의하면 소비자에게 지각된 서비스 품질은 서비스 기업이 제공해야 할 서비스 품질에 관한 소비자의 지각과 서비스 성과에 관한 소비자의 비교 결과라고 파악하고 서비스 품질은 소비자의 기대와 지각과의 불일치 정도라고 규정하면서 서비스 품질 평가에 불일치 패러다임을 이용해 설명하고 있다.[367] 그 연구에서는 기대된 서비스와 실제로 지각된 서비스와의 비교 결과인 전체적인 서비스 품질 구조를 서비스 품질의 결정 요인과 영향 요인으로 결합해 그림 7-5와 같이 나타내고 있다.

또한 고객과 서비스 제공 기업을 생각해 서비스 품질과 만족 간 인과 관계의 분석에 사용할 수 있는 서비스 품질 모델인 GAP 분석

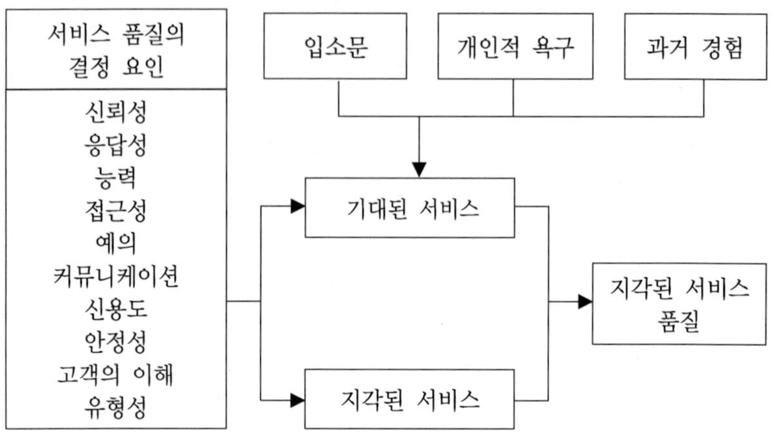

출처: Parasuraman, A., V. A. Zeithaml, and L. L. Berry, "A Conceptual Model of Service Quality and Its Implications for Future Research", *Journal of Marketing*, Vol.49(Fall. 1985), p.48.

모델을 개발했다. 이 모델에서 고객에게 지각된 서비스는 구전, 개인적 욕구, 과거 경험, 외부 커뮤니케이션 활동에 의한 영향이며 서비스 전달과 외부 커뮤니케이션은 소비자의 서비스 품질 지각에 영향을 미친다고 나타내고 있다.

GAP 분석 모델에서 소비자가 지각하는 서비스 품질은 서비스 제공 기업에서 발생하는 GAP1-4의 영향을 받아 GAP1-4의 정도와 방향은 서비스 품질 평가에 영향을 주고 있다고 한다. 그리고 GAP5의 정도와 방향은 GAP1-4의 함수로서 다음과 같이 나타낼 수 있다.

$$GAP = f(Gap1, Gap2, Gap3, Gap4)$$

서비스 품질 모델 중에서 GAP에 대해 구체적으로 검토하면 우선

Gap1은 고객의 기대와 고객 기대에 대한 경영자의 인식의 갭으로
기업 측이 고객의 품질 기대를 부정확하게 인식하고 있는 정도를 나
타낸다. 그 원인으로는 시장 조사 및 부정확한 분석 정보 등에 의해
일어날 수 있는 것을 들 수 있다. 그리고 GAP2는 경영자 인식과 서
비스 품질 명세서와의 차이이며 이것은 서비스 품질을 나타내는 명
세서가 경영자 인식과 불일치되는 경우에 발생하는 것이다. 다음으
로 Gap3은 서비스 품질과 실제 제공 서비스와의 갭을 나타내는 것
으로 품질을 나타내고 있는 명세서가 서비스 제공 과정 중에서 충족

그림 7-6 서비스 품질 모델

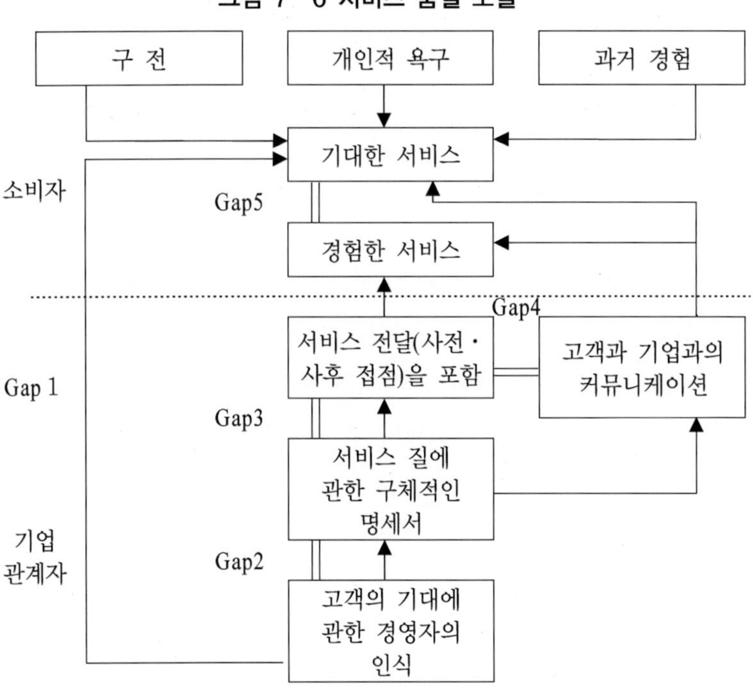

출처: Parasuraman, A., Zeithaml, V. A., and L. L. Berry, "A Conceptual
Model of Service Quality and Its Implications for Future Research",
Journal of Marketing, Vol.49(Fall. 1985), p.44.

되지 않았던 것을 의미한다. Gap4는 실제 서비스 제공 내용과 시장 커뮤니케이션의 갭이다. 이것은 시장 커뮤니케이션 활동에 의해 약속된 서비스와의 차이를 의미한다.

이 모델에서는 고객의 지각된 서비스 품질을 기대된 서비스와 지각된 서비스의 차이, 즉 Gap5의 크기와 방향에 의해 결정된다고 간주하고 있다. 게다가 Gap5는 경험한 서비스의 갭을 나타낸다. 이 갭은 경험한 서비스가 기대한 서비스와 일치하지 않는 경우에 발생한다.

이 서비스 품질 모델은 서비스 제공 측과 고객과의 인식의 차이를 발견해 불일치점의 발견과 그 극복에 효과적인 논리를 제공해 준 것에 주목할 수 있다. Parasuraman, et al.(1985)에 의한 서비스 품질 모델은 기대 품질이 지각된 서비스에 비교되는 인지적 과정을 통해 평가되고 있다고 서술하고 있다.[368]

이 모델도 R. L. Oliver(1980)의 기대-불일치 패러다임에 근거해 논의되고 있는 것이 이해된다. 그 이유는 서비스에 대한 고객의 기대가 지각된 서비스 품질과 비교되는 과정에 주목해 기대된 서비스와 지각된 서비스에는 양쪽 모두 외부 요인에 영향을 받는다고 나타내고 있기 때문이다. 서비스 경험이 만족으로 평가 판단되기 전에 서비스에 대한 만족에 영향을 미치는 특성에 의한 개념에도 기대와 지각 또는 성과라고 하는 개념이 존재하고 있고 그것이 인지 판단 과정을 통해 만족이라는 결론을 도출하는 것이다.

여기서 주목해야 할 것은 재화뿐 아니라 서비스에도 만족 판단 과정에 기대와 지각된 품질이 비교되는 인지적 판단이 행해진다는 것이다. 그것은 본 제7장에서 주목하는 만족 판단 과정의 특성을 인지적 측면에서 보면 서비스에도 소비 전후의 기대 및 지각 품질이라고 하는 개념이 존재하고 있다고 할 수 있지만 서비스 기대 및 성과는 서비스 제공자에 의한 것이기 때문에 재화보다 사람에게 영향

받기 쉽다고 할 수 있을 것이다. 즉 서비스는 일정한 품질 관리가 어렵고 그것을 받는 고객도 각자 나름의 기대 판단 기준을 갖고 있기 때문에 서비스 질의 판단 수준이 각각 다른 것이 당연할 것이다. 따라서 서비스는 재화보다 판단 기준을 체계화하는 것이 어렵다고 할 수 있다.

Parasuraman, et al.(1985)의 모델은 만족 개념이 직접 명시되지는 않았지만 서비스가 지각 품질과 비교되어 만족으로 판단된다고 하는 프로세스를 제시하는 것으로 주목받았다. 고객만족의 판단 과정에 주목한 많은 연구처럼 Parasuraman, et al.(1985)의 서비스 품질 평가 연구에도 R. L. Oliver(1980)의 기대·불일치 패러다임이 이용되고 있는 것을 확인할 수 있으며 R. L. Oliver 연구의 시사성을 재확인할 수 있었다. 그리고 이러한 기대·불일치 패러다임에 근거한 연구 모델의 확장을 위해서도 보다 구체적인 개념 확립과 검증에 의한 체계화가 필요하다는 것을 다시금 확인할 수 있었다.

3. 소비자 만족의 구성 모델

D. K. Tse and P. C. Wilton(1988)은 고객만족에 관한 실증 연구의 확장을 시도한 연구와 다른 어프로치를 취하고 있다. G. A. Churchill, Jr., and C. Surprenant(1982)[369]의 연구에서 제안된 지각된 제품 성과를 검증하고 비교 수준과 불일치에 관한 다양한 어프로치가 어느 정도 만족 판단 과정에 영향을 미치는 관계인지를 확인했다. 그리고 만족 판단 과정의 복수의 비교 과정을 확인하고 있다.

구체적으로 고객만족에 관한 연구 성과를 정리하고 만족은 사전적 기대와 실제 성과와의 차이에 의한 평가이며 소비 경험 전의 비교 기준과의 불일치에 의해 영향을 받는다고 서술했다. 이 주장에는 3가지 논의가 있으며 3가지 논의는 지각된 제품 성과가 과연 고객만족의 결정 변수인가, 비교 기준과 불일치의 개념화를 어떻게 해야 하는가, 복수의 비교 기준을 사용한 고객만족 판단 과정이 존재하는가 하는 것이다.370)

이러한 논의에 근거해 D. K. Tse and P. C. Wilton(1988)은 만족의 비교 기준을 기대된 성과, 이상적 성과, 규범적 성과 등으로 분류하고 불일치를 기대와 실제 제품 성과와의 차이에 근거한 불일치와 별도로 실제 고객이 느끼는 주관적 불일치라고 하는 2가지 개념으로 서술하고 있다. 그리고 지각된 제품 성과의 효과에 대해 S. A. Latour and N. C. Peat(1979)의 연구를 도입해 불일치 변수의 한계를 지적하고 지각된 제품 성과에는 만족 판단에 직접 영향을 주는 독자적인 효과가 존재하고 있다고 주장한다.

이와 같이 제품 성과의 역할을 인정하는 몇 가지 연구 및 이론을 배경으로 D. K. Tse and P. C. Wilton(1988)은 S. A. Latour and N. C. Peat(1979)의 연구에 대해 만족의 제품 성과의 역할을 해석하고 있다. 그리고 두 번째 논의 비교 기준과 불일치의 개념화에 대해 기대되는 제품 성과는 기대 이론에서 지지를 받은 '해당 제품이 갖고 있을 가능성이 가장 높은 성과에 관한 기대'를 비교 기준으로 채택하고 있다. 이에 대해 이상적 제품 성과는 이상점 모델에 나타난 개념으로 '소비자가 이상적으로 생각하는 제품 성과'를 비교 기준으로 하고 있다.371) 그리고 다음으로 제품 성과에 대해 공정성 이론(R. P. Fisk and C. E. Young(1985))에서 이용되는 재화의 투입에 대한 기대 보상 간 관계가 타인과 비교해 공정한지 비교 기준으로 이용한다고 설명한다.372)

불일치에 대해 제시된 2가지 개념은 '기대와 실제 제품 성과 간 차이'를 의미하는 경우와 '소비자의 주관적인 평가를 나타내는 것'으로 설명하고 있다. 3번째 논의인 복수의 비교 과정 존재에 관한 논의는 실증 연구 결과 다양한 비교 과정이 동시적, 순차적 관계없이 존재하고 있다고 주장한다.

결과적으로 소비자에 의해 지각된 제품 성과는 만족 판단에 직접적 영향뿐 아니라 간접적 영향도 미치고 있다는 것이 밝혀졌다. 제품 성과는 주관적인 불일치를 통해 만족에 간접적인 영향을 주고 있다는 것도 파악되었다. 그리고 기대는 만족에 직접 적극적인 영향을 주고 있으며 이상적 비교 기준은 간접적으로 마이너스 영향을 미치고 있는 것이 판명되었다. 이 결과는 이상적인 기준은 대조의 영향을 주고 있는 반면에 기대는 동화의 영향을 주고 있다는 것을 시사한다. 불일치에 관한 비교 기준의 영향은 약하지만 제품 성과의 역할에 영향을 받는 것을 확인할 수 있었다. 불일치를 어떻게 개념화하는가에 관해서는 예측대로 주관적 불일치가 고객만족을 보다 설명하고 있는 것을 이해할 수 있었지만 해당 개념의 효과는 직접적으로 적극적인 방향을 가지는 것이 확인되었다.

또한 고객만족의 판단 과정에 복수의 비교 기준이 사용되고 있는지 어떤지를 확인한 결과 기대와 이상적인 비교 기준이 독립해 만족 판단에 관련하고 있는 것을 확인할 수 있고 복수의 비교 기준이 사용되고 있는 것이 확인되었다. 또한 두 비교 기준의 만족에 관한 동시적 효과를 고려하면서 기대는 주관적 불일치와 만족에 유의한 의미를 갖고 이상적인 비교 기준은 지각된 제품 성과에 영향을 주고 있는 것을 확인할 수 있었다. 그리고 마지막으로 단일 기준을 사용한 모델과 복수 기준을 이용한 모델을 비교해 단일 기준을 사용한 모델이 복수의 비교 기준을 가진 모델보다 충분한 설명을 할 수 없다고 설명했다.

3가지 논의에 관해 확인된 것을 정리하면 지각된 제품 성과는 고객만족에 직접·간접적인 영향을 주고 있고 소비자는 만족 판단에 복수의 비교 기준을 이용하고 있다는 것이다. 또한 불일치 측정에 보다 유의한 것은 주관적인 불일치이며 소비자는 복수의 비교 기준을 설명하는 다양한 과정을 가지고 만족을 판단하고 있다는 것이다.

이상과 같이 D. K. Tse and P. C. Wilton(1988)은 기본적으로 기대·불일치 패러다임의 확장을 시도하면서 제품 성과를 명시적으로 모델에 도입해야 한다고 하는 근거를 제시하고 다양한 비교 기준이 만족 판단에 투입되는 것이 당연하다는 것을 강조했다.

4. 목적-수단의 연쇄 분석

J. Gutman(1982)의 목적-수단 모델은 유사한 가치와 가치를 구별할 때 어떻게 공통의 차원에 따라 변하는가 라고 하는 목적 결합에서 소비자 사용의 차이점에 근거하고 있다.[373) 이 모델은 제품·브랜드의 기본적인 구성 요소인 기능을 가치라고 하는 목적과 결합한 계층적인 모델이다. 그림 7-7은 J. Gutman의 목적-수단 연쇄를 나타낸 것이다.

그림 7-7 J. Gutman의 목적-수단 연쇄

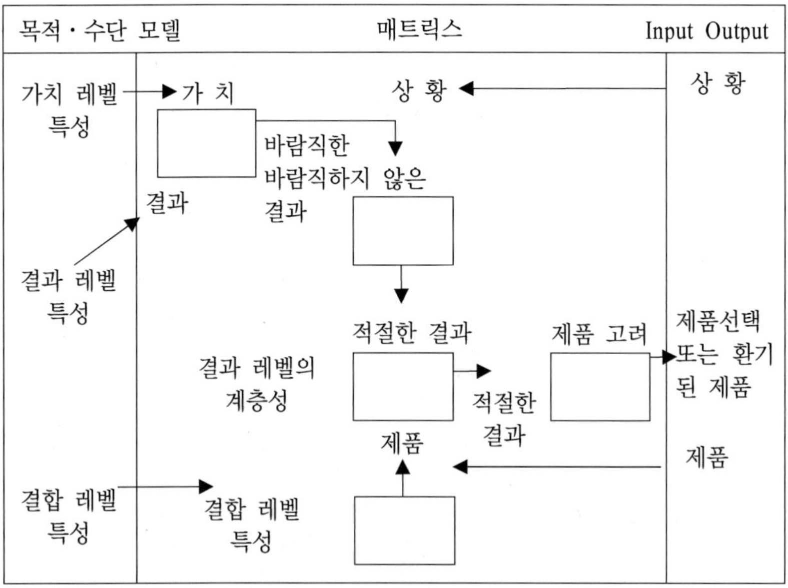

목적·수단 모델	매트릭스	Input Output

출처: Gutman, J., "A Means-End Chain Model Based on Consumer Categorization Process", *Journal of Marketing*, Vol.16, No.1(Spring, 1982), p.65.

J. Gutman(1982)는 소비자의 구매 소비를 가치 추구라고 하는 목적 달성을 위한 계층적인 기준을 갖고 있는 매트릭스로 나타낸 것이다. 그림 7-7에서 알 수 있듯이 소비자가 제품 소비에서 요구하는 것은 가치의 충족이며 바라는 결과를 위해 결합된 제품을 선택하고 그 제품이 가져다주는 결과에 의해 환기된다고 나타내고 있다. 여기에서 주목해야 할 것은 만족 개념은 제시되지 않았지만 J. Gutman이 나타낸 목적-수단의 연쇄는 제7장에서 일컫는 만족 판단 과정의 특성으로 인지적 판단을 강조하고 있는 것이 이해된다.

또한 J. Gutman(1988)은 만족 특성을 소비자가 이용하는 추상적 레벨 또는 제품이나 서비스에 바라는 이익에 관한 계층에 대해 연구하고 있다.374) 연구를 보면 제품이 초래하는 이익은 다음과 같다.

J. Gutman(1988)은 표 7-1과 같이 커피를 예로 그 이익을 설명하고 있다. 커피의 구체적 특성은 흥분제로서 기능과 추상적 특성으로 졸음 방지이다. 그리고 기능적 성과로 활동성이나 민첩성을 되찾는 것이며 추상적 특성은 졸음을 깨워 활동성과 민첩성을 획득하는 것이며 최종적 가치는 목표 달성이다. 제품 이익에 관한 개념 제시는 소비자에게 있어서 구매 동기가 무엇인지 그 해석을 시도한 것으로 고객만족 / 불만족 요인 규명의 방법이 되었다.

표 7-1 제품이 가져다주는 이익

제품 지식 레벨	자기 인식 레벨
기능적 성과	심리적 성과
구체적 속성	실리적 가치
추상적 속성	최종적 가치

출처: Gutman, J., "A Means-End Chain Model Based on Consumer Categorization Process", *Journal of Marketing*, Vol.16, No.1(Spring, 1982), pp.64-65.
Gutman, J., "Laddering Theory, Method, Analysis and Interpretation", *Advertising Research*, Vol.28, No.1(February, March, 1988), pp.20-23에 의한 작성.

J. Gutman(1988)의 연구는 1982년에 연구된 목적-수단 연쇄에서 채택된 가치 레벨을 구체화한 것으로 고객의 계층 판단 기준을 속성으로 개념화하고 있다. 특히 그 기준에 제품의 물질적 속성과 더불어 제품 지식 레벨과 자기 인식 레벨 구분과 추상적 속성, 심리적 속성, 또한 최종적인 가치를 도입한 점에 주목해야 할 것이다. 고객에게 판단되는 기준은 보다 다양한 속성으로 복잡한 구조라는 것을 가리킨다. 따라서 만족 속성에 의한 개념을 나타내는 것도 보다 심층적인 고찰과 검증이 필요하다는 것을 인식할 수 있다. 또한 지적

되고 있는 측정 항목의 문제와 방법론에 관한 연구가 필요하다는 것도 확인할 수 있었다.

5. 연구 검토 결과

주요 연구의 검토 결과 만족 판단 과정을 나타내는 특성에 대해 연구자마다 다르고 만족 판단 과정을 나타내는 모형에 이용된 개념도 연구마다 다른 것을 확인할 수 있었다. 그리고 연구자에 의해 만족을 측정하는 방법이 다른 것은 앞서 검토해 온 연구에서도 연구 과제인 것을 확인할 수 있었다.

덧붙여 제7장의 연구 목적을 바탕으로 결과를 보면 주요 연구에 이용된 만족 판단 과정을 구성하는 요인에는 제품이나 서비스 사용 후 성과를 나타내는 퍼포먼스, 제품 성과, 지각 품질, 비교 수준, 가치 등이 있었다. 그 요인은 제품이나 서비스 구매 사용 전후에 행해지는 고객의 인지 과정에 근거하고 있는 것을 알 수 있었다. 그 관점에서 연구 검토 결과를 다음과 같이 정리할 수 있다.

첫째로 제7장에서 검토해 온 주요 연구가 R. L. Oliver(1980)의 기대-불일치 패러다임에 영향을 받고 있는 것에서 R. L. Oliver 연구의 이론적 업적을 재확인할 수 있었다. 그러나 각 연구자는 기대-불일치 패러다임에서 각각 고유의 파생적 모형을 제시하고 있지만 패러다임을 확장해 발전시켰는가에 관해 살펴보면 그다지 진전되지 않는 점이 있다고 생각된다. R. L. Oliver(1980)의 연구 모형을 보다 구체화시키고 확장시킨다면 일반화된 고객만족의 프레임워크가 확립될 수 있을 것이다.

둘째로 고객만족 모형에 이용된 다양한 개념은 제품과 서비스의 본질적인 특성에 의해 영향을 미치는 요인이 다름에도 불구하고 모두 함께 다루고 있는 경향을 볼 수 있다.

만족을 제품이나 서비스에 대한 기대와 성과를 비교 판단한 인지 과정의 결과라고 한다면 인지 과정의 기대와 성과의 비교 판단의 기준이 되는 요인에는 어떠한 것이 있는지, 즉 제품이나 서비스의 판단 과정에서 기대와 성과에는 어떠한 요인이 영향을 미치고 있는가 하는 의문을 가질 수 있다.

그러나 앞서 검토해 온 연구에는 각각의 관점에서 만족 판단 과정을 설명하고 있지만 제품과 서비스에 의해 만족 판단 과정을 구성하는 요인과 그 특성이 달라질 것이다. 그러나 연구에서는 제품과 서비스를 구분하지 않고 만족 판단 과정이 인지적 판단 과정이라고 하는 것에만 초점을 맞추고 있어 만족 판단 과정의 요인과 그 특성을 설명하고 있다.

이상으로 제7장에서는 만족 판단 과정의 본질적 특성을 판단 대상이 되는 제품과 서비스를 구별해 고객만족 판단 과정에 관한 새로운 모형 제시를 시도한다. 특히 R. L. Oliver의 기대-불일치 패러다임에 근거해 기대와 성과에 영향을 주는 요인의 본질적 특성을 나타내는 개념을 제시하고 R. L. Oliver 모형을 구체화하기로 한다.

우선 기대와 성과, 만족을 중심으로 하는 R. L. Oliver 모형을 바탕으로 만족이 판단되는 과정에 주목한다. 다음으로 제품과 서비스는 본질적으로 다른 특성을 갖고 있기 때문에 만족 판단 과정에서 고객의 비교 평가 요인이나 기준도 다른 것에 주목한다. 그리고 기대와 성과의 구성 요인은 제품의 특성, 서비스의 특성, 개인의 환경 요인 등에 의해 다르기 때문에 요인의 특성을 체계화하는 것으로 만족 판단 과정에 대한 새로운 어프로치 제시를 시도한다.

특히 제품이나 서비스에 대한 기대와 성과의 평가 기준의 개념화를 시도하는 이유는 다음과 같은 배경에 근거한다. 제품이나 서비스의 특성에 의한 기대 및 성과에 의한 만족에 대한 영향력은 다르고 그 기준은 또한 고객에 따라 상이하다. 따라서 평가 기준의 존재는 설명할 수 있어도 기준을 보편화하는 것에는 무리가 있다고 생각된다. 그것은 제품의 특성, 서비스의 특성, 개인의 환경 요인 등 영향에 의해 판단 기준이 다르기 때문일 것이다. 특히 서비스의 경우는 서비스 제공자에 의한 품질의 가변성이 존재하기 때문에 지속적인 균일함을 유지하는 것에 무리가 있고 성과 기준도 소비자마다 다르기 때문이다. 따라서 각 제품이나 서비스에 대한 기대 및 성과 기준을 규명하는 것도 중요하지만 고객에게 판단되는 기대 및 성과 기준은 다양한 특성의 복잡한 구조를 갖기 때문에 그 구성 요인을 나타내는 특징을 상위 개념으로 개념화하는 것이 보다 완성도 높은 만족 판단 과정의 체계화를 가능하게 하리라고 생각된다. 그렇게 된다면 고객에게 판단되는 기대나 성과 기준의 복잡한 구조를 나타내는 보다 구체적인 모형 제시가 가능할 것이다. 덧붙여 만족의 고찰과 검증에 지적되는 측정 방법의 체계화와 방법론에 대한 논의에도 도움이 되리라 생각된다.

제3절 만족 판단 과정의 특성에 관한 정서적 · 감정적 측면의 연구

소비자 행동론에서 소비자의 태도 형성과 변화에 관한 주요 관점은 태도가 인지적 구조에 의해 결정되는 것이다(M. Fishbein(1963)[375]). 그러나 1980년대에 들어서 감정이 소비자 행동 연구에서 중요한 연구 테마가 되면서 어느 대상에 대해 자연스럽게 유발되는 감정은 그 대상에 대한 태도에 영향을 준다고 강조한다(R. B. Zajonc and H. Markus(1982)[376]). 특히 제품이나 서비스 소비 후 발생하는 감정은 인지 과정과 함께 그 제품에 대한 태도에 영향을 주고 경우에 따라서 인지 과정의 결과로 판단보다 큰 영향을 주고 있다고 서술한다 (K. K. Desai and V. Mahajan(1998)[377]).

감정에 관한 연구에서 크게 강조되는 소비와 관련된 감정을 자세히 보면 인지와 관계없이 독립적으로 발생하는 경우도 있으며(R. B. Zajonc(1980), R. B. Zajnoc and H. Markus(1982)[378]), 인지에 영향을 받아 형성되는 경우도 있다고 서술한다(S. Schachter and J. E. Singer (1962), B. Parkinson and A. S. R. Manstead(1992)[379]). 그러나 이러한 연구는 사회학 및 인지 심리학적 어프로치로 마케팅에 있어서 정서적·감정적 측면에서 보면 다음과 같은 연구를 볼 수 있다.

R. A. Westbrook(1980)에 의하면 충족은 단순한 인식의 현상이 아니라 한층 더 정확하게 말하면 그것은 소비자가 충족에 관해서 주관적으로 기분이 좋을 때와 불만족에 대해 나쁠 때의 감정(affect) 혹은 정서(Feeling) 요소를 포함하고 있다고 서술한다.[380] R. A. Woodruff, E. R. Cadotte and R. L. Jenkins(1983)는 일치 / 불일치는 만족 / 불만족으로 불리는 정서적인 반응(emotional reaction)에 결합된다고 서술한다.[381] R . A. Westbrook and R. L. Oliver(1991)는 제품 성과에 대한 정서적인 반응 패턴을 식별하는 분류와 차원 해석에 의한 2가지 구성 개념간 상호 관계를 조사하고 있다.[382] 그리고 R. L. Oliver(1993)는 불일치 영향과 긍정적·부정적인 개별 차원의 영향과 감정 차원으로 다차원 구조를 시사해 확인하고 있다.[383] 그리고 B. L. Alford and D. L. Sherrell(1996)는 고객의 서비스 프로바이더에 대한 반응을 모델화하는 것을 목적으로 감정 요인을 포함한 서비스 만족 모델의 제안을 시도하고 있다.384)

이상과 같이 고객만족을 정서적·감정적 반응으로 간주하는 연구에 공통적으로 기술된 것은 만족 자체가 정서적 요인이며 만족은 소비 경험에 유발되는 정서적 반응이며 만족은 정서와 동일한 구성 개념이면서 정서적 요인은 고객만족 구성 차원의 하나라는 것이다.

이 점에 관해서 R. L. Oliver(1997)는 소비와 관련해 생기는 감정은 인지에 영향을 받는 경우도 있고 인지란 독립적으로 발생하는 경우도 있다고 서술한다. 또한 그 외에 소비와 관련한 감정과 만족은 소비 후 제품 태도에 영향을 줄 가능성이 있다고 제시하고 있다.385)

표 7-2는 소비와 관련하는 정서와 감정에 관한 연구를 개략적으로 나타낸 것이다. 표 7-2와 같이 기분은 감정, 정서와 구별할 수 있는 기초적 감정 상태를 나타내지만 감정과 정서는 그 구분이 어렵고 연구자마다 개념이 애매하고 혼잡하다는 것이 이해된다. 그러나 많은 연구에서 감정적 측면이 이용되고 있지만 정서는 감정과 구별할 수 없는 상호 관련 있는 것에서 제7장에서는 정서와 감정을 포괄해 이용하기로 한다.

그렇다면 만족에서 감정과 인지는 어떠한 관계를 갖는지를 살펴보면 다음의 2가지 견해를 볼 수 있다. 첫째는 인지가 감정의 선행 요인으로 작용하고 있다는 것이다. 그것은 소비자 행동론의 연구자가 전통적으로 강조하고 있는 자극과 대상을 어떻게 인지하는지에 따라서 감정이 발생한다는 것을 나타낸다. 반면에 정서와 감정은 인지 과정이 없어도 독립적으로 발생하는 것이고 일상생활에서는 인지보다 정서와 감정이 보다 강하다는 견해도 있다.

이와 같이 만족 특성에 관해서는 인지적 판단과 감정적 반응이라

고 하는 서로 다른 견해가 대립하고 있고 많은 연구가 인지적 판단
과 감정적 반응에 치우친 것을 알 수 있다. 그러나 본 제7장은 이러
한 2가지 대립한 견해의 타당성을 도모하는 것이 아니라 두 측면은
만족 판단 과정에 대해 어떠한 특징이 있는지 만족 판단 과정을 나
타내는 통합적 모델 제시를 시도한다. 따라서 다음에서는 만족 특성
에 관한 감정과 정서를 정서적·감정적 측면으로 포괄하고 대표적인
주요 연구가 시사하는 점을 검토하고 나아가 본 제7장의 논의 주제
가 되는 제품과 서비스 특성에 따라서 상이하다고 판단되는 만족 판
단 특성에 의한 개념과 프로세스를 재검토하기로 한다.

표 7-2 소비와 관련한 감정 개념

개　념	연구자에 의한 의미 부여
기분	·특정 시점과 상황에서 개인의 정서적 상태(M. P. Gardner(1985))[386] ·감정과 비교해 상대적으로 강도가 낮고 자극 대상과 관련되지 않은 상태(J. B. Cohen and C. S. Areni(1991))[387] ·정열적인 감정보다 마일드하면서 자연스럽게 이전된 보편적인 감정상태(A. M. Isen(1984), R. Batra and D. M. Stayman(1990))[388]
감정과 정서	·감정은 기분보다 상대적으로 강도가 높고 일반적으로 자극 대상과 관련한 개념이며 정서를 Valenced felling state라고 정의하고 감정을 정서의 일부분으로 간주하고 정서를 감정보다 포괄적 개념으로 다룬다(J. B. Cohen and C. S. Areni(1991))[389] ·감정을 정서보다 보다 포괄적 개념으로 간주하고 정서는 (좋고/싫고, 긍정/부정, 찬성/반대 등) 일차원적 양극성을 갖는 연속 개념인 반면에 감정은 (사랑, 증오, 공포, 화 등) 보다 다수를 포괄하고 있다(M. B. Holbrook and R. Batra(1987))[390] ·감정과 정서는 교환적으로 사용되고 있지만 정서는 의식의 인지적 영역을 다루는 Feeling[391] 측면이 강하고 감정은 환기, 여러 형태의 정서, 정서의 인지적 견해[392]를 포함한다(R. L. Oliver(1997))[393] ·정서, 감정, 기분(느낌)을 구분하지 않고 Holbrook and Batra(1987)에 의한 감정과 같이 간주하고 있다(J. A. Edell and M. C. Burke(1987), M. C. Burke and J. A. Edell(1989))[394]

1. 만족에 관한 경험적 모델

R. L. Oliver(1980)는 고객만족을 기대와 기대에 대한 불일치의 함수로 나타내고 만족은 태도 변수와 구매 의도에도 영향을 준다고 주장했다. R. L. Oliver(1980)는 만족의 선행적 요인과 인지적 결과 등 범위를 통합하는 목적으로 연구를 실시해 2회에 이르는 조사 연구를 통해 인플루엔자 예방 접종에 대한 소비자와 비소비자의 만족 과정을 비교했다. 결과적으로 고객만족에 대해 기대와 기대에 대한 불일치가 중요한 역할을 하고 있는 것을 밝혔다.[395]

연구에 의하면 기대와 지각된 불일치 효과는 가산적 형태로 만족에 영향을 주고 기대는 비교 기준 역할을 하며 지각된 성과와의 차이에 의해 불일치가 결정된다고 서술하고 있다. 이 점은 R. L. Oliver(1980)의 연구가 H. Helson(1948)의 적응 수준 이론에 영향을 받았다고 생각할 수 있으므로 H. Helson(1948)의 적응 수준 이론의 주요 논점을 설명하고 R. L. Oliver(1980)의 기대−불일치 패러다임을 검토하기로 한다.

H. Helson(1948)의 적응 수준 이론은 자극에 대한 지각이 적응 수준만으로 비교되어 결정된다고 하면서 적응 수준의 기준이 되는 것은 자극에 대한 지각, 상황, 심리적이며 생리적인 유기체의 특성 등에 관한 함수라고 서술하고 있다.[396] H. Helson(1948)이 제시한 기대에 영향을 미치는 결정 요인에는 상표의 상징적 의미를 포함한 제품 및 개인 경험에 의한 상황 그리고 개인적 특성 등이 있다. 그리고 불일치에 관해서 다음과 같은 3가지 패턴이 있는 것을 설명했다. 구매 후 제품 평가가 기대에 미치지 않는 경우는 부정적 불일치가 되고 기대와 매치했을 경우에는 불일치가 제로가 되며 기대를 넘는 경

우는 긍정적 불일치가 된다는 것이다.[397] 즉 H. Helson의 적응 수준 이론은 고객이 제품이나 서비스에 대해 갖고 있는 적응 가능한 수준이 있으며 불일치는 그 수준과 지각을 비교한 결과라고 설명한다. 그러나 여기서 주목해야 할 것은 수준에는 심리적 및 생리적 특성이 포함돼 있다는 것이다. 만족 판단 과정을 인지적 측면에서 간주하는 연구에서 보면 만족이나 불만족 판단이 인지적 판단뿐 아니라 다차원적이며 복합적이고 종합적인 판단 과정에서 평가되는 것을 설명한다.

이러한 H. Helson(1948)의 적응 수준 이론에 영향을 받아 R. L. Oliver(1980)는 다음과 같은 만족 결정에 관한 인지적 모형을 설명하고 있다.

그림 7-8 만족 결정에 대한 인지적 모델

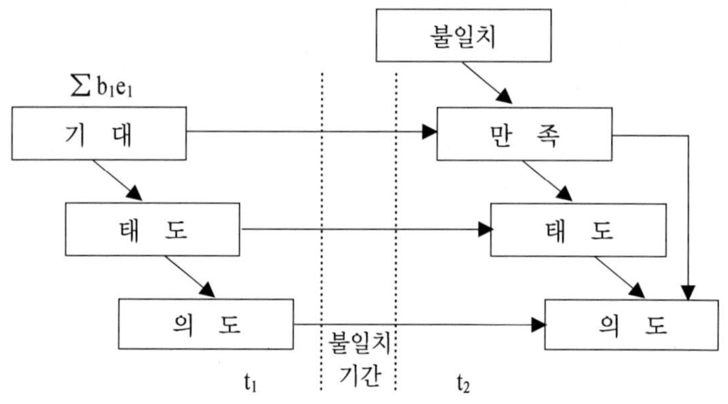

출처: R. L. Oliver, R. L., "A Cognitive Model of the Antecedents and Consequences of Satisfaction", *Journal of Marketing Research*, Vol.17(November, 1980), p.462.

위 모델은 Howard and Sheth(1969) 모델의 구매 후 태도는 구매 후 즉각적인 만족 정도와 구매 이전의 태도와의 함수라고 하는 논점에 영향을 받고 있다. 또한 J. C. Olson and P. Dover(1976)의 연구에서 기대를 속성 발생에 대한 확률로 가정했을 경우 신념은 태도 형성의 기초를 형성시키는 것뿐 아니라 만족 결정에 대한 적응 수준의 역할도 완수한다는 논리에 기초를 두고 있다.[398] Oliver(1980) 모델의 함수식은 다음과 같다.

$$\text{만족} = f(\text{기대, 불일치})$$
$$\text{태도}(t_1) = f(\text{기대})$$
$$\text{태도}(t_2) = f(\text{태도}(t_1), \text{만족})$$
$$\text{의도}(t_1) = f(\text{태도}(t_1))$$
$$\text{의도}(t_2) = f(\text{의도}(t_1), \text{만족}, \text{태도}(t_2))$$

출처: R. L. Oliver, R. L., "A Cognitive Model of the Antecedents and Consequences of Satisfaction", *Journal of Marketing Research*, Vol.17(November, 1980), pp.461−462.

이러한 함수식의 관계를 확인하기 위해서 R. L. Oliver(1980)는 우선 노출 전 변수로 기대, 태도, 의도를 설정하고 기대는 지각된 신념적 확률로 측정하고 있다. 이때 이용된 신념적 확률은 인플루엔자 예방 접종의 8개 결과에 대한 확률로 다루었다.[399]

이 방법으로 4개 표본 집단 데이터를 경로 분석을 이용해 계수를 추정했다. 분석 결과 각 표본 집단이 유사한 반응이 나타났고 가중치가 안정적인 것을 알 수 있었다. 그리고 변수 간 상관 관계 분석 결과 노출 전 측정치가 노출 후 측정치와 상호 관계가 있다는 것이 확인되었고 불일치는 노출 전 측정치와 상관이 없다는 것을 알 수 있었다. 인플루엔자 접종을 받은 표본 집단 중 주민 집단의 태도가 학생 집단에서는 기대가 보다 높은 상관 관계가 있었고 두 집단 모두 불일치가 최대의 효과를 보였다. 또한 접종 집단의 접종 후 태도 분석으로 만족이 태도에 주요한 결정 요인이며 태도와 만족은 재접종 확률에 영향을 주는 것이 확인되었다. 주민 집단에서는 노출 전 변수가 태도에 그다지 영향을 미치지 않는 것이 검증되었고 학생 집단에서는 노출 전 태도가 부(負)의 효과를 보였다. 접종을 받지 않은 집단은 접종을 받은 집단의 결과와 대부분 유사한 효과가 나타났다. 불일치는 독립적인 변수로 만족은 불일치와 노출 전 태도와 밀접하게 관련되어 있다는 결과를 얻었다. 사용 후 태도에 대한 분석에서도 접종받지 않은 두 집단에서 만족이 중요한 결정 변수인 것을 알았다.

R. L. Oliver(1980)의 연구가 시사하는 것을 정리하면 다음과 같다. 첫째로 기대와 불일치 효과를 검증하는 데 있어서 특히 만족을 적응 수준을 구성하는 기대 혹은 사전적 태도의 선형 결합인 것과 불일치와의 함수라는 것을 지적하고 있다. 둘째로 대부분의 연구가 단기간에 실시된 것과 비교해 R. L. Oliver(1980)의 연구는 7개월의 시간 간격을 두고 불일치 효과를 검증했다. 이것은 만족이 시간 경과 후 태도 변화를 중개하는 역할을 한다는 것을 확인한 것이다. 이것은 H. Helson(1948)의 적응 수준 이론에 의해 예측되고 적응 수준과 실제 제품 성과와의 인지적 비교를 통해 불일치가 결정되고 미래의 제품 성과 평가에 이용될 수 있는 재검토된 적응 수준이 된다고 제시하고 있다.

R. L. Oliver(1980) 연구의 방법론적 시사는 우선 기대와의 불일치에 관한 측정에 있다. 기대에 대해서는 Fishbein 척도[400]가 사용되었다. 그리고 불일치는 2가지 항목이 측정에 이용되지만 불일치는 속성 변수에 의해 발생되기 때문에 속성 변수에 관련된 측정이 요구된다 할 수 있다. 또한 R. L. Oliver의 연구에서는 속성 수준에 의한 검증은 그다지 의미 있는 결과를 보이지 않았지만 측정 결과는 구매

후 평가를 보다 잘 설명하고 있는 것을 확인할 수 있다.

한편 표본 선정의 문제점은 한 지역에만 표본이 선택되었고 회수율은 그다지 좋지 않았으며 인구 통계학적인 편중이 존재할 가능성이 문제시되었다. 결과적으로 R. L. Oliver(1980)의 연구는 선행 연구의 다양한 가설을 조정해 하나의 모형을 제시했고 태도, 의도 그리고 기대, 불일치 등 변수를 도입하는 것으로 만족 판단 과정을 파악한 것으로 주목받고 있다. 태도라고 하는 정서적·감정적인 개념과 기대와의 불일치 관계가 만족에 미치는 영향 정도를 해석하는 것으로 만족의 구조적 특성을 추구한 것이다. 그러나 태도 변용을 인지적 판단의 결과로 간주할 수 있을까에 관해서는 의문이 남는다.

2. 만족 결정 변수와 그 결과 연구

W. O. Bearden and J. E. Teel(1983)은 자동차 수리 서비스에 대한 소비자 경험을 측정해 고객만족의 결정 변수와 만족·불만족 결과에 이르는 과정을 검토했다. 연구 결과 기대와 불일치라고 하는 전통적인 결정 변수의 존재를 확인했고 고객의 불평 행동이 만족이나 불만족 연구에 포함되어야 한다고 강조했다.[401] W. O. Bearden and J. E. Teel(1983)의 연구는 R. L. Oliver(1980)의 모델에 불평 행동을 포함한 확장된 모델을 제시했고 불평 행동을 불만족에 대한 다양한 반응 중 하나라고 정의하고 있다. 이 점에 관해 R. L. Day and E. L. Landon(1977)은 불평 행동은 불만족 반응 중 하나이기 때문에 그것만으로 불만족을 설명하는 것은 한계가 있다는 것을 지적하고 있다.[402]

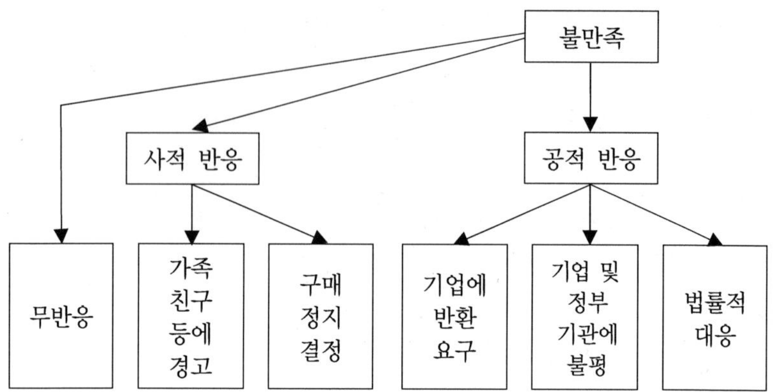

출처: Day, R. L. and E. L. Landon, "Toward a Theory of Consumer Complaining Behavior", in *Consumer and Industrial Buying Behavior*, ed. A. G. Woodside, J. N. Sheth, and P. D. Bennett, New York: North-Holland, 1977, p.432.

그림 7-9는 R. L. Day and E. L. Landon(1977)의 불만족에 관한 소비자 반응을 나타낸 것이다. 제시한 것처럼 불만족에 의해 발생 가능한 소비자의 반응은 소비자 자신과 이웃에 대한 반응으로 나눌 수 있다는 것에 주목해야 할 것이다. 즉 소비자가 취하는 다양한 불평 행동에는 사적 및 공적 반응이 있으며 사적 행동에는 가족이나 친구에 대한 경고와 구매에 관한 중지 결정이 포함되고 공적 행동에는 소비자 문제 기관에 고발 및 판매원에게 불평 원인을 요구하는 것이다.

불만족에 의한 불평 행동에 대해 W. O. Bearden and J. E. Teel (1983)은 기본적으로 R. L. Oliver(1980)의 기대-불일치 패러다임에 근거해 불평 행동 개념을 부가해 서술하고 있다. 연구는 4개월의 시간 경과를 가지고 종단적으로 분석되었다. 측정 대상이 된 변수는 자동차 수리 서비스 이용 후 기대, 태도, 의도, 만족, 불평 행동이었다. 기대, 태도, 의도 측정은 일반적인 태도 조사에서 사용되고 있는 다항목 척도를 이용하고 불일치와 만족에 대해서는 R. L. Oliver(1980)의 연구에서 사용된 방법으로 측정했다. 게다가 불평 행동은 R. L. Day(1977, 1980)의 연구를 바탕으로 행해졌다.403)

첫 번째 표본 조사 분석 결과는 모든 변수 간 관계가 의미가 있다고 판명되었고 각 측정 변수의 개념적 신뢰성도 확인할 수 있었다. 그리고 해당 개념에 의해 설명되는 수준이 충분하다는 것이 검증되었다. 가정되었던 10가지 경로 중에서 8가지가 유의한 수준이었다. 즉 기대는 태도에 긍정적인 영향을 미치고 만족에도 긍정적인 영향을 주고 있는 것을 파악할 수 있었다. 그리고 만족은 소비 경험 후 태도와 유사한 관계를 갖고 있고 불평 행동과는 부(負)의 관계인 것이 확인되었다. 그러나 불일치와 태도 간 경로와 소비 후 태도 간의 경로는 유의 수준이 아니었다.

두 번째 표본 조사 결과는 각 경로 간 관계가 첫 번째 표본 조사 결과와 같은 결과가 나타났다. 10개의 가설 중 9개가 유의한 것으로 확인되었지만 불일치와 태도 그리고 소비 후 태도 경로는 유의 수준으로 채택되지 못했다.

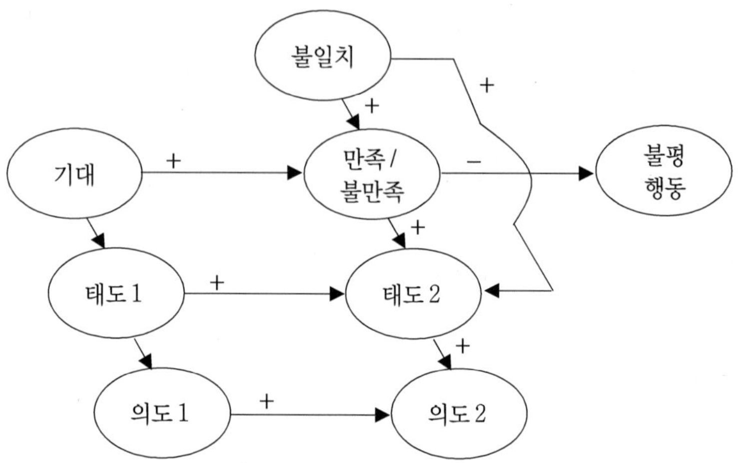

그림 7-10 Bearden, et al.(1983)의 소비자 만족의
인과 관계(2차 조사)

출처: Bearden, W. O. and J. E. Teel, "Selected Determinants of Consumer Satisfaction and Complaint Reports", *Journal of Marketing Research*, Vol.20(February, 1983), p.21.

W. O. Bearden and J. E. Teel(1982)의 연구에서 검토한 점을 정리하면 다음과 같다. 불일치가 조정 변수의 역할을 하고 있는지를 검토하기 위해 두 표본 분석을 시도했고 불일치에 관한 검토에서 만족과 소비 경험 후 태도에 대한 직접적·간접적 효과를 측정했다. 첫 번째 표본 조사에서 불일치는 기대와 결합되어 만족에 유의한 영향을 미치고 있지 않은 것이 확인되었지만 두 번째 표본 조사 결과에서는 불일치가 기대 효과에 관한 조정 변수로 영향을 미치고 있는지 밝혀지지 않았다. 2차에 이르는 분석 결과로부터 의도와 태도의 변수 간 관계는 전체 자유도는 그다지 바람직하지는 않지만 어느 정도 예측한 결과를 얻을 수 있었다. 그 원인은 만족 변수의 생략과 해당 서비스에 관한 낮은 관계 때문이라 할 수 있다. 분석 결과로

R. L. Oliver(1980)의 연구를 지지하고 기대와 불일치 관계를 재차 강조하고 있다. 그리고 만족이 불일치와 소비 후 태도 간 관계를 부분적으로 조정하고 있다고 설명한다.

이 연구는 단일 서비스에 관한 연구였기 때문에 불일치에 대한 단일 항목 측정의 문제가 지적되고 있다. 또한 시간적 경과를 두고 이루어진 조사이지만 다양한 개념에 관한 측정이 같은 조사 방법으로 동시적으로 행해져 조사의 왜곡을 어느 정도 막을 수 있었는지에 관한 염려를 갖게 한다고 지적한다. 측정된 불평 행동이 만족·불만족의 양극단에 근거한 단일 차원에서 측정된 것도 문제로 지적된다. 그러나 기대-불일치 패러다임을 확장시킨 것, 나아가 불평 행동을 도입한 것에서 연구 공헌도가 크다고 일컬어진다.

3. 만족 구성 요인과 구매 후 측정

R. A. Westbrook and R. L. Oliver(1991)는 기존 연구와 다른 어프로치로 소비 감정 패턴이라고 하는 개념과 고객만족이 어떤 관계인지를 검토하고 있다. 일반적으로 구매 후 시점에서 다양한 감정적 반응도 유용한 설명 도구라고 인정하고 있지만 이에 대한 고찰의 필요성을 문제 의식으로 제시하고 고객만족의 구조적 해석과 통합적인 이론 틀을 탐색하는 것을 연구 목적으로 하고 있다.[404] 이러한 연구 목적과 함께 우선 만족과 소비 감정에 관한 견해를 명확히 하는 것을 시도하고 있다.

연구에서 명시된 견해 중 몇 가지를 나타내면 다음과 같다. 우선 만족에 대해 R. L. Day(1984)는 만족을 특정 구매 선택에 관련된 구매 후 평가 판단이라고 서술하고 있다. 이 관점에서 보면 보다 일반적인 판단이 태도와 비교되어 태도 변용의 주요한 변수가 되고 있다고 설명하고 있다. 이것은 R. L. Oliver(1980)의 이론 구조와 양립된 것이라 할 수 있다. 또한 고객만족의 구조는 단일 차원으로 나타낼 수 있는 반면에 다른 두 차원에서 나타낼 수도 있다는 것도 확인하고 있다. 고객만족은 제품 성과와 평가 기준의 비교를 통해 형성되는 것이라고 강조하면서 평가 기준으로 기대, 성과의 기대 수준, 규범, 공정성 등을 말하고 있다. 그리고 소비 감정에 대해서 제품 사용이나 소비 경험을 하는 동안에 유도된 감정적 반응의 집합이라고 기술하고 그것은 또한 기분과 다른 개념이며 심리적 상태, 동기 강약 정도, 상황에 의한 한정성 등에서 다르다고 설명한다.[405)

이러한 개념에 근거해 우선 감정적 반응 패턴이 존재하고 있는지 그렇다면 감정적 반응은 고객만족과 어떠한 관계인지 또한 감정적 반응은 어떤 심리 차원이며 만족 측정은 어떻게 해야 하는가 하는 연구 과제를 제시한다. 연구 과제 검토를 위해 신차를 소유한 피험자를 대상으로 소비 감정에 관한 측정을 C. E. Izard(1973)에 의한 긍정적(관심과 즐거움) 또는 부정적(화, 경멸, 혐오, 부끄러움, 죄의식, 슬픔, 공포, 놀라움) 10가지 척도로 구성되어 있는 Des-Ⅱ를 이용해 측정했다.[406) 만족에 관한 측정은 복수의 측정 변수를 사용해 차별적 신념 측정도 도입했다. 수집된 데이터는 k-means군집분석[407)을 실시했다.

결론적으로 분석 결과 소비 감정이 고객만족과 공존해 관련하고 있는 것을 확인할 수 있었다. 만족은 소비를 경험할 때 긍정적 부정적 감정의 상태라기보다 훨씬 더 복잡한 것이라는 것을 확인하고 소비자에게 만족 의미를 갖는 다양한 만족 형태의 검토가 필요하다고 강조하고 있다. 그러나 그 연구 과제와 함께 측정 도구로 이용되는 방법론적 문제점이 지적되었다.

R. A. Westbrook and R. L. Oliver(1991)의 연구에서는 소비에 의한 정서적·감정적 반응이 만족과 관련하고 있는 것이 확인되었지만 정서적·감정적 개념이 만족을 완전히 설명하는 것에는 한계가 있는 것이 입증되었다. 만족 특성에 의한 개념 구조가 보다 복잡한 것을 나타내는 것이므로 만족 판단 과정에 관한 인지적 측면과 정서적·감정적 측면을 통합한 구조적 연구가 필요한 것을 시사하고 있다. 그리고 또한 측정 척도에 관한 문제를 극복할 수 있는 검증에 맞는 척도 개발이 요구되는 것을 재확인할 수 있었다.

4. 만족 결정 변수의 애매모호성에 관한 연구

이유재(1993)의 연구는 기대-불일치 패러다임과 다른 관점에서 고객만족의 결정 변수가 어떠한 경우에 영향을 미치는가 하는 문제점에 주목해 애매모호성이라고 하는 개념을 조정 변수로 도입하고 그 역할을 검증했다.[408] 이 연구는 애매 모호성이라고 하는 새로운 관점으로 기존 기대-불일치 패러다임을 비판하고 있다.

특히 고객만족의 판단 과정에서 지각된 성과와 기대의 효과에 대해 다양한 연구가 이루어져 왔지만 그중에는 상반되는 것이 많기 때문에 지금까지 검토해 온 특정 변수가 만족 결정에 영향을 주는지를 검토하는 것은 무의미하다고 주장한다. 따라서 만족에 대한 영향과 효과를 발생시키는 상황에 대한 검토가 필요하다는 것을 주장하고 있다.

이와 같은 연구 배경하에 연구는 애매모호성이라고 하는 개념을 주 변수 간 조정 변수로 설정하고 가설을 설정했다. 이 연구는 애매모호성 고저의 정도를 가정하는 것으로 만족에 대한 변수의 영향력을 검토하고 있다. 만족이나 불만족 평가가 곤란하고 객관적인 기준이 없으며 주관적 특성으로 만족 판단을 하는 경우 또한 제품에 대한 품질 평가가 다양한 경우에 애매모호성은 높아진다고 서술한다. 연구는 애매모호성이 고객만족의 결정 변수의 상대적 중요성에 영향을 준다고 하면서 다음과 같이 전개한다. 일반적으로 사람의 판단은 예측과 검증, 사전 예측과 상황적 정보 또는 이론과 데이터의 논의로 행해지고 있다고 서술하고(L. A. Alloy and N. Tabachnik(1984), D. G. Bobrow and D. A. Norman(1975)[409]) 애매모호성이 높은 제품의 경우는 사전 기대에 의해 고객만족이 결정되어 동화 효과를 크게 볼 수 있는 반면에 애매모호성이 낮은 경우는 지각된 제품 성과가 고객만족의 주된 결정 요인이 되어 동화 효과는 상대적으로 낮게 나타난다고 설명한다. 그 가설은 다음과 같다.[410]

가설1: 제품 경험이 애매모호한 경우 소비자의 기대는 고객만족에 직접 효과를 미칠 가능성이 높다.
가설2: 제품 경험이 애매모호하지 않은 경우 제품 성과는 고객만족에 직접 효과를 미칠 가능성이 높다

가설 검증을 위해 사전 조사를 실시해 애매모호성이 높은 제품으로 세제를 애매모호성이 낮은 제품으로 씨리얼을 설정하고 애매모호성에 의한 만족과 변수 간 경로 모델을 다음 그림 7-11과 같이 제시했다.

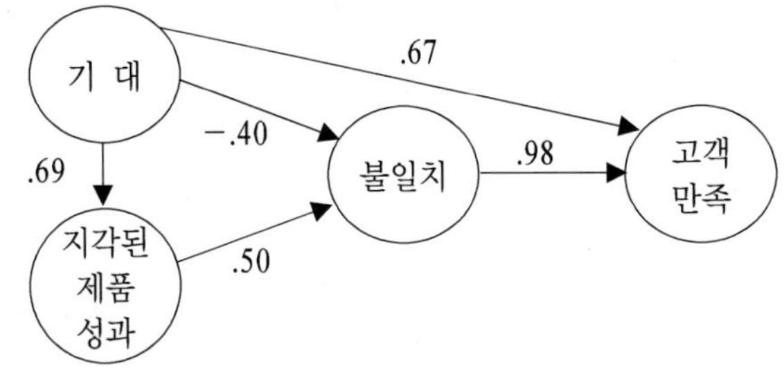

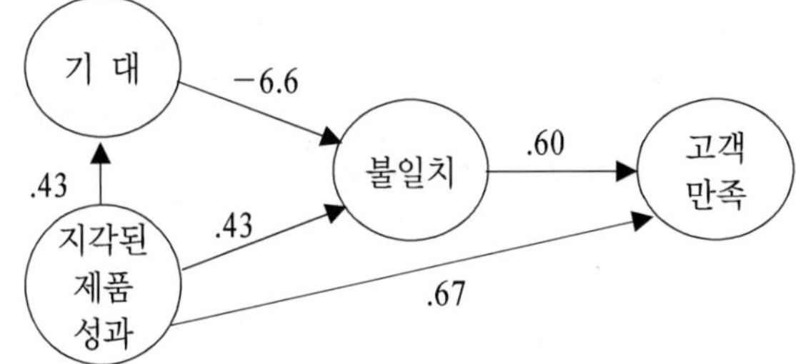

출처: Yi, Youjae "The Determinants of Consumer Satisfaction: the Moderating Role of Ambiguity", *Advances in Consumer* Research, Vol.20(1993), pp.503-504.

결과적으로 두 제품 모두 애매모호성과 관계없이 기대와 지각된 제품 성과는 불일치에 유사한 영향을 주고 있는 것과 지각된 제품 성과는 기대에 영향을 받고 있는 것도 확인되었다. 그러나 애매모호성이 높은 제품의 경우는 기대의 직접 효과가 유의 수준으로 나타나고 애매모호성이 낮은 제품은 지각된 제품 성과의 직접 효과가 유의 수준으로 나타났다. 그리고 기대가 지각된 제품 성과에 미치는 효과는 애매모호성이 높은 세제의 경우가 상대적으로 높고 모형 적합도는 애매모호성이 낮은 씨리얼이 높게 나타났다.

5. 연구 검토 결과

이상 만족 판단 과정의 특성을 정서적 · 감정적 반응으로 간주하는 주요 연구의 검토 결과 공통적으로 논의되었던 것은 기대, 성과, 태도, 만족, 일치 / 불일치이며 그 개념들로 만족 판단이 정서적 · 감정적 측면이 많이 작용하고 있다고 간주하는 것을 알 수 있었다. 그런데 많은 연구가 만족 판단 결과의 특성에 초점을 맞추고 있고 실제 그 판단 대상이 되는 제품이나 서비스 특성에 의한 판단 과정의 특성에 대해서는 깊이 다루고 있지 않다.

만족 판단 과정의 특성은 결과론적 관점뿐 아니라 과정적 관점도 고려하지 않으면 안 된다. 따라서 만족 판단 과정의 특성은 판단 대상에 따라서 인지적 평가가 되거나 감정적 판단이 보다 앞서게 된다고 생각할 수 있을 것이다.

그리고 연구자마다 만족 판단 과정을 나타내는 개념이 다른 것에서 개념의 체계화가 필요하다는 것을 재확인할 수 있었다. 또한 연구자마다 만족 판단 과정을 설명하기 위해 사용하는 척도 항목이 다르다는 것도 확인할 수 있었다.

한편, 제7장의 연구 목적에서 보면 앞서 검토한 연구들이 R. L. Oliver(1980)의 기대-불일치 패러다임에 영향을 받고 있는 것을 통해 R. L. Oliver 연구의 이론적 시사를 재확인할 수 있었다. 그러나 각 연구 나름대로 기대-불일치 패러다임으로부터 파생적 모델은 제시하고 있고 기대-불일치 모델의 패러다임을 확장시켰다고는 하지만 아직 불충분한 점이 있다고 생각된다. 그것은 R. L. Oliver 연구가 만족 판단 모델에 기초가 되는 이론이라면 모델의 구성 개념을 한층 더 구체화하는 것으로 고객만족의 패러다임 구축에 실마리를 가져오리라 생각된다. 그러한 이유로 제7장은 R. L. Oliver의 기대·불일치 모델의 구성 요인을 구체화하는 것을 실증 연구의 과제로 한다.

다음으로 모델에 이용된 다양한 개념은 제품과 서비스의 본질적인 특성에 의해 만족에 영향을 주는 요인이 다름에도 불구하고 두 특성을 구별하지 않고 다루고 있는 것을 볼 수 있다. 만족을 제품이나 서비스에 대한 고객의 기대 및 욕구 수준의 충족 정도이며 기대 및 욕구 수준이 충족될 때에 발생되는 정서적 반응으로 나타나는 만족에 관한 판단이라 한다면 제품이나 서비스에 대한 기대와 성과의 비교·판단 기준이 되는 요인에는 어떠한 것이 있는지에 따라서 만족 판단 과정을 나타내는 특성이 다를 것이다.

제품과 서비스가 본질적인 특성에서 다르기 때문에 만족 측정 항목도 다를 것이다. 그 특성의 차이는 제품의 경우에 고객은 물리적인 기능이 질적으로 충족되는 것을 당연히 생각하고 있으므로 인지적 판단이 보다 앞서 이루어지고 있다고 가정할 수 있다. 반면에 서비스의 경우는 특성상 만족 판단 과정에서 정서적·감정적인 판단이 중시되고 있다고 할 수 있다.411) 따라서 만족을 판단하는 과정도 제품과 서비스는 평가 기준이 다를 것이다. 즉 만족 판단 과정의 특성 개념을 검토하기 위해 제품의 경우는 물리적 기능 중심의 인지적 측면을 서비스의 경우는 정서적·감정적 측면을 중심으로 검토해야 하며 제품과 서비스의 만족 판단에 각각 적합한 개념화가 필요하다 할 것이다.

그러나 제품과 서비스에 근거한 만족 판단 모델의 구성 요인은 제품 특성, 서비스 특성, 개인 환경 요인 등 영향에 의해 판단 기준이 다르기 때문에 평가 기준의 존재는 설명할 수 있어도 그 기준을 균일화하는 것에는 무리가 있다고 생각된다. 따라서 제품이나 서비스 판단에 있어서 기대 및 성과 판단 요인의 규명과 체계화를 위해서 그 기준 요인을 나타내는 특질이나 특성을 개념화하는 것으로 만족 판단 과정의 특성 개념을 구조화할 수 있다고 생각된다. 그렇게 된다면 고객이 판단하는 만족의 다양하고 복잡한 구조를 개념화할 수 있게 되고 보다 구체화된 모델화가 가능해질 것이다. 게다가 연구 과제로 지적되는 측정 항목의 체계화와 방법론에 관한 논의도 연구 가능성을 갖게 될 것이라고 생각한다.

제4절 연구 가설과 검증

제7장에서는 제품이나 서비스에 대한 만족 판단 과정에 주목했을 때 제품은 본질적·기능적 특성 기준에 근거한 인지적 판단을 하기 쉽고 서비스가 대상이 되는 경우는 심리적 특성 내지 추상적 특성에 근거한 정서적·감정적 평가를 하는 경향이 강하다고 상정한다. 따라서 만족 판단 과정의 특성이 판단 대상의 제품이나 서비스 특성에 따라 다르다는 것을 의미한다.

만족 판단 과정의 특성을 검토하는 것을 목적으로 R. L. Oliver 모델을 근거로 제품과 서비스 판단에 있어서 기대와 성과 판단 요인을 구체화하기로 한다. 특히 기대와 태도 판단 요인을 제품에 대한 인지적 측면의 요인과 서비스에 대한 정서적·감정적 측면의 요인을 나타내고 그 검증을 시도한다(표 7-3 참조).

만족 판단 대상의 특성	기대	성과	백화점
인지적 측면 (→외재적 특성)	물질적 특성 기능적 특성		제품: 당연한 수단적 특성 　　　(상품 구색, 품질 등) 서비스: 오감으로 체험할 수 있는 성질 　　　(사원의 접객 태도 등)
정서적· 감정적 측면 (→내재적 특성)	심리적 특성 추상적 특성		제품: 비수단적, 부수적 특성 　　　(고급감, 이미지 등) 서비스: 주관적 성질 　　　(신뢰, 안심 등)

1. 연구 가설

　제7장의 연구 검토를 위해 실시한 조사는 제품과 서비스를 제공하고 있는 백화점을 대상으로 하며 만족 판단 과정의 판단 요인과 개념 간 관계를 밝히는 것을 의도하고 다음과 같이 가설을 설정한다.

　　H_1 인지적 측면의 기대는 서비스에 대한 것보다 제품에 대한 것이 강한 정(正)의 영향을 미친다.

　　H_2 정서적·감정적 측면의 기대는 제품에 대한 것보다 서비스에 대한 것이 강한 정(正)의 영향을 미친다.

　　H_3 인지적 측면의 태도는 서비스에 대한 것보다 제품에 대한 것이 강한 정(正)의 영향을 미친다.

　　H_4 정서적·감정적 측면의 태도는 제품에 대한 것보다 서비스에 대한 것이 강한 정(正)의 영향을 미친다.

　　H_5 제품에 대한 인지적 측면(물질적 / 기능적 특성)의 기대는 서비스에 대한 정서적·감정적 측면(심리적 / 추상적 특성)의 기대보다도 만족과의 상관이 강하다.

H₆ 서비스에 대한 정서적·감정적 측면(심리적 / 추상적 특성)의 기대
는 제품에 대한 인지적 측면(물질적 / 기능적 특성)의 기대보다 만
족과의 상관이 강하다.

H₇ 만족을 판단하는 성과에 대한 태도는 서비스에 대한 것보다 제품
에 대한 인지적 측면(물질적 / 기능적 특성)이 상관이 강하다.

H₈ 만족을 판단하는 성과에 대한 태도는 제품에 대한 것보다 서비스에
대한 정서적·감정적 측면(심리적 / 추상적 특성)이 상관이 강하다.

H₉ 만족의 판단 요인 중에서 인지적 측면(물질적 / 기능적 특성) 요인
과 정서적·감정적 측면(심리적 / 추상적 특성) 요인은 모두 영향을
미친다.

이러한 가설과 함께 구조 모델으로 그림 7-12를 설정하고 가설의
유효와 모델 적합도를 확인했다. 본 제7장에서는 R. L. Oliver에 의한
연구를 기초로 기대와 성과 판단 대상이 되는 제품과 서비스의 특성
요인을 인지적 측면과 정서적·감정적 측면으로 나누어 설정했다. 그
리고 그 요인들이 기대, 성과 판단, 만족도에 어느 정도 영향을 주고
있는지를 검증했다. 특히 만족 판단 과정에 관한 구조 모형을 설정하
고 모형 적합도를 공분산 구조 분석으로 확인했다(그림 7-12, 13 참
조). 조사표는 총 16문으로 Likert 척도 5점 척도로 구성되어 있다.

표 7-4 조사표 항목 구성

구 성	질문 내용	항 목
도입 질문	백화점에 대한 상기 백화점에 대한 호감도 이용하는 백화점 이용 이유 이용 빈도 이용 매장	Q1~Q6

구　성	질문 내용	항　목
본　질문	백화점에 대한 기대 이용 경험에 대한 판단 기대와의 비교 태도 변용 만족도 재구매, 추천, 구전 의향	Q7(8항목) Q8(31항목) Q9 Q10(7항목) Q11 Q12~Q16
조사 대상자 특성	성　별 직　업	

그림 7-12 만족 판단 과정에 대한 구조 모형(가설)

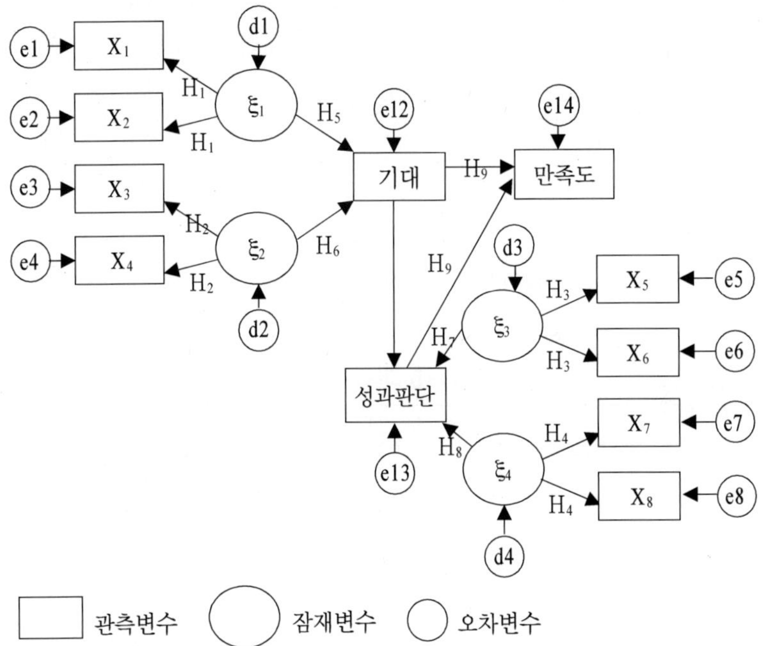

ξ_1 ` ξ_3 : 제품 특성
ξ_2 ` ξ_4 : 서비스 특성
X1、X2、X5、X6、: 인지적 측면(물질적 / 기능적 특성)항목
X3、X4、X7、X8、: 정서적·감정적 측면(심리적 / 추상적 특성)항목

2. 조사 개요

조사는 대형 백화점(三越(미츠코시), 高島屋(다카시마야), 伊勢丹(이세탄), 京王(케이오), 小田急(오다큐), 東武(토오부), 西武(세이부), 東急(도큐), 松坂屋(마츠자카야), そごう(소고), 기타)을 이용하고 있는 10대부터 50대 이상 남녀 400명을 대상으로 2003년 1월 20일부터 2월 15일까지 무작위 직접 전달 방법으로 실시했다. 조사 회수율은 69.3%(277명)으로 유효 회답수는 263(65.75%)이었다(표 7-5 참조).

백화점 인지도에 대해 이세탄(28.5%), 미츠코시(26.3%), 다카시마야(21.9%), 케이오(10.5%), 그리고 백화점에 대한 호감을 묻는 질문에 이세탄(40.1%), 다카시마야(18.7%), 케이오(10.5%), 이용점에 대해서는 이세탄(29.4%), 케이오(23.8%), 다카시마야(15.2%)였다. 그리고 표 7-5처럼 백화점에 대한 일반적인 질문에서 앞서 제시한 가설 검증을 위해 우선 만족의 구성 요인을 구성하는 측정 지표를 도출하고 EXCEL과 SPSS를 이용하고 AMOS의 공분산 구조 분석을 실시했다.

표 7-5 피험자 속성

	속 성	유효 표본 수(%)
성 별	남 자	140(52.0)
	여 자	129(48.0)
직 업	학 생	153(57.1)
	사회인	115(42.9)
백화점 이용 이유	① 쇼핑	132(48.9)
	② 최신 유행 탐색	8(3.0)
	③ 약속 장소로 이용	6(2.2)
	④ 시간 떼우기	36(13.3)
	⑤ 전철역과 근거리	66(24.4)
	⑥ 기타	22(8.1)

	속 성	유효 표본 수(%)
자주 가는 매장	① 여성용 매장	101(38.0)
	② 신사용 매장	61(22.9)
	③ 가정용품 매장	15(5.6)
	④ 어린이용품 매장	5(1.9)
	⑤ 스포츠용품 매장	15(5.6)
	⑥ 레스토랑 매장	21(7.9)
	⑦ 지하 식품 매장	25(9.4)
	⑧ 화장품·잡화 매장	23(8.6)

표 7-6 검증을 위한 이론 변수와 측정 변수

	특 성		측 정 내 용	측 정 항목
기 대	인지적 측면	기능적 특성 물질적 특성	제품, 물리적 환경, 가격	X1~X7
	정서적·감정적 측면	심리적 특성 추상적 특성	백화점 이미지, 사원 태도나 서비스	
이 용 판 단	인지적 측면	기능적 특성 물질적 특성	제품, 물리적 환경, 입지, 가격	Y1~Y31
	정서적·감정적 측면	심리적 특성 추상적 특성	백화점 이미지, 사원 태도나 서비스	
	기대와 일치			Y32
태 도 변 용	인지적 측면	기능적 특성 물질적 특성	매장 환경, 교통 편리	Y33~Y39
	정서적·감정적 측면	심리적 특성 추상적 특성	백화점/사원/서비스에 대한 이미지, 쇼핑에 대한 태도	
	만족도			Y40
	재구매, 추천, 구전 의향			Y41~Y45

3. 분석 결과 및 가설 검증

고객만족에 관한 측정 지표의 도출은 인자 분석 주 인자법을 이용해 백화점에 대한 기대 항목과 SARVQUAL에 근거한 만족 항목에서 인자 간 상관을 인정하는 PROMAX 회전을 실시했다. 백화점에 대한 기대와 만족을 구성하는 항목을 우선 신뢰도 분석(Cronbach α=0.7 정도, 본 연구에서는α=0.81로 신뢰성이 인정됨)으로 스크리닝한 후 주 인자 분석을 실시했다. 주 인자 분석 결과 각 인자의 요인 적재량이 0.5 이상인 항목을 중심으로 재차 신뢰도 분석을 실시하는 프로세스를 취하기로 했다. 결과 나타난 인자 수는 10이 되었다. 그중에서 요인 적재량 0.5 이상 나타난 항목을 선택해 그 항목을 중심으로 재차 신뢰도 분석을 실시한 결과 α계수는 0.78로 높은 수준이었다. 신뢰성이 확인된 항목을 인자 숫자를 5, 4, 3, 2로 시험해 인자 수를 2개로 설정해 분석을 실시했다. 그리고 분석 결과 나타난 제1인자와 제2인자를 재차 신뢰도 분석한 결과 α계수는 양쪽 모두 0.75로 높았다.

표 7-7 요인 적재량

요 인*	항 목	요인 적재량**
Factor1	Y10	0.735
접객	Y11	0.748
(18.91%)	Y20	0.616
Facor2	Y5	0.810
쇼핑환경	Y6	0.843
(14.50%)	Y7	0.643

* Promax 회전 후 추출된 요인의 설명 분산(누적 계수 33.42%)
** 요인 적재량 0.6 이상 변수를 나타냄

주 인자 분석 결과를 보면 요인 적재량이 가장 높게 나타난 것은 사원의 태도에 대한 항목, 매장에 관한 항목, 제품에 관한 항목이었다(표 7-7 참조). 항목에서 보면 백화점에 대한 만족 판단 요인에는 서비스 특성 요인인 정서적・감정적 측면의 사원의 태도에 관한 '기분 좋음', '예의 바름' 항목, 인지적 측면으로 매장에 관한 '청결', '시설 충실', '둘러보기 쉬움' 항목과 제품의 '고급', '다양', '개성', '신상품 전시' 항목이었다. 이 결과로 H9의 만족 판단 요인 중 인지적 측면(물질적 / 기능적 특성) 요인과 정서적・감정적 측면(심리적 / 추상적 특성)의 요인은 같이 만족에 영향을 준다는 검증은 주 인자 분석 결과로 나타난 주 인자 1과 2에서 살펴볼 수 있었다. 주 인자1은 서비스의 정서적・감정적 측면의 항목(Y10, Y11)의 요인 적재량이 제일 높아 '접객'이라 명했고 주 인자2는 제품에 관한 인지적 측면의 항목(Y5, Y6) 적재량이 높아 '쇼핑 환경'이라고 명했다[412](표 7-7 참조). '접객'이라는 정서적・감정적 측면의 심리적 / 추상적 특성과 '쇼핑 환경'이라는 인지적 측면의 물질적 / 기능적 특성 요인이 만족에 영향을 주고 있는 결과가 나타났다.

가설 H5~H8을 검증하기 위해 기대와 태도가 만족에 어떤 관련성을 갖는지를 상관 분석을 통해 검토했다. 결과는 변수 간 집중 타당도 및 판별 타당도에 기대와 만족도와의 상관 관계보다 태도와 만족과의 상관 계수가 보다 많은 유의 수준이 확인되었다. H5와 H6을 설명할 수 있는 유의 수준은 확인할 수 없었고 정서적・감정적 측면의 X1(백화점 이미지)가 만족과 네거티브 상관이라는 것을 확인했다(표 7-8 참조).

한편 가설 H7과 H8의 정서적・감정적 측면의 태도와 인지적 측면의 태도와 만족과의 상관에서는 전 항목에서 유의 수준이 나타났고 모두 만족과 정(正)의 상관이 있다는 것이 확인되었다. 제품과 서비스를 모두 제공하는 백화점에 대한 소비 경험 후 태도에는 서비스

의 정서적·감정적 측면의 요인과 제품의 인지적 측면의 요인 모두
만족 판단에 영향을 미치고 있는 것을 알 수 있었다(표 7-9 참조).

표 7-8 기대와 만족도의 Pearson 상관 계수

	X1	X2	X3	X4	X5	X6	X7	Y40
X1								
X2	−0.062							
X3	0.125*	0.045						
X4	0.036	0.161**	0.193**					
X5	−0.010	0.071	0.027	0.398**				
X6	−0.103	0.090	−0.022	0.135*	0.148*			
X7	0.017	0.045	−0.112	−0.019	0.072	−0.002		
Y40	−0.326**	0.118	−0.022	0.017	−0.021	0.012	0.048	

* *1%유의, *5%유의

표 7-9 태도와 만족도의 Pearson 상관 계수

	Y33	Y34	Y35	Y36	Y37	Y38	Y39	Y40
Y33								
Y34	0.642**							
Y35	−0.026	−0.025						
Y36	0.257**	0.190**	0.345**					
Y37	0.291**	0.198**	0.087	0.428**				
Y38	0.172**	0.171**	0.044	0.266**	0.354**			
Y39	0.352**	0.311**	0.047	0.172**	0.206**	0.302**		
Y40	0.256**	0.137*	0.248**	0.421**	0.282**	0.152*	0.153*	

**1% 유의, *5% 유의

그림 7-13 만족 판단 과정에 대한 구조 모형

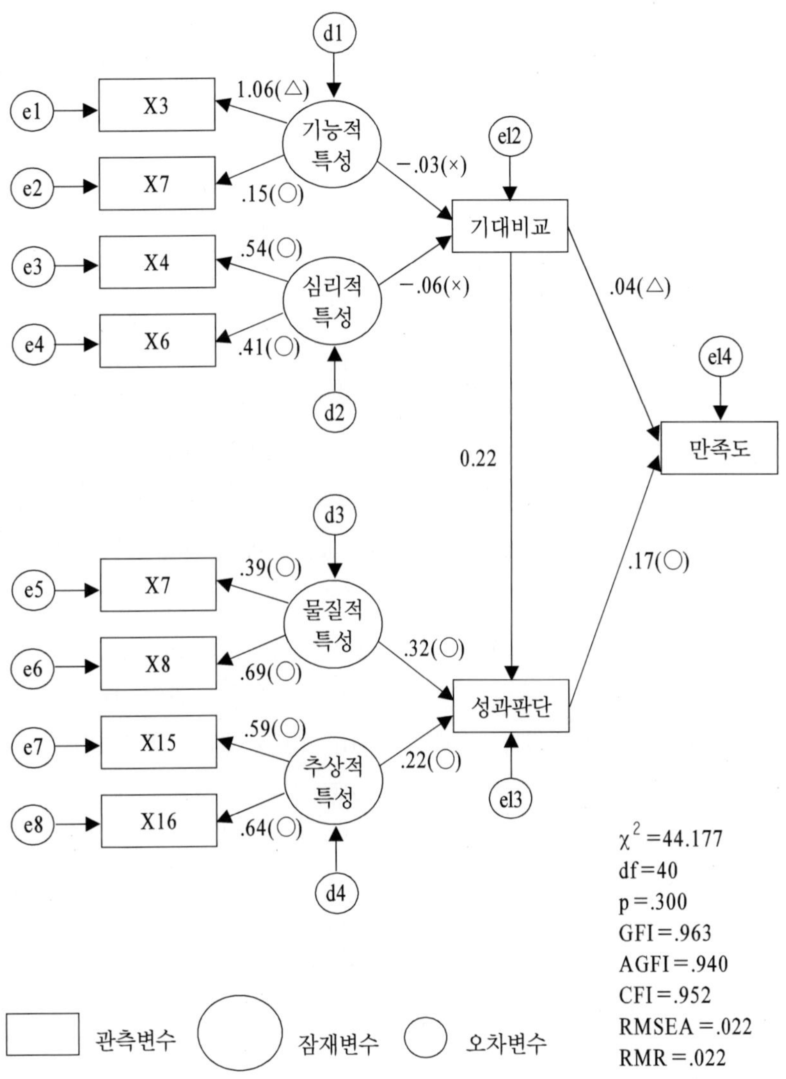

가설 $H_5 \sim H_8$의 검증에서 만족 판단 과정의 특성에 정서적·감정

적 측면과 인지적 측면 모두가 중요시되고 있는 것을 확인할 수 있었다. 특히 제품의 인지적 측면(물질적 / 기능적 특성)과 서비스의 정서적·감정적 측면(심리적 / 추상적 특성)의 만족과의 관계에서 조사 대상인 백화점은 제품과 서비스를 모두 제공하는 특성으로부터 양쪽 모두의 영향을 받고 있는 것을 확인할 수 있었다.

백화점 이용에 대한 만족 판단 과정의 구조를 모형화하기 위해 그림 7-13의 구조 모형을 제시했다. 구조 모형은 R. L. Oliver 모델에 근거해 만족 판단 과정을 제품과 서비스 특성의 기대와 성과 판단 요인 간 인과 관계를 나타낸 것이다. 구조 모형은 만족 판단 과정을 구조화하기 위해 기대에 대한 인지적 측면(물질적 / 기능적 특성)의 요인으로 '다양한 상품'과 '입지, 교통편'을 '쇼핑 환경'으로 서비스의 정서적·감정적 측면(심리적 / 추상적 특성) 요인으로 '사원 교육과 서비스', '매장 환경'을 '접객'이라는 잠재 변수로 도출할 수 있었다. 성과 판단은 인지적 측면의 '제품력', 정서적·감정적 측면으로 '서비스 체제'라고 하는 잠재 변수를 도출하고 측정 변수로 '최신 상품의 입고', '상품의 신뢰성', '클레임 대응', '요구 대응' 항목의 적합도가 높았다. 결과적으로 가설 $H_1 \sim H_4$는 채택되었다(그림 7-13 참조). 구조 모형은 공분산 구조 분석으로 분석된 것으로 모형 적합도 지표는 $\chi^2 = 44.177$, df=40, p=.300, GFI=.963, AGFI=.940, CFI=.952, RMSEA=.022, RMR=.022이었다.[413]

표 7-10 가설 검증 결과

가 설	판정 결과
H₁ 인지적 측면의 기대는 서비스에 대한 것보다 제품에 대한 것이 강한 정(正)의 영향을 미친다.	○
H₂ 정서적·감정적 측면의 기대는 제품에 대한 것보다 서비스에 대한 것이 강한 정(正)의 영향을 미친다.	○
H₃ 인지적 측면의 태도는 서비스에 대한 것보다 제품에 대한 것이 강한 정(正)의 영향을 미친다.	○
H₄ 정서적·감정적 측면의 태도는 제품에 대한 것보다 서비스에 대한 것이 강한 정(正)의 영향을 미친다.	○
H₅ 제품에 대한 인지적 측면(물질적 / 기능적 특성)의 기대는 서비스에 대한 정서적·감정적 측면(심리적 / 추상적 특성)의 기대보다도 만족과의 상관이 강하다.	×
H₆ 서비스에 대한 정서적·감정적 측면(심리적 / 추상적 특성)의 기대는 제품에 대한 인지적 측면(물질적 / 기능적 특성)의 기대보다 만족과의 상관이 강하다.	×
H₇ 만족을 판단하는 성과에 대한 태도는 서비스에 대한 것보다 제품에 대한 인지적 측면(물질적 / 기능적 특성)이 상관이 강하다.	○
H₈ 만족을 판단하는 성과에 대한 태도는 제품에 대한 것보다 서비스에 대한 정서적·감정적 측면(심리적 / 추상적 특성)이 상관이 강하다.	○
H₉ 만족 판단 요인 중에서 인지적 측면(물질적 / 기능적 특성) 요인과 정서적·감정적 측면(심리적 / 추상적 특성) 요인은 모두 영향을 미친다.	○

구조 모형을 보면 계수치가 각 요인 간 인과 관계를 충분히 설명할 수 있는 수준은 아니지만 주목할 수 있는 것은 기대 요인이 만족도에 영향을 주는 정도는 부(負)의 관계를 나타내고 있다는 것과 성과 판단이 만족도에 영향을 주는 정도는 약간 높게 나타난 것이다. 이것은 제품 및 서비스에 대한 기대가 만족도와 부(負)의 관계를 갖는다 것을 의미하는 것이며 기대 요인이 충족되지 않은 경우 만족

에 부(負)의 영향이 미치고 성과가 충족됐을 경우에는 만족에 정(正)의 영향이 미친다는 것이 이해된다.

제품과 서비스의 기대 요인과 성과 판단 요인이 거의 비슷하게 영향을 미치고 있는 것을 통해 고객은 백화점 이용 만족도를 판단할 때 제품 특성과 서비스 특성 모두를 판단하고 있는 것을 확인할 수 있다. 이것은 만족 판단 과정에 근거한 특성이 인지적 판단인가 정서적·감정적 반응인가 하는 문제의식에서 보면 고객은 두 관점에 근거한 종합적 판단을 하고 있다는 것을 시사한다. 전체적인 계수치는 낮았지만 제품과 서비스 특성에 의해 만족 판단 과정의 특성이 변하게 된다고 하는 본 제7장의 연구 초점 및 연구 가설을 확인하는 결과를 얻을 수 있었다.

결 론

제7장에서는 만족 판단 과정의 특성을 인지적 측면과 정서적·감정적 측면으로 간주하는 기존 연구 중에서 대표적인 주요 연구를 검토했다. 검토 결과 만족 판단 과정의 특성은 제품과 서비스에 의해 상이하다는 것으로 기존 연구에서는 그 점을 깊이 있게 주목하지 않았다는 것을 확인할 수 있었다. 그래서 만족 판단 과정의 요인에 초점을 맞추고 그 구조적 요인의 특성에 주목해 만족 판단 과정을 나타내기로 했다.

특히 고객만족 이론의 기초가 되는 R. L. Oliver 모델의 기대와 성과 요인에 제품의 인지적 측면 요인과 서비스의 정서적·감정적 요인을 제시해 설정했다.

　결론적으로 확인할 수 있었던 것은 만족 판단 과정의 특성은 기존 연구가 주목하고 있는 고객의 판단이 인지적인가 정서적 내지 감정적인가 하는 관점이 아니라 만족 판단의 대상이 제품인가 서비스인가에 따라서 만족 판단 과정의 특성이 인지적이 되기도 하고 정서적·감정적이 되기도 한다는 것이다. 만족 판단 과정에 주목한 기존의 여러 연구에서는 거의 이러한 점에 주목하고 있지 않았다고 할 수 있을 것이다.

제**8**장

만족 경험 후 태도 변용 및 행동에 대한 연구

고객만족 연구에 대한 기초 이론 중에서 제8장은 만족 경험 후 태도 변용 및 행동에 대한 연구를 중점적으로 검토한다(그림 8-1 참조).

만족 후 태도 변용 및 행동에 대한 연구를 중심으로 만족이 초래하는 기대와 태도 변화를 검토한다. 특히 만족 경험에 의한 행동으로 불평, 구전, 로열티와 재구매 행동에 주목해 만족과의 인과 관계를 확인하고 만족 후 태도 변용 및 행동에 대한 새로운 모형 제시를 시도한다.

그림 8-1 고객만족 연구의 영역

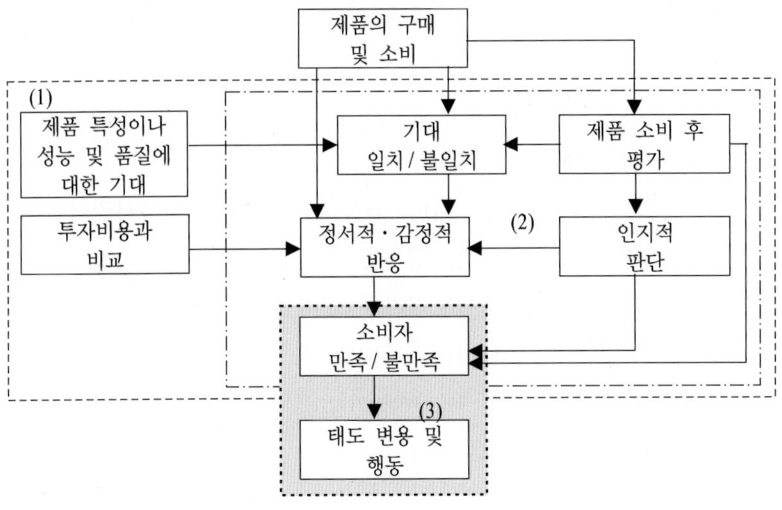

출처: Mowen J. C. and Minor M. S. *"Consumer Behavior: A Framework"*, Prentice-Hall, New Jersey, 2001, p.200로부터 재작성.

제1절 만족 경험 후 태도 변용 및 행동에 대한 연구의 이론적 기반

만족 경험 후 태도 변용 및 행동에 대한 연구는 만족을 경험한 소비자가 사용한 제품이나 서비스 또는 기업이나 제공자에 대해 판단한 태도를 갖게 되고 태도는 차후 구매 의도나 타인에게 추천 또는 불평 행동을 표현하는 것에 주목하고 있다.

특히 이들 연구에서는 만족으로 발생하는 결과적 반응을 기업의 장기적 이익과 관련된 고객 로열티 확립에 초점을 맞춘 연구를 다수 찾아볼 수 있다. 그 이유는 만족이 발생시키는 긍정적 태도 변용이나 행동은 기업에 대한 로열티 확립으로 이어지고 나아가 경제적 효과로 이익이 보장된다는 것을 인식했기 때문이다. 덧붙여 불만족에 의한 태도 변용이나 행동에 대해서도 기업의 불평 관리로 설득된 불만 고객은 이전보다 충실히 기업에 이익을 가져다주는 가치 있는 고객이 되고 관대한 불평 대응이나 긍정적인 구전을 발생시킨다고 하는 연구도 있다. 나아가 불평 행동에 주목한 연구에는 불평 행동이 새로운 아이디어와 품질 관리 디자인의 유용한 자원이 된다는 연구로 진행되어 왔다(R. L. Oliver(1981), W. O. Bearden and J. E. Teel(1983), C. Fornell and B. Wernerfelt(1987), D. Halstead, E. A. Morash and J. Ozment(1996))[414]).

표 8-1 만족 및 불만족 경험 후에 관한 연구

연구 특징	만족 및 불만족의 결과적 효과 및 영향에 대한 연구가 진행되었다.
A. O. Hirshaman(1970) 　　로열티 이론을 근거로 추천 및 불평 행동에 대해 서술하고 있다.[415] R. L. Oliver(1980) 　　만족 경험 후 형성되는 태도는 구매 이전의 태도에 영향을 미친다.[416] D. K. Tse, et al.(1990) 　　구매 후 상호 작용 패러다임에 대한 연구는 기대 - 불일치 패러다임과 함께 고객만족 연구에서 큰 연구 테마이다.[417] F. F. Reichheld and W. E. Sasser Jr.(1990) 　　계속적 이용 의도 및 로열티에 주목하고 있다.[418] S. M. Keaveney(1995) 　　스위칭 요인과 유형에 대해 서술하고 있다.[419] S. S. Tax, et al.(1998) 　　기업 및 점포에 미치는 영향(간접적 반응)으로 커미트먼트 및 신뢰를 중심으로 불평 처리에 대해 고객이 어떻게 반응하는가를 분석하고 있다.[420]	

위 연구에서 이해되듯이 소비자는 만족이나 불만족 경험 후에 느낀 것을 누군가에게 전달하든지 어떠한 행동을 취하려고 한다. 어떤 행동도 취하지 않는 소비자의 경우는 만족이나 불만족을 판단할 필요성을 느끼지 않는 소비자이거나 그렇지 않으면 다음 소비에 참고하는 태도로 인식하는 경우로 나눌 수 있을 것이다. 이와 다르게 만족 경험에 의한 적극적 행동은 기업에 유효한 추천 행동, 구전 등으로 나타나게 될 것이다. 많은 연구가 만족이 결과적으로 고객에게 어떠한 태도 변용이나 행동으로 나타나는지에 대한 만족의 결과에 주목하고 있다. 이러한 연구 초점은 고객만족 연구를 실천적 관점으로 바꾸는 것으로 고객만족 실현이 초래하는 기업 활동의 성과를 강조하는 것이며 기업에 고객만족을 추구해야 한다는 당위성을 뒷받침하는 근거로 주목하는 것이기도 하다. 즉 만족 후 반응에 의한 태도 변용 및 행동에 대한 연구는 고객만족으로 도출되는 장기적인 기업

이익 확보를 지적하고 있고 바람직한 결과를 기대할 수 있는 시장 적용을 모색할 수 있다는 것을 나타내고 있으며 연구 범위를 고객 행동을 시작으로 기업 행동 체제에 이르기까지 다양한 어프로치가 연구되고 있다.

제2절 만족 경험 후 기대와 태도 변화와 그 영향

소비 후 만족이나 불만족을 경험한 고객은 결과가 긍정적이든 부정적이든 제품이나 기업에 대한 기대 정도나 관점 또는 태도를 바꾸면서 다음 소비에 임한다. 그때 소비 경험은 단편적인 경험이었다고 하더라도 축적된 경험으로 다음 소비에 기대나 태도로서 작용하게 된다. 즉 소비에 의한 경험은 새로운 기대나 태도를 자아내고 그에 기초를 둔 소비 경험은 또한 새로운 기대와 태도를 일으켜 간다고 하는 순환을 반복한다. 그리고 소비 경험에 의한 기대와 태도에 조금도 변화가 나타나지 않아도 그 경험은 또는 단편적 경험으로 축적되어 결국은 차후 소비에 어떠한 형태로도 영향을 미친다.

이러한 관점에서 만족 경험이 미치는 기대와 태도의 변화에 주목하고 그 영향을 검토하기로 한다.

1. 만족 경험 후 기대 변화

S. J. Hoch and J. Deighton(1989)에 따르면 소비자는 제품이나 서비스에 의한 경험을 학습하고 있다고 서술한다. 그러나 제품이나 서비스와 함께 발생한 경험에서 배우는 것은 객관적 사실을 발견하는 간단한 프로세스가 아닌 것에 주목하고 소비자의 신념 처리 프로세스에 대해 기술하고 있다.[421] 그 관점에서 보면 만족이든 불만족이든 소비 경험은 고객에게 정보로 인식되고 해석되어 이전의 경험을 새롭게 하는 역할을 수행해 왔다고 할 수 있을 것이다. 그런 의미에서 소비가 경험을 새롭게 하고 있다는 것은 고객의 제품이나 서비스 덧붙여 기업이나 제공자에 대한 기대와 태도 레벨 및 관점에 영향을 미치는 것을 의미한다.

앞서 서술한 것처럼 고객만족에 관한 연구에서는 주로 구매 이전의 기대, 즉 사전 기대에 주목하고 있다. 그러나 사전 기대는 실제로는 이전의 소비 경험에 영향을 받고 있으며 새로운 소비 경험으로 다시 축적되는 순환을 반복하고 있기 때문에 변화하는 개념으로 인식해야 한다. 즉 만족은 1회성의 단편적 소비 경험 결과 하나하나가 시간 변화라고 하는 상황 변수의 작용으로 누적되어 차후 소비 행동에 기대나 태도로 영향을 미치고 있다는 것이다. 따라서 사전 기대와 소비 경험 후 새롭게 형성되는 기대는 다른 것이 된다고 할 수 있을 것이다. 제8장에서는 그것을 사후 기대[422]라고 명하기로 한다. 사후 기대란 소비 경험에 의해 생기는 제품이나 서비스의 재구매에 대한 기대를 가리킨다. 사후 기대는 사전 기대가 소비 경험으로 변화해 형성되는 것으로 해당 소비 경험에 관한 전반적인 만족 평가에 영향을 받는 것으로 간주할 수 있다. 게다가 사후 기대는 만족이나 불만족 경험 후에 형성되는 것이기 때문에 어떤 의미에서 해당 제품이나 서비스 또는 제공자 내지 소비 자체에 대한 태도라고도 할 수 있을 것이다.

R. L. Oliver(1997)는 고객을 구매로 유인하는 것은 니즈가 아니라 기대라고 서술하고 있다.[423] 그리고 Kalwani, et al.(1990)은 고객 브랜드 선택 행동을 설명하는 것에 가격 기대를 더하는 것으로 설명력을 높일 수 있다고 서술하고 있다.[424] 그것은 또한 적응적 기대 모델(Adaptive Expectation Model)에서 보면 고착과 조정(anchoring and adjusting)이라고 하는 개인의 심리 과정 안에서 기대는 변화해 가기 때문에 이성적 기대 모델(Rational Expectation Model)이 시장 전체 기대를 설명하는 데 유효하다면 적응적 기대 모델은 개인 소비자의 기대 수준의 변화에 관한 설명에 유효한 것이 된다(M. C. Lovell (1986), R. L. Oliver, and R. S. Winer(1987), M. D. Johnson and C. R. Plott(1989)[425]). 개인 소비자의 기대는 시장 수준의 기대 변화에 비해 보다 변하기 쉽고 빠르기 때문에 정보에 매우 적응적인 특징을 갖고 있다(Johnson et al.(1995)[426])고 한다.

그 밖에 주목할 수 있는 것은 기대는 사용 후가 아니라 소비 과정 중에도 변화한다는 것이다(B. Szajna and R. W. Scamell(1993), R. L. Oliver(1997), D. J. Ortinau and R. P. Bush(1997)[427]). 그 변화는 소비 과정 중에 행해지는 성과와 비교 판단에 따른 결과이며 소비가 완전히 종결된 후 결과와 같다고는 말할 수 없는 것이다. 그렇다면 소비 후 변화된 기대는 어느 시점에 초점을 두어야 하는 것일까 하는 의문이 떠오르게 된다. 사후 기대가 소비 후 종합 판단에 의한 결과라고 한다면 소비 과정 중에 변화하는 기대는 변화의 정도가 크더라도 결국 소비 후 다시금 판단된다고 할 수 있을 것이다. 게다가 소비 과정 중에 소비자의 기대 변화를 어느 정도 정확히 측정할 수 있는가 하는 문제도 제기할 수 있을 것이다. 따라서 변화된 기대는 소비 후에 초점을 맞추는 것이 소비 과정적 어프로치보다 유효할 것이라 생각된다.

그러나 사후 기대가 차후 재구매를 결정짓는 판단 기준이 된다 하더라도 재구매를 유도시키는 사후 기대를 가져오는 만족 수준 내지 레벨을 예측하는 것은 어렵다. 그렇지만 소비 경험에 의한 만족 판단이 가져오는 사후 기대는 재구매를 유도하는 결정적인 역할을 수행하고 있다는 것에 주목해야 할 것이다.

2. 만족 경험 후 태도 변용

고객은 제품과 서비스의 만족 판단 결과가 긍정적일수록 대상 기업이나 제공자에 대해 보다 호의적이 되고 지속적인 관계를 유지하려는 경향이 있다고 할 수 있다. 반면에 만족 판단 결과가 부정적일수록 대상 기업이나 제공자와 단기적인 관계만을 요구할 가능성이 높다.

고객은 소비를 통해 해당 브랜드나 제조업자 및 제공자에 대한 태도를 형성하고 있다. 그러나 고객은 사전에 경험이나 외부 정보 광고 등에 의해 어느 정도의 태도를 갖고 있다고 할 수 있다. 때문에 기업으로서는 자사에 대한 고객의 태도를 보다 호의적인 방향으로 이끌어야 하는 과제를 완수하지 않으면 안 된다. 이러한 태도 형성에 관한 선행 연구에서는 대표적인 Fishbein 모델과 그 이론에 기초를 둔 합리적 행동 이론이 있다. M. Fishbein and I. Ajzen(1975)은 AB 는 Σbiei 에 의해 결정되기 때문에 태도는 다음의 3가지 중 하나의 노력으로 변용된다고 주장하고 있다. 그 3가지는 (1) 기존 돌출 신념(salient beliefs)의 변화, (2) 새로운 돌출 신념을 인지 구조에 도입(cognitive structure), (3) 속성 평가의 변화이다.[428]

이러한 태도 변용에 관한 연구 중에서 E. Garbarino and M. S. Johnson(1999)은 뮤지컬 공연의 장기 회원과 개별 공연 관람객을 상대로 전체적 만족도, 신뢰, 커미트먼트(commitment)를 분석했다.[429] 측정된 신뢰란 기업이 항상 고객의 기대에 응하는 정도, 믿음직함 등이며 커미트먼트는 애착으로서 소속감, 단골고객 행동으로 측정되었다. 그 결과 장기 회원은 만족보다 신뢰와 커미트먼트에 의해 장래 의도가 결정되는 반면 두 집단에서 신뢰와 커미트먼트보다 만족도가 장래의 기대에 영향을 주고 있다는 결과가 나타났다. 그리고 뮤지컬 공연의 로열티가 높은 장기 회원은 단기 고객보다 관계 지향적이고 기업에 대해 신뢰와 커미트먼트를 보인다고 하는 결과가 나타났다.

이와 같이 만족 판단이 가져오는 긍정적 태도는 대상 기업이나 제공자에 대한 신뢰와 커미트먼트로 나타나고 있고 그것은 긍정적 판단의 결과 발생하는 것으로 고객의 심리적 태도라고 할 수 있다. 그 때문에 만족 판단이 가져다주는 긍정적 태도는 차후 소비에 일시적 실패를 경험하게 되더라도 그것을 받아들이려는 의도가 포함되어 있다(J. Singh and D. Sirdeshmukh(2000)[430]). 이것은 변화된 태도가 긍정적일수록 고객은 어느 정도는 소비 결과에 대해 관대해지게 된다는 것을 의미한다.

커미트먼트에 대해 Moorman, et al.(1992)에 의하면 거래 대상과 가치가 있는 관계를 유지하려고 하는 지속적인 욕구라고 서술하고 있다. 커미트먼트는 고객의 충성심을 구성하는 개념이며 거래의 지속적 관계를 계속시키는 개념이기도 하다. 따라서 커미트먼트는 해당 기업이나 브랜드에 대한 고객의 심리적 또는 감정적 애착이라고 볼 수 있다(Gundlach et al.(1995)431)). 이것은 지금까지 대부분의 연구에서 많이 다루어진 충성심 또는 로열티와는 다른 관점이라고 말할 수 있을 것이다.

커미트먼트에 대한 주요 연구를 보면 D. Ulrich(1989)는 커미트먼트는 기업에 있어서 성공적이며 장기적인 관계 수립과 지속적 경쟁 우위 획득에 핵심 부분이 된다고 서술하고 커미트먼트는 기업의 성공 필수 조건이라고 강조하고 있다.432) 그 후 R. M. Morgan and S. D. Hunt(1994)는 커미트먼트는 효율성, 생산성, 효과를 향상시키는 결과를 가져오고 관계성 마케팅 성공에 도움이 되는 협력적인 행동을 이끈다고 설명하고 있다. 나아가 관계성 마케팅은 관계가 핵심이라고 가리키면서 커미트먼트는 어느 교환 파트너와 다른 교환 파트너와의 지속적인 관계에 대한 신뢰라고 기술하고 있다.433) S. W. Kelley and M. A. Davis(1994)에 의하면 커미트먼트는 고객을 구별하는 중요한 수단이며 고객과의 관계를 지속시켜 관계를 지속하려고 하는 욕망이라고 한다.434) Manfred, et al.(1994)은 커미트먼트는 상호 의존의 최종 단계로 구매자가 판매자를 바꿀 가능성에 대한 탐색을 단념할 만큼 그들의 관계에 만족했을 경우 발생한다고 서술한다.435)

Gunlach, G. T., R. S. Achrol, and J. T. Mentzer(1995)에 의하면 커미트먼트는 기업에 성공을 가져다주는 고객과의 장기적 관계를 위해 필수의 요소이며 도구적, 태도적, 시간적 구성 요소의 역할을 한다. 도구적 요소란 커미트먼트가 이해관계를 창출하는 것을 가리킨다. 그리고 태도적 요소란 안정적으로 장기적인 관계를 개발하고 유지하려는 관계자의 지속적인 의도를 나타내는 것이다. 마지막으로 시간적 구조 요소가 의미하는 것은 커미트먼트는 장기적인 거래라고 하는 시간의 경과로 보상되는 경향이 있는 것을 나타낸다.436)

이와 같이 만족의 긍정적 판단에 의한 해당 기업이나 브랜드 또는 제공자에 대한 신뢰와 커미트먼트를 획득하는 것은 대단히 중요하다는 것을 이해할 수 있다. 반면에 만족 판단이 부정적인 결과인 경우와 불만족이 생겼을 때에는 앞서 서술한 것과 같은 재구매를 결정짓는 사후 기대와 신뢰나 커미트먼트와 같은 긍정적인 효과는 나타나지 않는다는 것을 확인할 수 있다.

3. 연구 검토 결과

만족 경험 후 태도 변용이나 행동에 대한 연구에서 기대 변화와 태도 변용에 관해 다음 표와 같이 검토 결과를 정리할 수 있다. 우선 기대의 변화에 관한 다양한 연구 시각에 대해 제8장에서는 기대를 만족 경험 이전의 사전 기대와 만족 판단이나 경험 후 사후 기대로 구분한다. 그리고 태도 변용에 대해서는 만족 경험이 가져다주는 신뢰와 커미트먼트의 유효성에 대한 연구를 검토하는 것으로 고객만족의 실천적 유효성 및 당위성을 검토할 수 있었다.

표 8-2 만족 경험 후 기대와 태도 변용과 그 영향의 검토 결과

만족 경험 후 기대와 태도 변용과 그 영향에 대한 검토 결과
① 기대에 대한 다양한 관점 　　소비 경험 후와 소비 과정에서 기대 변화가 재구매 등에 미치는 영향에 대해
② 태도 변용 　　만족이 초래하는 긍정적 태도의 유형에 대해 (신뢰, 커미트먼트)

그러나 이러한 연구 검토에서 알 수 있는 것은 시간적 경과에 근거해 기대 변화와 태도 변용을 측정할 수 있는 조건을 갖추기 어렵

고 소비자 내지 고객의 심중의 변화를 정확히 도출하는 것 자체에 무리가 있다는 한계가 존재하는 것이다. 따라서 대부분의 연구가 소비 경험 후를 비추어 만족 정도나 그 후 태도 변용에 관한 측정 방법을 취하고 있으며 실험실 내 실험 조사의 형식을 취하고 있다. 그러므로 시간 경과에 따른 만족도에 있어서 기대와 태도 변용에 관한 연구 방법은 향후 연구 과제이며 그 측정 방법에 관한 연구도 필요하다 할 수 있다.

그와 별개로 제8장의 연구 과제인 제품과 서비스의 특성에 의한 만족 경험 후 태도 변용이나 행동 변화에 대해 생각해 보면 제품과 서비스의 특성 중에서 어느 쪽이 만족 경험 후 태도나 행동에 영향을 주는지에 관한 연구는 그다지 진행되어 오지 않았다고 이해된다. 비록 그런 연구가 있었다 하더라도 서비스업이나 서비스 자체에 관한 연구가 많고 서비스가 부수적으로 구매되는 제품이나 서비스를 대상으로 제품 특성과 서비스 특성을 구별해 그 특성과 만족 경험 후 태도 변용이나 행동에 대한 인과 관계를 검토하는 연구는 많지 않기 때문이다.

고객만족에 서비스가 차지하는 비중이 커질수록 만족 경험 후 태도 변용이나 행동에 미치는 영향도 커진다고 할 수 있다. 따라서 서비스업이나 서비스 자체에 대한 연구가 아니라 서비스가 부수되는 유형재나 서비스와 유형재가 복합된 복합재에 관한 만족 경험 후 태도 변용이나 행동에 관한 연구가 필요하다고 생각된다.

다음에서는 만족 경험 후 불평 행동, 구전, 로열티와 재구매 행동에 관한 연구를 고찰하고 그 영향력에 대해서 검토하기로 한다.

제3절 만족 경험 후 행동에 대한 연구

만족이나 불만족 경험 후 행동에 대한 연구란 만족이 판단된 후 나타나는 태도의 변화나 행동의 영향 작용에 관한 연구를 가리킨다. 만족에 관한 연구가 시작된 초기부터 다양한 연구가 진행되어 왔다. 그리고 그 연구테마가 되는 것은 제품이나 기업 또는 제공자에 대한 로열티 형성, 재구매율 향상, 고객 유지에 의한 신규 고객 획득 비용 부담의 감소 등이 주로 논의되어 왔다. 그리고 불만족에 의한 반응에 대한 연구는 브랜드·스위치, 불평 행동, 부정적 구전 등이다.

제3절에서는 만족의 바람직한 결과와 불만족에 의한 고객의 반응에 관한 기존 연구를 고찰하고 고객만족의 중요성과 의의437) 그리고 새로운 과제를 도출하기로 한다.

1. 불평 행동

고객만족의 결과적 행동 중에서 다수 연구된 것은 불평에 관한 것이며 불평 행동의 정도는 불만족 정도와 상관 관계가 있다고 확인되었다. 불평 행동은 불만족에 의한 결과이며 고객의 특성, 불만족의 원인에 대한 인식, 결과에 대한 기대, 투입 비용, 제품 누계 등에 의해 발생하기도 한다는 것이 밝혀지고 있다. 그러나 다수의 고객이 불만족을 경험해도 불평하지 않고 있다는 것이 밝혀지면서 불평 행동만으로 만족과 불만족을 파악하는 것은 무리가 있다고 지적되었다.

A. O. Hirschman(1970)은 구매 거부, 불평, 로열티에 관해 연구하

고 구매 거부, 불평, 로열티에 관한 관련 변수로 불평에 대한 태도, 불평의 지각된 가치, 불평의 지각된 성공 가능성을 이용해 불만족을 경험한 고객 중에서 일부는 기업에 보상을 요구하는 불평 행동을 하는 반면 다른 일부는 구매 거부를 선택하는 것에 관한 이론적 틀을 제시했다.[438]

그 후 K. Gronhang and G. Zaltman(1981)은 불평에 관한 3가지 모델을 연구했다. 연구는 자원, 학습, 인생에 근거한 모델이다. 자원 모델은 공식적인 불평을 위해 자원이 요구되는 것을 주장하는 것으로 시간, 돈, 권력이 불평의 결정 요인이 되고 있다. 학습 모델은 경험이 풍부하고 교육된 고객이 자신들의 권리를 잘 알고 있기 때문에 불평 행동을 할 가능성이 높다고 설명하고 있다. 그리고 인생 모델에서는 특정의 인생이 불만족을 지각하는 능력과 불평하는 능력에 관련하고 있다고 가정하고 불평 행동을 실시할 가능성이 높은 사람은 그렇지 않은 사람에 비해 자신으로 가득 차 있어 공격적 성향이 강하다고 서술하고 있다.[439]

이들 연구와 관련된 연구에 의하면 구매 경험이 불평 행동의 가장 의미 있는 예측 변수로 나타나 학습 이론에 관한 타당성을 제시하고 있다. 전체적으로 K. Gronhang and G. Zaltman(1981)에 의한 3가지 모델은 불평하는 사람과 하지 않는 사람과의 차이를 나타내고 있는 것을 이해할 수 있다. 이 모델에 덧붙여 시장에 대한 참가 정도가 주요 변수인 것에 주목해야 한다. 3가지 모델은 명시적인 가정을 도입해 불평하는 사람과 하지 않는 사람을 구분하는 다양한 측정 변수를 분명히 하고 있다.

불평 행동에 관한 이론이라 해도 유용한 이론은 귀속 이론이다. 이 이론에 의하면 고객의 불만족에 대한 반응을 결정하는 것은 제품에 대한 평가만이 아니라고 서술하고 있다.[440] 즉 고객은 불만족이 발생한 원인을 알고 싶어 하며 그 원인에 대해 책임을 추구하려고 한다고 서술한다. 그 경우 결정한 책임이 불만족 경험에 대한 반응을 결정한 다고 한다. 예를 들어 제품 사용에 있어서 자신이 현명하지 않았다고 생각한 사람은 그 책임이 제조 업자에게 있다고 느끼는 사람과는 다른 반응을 한다는 것이다. 많은 연구에서 고객이 불만족을 느낄 때 어떠한 판단에 근거해 책임을 판단하고 있는지가 연구되고 있다.

V. A. Valle and M. Wallendor(1977)는 제품 성과에 대한 책임을 고객의 심리적 거리로 설명하고 있다. 그 거리의 양끝은 고객 자신과 제조업자 또는 사회적 조직이라고 설명한다.441) 이것은 내적 귀속과 외적 귀속으로 통제 차원을 구성한 연구의 확장이라 할 수 있다.

E. L. Landon(1977)는 귀속 이론에 근거한 불평 행동을 연구했다. 불평 행동을 하는 원인에 대해서 내적, 외적 운명 통제(fate control) 를 이용해 설명하고 있다. 내적 귀속으로 '내가 오인했다'와 외적 귀 속으로 '누군가가 잘못했다'라고 하는 척도 항목을 이용해 피험자에 게 불평을 유도한 불만족 책임이 어디에 있는지를 묻고 있다. 이 질 문에 관한 회답은 내적 책임과 외적 책임으로 나누어지며 분석 결과 내적 책임을 회답한 사람들은 불평을 하지 않는 반면에 외적 책임을 느낀 사람들은 불평을 하고 있다는 것이 밝혀졌다.442) 따라서 고객 이 느끼는 불만족이 판매자 혹은 제공자와 관련됐을 경우 고객 자신 과 관련됐을 경우와 비교해 불평할 가능성이 높다는 것을 의미한다.

또한 1977년 R. L. Day와 고객의 불평 행동을 분류하고 있다. 그리고 불만족을 느낀 상품의 성격과 중요성에 근거해 2 단계 계층 모델을 제시하고 있다. 제1 단계는 행동이 수반된 불평 행위와 행동 이 수반되지 않는 행위로 분류하고 있다. 제2 단계는 사적 행동과 공적 행동으로 나누어 분류했다. 여기서 말하는 공적 행동은 보상을 받든지 소비자 단체에 고발하는 것 또는 사법적 행동을 하는 것을 가리킨다. 그리고 사적 행동은 친구나 아는 사람에게 경고하거나 구매를 중지하는 것이다. 연구에 의하면 고객에게 중요한 제품인 경우와 고가격 제품인 경우 고객은 공적 불평 행동을 취할 가능성이 높다고 서술하고 있다.443)

S. Krishman and N. A. Valle(1979)는 고객의 책임에 대한 위 가설을 지지하는 결과를 검증했다.444) 그리고 V. S. Folkes(1984)도 이러한 귀속 이론의 범위를 확장하고 있다. 그리고 제품 성과가 불만족을 초래하는 이유에 대해 안정성, 책임, 통제 가능성 차원으로 구분하고 있다.445) 그 결과 안정성이 높은 경우는 교환보다 환불에 보다 높은 욕구를 보이는 것이 밝혀졌다. 또한 불만족 원인이 판매자와 관련된 경우는 환불과 함께 사죄를 요구하고 있다는 것도 밝혀졌다.

C. Fornell and B. Wernerfelt(1987)는 불평 관리를 중심으로 하는 방위적 전략에 대한 선행 연구에 초점을 맞추고 특히 소비자의 불만족과 불평 및 그 후 구매 행동을 검토하고 있다. 특히 만족이 저하되고 불평 행동을 일으킨 고객을 어떻게 회복시킬 것인가에 대해서 연구한 모델을 제창하고 있다.446)

그 후 J. Singh(1988)는 불평 행동의 의도와 실제 불평 행동을 조사해 요인을 분석한 것으로 불평 행동을 분류하고 있다. 결과 3가지 불평 행동 유형을 분류하고 있다.447) 3가지 불평 행동은 (1) 직접 대응, (2) 사적 대응, (3) 제3자를 통한 대응이다. 직접 대응은 판매자나 제조 기업 혹은 제공자에게 직접적인 행동을 취하는 것이다. 그리고 사적 대응이란 주위 사람들에게 불평 행동을 하는 것을 가리킨다. 제3자를 통한 대응은 직접적인 행동이 아니라 사법적 대응 및 소비자 보호 단체로의 대응 등이다.

불평 행동에 관한 연구에는 불평 행동을 하는 고객을 분류한 연구가 있다. 우선 Warkand, R. H., and R. O. Herman, and J. Willits(1975)

는 불평 행동을 하는 고객 유형을 조사해 다음과 같이 분류했다. (1) 불만족-불평 행동자, (2) 불만족-비불평 행동자, (3) 불만을 갖지 않는 사람이다. 불만족-불평 행동자란 불만에 분개하며 행동을 취하는 고객을 가리킨다. 다음으로 불만족-비불평 행동자는 분개는 해도 어느 불평 행동도 취하지 않는 고객이다. 그리고 불만족을 갖지 않는 사람이란 불만족이라는 감정을 갖지 않는 고객이다.448)

이 연구는 불평 행동에는 불평 대상인 친구나 아는 사람과 소비자 보호 단체 등과 별개로 불평 행동자의 유형의 애매함이 비판되고 있다. 덧붙여 불평 고객 분류는 조사에 의한 분류가 아니라 연역적으로 유도된 점에서 연구의 한계가 지적되고 있다.

이러한 연구 중에서 1990년, J. Singh는 고객의 불평에 대한 반응을 4가지 유형으로 제시하고 있다. 첫째는 소극적인 유형이다. 이 고객의 특징은 전체 집단의 약 14%를 차지하고 있으며 불만족 상황에서 불평하려는 의도가 낮다. 위 연구의 비불평 행동자와 유사하다. 둘째로 적극적인 유형으로 전체의 37%를 차지하는 집단으로 사적 불평 행동이나 제3자에 대해 불평 행동은 그다지 하지 않고 부정적 구전이나 브랜드·스위치 등 행동도 취하지 않는다. 대신에 보상을 위해 제품이나 서비스 제공자에게 직접 불평하는 것을 좋아하는 고객을 가리킨다. 셋째는 분개하는 유형이다. 이 집단은 전체 21%로 부정적 구전이나 브랜드·스위치 등 사적 대응을 하는 경우가 많고 판매자나 제조업자 혹은 제공자에 대한 직접 대응이 평균보다 높은 고객이다. 넷째는 적극적인 유형의 고객이다. 이 고객은 전체 28% 비율을 차지하고 있으며 불평 행동에 대해 평균 이상의 활발한 활동을 보이고 제3자를 통한 대응도 같이하는 고객이다.449)

J. C. Rogers and T. G. Williams(1990)는 소비자의 불평 행동 유형을 공적 불평 행동, 점포의 보상을 추구할 가능성으로 나누고 있

다.450) J. Blodgett and D. H. Granbois(1992), M. Davidow and P. E. Dacin(1997)는 소비자의 불평 행동 유형을 구매 중지, 부정적 구전, 보상 추구 및 제3 단체에 고발로 구분했다.451)

이상의 불평 행동에 대해 연구 초기는 불평 행동의 원인이 되는 불만족 요인에 대해 그리고 다음은 불평 행동 유형과 불평 행동을 실시하는 고객 유형이 연구되어 온 것을 확인할 수 있다. 그러나 불평 행동은 판단 대상이 되는 제품과 서비스에 따라서 어떻게 나타나는가 하는 관점은 그다지 연구되어 오지 않은 점이 있다고 판단된다.

2. 구 전

구전이라는 단어는 1954년 Fortune지에 소개된 Whyte의 고전적 마케팅 연구에서 처음 사용되었다. Whyte는 당시 시장에 소개된 얼마 되지 않은 에어컨에 대한 현상을 발견했다. 그 현상이란 도시 주민들이 에어컨을 바깥 창에 설치하는 군집 현상을 보이고 있는 것을 발견했다. 이러한 관찰로부터 Whyte는 에어컨 구매가 주위의 사회적 커뮤니케이션 결과를 반영하고 있다고 서술하고 있다(이학식 외(1997)452)).

구전에 대한 정의를 보면 연구자에 의해 조금씩 다르지만 공통된 것은 정보의 흐름이다. 우선 B. I. Bayus(1985)는 구전은 언어적 커뮤니케이션만이 아니라 개인 혹은 집단적 영향력 특성이 있다고 서술하고 있다.453) 황의록, 김창호(1995)의 연구에 의하면 구전은 소비자가 이해관계와 별도로 자신의 직접·간접적인 경험에 대해 긍정적 또는 부정적 내용 정보를 비공식적으로 교환하는 의사소통 행위 또는 과정이라고 서술하고 있다.454) 그리고 E. Borgida and R. Nisbett

(1997)은 구전은 개인의 경험에 근거한 대면 커뮤니케이션이라고 설명하고 있다.[455] 이러한 정의를 정리하면 구전이란 어떤 것에 대한 소비자의 직접·간접적 경험에 관한 긍정적 또는 부정적 내용의 정보를 비공식적으로 교환하는 의사소통의 행위와 과정이라 할 수 있을 것이다.

이러한 구전은 고객의 반응으로 구매에 영향을 미치는 것으로 또한 구매 후 행동으로 중시되고 있다. 그 이유는 첫째, 구전이 다른 커뮤니케이션과 비교해 더 큰 효과를 갖기 때문이다. 둘째, 구전은 기업에 의해 창출되는 것이 아니라 고객이 원천이라는 것에서 보다 신뢰도가 높은 정보원으로 이해되기 때문이다. 셋째, 불평 행동이 소비자에게만 행해지는 것에 대해 구전은 보다 많은 사람에 의해 빠른 속도로 전해지는 특성이 있기 때문이다.

그리고 구전에 대해 고객만족 어프로치뿐만 아니라 마케팅 커뮤니케이션에서도 그 의의를 찾을 수 있다. 마케팅 커뮤니케이션에는 소비자 상호간, 즉 소비자와 소비자의 커뮤니케이션이 포함되어 있다. 기업에 커뮤니케이션을 수신한 소비자는 가족, 이웃, 친구, 아는 사람 등에게 그 커뮤니케이션을 더 송신하는 경우가 많다. 즉 일반적으로 일컬어지는 정보의 2단계 흐름(The Two-Step Flow of Communication) 혹은 정보의 다단계 흐름인 것이다(奧本勝彦(오쿠모토 카츠히코)(1986)[456]).

이러한 구전의 결정 요인은 고객이 제품이나 서비스에 대해 느끼는 만족과 불만족이 동기를 주고 있다고 할 수 있다. 그 때문에 고객만족에서 구전에 관한 연구는 중요한 의미를 가지는 것에 틀림없을 것이다.

많은 연구를 보면 M. L. Richins(1983)는 불만족을 느낀 고객의 부정적인 구전을 연구하고 다른 반응과 구전을 비교하고 있다.[457]

그 결과 부정적인 구전의 문제성은 심각하고 고객의 불평에 대한 대응이 그다지 바람직하지 않은 경우에 발생하는 것을 검토했다.

그 밖의 연구로 고객에 대한 부정적인 정보의 영향으로 구전을 검토하고 있지만 그 결과로 고객은 긍정적인 정보보다 부정적인 정보 또는 정보원에 있어서 기업보다 기업 이외의 정보원을 보다 중시하고 있는 것이 확인되었다.

그리고 M. T. Curren and V. S. Folkes(1987)는 귀속 이론에 근거해 제품에 대한 긍정적인 구전과 부정적인 구전이 어떠한 영향을 받는지를 연구하고 M. L. Richins(1983)의 이론을 확장하고 있다.[458] 특히 책임의 구분과 통제 가능성, 안정성을 바탕으로 귀속 이론을 적용하고 구전이 긍정적이든 부정적이든 그 대상이 기업이든 개인이든 유사한 귀속이 고객의 커뮤니케이션에 영향을 주는 것을 확인하고 있다. 게다가 안정적인 상황에서는 제품에 대한 경고가 유도될 가능성이 큰 것을 시사하고 있다. 이 연구에 따르면 통제 가능성, 안정성, 책임 요인은 긍정적이든 부정적이든 커뮤니케이션에 영향을 주고 있다는 것을 주장하고 있다. 또한 부정적 구전에 관한 검토를 통해 구전을 소비자의 불만족에 대한 반응으로 간주하고 있다. 부정적 구전의 상대적 효과에 대한 지금까지의 연구 가운데 긍정적인 정보보다 부정적인 정보가 수신자에게 강하게 영향을 미치고 있다고 하는 것이다. 또한 불만족을 느낀 소비자가 구전을 이용하는 것이 밝혀졌다고 서술하고 있다.

이상과 같이 지금까지의 연구에서는 구전이 행해지는 메커니즘은 연구되었지만 대상이 되는 제품이나 서비스 특성에 의한 구전에 대해서는 별다른 구별 없이 다루어지고 있다는 것을 확인할 수 있었다.

3. 로열티와 재구매 행동

성숙한 시장에서 기업의 마케팅 활동은 신규 고객 개척보다 기존 고객의 유지가 가져다주는 비용 대비 효과가 크다는 것에 바탕을 둔 행동에 중점을 둔다.

최근 주목을 받고 있는 브랜드 로열티에서 기업에 대한 로열티는 고객만족으로 연결된다고 하는 고객만족과 고객 로열티를 같은 의미로 파악하고 있는 경향이 있다. 이 로열티는 고객이 제품이나 서비스의 소비 경험 후 느끼는 계속적 의도를 나타내는 것이며 고객 로열티는 고객의 기호나 행동을 파악하는 것으로 고객 니즈를 찾기 시작해 그에 맞는 것을 제공하는 것으로 반복해서 그 제품이나 서비스를 구매하게 한다고 하는 기존 고객 유지를 목적으로 한 마케팅 행동을 가리킨다.

이미 고객만족의 중요성은 사회 및 기업 전반에 걸쳐 널리 인식되었고 이제는 실제적인 어프로치로 연구의 폭이 넓어져 가고 있다. 고객만족과 고객 로열티를 다루는 이러한 연구에는 고객 로열티가 높아지면 고객만족도 높아지고 만족한 고객에게는 로열티가 형성되고 있다는 암묵적인 전제를 바탕으로 하고 있다.

로열티에 관한 연구는 행동론적 어프로치에서 심리적 어프로치로 변화해 왔다고 할 수 있다. 우선 행동론적 어프로치에서 로열티에 관한 선행 연구를 보면 J. W. Newman and R. A. Werbel(1973)은 불만족을 경험한 고객은 만족한 고객보다 재구매할 가능성이 낮다고 지적하면서 고객만족의 결과 변수로 재구매율을 나타내고 있다. 그리고 로열티는 어느 브랜드를 재구매하고 고려 집합(consideration set)에 넣고 다른 브랜드에 관한 정보를 탐색하지 않는 것이라고 서술하고 있다.459) 이 연구에서 이해되는 것처럼 행동론적 관점에서는 고객 행동의 결과에만 주목하고 있고 의사 결정 과정 등에 관해서는 초점을 맞추지 않았다. 행동론적 관점에서 로열티를 측정하는 척도는 재구매율, 특정 브랜드의 장기적 선택 확률, 브랜드, 스위치, 행동 등이다.

그러나 행동론적 어프로치는 고객에게 로열티가 형성되는 과정 등 고객의 의사 판단에 대한 연구가 결핍되어 있다는 한계가 지적되면서 행동론적 관점에 심리적 관점을 더해 로열티를 간주하게 되었다.

심리적 어프로치에 의하면 로열티는 인지적, 감정적, 의도적인 요소를 전부 포함하고 있다고 간주한다(R. L. Oliver(1997)). 인지적 요소가 브랜드 정보에 근거하고 있다면 감정적 요소는 어느 브랜드에 대한 애착과 생각을 나타내는 것으로 인지적 로열티보다 강하다. 그리고 의도적 로열티는 해당 브랜드에 대한 앞으로 구매 의도라고 정의되어 감정적 로열티보다 강하다고 간주하고 있다.

심리적 관점에 의한 로열티에 관한 연구 중에서 R. L. Oliver(1980)는 고객만족이 태도에 영향을 주고 있고 또한 재구매 의도에도 영향을 주고 있다고 주장하고 실증 연구를 이용해 이것을 검증하고 있다.460) 이 연구 어프로치는 긍정적 태도가 구매 의도를 높인다고 하는 M. Fishbein and Ajzen(1975)의 연구와 일관된 결론이다. 그리고 A. S. Dick and K. Basu(1994)는 고객 로열티를 고객의 상대적 태도와 재구매 정도로 분류하고 있다. 연구에 따르면 고객의 상대적 태도와 재구매 정도 모두가 높은 경우는 진정한 로열티와 상대적 태도는 높아도 재구매 정도가 낮으면 잠재적 로열티(latent loyalty)에 상대적 태도는 낮지만 재구매 정도가 높은 경우는 가상의 로열티(spurious loyalty) 그리고 양쪽 모두가 낮은 경우는 비로열티(no loyalty)로 분류했다.461) 심리적 어프로치에서 로열티 측정 척도는 로열티를 브랜드 선호도, 커미트먼트, 재구매 의도 등으로 조작해 구전 의도, 탁월한 대안에 대한 저항, 재구매 의도, 프리미엄 가격 지불 의사

등이다(Boulding, W., A. Lalra, R. Staelin, and V. A. Zeithaml (1993), Anderson, E. W. and M. W. Sullivan(1993), Cronin, J. J. Jr. and S. AS. S. Taylor(1992)[462])).

이러한 로열티에 대해 R. L. Oliver(1999)는 로열티는 제품이나 서비스를 재구매하는 욕망으로 정의되고 있고 선호하는 제품이나 서비스를 지속적으로 구매시키는 깊은 커미트먼트이며 로열티가 높은 고객은 잠재적으로 브랜드 스위치가 일어날 수 있는 상황에서도 동일한 브랜드를 재구매한다고 지적하고 있다.[463]

이상으로 로열티가 높은 고객은 특정 브랜드나 서비스에 대해 선호도, 애착, 커미트먼트를 갖고 있으며 구전이라 해도 긍정적인 의도가 강하고 다른 대안으로 스위치하는 비율이 낮고 프리미엄 가격을 지불할 뜻이 있는 것을 이해할 수 있다.

Jones, et al.(1995)은 로열티와 고객만족과의 직접적인 관계를 5개 업종(전화 회사, 항공 회사, 병원, 컴퓨터, 자동차)을 대상으로 업종별로 로열티와 고객만족과의 관계를 그래프로 나타냈다.

그림 8-2 고객만족과 로열티 관계

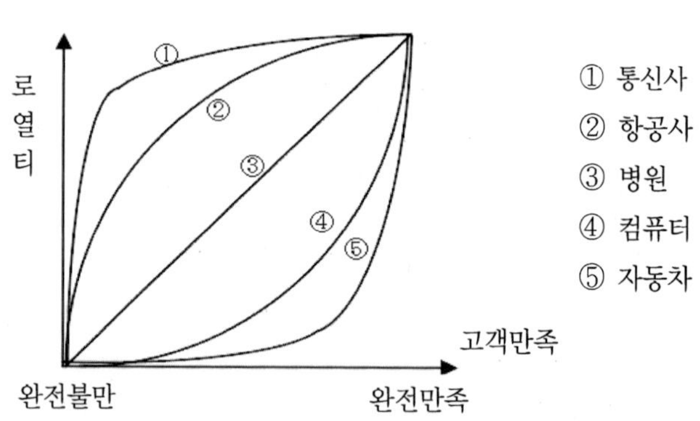

출처: Jones, T. O., and Sasser, W. E., "Why Satisfied Customer Defect", *HarvardBusiness Review* (November－December, 1995), p.91.

그림 8-2의 그래프에 근거해 J. L. Heskett, W. E. Sasser, Jr., and L. A. Schlesinger(1997)는 고객만족이 이후 재구매에 미치는 영향에 대해 조사하고 고객 유형을 분류했다. 로열티는 높지만 불만을 갖고 있는 고객을 '인질'이라 하고 로열티가 높고 만족하고 있는 고객을 '전도사', 불만을 갖고 있으며 로열티도 낮은 고객은 '테러리스트', 로열티가 낮고 만족하고 있는 고객을 '용병'이라 분류했다.[464]

고객만족에 대한 많은 연구에서 만족은 구매 후 태도만이 아니라 구매 의도에도 영향을 주는 것이 기술되어 있지만 여기에서는 브랜드 충성심 개념도 포함되어 이해되고 있다. 이것은 고객만족이 구매 의도를 높여 브랜드 스위치 가능성을 낮춘다는 주장이다.

이와 같이 고객만족도로부터 고객 로열티로 개념이 강조되어 가는 이유에 대해 D. R. Allen and T. R. Rao(2000)는 고객만족에 관한 연구가 성숙해지고 다양한 다른 보완적 개념이 나타나 그 가운데 고객 로열티가 있다고 고객 로열티 등장 배경에 대해 설명하고 있다.[465] 山本裕子(야마모토 유코), 圓川隆夫(엔카와 다카오)(2000)는 '로열티=고객만족'의 타당성 검토를 목적으로 로열티를 형성하는 요인 구조를 분명히 하기 위해 샴푸, 텔레비전, 자동차, 컴퓨터, 은행, 휴대폰, 병원 등 7개 업종을 대상으로 조사를 실시했다. 결과 '로열티=고객만족'으로 간주하는 것에는 문제가 있으며 오히려 '로열티≠고객만족'이라는 생각이 타당하다고 주장한다.[466]

4. 연구 검토 결과

만족 경험 후 행동에 대한 주요 연구 검토 결과는 다음과 같이 정리할 수 있다.

우선 선행 연구는 만족 경험이 미치는 영향을 검토하는 것에 있어서 만족과 상반되는 불만족에 의한 마이너스 효과로 불평 행동에 주목해 불평 행동의 유형과 고객의 유형별 행동을 개관하고 있는 것이 이해된다. 다음으로 긍정적 행동으로 구전의 영향에 관한 연구가 다른 하나의 테마가 되어 있다는 것을 확인할 수 있었다.

그러나 고객만족과 고객 로열티를 같은 것으로 간주하는 견해가 있는 것에서 만족과 태도 변용 및 행동과의 인과 관계를 밝히는 연구가 필요하다는 것을 확인할 수 있었다. 덧붙여서 만족 경험 후 태도 변용이나 행동에 관한 기존 모델에서 만족이 가져다주는 결과적 반응이나 행동은 만족 판단 대상의 어떤 특성 및 요인과 인과 관계가 있는지를 검토하는 연구는 충분히 다루어지지 않았다고 할 수 있다. 만족이 초래하는 긍정적 / 부정적 태도와 기업 및 판단 대상에 대한 태도와의 관계에 관한 연구, 로열티에 관한 연구, 구전에 관해서는 연구되어 왔지만 판단 대상의 특성이나 요인이 만족 판단 후 태도 변용이나 행동에 어떤 영향을 주고 있는가에 대해서는 연구되지 않았다고 판단된다. 실제로 기업이 실시하고 있는 고객만족도 조사에서 판단 대상의 특성이나 요인이 조사되고 있다 하더라도 그것은 만족 요인이나 만족에 부족한 불만 요인을 밝히기 위한 의식 조사와 같은 것이고 이론적 전개를 시도하고 있는 것은 아니라고 할 수 있다. 그러나 만족 판단에서 판단 대상이 되는 제품이나 서비스의 특성과 요인은 각각 다르기 때문에 그것을 일반화된 개념으로 정리해 만족 후 태도나 행동으로 재구매, 추천, 구전 의향과의 인과 관계를 검토하는 것이 중요할 것이다.

이러한 선행 연구 검토를 가지고 다음에서는 제8장의 연구 가설과 검증을 실시하기로 한다.

제4절 연구 가설과 검증

1. 연구 가설

만족 경험 후 태도 변용이나 행동에 영향을 주는 성과 요인을 물리적 요인과 인적 요인에 근거해 나타내는 것은 고객만족 패러다임을 이해하는 데 중요하다. 그러므로 앞서 검토한 문제의식을 토대로 제4절에서는 물리적 특성에 근거한 성과와 인적 특성에 근거한 성과, 만족, 구매 후 반응으로서 기업에 대한 태도와 서비스 제공자에 대한 태도, 재구매 의향, 추천, 구전에 이르는 인과 관계를 검증하기로 한다. 가설은 다음과 같다.

H_1 물리적 특성에 근거한 성과는 태도에 정(正)의 영향을 미친다.
H_2 인적 특성에 근거한 성과는 태도에 정(正)의 영향을 미친다.

H_3 물리적 특성에 근거한 성과는 만족에 정(正)의 영향을 미친다.
H_4 인적 특성에 근거한 성과는 만족에 정(正)의 영향을 미친다.

H_5 기업에 대한 태도는 추천에 정(正)의 영향을 미친다.
H_6 세일즈맨에 대한 태도는 추천에 정(正)의 영향을 미친다.

H_7 기업에 대한 태도는 재구매에 정(正)의 영향을 미친다.
H_8 세일즈맨에 대한 태도는 재구매에 정(正)의 영향을 미친다.

H_9 기업에 대한 태도는 구전에 정(正)의 영향을 미친다.
H_{10} 세일즈맨에 대한 태도는 구전에 정(正)의 영향을 미친다.

위 가설을 토대로 만족 판단 후 태도 변용 및 행동에 영향을 미치는 성과 요인의 특성과 인과 관계를 검토하기 위해 경험 성과와 태도를 물리적 특성과 인적 특성으로 나누어 설정하기로 한다.

표 8-3 경험 성과, 태도, 행동에 영향을 미치는 요인의 특성

특성 분류		경험 성과	태도	재구매, 추천, 구전	자동차 구매 사례
제품 특성	물리적 특성	물질적 요인 기능적 요인			물질적 / 기능적 경험 메이커에 대한 태도 메이커에 대한 행동 의향
서비스 특성	인적 특성	심리적 요인 추상적 요인			심리적 / 추상적 경험 세일즈맨에 대한 태도 세일즈맨에 대한 행동 의향

위 표에 근거해 자동차 구매 경험 후 만족 여부에 따른 태도 변용 및 행동에 있어서 요인 간 인과 관계를 확인하기 위해 다음 그림 8-3과 같은 구조 모형을 제시한다.

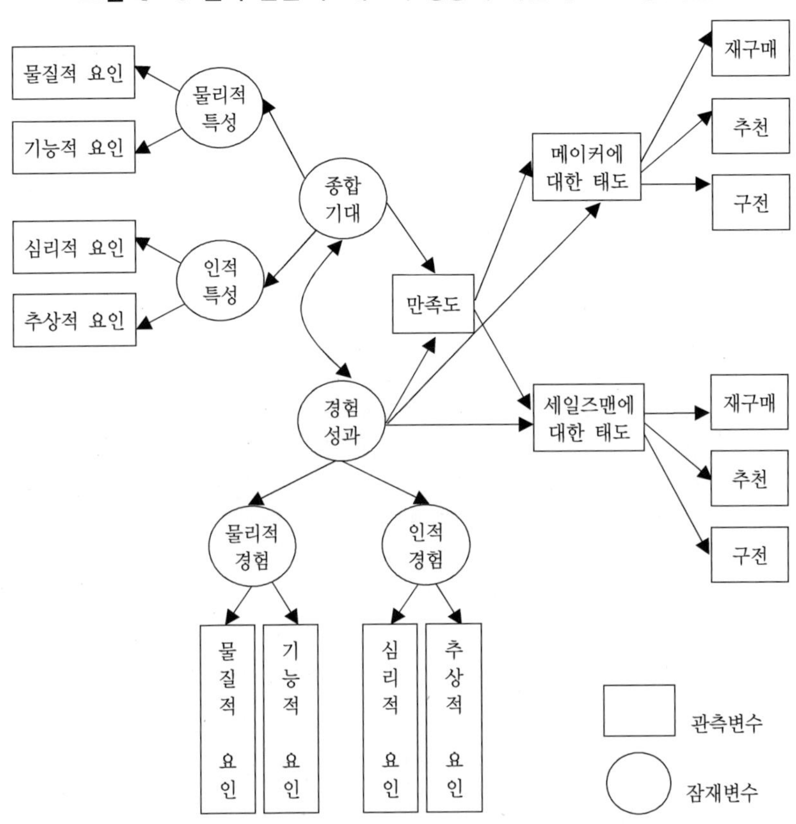

그림 8-3 만족 판단 후 태도와 행동에 대한 구조 모형(가설)

2. 조사 개요

조사는 자동차 구매에 대해 10대부터 50대 이상 남녀 700명을 대상으로 2004년 7월 26일부터 8월 25일까지 '자동차 구매에 대한 만족도 조사'라는 이름으로 무작위 우편 발송과 직접 전달 방법으로 실시했다.

조사표는 우선 자동차에 대한 기대를 10가지 항목 그리고 20개의

성과 항목, 만족도에 대한 질문, 경험 후 태도 변용에 대한 4가지
질문과 재구매 의도, 추천, 불평 및 불만의 구전에 대한 질문으로
Likert 척도 5점 척도로 구성했다.

표 8-4 조사표 항목 구성

	특 성	측 정 항 목	항 목
종합 기대	물리적 특성 인적 특성	물질적 요인, 기능적 요인(5) 심리적 요인, 추상적 요인(5)	X1~X10
경험 성과	물리적 특성 인적 특성	물질적 요인, 기능적 요인(10) 심리적 요인, 추상적 요인(10)	Y1~Y20
만족도			Y21
태도 변용	메이커에 대한 태도(2), 세일즈맨에 대한 태도(2)		Y22~25
경험 후 태도 변용 및 행동	메이커에 대한 태도: 재구매 / 추천 / 구전 의향 세일즈맨에 대한 태도: 재구매 / 추천 / 구전 의향		Y26, Y27, Y28, Y29, Y30, Y31

가설 검증을 위해 사용한 통계 소프트는 SPSS와 AMOS 프로그램
이고 분석 방법은 신뢰성 분석과 인자 분석의 주 인자법, 상관 분석,
공분산 구조 분석이다.

조사표 회수율은 171명(24.4%)으로 자동차 구매 경험이 있는 피
험자는 90명(52.6%)이고 유효 샘플 비율은 82(47.9%)이었다. 전체
피험자 속성을 보면 성별은 남성 87명(50.9%), 여성이 67명(39.2%),
무응답 17명(9.9%)이고 직업은 학생 38명(22.2%), 사회인 118명(6
9%), 무응답 17명(9.9%)이었다. 연령 분포는 10대 6명(3.5%), 20대
44명(25.7%), 30대 31명(18.1%), 40대 16명(9.4%), 50대 56명(32.
7%), 60대 1명, 무응답이 17명(9.9%)이다. 피험자의 수입은 10만 엔
이하가45명(26.3%), 20만 엔 이상이40명(23.4%), 30 ~40만 엔이 33
명(19.3%), 50만 엔 이상은 18명(10.5%), 무응답 35명(20.5%)이다.

피험자가 구매한 자동차 메이커는 도요타 37(38.9%), 닛산 18(18.

9%), 혼다 12(12.6%), 스즈키 7(7.3%), 수바루 5(5.3%), 외제차 5(5.
3%), 미츠비시 5(5.3%), 마츠다 3(3.2%), 다이하츠 3(3.2%)였다(복수
응답 가능). 소유 기간은 1년 이내 13(14.8%), 3년 이내 25(28.4%),
5년 이내 34(38.6%), 10년 이내 16(18.2%)이었다.

3. 분석 결과 및 가설 검증

앞서 제시한 가설 검증을 위해 우선 자동차 구매에 대한 기대와 경
험 성과 판단 항목의 신뢰성 분석을 실시하고 항목의 신뢰도를 측정했
다. 각 항목을 신뢰성 분석으로 스크리닝한 후 인자 분석의 주 인자법
PROMAX 회전을 실시해 인자 간 상관을 확인하는 순서를 취했다.

기대 항목의 신뢰성은 Cronbachα＝0.7 정도로 판단되는 가운데
본 조사에서는 α＝0.7로 신뢰성은 인정되었다. 그리고 주 인자법을
실시해 요인 적재량이 높은 4 항목을 다시 신뢰성 분석으로 스크리
닝한 결과 α＝0.77로 신뢰성은 인정되었다.

그리고 자동차 구매 경험에 대한 성과 판단 항목의 신뢰성 확인
을 위해 같은 순서에 따라 분석을 실시했다. 그 결과 자동차 구매
경험에 대한 성과 항목의 신뢰성은 α＝0.6으로 약간 낮게 나타났다.
그리고 주 인자법의 결과 나타난 요인 적재량이 높은 8개 항목에
대해 재차 신뢰성 분석을 실시한 결과 α＝0.6이 산출되었다. 이와
같이 신뢰성 α계수가 낮게 나타난 원인으로 생각할 수 있는 것은
유효 샘플 수가 적기 때문이리라 추측된다.

데이터 스크리닝을 마치고 가설 검증을 위해 AMOS의 공분산 구
조 분석과 상관 분석을 실시해 가설 검증을 시도했다.

공분산 구조 분석 모형의 적합성에 관해서는 일반적으로, GFI＞

0.95, AGFI<GFI, CFI>0.95, RMSEA는 0.05~0.08이라고 하는 판정 기준이 요구되고 있다. 판정 기준에 대해서 본 연구가 제시한 모형 적합도는 유효 수준이 그다지 높지 않지만 각각의 요인 간 인과 관계를 그림 8-4와 같이 확인할 수 있었다.

자동차 구매에 있어서 기대와 성과와 제품과 서비스의 특성에 근거해 자동차라고 하는 물리적 특성과 세일즈맨의 인적 특성으로 나누어 각각을 종합 기대와 경험 성과를 구성하는 요인으로 설정했다. 그리고 만족 경험 후 태도 변용을 메이커에 대한 태도와 세일즈맨에 대한 태도로 나누고 그것들과 경험 성과의 인과 관계 및 각 태도와 재구매, 추천, 구전과의 인과 관계를 살펴보기 위한 구조 모형을 제시했다.

구조 모형에서 보면 종합 기대보다 경험 성과가 좀더 강하게 만족에 영향을 미치고 있는 것과 경험 성과가 기업에 대한 태도나 세일즈맨에 대한 태도에 정(正)의 영향을 미치고 있는 것과 만족과 기업에 대한 태도나 세일즈맨에 대한 태도에 부(負)의 영향을 미치고 있다고 하는 결과가 나타났다.

유효 표본 수가 부족했기 때문에 모형 적합도는 높지 않았지만 자동차 구매에 있어서 물리적 경험과 인적 경험에 의한 경험 성과가 만족 판단 후 기업에 대한 태도나 세일즈맨에 대한 태도, 재구매, 추천, 구전에 미치는 영향을 보다 구체적으로 살펴보기 위해 그림8-5처럼 구조 모형을 제시했다.

그림 8-4 만족 판단 후 태도와 행동에 대한 구조 모형

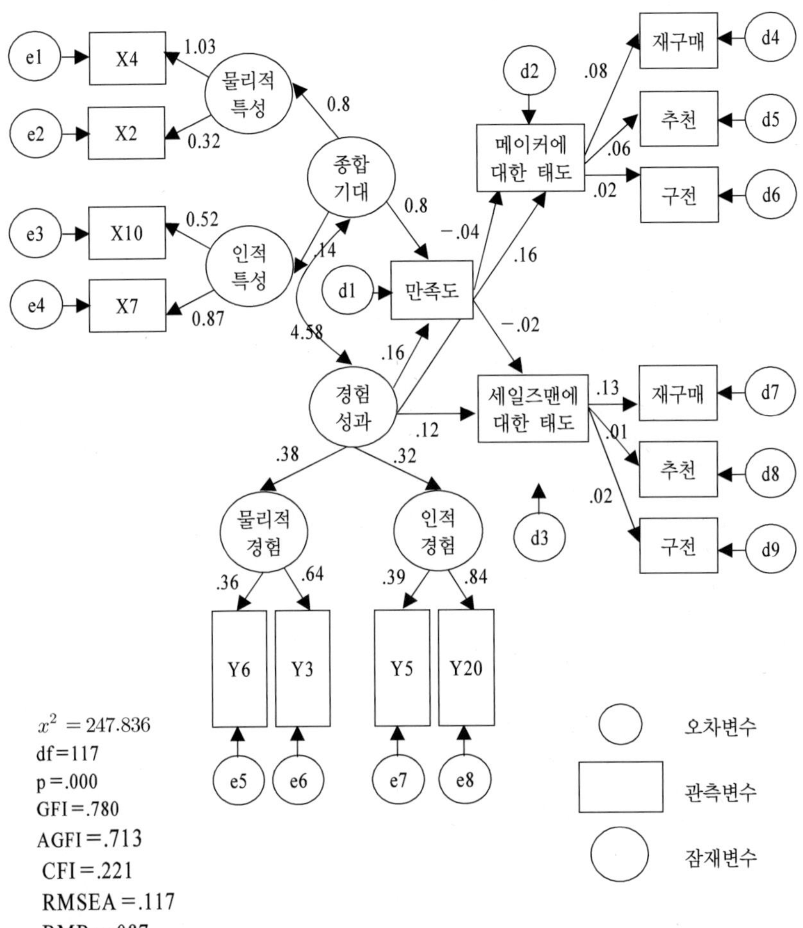

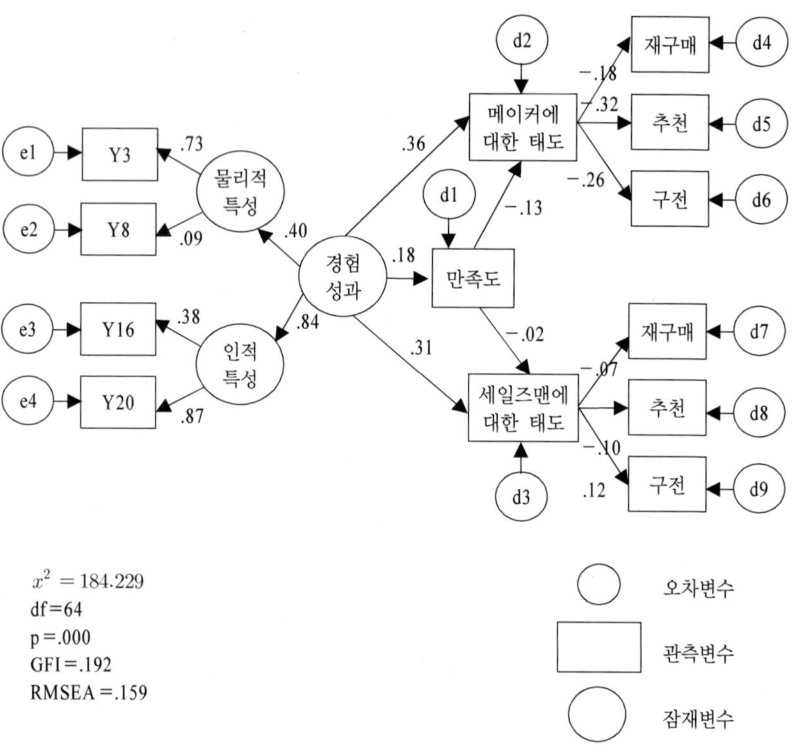

그림 8-5 경험 성과와 만족, 태도 변용, 행동과의 인과
관계에 대한 구조 모형

모형 적합도가 낮기 때문에 결론짓기에 조금 무리는 있다고 생각
되지만 전체적으로 물리적 특성에 의한 경험 성과보다 인적 특성에
의한 경험 성과가 만족이나 그 후 태도 변용에 약간 강한 영향을
주고 있다는 결과가 나타났다. 그러나 태도가 재구매나 추천, 구전에
주는 영향에서는 세일즈맨에 의한 태도보다 메이커에 대한 태도가
부(負)의 영향을 주고 있다는 결과가 나타났다고 하는 것은 세일즈
맨의 영업의 인적 특성에 근거한 경험 성과가 나쁠수록 메이커에 대

한 태도 및 재구매, 추천, 구전에 부(負)의 영향을 줄 가능성이 강하다는 결과가 나타났다. 즉 만족 판단 대상의 어떠한 특성 요인이 만족 경험 후 태도나 재구매, 추천, 구전에 영향을 주는가 하는 연구 과제에서 보면 제품 특성보다 서비스 특성이 물리적 특성보다 인적 특성이 더 강한 부(負)의 영향을 미치고 있다는 결과가 나타났다.

따라서 자동차와 같은 서비스가 부수된 유형재 또는 유형재와 서비스가 복합된 복합재의 경우 물리적 제품 특성보다 인적 서비스 특성이 만족이나 그 후 태도 변용이나 행동에 더 영향을 주고 있다는 결과로부터 서비스 제공의 중요성을 다시금 확인할 수 있다.

제품 특성에 의한 구별이나 차별이 더욱 어려워지고 있는 시장에서 기업이 고객만족의 실천으로 고객 유지를 도모할 때 서비스가 보다 중요시되는 것이 당연한 것이다. 이러한 결과를 근거로 가설 검증 결과는 표 8-5와 같다.

표 8-5 가설 검증 결과

가 설	채택 유무
H_1 물리적 특성에 근거한 성과는 태도에 정(正)의 영향을 미친다.	○
H_2 인적 특성에 근거한 성과는 태도에 정(正)의 영향을 미친다.	○
H_3 물리적 특성에 근거한 성과는 만족에 정(正)의 영향을 미친다.	○
H_4 인적 특성에 근거한 성과는 만족에 정(正)의 영향을 미친다.	○
H_5 기업에 대한 태도는 추천에 정(正)의 영향을 미친다.	×
H_6 세일즈맨에 대한 태도는 추천에 정(正)의 영향을 미친다.	×
H_7 기업에 대한 태도는 재구매에 정(正)의 영향을 미친다.	×
H_8 세일즈맨에 대한 태도는 재구매에 정(正)의 영향을 미친다.	×
H_9 기업에 대한 태도는 구전에 정(正)의 영향을 미친다.	×
H_{10} 세일즈맨에 대한 태도는 구전에 정(正)의 영향을 미친다.	△

결 론

　제8장은 고객만족 연구 중에서 소비 경험 후 또는 만족 경험 후 태도 변용이나 행동에 관한 연구에 초점을 맞춰 주요 연구를 검토했다. 그리고 검토 후 나타난 연구 과제로 만족 경험 후 태도 변용이나 행동에 영향을 주는 판단 대상의 특성 요인은 무엇인가에 주목해 연구 가설과 그 검증을 시도했다. 특히 판단 대상의 특성 요인을 제품과 서비스로 나누고 그러한 요인이 만족 후 태도나 재구매와 추천, 구전에 어떠한 인과 관계가 있는지를 파악하고자 했다.

　자동차 구매에 관한 만족도 조사를 통해 얻은 데이터로 가설을 검증하기 위해 제품의 물리적 특성과 서비스의 인적 특성을 설정하고 만족 판단 후 태도를 해당 메이커와 서비스 제공자인 세일즈맨에 대한 태도로 나누어 각각에 기초를 둔 재구매 / 추천 / 구전 의향을 분석했다.

　유효 표본 수가 부족했던 이유로 구조 모형의 적합도는 유의 수준은 아니었지만 도출되는 결론은 자동차와 같은 서비스가 부수된 유형재 또는 유형재와 서비스가 복합된 복합재의 경우는 물리적 제품 특성보다 인적 서비스 특성이 만족이나 그 후 태도 변용이나 행동에 영향을 준다는 결과로부터 서비스 제공의 중요성을 재차 확인할 수 있었다.

마케팅 인프리케이션 및 향후 전망과 연구 과제

본 연구의 전반 부분(제1장~제3장)에서는 고객만족 연구의 배경 검토로부터 연구의 변천사를 시대별로 나누어 연구에 이용된 컨셉 및 연구 특징을 고찰했다. 그리고 중반 부분(제4장~제5장)에서는 서비스에 대한 고객만족 연구를 검토하기 위해 마케팅에서 서비스와 고객만족 연구를 시작으로 고객만족에서 서비스 연구를 검토하고 서비스에서 고객만족 연구가 그다지 연구되지 않은 점이 있다는 것을 확인했다. 후반 부분(제6장~제8장)에서는 고객만족 연구의 3가지 테마를 바탕으로 주요 연구에 제품 특성과 서비스 특성으로 나누어 만족 결정 요인이나 판단 과정의 특성 그리고 만족 경험 후 태도 변용이나 행동에 대한 실증 연구를 휴대폰/PHS, 편의점, 백화점, 교통 기관(철도/고속버스/비행기), 자동차 구매에 대한 만족도 조사를 실시했다. 그리고 기존 연구에서 일반적으로 이용되고 있는 Oliver의 기대-불일치 패러다임에서 제품 특성과 서비스 특성을 구별하고 그 구성 요인을 제시해 기대와 성과의 구성 요인의 특성을 구체화하고 나아가 만족이나 태도, 재구매, 구전, 추천과의 인과 관계에 대한 모형을 제시했다.

그리고 실증 연구를 통해 제품 특성이나 서비스 특성에 의한 기대보다 소비 경험 후의 성과가 만족도나 그 후 태도 및 행동에 미치는 영향이 크다는 것을 확인했고 고객에 대한 기업의 커뮤니케이션 활동은 기대 형성을 위한 커뮤니케이션보다 소비 경험 후 성과를 전달하는 커뮤니케이션이 더욱 유효하다는 것을 시사할 수 있었다.

그러나 몇 실증 연구 중에는 조사표 회수율이 그다지 높지 않은 것도 있어서 모형 적합도가 유의 수준에 미치지 못했던 점, 유효 데이터의 부족으로 성별 및 세대별 비교를 할 수 없었던 점, 그리고 기대 변화나 태도 변용에 대한 시간적 경과를 바탕으로 한 조사를 할 수 없었던 점 등은 연구 과제가 되었다.

그리고 고객만족은 향후 보다 상위의 개념으로 자리매김되어 연구되어야 한다고 생각한다. 그 이유는 기업에 의해 제공되는 제품이나 서비스 소비 생활에서 고객의 소비 생활 전반에 걸치는 만족 실현에 이르도록 소비 생활에서의 가치 추구에 관한 연구로 연구의 초점이 확대되어야 한다는 필요성에 근거한 것이다.

앞으로 시장 경쟁과 함께 서비스 및 서비스업의 경제적 생산성은 더욱 높아져 갈 것이며 고객만족 연구에도 서비스 연구는 지금까지 이상으로 중시될 것이다. 다양화되어 가는 서비스 및 서비스업은 시장을 한층 더 세분화시킬 것이고 특성 있는 시장과 고객을 창출해 나갈 것이라는 것은 쉽게 상상할 수 있다. 그러한 서비스 중심 시장으로의 이행에 있어서도 고객만족 실천으로 만족도 향상을 위해 지속적인 노력을 통해 고객을 유지하는 것이 기업 성장 및 이익을 도출할 것이라는 것은 변함없을 것이다.

따라서 기업은 고객만족 실천을 위해 항상 고객과의 관계를 중시하며 고객을 우선으로 생각하는 고객과 일체화된 사고 및 이념 체제를 갖추어야 할 것이다. 그리고 기업은 고객을 이해하려는 노력과 함께 고객에게 독창적인 가치를 창출하는 것으로 고객만족의 극대화 및 고객을 감동시키고 고객과 기업이 요구하는 궁극의 가치를 공유해 가는 비전을 가져야 할 것이다. 그 관점에서 보면 향후의 고객만족 연구는 기업과 고객 모두에게 이익이 되는 가치 추구를 위한 실천적 패러다임으로 이행해 갈 것으로 예상되므로 앞으로 이에 관한 연구에 정진하고 싶다.

참고문헌

[한국 문헌]

김상현, 오상현(2002), "고객 재구매 의도, 결정요인에 관한 연구: 고객가치, 고객만족, 전환비용, 대안의 매력도", 한국마케팅학회, 마케팅연구, Vol.17 No.2(Jun), pp.25-55.

김영찬, 차재성(2003), "고객만족도 측정방법론과 전략적 활용", 한국마케팅학회, 마케팅연구, Vol.18, No.1(March), pp.113-132.

김윤석(1998), "공기업의 서비스가 고객만족에 미치는 영향에 관한 연구", 경남대학교대학원 석사학위논문.

김재일, 이유재, 김주영(1996), "주제발표: 서비스산업의 현황과 서비스품질", 한국소비자학회, 서비스 경쟁력과 소비자, pp.7-69.

박명호, 조형지(1999), "고객만족 개념의 재정립", 한국마케팅저널, Vol.1, No.4, pp.126-151.

박명희, 채서일(1986), "소비자 제품만족, 불만족, 정보탐색노력, 기대불일치와의 관계에 관한 연구", pp.63-89.

박성연, 이은미(1999), "관계마케팅 실현을 위한 고객만족과 고개몰입에 관한 실증적 연구", 이화여자대학교 경영연구소, 경영논총, Vol.17, No.2(December), pp.81-98.

박진호(1993), "고객만족의 결정요인에 관한 연구", 서울대학교대학원 경영학석사 학위논문.

서창적, 안월주(2001), "고객의 서비스품질 보증행동 유발요인의 만족도가 불평 및 구전에 미치는 영향", 한국서비스경영학회, 서비스경영학회지, pp.113-138.

이문규, 이인구(1996), "소매점 서비스 품질의 결정 요인에 관한 업태별 비교 연구", 한국소비자학회, 1996년도 학술발표회 논문집, pp.20-40.

이유재(1995), "고객만족의 영향에 관한 연구", 개방화 시대의 소비자문
　　제와 정책-소비자 기업 정부의 역할, 한국소비자학회, pp.1-17.

이유재, 김주영, 김재일(1996) "서비스 산업의 현황에 대한 실증연구",
　　한국소비자학회, 소비자학연구, Vol.7, No.2, pp.129-157.

이유재(1997), "고객만족형성과정의 제품과 서비스간 차이에 대한 연구",
　　한국소비자학회, 소비자학연구, Vol.8, No.1(May) pp.101-118.

이유재(2000),"고객만족경영의 개념과 실천에 관한 연구", 한국경영학회,
　　경영저널, Vol.1, No.1, pp.153-172.

이유재(2000), "고객만족 연구에 관한 종합적 고찰", 한국소비자학회, 소
　　비자학연구, Vol.11, No.2(Jun), pp.139-166.

이유재, 이준엽(2001), "서비스 품질의 측정과 기대효과에 대한 재고찰:
　　KS - SQI 모형의 개발과 적용", 한국마케팅학회, 마케팅연구,
　　Vol.16, No.1(March), pp.1-26.

이유재, 라선아(2002), "구매 후 만족도 평가, 기대의 조정, 재구매 의도
　　의 흐름에 관한 연구; 고객충성도의 조절효과를 중심으로", 한국
　　소비자학회, 소비자학연구, Vol.13, No.3(March), pp.51-77.

이철, 정대련(1994), "한국-아랍 소비자 구매의사결정에 관한 비교문화
　　적 연구: Fishbein Behavioral Intention Model을 중심으로", 한국
　　소비자학회, 소비자학연구, Vol.5, No.1, pp.115-133.

이철영, 홍정민(2002), "온라인 게임 속성과 사용자 의식에 대한 다속성
　　태도분석 연구", 기초조형학연구, Vol.3, No.2, pp.193-201.

이학식(2000),"태도연구에 대한 비평적 검토와 미래연구 방향", 한국소
　　비자학회, 소비자학연구, Vol.11, No.2(Jun), pp.39-60.

이학식, 임지훈(2001), "소비관련 감정, 만족 그리고 제품태도간의 구조
　　적 관계", 한국경영학회, 경영학연구, Vol.30, No.4(November),
　　pp.1115-1142.

이학식(1996), "서비스품질과 품질측정: 지각된 서비스품질, 결정요인 및
　　관여도", 한국소비자학회, 서비스경쟁력과 소비자, pp.91-110.

예종석, 장경혜(1999), "소비자 만족 결정 요인들의 상대적 영향력에 관한 연구-Spreng, MacKenzie 와 Olshavsky 모델의 직접 효과 검증을 중심으로-", 한국소비자학회, 소비자학연구, Vol.10, No.4, pp.75-91.

장택원(2002), "서비스 기업의 서비스 품질평가가 고객만족도와 재구매, 타인에게 추천의향에 미치는 영향", 고객만족경영연구, Vol.4, No.1 Jun), pp.171-188.

정경애(2000), "연구노트: 소비자의 가치관과 태도가 구매 후 불평행동에 미치는 영향의 지역간 차이", 한국마케팅학회, 마케팅연구, Vol.15, No.1(March), pp.205-223.

조광행(2000), "기업에 대한 소비자의 불평의도의 결정요인에 대한 연구", 한국마케팅학회, 마케팅연구, Vol.15, No.1(March), pp.125-142.

조광행, 박봉규(1999), "점포 충성도에 대한 전환장벽과 고객만족의 영향력에 관한 실증적 연구", 한국경영학회, 경영학연구, Vol.28, No.1, pp.127-149.

조형지(1999), "고객만족 개념의 재검토와 척도개발에 대한 연구", 계명대학교 박사학위논문.

차재성, 김영찬(2002), "고객만족 모형과 활용", 이화여자대학교 경영연구소, 경영논총, Vol.20, No.1(Jun), pp.77-88.

최낙환, 나광진(2002), "서비스상품 구매 후 소비과정행동에 관한 연구", 한국마케팅저널, Vol.3, No.4, pp.16-37.

최지원(2000), "고객만족과 재구매의도 및 구전효과의 관계", 한국여성체육학회지, Vol.14, No.1, pp.253-267.

황의록, 김창호(1995), "구전커뮤니케이션에 관한 연구", 광고연구, 서울: 한국방송공사, 봄호, pp.235-259.

[영문 문헌]

Aaker, D. A.(1992), "The Value of Brand Equity", *Journal of Business*

Strategy, Vol.13(July－August), pp.27－32.

Alford, B. L. and D. L. Sherrell(1996), "The Role of Affect in Consumer Satisfaction Judgments of Credence－Based Service", *Journal of Business Research*, Vol.37, No.1, pp.71－84.

Allen, D. R. and T. R. Rao(2000), *Analysis of Consumer Satisfaction Data: A Comprehensive guide to multivariate satisfaction, loyalty, and service quality research*, Milwaukee, Wisconsin: ASQC Quality press.

Alloy, L. B and N. Tabachnik(1984), "Assessment of Covariation by Humans and Animals: The Joint Influence of Prior Expectations and Current Situational Information", *Psychological Review*, Vol.91 (January), pp.112－149.

Anderson, E. W. and Barton Waitz(1989), "Determinants of Continuity in Conventional Industrial Channel Dyads", *Marketing Science*, Vol.8, No.4, pp.310－323.

Anderson and M. W. Sullivan(1993), "The Antecedents and Consequences of Customer Satisfaction for Firms", *Marketing Science*, Vol.12, No.2, pp.125－143.

Anderson(1994)"Cross－Category Variation in Customer Satisfaction and Retention", *Marketing Letters*, Vol.5, No.1, pp.19－30.

Anderson C, Fornell, and D. R. Lehmann(1994), "Customer Satisfaction, Market Share, and Profitability: Finding From Sweden", *Journal of Marketing*, Vol.58(July), pp.53－66.

Anderson C. Fornell and R. T. Rust(1997), "Customer Satisfaction, Productivity, and Profitability: Differences between Goods and Services", *Marketing Science*, Vol.16, No.2, pp.129－145.

Anderson, R. E.(1973), "Consumer Dissatisfaction: The effects of Disconfi － rmed Expectancy on Perceived product performance", *Journal of Marketing Research*, Vol.10(February), pp.38－44.

Anderson, L. R. and M. Fishbein(1965), "Prediction of Attitude from the Number, Strength, and Evaluative Aspect of Beliefs about the Attitude Object: A Comparison of Summation and Congruity Theories", *Journal of Personality and Social Psychology*, Vol.3, pp.437－443.

Babin, B. J, and M. Griffin(1998), "The Nature of Satisfaction: An Updated Examination and Analysis", *Journal of Business Research*, Vol.41, pp.127－136.

Bagozzi, R. P.(1975), "Social Exchange in Marketing", *Academy of Marketing Science*, Vol.3, No.4(Fall), pp.314－327.

Bagozzi, R. P. (1994), *Principles of Marketing Research*, Basil Blackwell Ltd.

Batra, R. and D. M. Stayman(1990), "The Role of Mood in Advertising Effectiveness", *Journal of Consumer Research*, Vol.17(September), pp.203－214.

Bayus,B.I.(1985), "Word－of－Mouth: The Indirect Effects of Marketing Efforts", *Journal of Advertising Research*, Vol.25, pp.31－39.

Bearden, W. O. and Teel, J. E.(1983), "Selected Determinants of Consumer Satisfaction and Complaint Reports", *Journal of Marketing Research*, Vol. 20(February), pp.21－28.

Bell, M. L.(1986), "Some Strategy Implications of Matrix Approach to the Classification of Marketing Goods and Services", *Academy of Marketing Science*, Vol.14, No.1(Spring),pp.13－20.

Bennett, D. P.(1988), *Dictionary of marketing Terms*, Chicago: American Marketing Association.

Berry, L. L.(1980), "Services Marketing Is Different", *Business*, (May－June), reprinted in [14] pp.29－37.

Berry, D. Bennett, C. Brown, D. J. Irwin(1989), *Service Quality Imperative in Service Quality —A Profit for Financial Institutions.*

Bitner M. J.(1990),"Evaluating Service Encounters: The Effects of Physical Surroundings and Employee Response", *Journal of Marketing*, Vol.54(April), pp.69－82.

Bitner M. Bernard, H. Booms, and M. S. Terreault(1990), "The Service Encounter: Diagnosing Favorable and Unfavorable Incidents", *Journal of Marketing*, Vol.54(January), pp.71－84.

Blodgett, J. and D. H. Granbois(1992), "Toward An Integrated Conceptual Model of Consumer Complaining Behavior", *Journal of Consumer Satisfaction, Dissatisfaction and Complaining Behavior*, Vol.5, pp.93－103.

Blodgett and R. G. Walter.(1993), "The Effects of perceived Justice on Complaints' Negative Word－of－Mouth Behavior and Repatronage Intentions", *Journal of Retailing*, Vol.69, No.4, pp.399－428.

Bobrow, D. G. and D. A. Norman(1975), "Some Principles of Memory Schemata", in *Representation and Understanding: Studies in Cognitive Science*, New York: McGraw-Hill, pp.131－149.

Bollen, K. A.(1989), *Structural Equations with Latent Variables*, John Wiley & Sons.

Bolton, R. and J. H. Drew(1991), "A MultiStage Model of Customers' Assessments of Service Quality and Value", *Journal of Consumer Research*, Vol.17(March), pp.375－384.

Boulding, W., A. Lalra, R. Staelin, and V. A. Zeithaml(1993), "A Dynamic Process Model of Service Quality from Expectations to Behavioral Intentions", *Journal of Marketing Research*, Vol.30 (February), pp.7－27.

Borch, F. J.(1962), "The Marketing Philosophy as a way of business life", in *Managerial Marketing*, ed. Kelley=Lazer, Irwin, pp.14－20.

Borgida、E. and R. Nisbett(1997), "The Differential Impact on Abstract vs Concrete Information on Decision", *Journal of Applied Social Psychology*, Vol.7, No.3, pp.258－271.

Boulding, W., A. Kalra, R. Staelin, and V. Zeithaml(1993), "A Dynamic Process Model of Service Quality: From Expectations to Behavioral Intention", *Journal of Marketing Research*, Vol.30(February), pp.7－27.

Burke, M. C. and J. A. Edell(1989), "The Impact of Feelings on ad－Based Affect, and Cognition", *Journal of Marketing Research*, Vol.26(February), pp.69－83.

Cadotte, E. R., R. B. Woodruff and R. L. Jenkins(1987), "Expectations and Norms in Models of Consumer Satisfaction", *Journal of Marketing Research*, Vol.24(August), pp.305－314.

Cardozo, R. N.(1965), "An Experimental Study of Customer Effort, Expectation, and Satisfaction", *Journal of Marketing Research*, Vol.2(August), pp.244－249.

Carl, S. J. M. and E. Aronson(1963), "Some Hedonic Consequences of the Confirmation and Disconfirmation of Expectancies", *Journal of Abnormal and Social Psychology*, Vol.66, No.2(February), pp.153－154.

Carpenter, G. S. and D. Lehman(1985), "A Model of Marketing Mix, Brand Switching, and Competition", *Journal of Marketing Research*, Vol.22(August), pp.318－329.

Cohen, J. B. and M. E. Goldberg(1970), "The Dissonance Model in post－Decision Product Evaluation", *Journal of Marketing Research*, Vol.7(August), pp.315－321.

Cohen and C. S. Areni(1991), "Affect and Consumer Behavior", in *Handbook of Consumer Behavior*, ed. T. S. Robertson, and H. H. Kassarjian, Englewood Cliffs, NJ: Prentice Hall.

Converse, P. D.(1930), *The elements of marketing*, Prentice－Hall.

Committee on Definitions(1960), *AMA Marketing Definitions*, Chicago.

Cowell, D.(1984), *The Marketing of Services*, Butter worth－Heinemann Ltd.

Crosby, P. B.(1979), *Quality is Free*. New York: McGraw－Hill.

Cronin, J. J. Jr. and S. A. Taylor(1992), "Measuring Service Quality: A Reexamination and Extension", *Journal of Marketing*, Vol.58 (January), pp.125－131.

Cronin, J. J. Jr. and S. A. Taylor (1994), "SERVPERF Versus SERVQUAL: Reconciling Performance－Based and Perceptions-Minus-Expectations Measurement of Service Quality", *Journal of Marketing*, Vol.58(January), pp.125－131.

Colombo, R. A., D. G. Morrison, and J. D. Green(1989), "A Brand Switching Model with Implications for Marketing Strategies: Relaxing the Loyalty Condition in the Colombo/Morrison Model; Commentary; Replay", *Marketing Science*, Vol.8, No.1, pp.89－106.

Crosby, P. B.(1979), *Quality is Free*. New York: McGraw－Hill.

Chruchill, G. A., Jr. and C. Surprenant(1982), "An Investigation into the Determinants of Customer Satisfaction", *Journal Marketing Research*, Vol.19(November), pp.491－504.

Cummings, W. H. and M. Venhatesan(1976), "Cognitive Dissonance and Consumer Behavior: A Review of the Evidence", *Journal of Marketing Research*, Vol.13(August), pp.303－308.

Curren, M. T. and V. S. Folkes(1987), "Attributional Influences on Consumers' Desires to Communicate About Products", *Psychology and Marketing*, Vol.4(Summer), pp.31－45.

Czepiel, J. A. and L. J. Rosenberg(1976), "Consumer Satisfaction: Toward an Integrative Framework", *Proceedings of the Marketing Research*, Vol.19(November), pp.169－171.

Czepiel, J. A. and L. J. Rosenberg (1977), "The Study of Consumer Satisfaction: Addressing the 'so what' Question", H. Keith Hunt, ed. *Conceptualization and Measurement of Consumer Satisfaction and Dissatisfaction*, Marketing Science Institute, pp.92－119.

Davidow, M. and P. E. Dacin(1997), "Understanding and Influencing Consumer Complaint Behavior: Improving Organizational Complaint Management", *Advances in Consumer Research*, Vol.24, pp.450－456.

Day, R. L.(1977), "Extending the Concept of Consumer Satisfaction", in *Advances in Consumer Research*, Vol.4, ed. W. D. Perreault, Atlanta: Association for Consumer Research, pp.149－154.

Day, R. L. and E. L. Landon(1977), "Toward a Theory of Consumer Complaining Behavior", in Consumer and Industrial buying Behavior: A. G. Woodside, J. N. Sheth, and P. D. Bennett, ed. New York: North－Holland, pp.425－437.

Day, R. L. and E. L. Landon(1984)"Modeling Choices Among Alternative Responses to Dissatisfaction", *Advances in Consumer Research*, Ann Arbor, pp.496－499.

Dekimpe, M. G., Jan－Benedict, E. M., S. Kamp, M. Mellens, and P. V. Abeele(1990), "Decline and Variability in Brand Loyalty", *Interna － International Journal of Research in Marketing*, Vol.14(December), pp.405－420.

Deming, W. E.(1995), *Quality, Productivity, and Competitive Position* Cambridge, MA:MIT Center for Advanced Engineering Study,

Dictionary of Marketing Terms, 2d ed., ed. Bennett, D. P. Chicago: American Marketing Association.

Desai, K. K. and V. Mahajan(1998), "Strategic Role of Affect−Based Attitudes in the Acquisition, Development, and Retention of Customers", *Journal Business of Research*, Vol.42, pp.309−324.

Dick, A. S. and K. Basu(1994), "Customer Loyalty: Toward An Integrated Conceptual Framework", *Journal of the Academy of Marketing Science*, Vol.22(Winter), pp.99−113.

Drucker, P. F.(1954), *The practice Management* Harper & Row: New York.

Drucker, P. F. (1973), *Management: Tasks, Responsibilities*, Practices, New York: Harper & Row.

Edell, J. A. and M. C. Burke(1987), "The power of Feelings in Understanding Advertising Effect", *Journal of Consumer Research*, Vol.14(December), pp.421−433.

Engel, J. F., D. T. Kollat and R. D. Blackwell(1968), *Consumer Behavior*, New York, Holt, Rinehart and Winston, Inc.

Engel, J. F. and M. L. Light(1968), "The Role of Psychological Commitment in Consumer Behavior: An Evaluation of The Theory of Cognitive Dissonance", in *Applications of The Sciences in Marketing Management*, ed. Bass, F. M., C. W. king, E. A. Pessemier, John Wiley & Sons, pp.179−206.

Engel, J. F. and Blackwell, R. D.(1982), *Consumer Behavior*, New York: Holt, Rinehart, and Winston.

Engel, J. F. and P. W. Miniard(1993), *Consumer Behavior*, 7th, The Dryden Press.

Engel, J. F. and P. W. Miniard(1995), *Consumer Behavior*, 8th, Forth Worth, TX: Dryden.

Engel, J. F. and P. W. Miniard(2001), *Consumer Behavior*, 9*th*, TX: Dryden.

Enis, B. M. and K. J. Roering(1981),"Service Marketing: Different Products, Similar Strategy", in *Marketing of Services*, ed. Donnelly, J. H., and W. R. George, AMA, pp.1－4.

Felton, A. P.(1959), "Making the Marketing Concept Work", *Harvard Business Review*, Vol.37(July / August), pp.55－65.

Festinger, L. A.(1957), *A Theory of Cognitive Dissonance*, Stanford University Press.

Folks, V. S.(1984), "Consumer Reactions to Product Failure: An Attribution Approach", *Journal of Consumer Research*, Vol.10(March), pp.398－409.

Fishbein, M.(1967), "A behavior Theory Approach to the Relation between Beliefs about an Object and the Attitude Toward the Object", in *Readings in Attitude Theory and Measurement*, pp.389－440.

Fishbein, M. and I. Ajzen(1975), *Belief, Attitude, Intention, and Behavior*, Addison－Wesley.

Fisk, R. P., and C. E. Young(1985), "Disconfirmation of Equity Expectations: Effects on Consumer Satisfaction with Services", *Advances in Consumer Research*, pp.340－345.

Fisk, R. P., S. W.Brown, and M. J. Bitner(1993), "Tracking the Evolution of the Services Marketing Literature", *Journal of Retailing*, Vol.69, No.1, pp.67－82.

Fornell C. and B. Wernerfelt(1987), "Defensive Marketing Strategy by Customer Complaint Management: A Theoretical Analysis", *Journal of Marketing Research*, Vol.24(November), pp.337－338.

Fornell C(1992), "A National Customer Satisfaction Barometer: The Swedish Experience", *Journal of Marketing*, Vol.56(January), pp.6

　　　　　－21.

Fornell C. and M. D. Johnson, E. W. Anderson, Cha, Jaesung and E. B. Barbara (1996), "The American Customer Satisfaction Index: Nature, Purpose, and Findings", *Journal of Marketing*, Vol.60 (October), pp.7－18.

Gale, B. and R. Buzzell(1987), *The PIMS Principles*, The Free Press, pp.63－99.

Gardial, S. F., Clemons, D. S., Woodruff, R. B., Schumann, D. W. and Burns, M. J.(1994),"Comparing consumers' recall of prepurchase and postpurchase product evaluation experiences", *Journal of Consumer Research*, Vol.20(March), pp.548－560.

Gardner, M. P.(1985), "Mood States and Consumer Behavior: A Critical Review", *Journal of Consumer Research*, Vol.12(December), pp.281－300.

Garvin, D. A.(1984), "What Does Product Quality Really Mean", *Sloan Management Review*, Vol.26, No.1(Fall), pp.25－44.

Garbarino, E. and M. S. Johnson(1999), "The Different Roles of Satisfaction, Trust, and Commitment in Customer Relationship", *Journal of Marketing*, Vol.63(April), pp.70－87.

Giles, G. B.(1964), *Marketing Management*, Macdonald and Evans.

Grant, A. W. and Schlesinger, L. A.(1995),"Realize your customer's full profit potential", *Harvard Business Review* (September/October), pp.59－72.

Griliches, Z.(1971), *Price Indexes and Quality Change*, Cambridge. MA: Harvard University Press.

Gronhang, K. and G. Zaltman(1981), "Complainers and Noncomplainers Revisited: Another Look at the Data", *Advances in Consumer Research*, Ann Arbor, pp.83－87.

Grönroos, C.(1984), "A Service Quality Model and Its Marketing implication", *European Journal of Marketing*, Vol.18, No.4, pp.36－44.

Grönroos, C. (1991), *Service Management and Marketing*, USA: Lexington Books.

Grönroos, C. (1994), "From Marketing Mix to Relationship marketing: Towards a Paradigm Shift Marketing", *Management Decision*, Vol.32, No.2, pp.4－20.

Gutman, J.(1982),"A Means－End Chain Model Based on Consumer Categorization Process", *Journal of Marketing*, Vol.16, No.1(Spring), pp.60－72.

Gutman, J. (1988),"Laddering Theory, Method, Analysis, and Interpretation", *Journal of Advertising Research*, Vol.28, No.1(February / March), pp.11－31.

Gutman, J. (1991), "Exploring the Nature of Linkage between consequences and Values", *Journal of Business research*, Vol.22(March), pp.143－147.

Gummesson, E.(1993), *Quality Management in Service Organization*, ISQA (International Service Quality Association), New York.

Gunlach, G. T., R. S. Achrol, and J. T. Mentzer(1995), "The Structure of Commitment in Exchange", *Journal of Marketing*, Vol.59 (January), pp.78－92.

Halstead, D., Morash, E. A. and Ozment, J.(1996), "Comparing Objective Service Failure and Subjective Complaints: An Investigation of Domino and Halo Effects", *Journal of Business Research*, Vol.36, pp.107－115.

Hansen, H. L.(1956), *Marketing, text, cases, and readings.*

Hart, C., W. L. James, L. Heskett, and W. E. Sasser, Jr.(1990), "The

Profitable Art of Service Recovery", *Harvard Business Review*, (July / August), pp.148−156.

Hartman D.E. and J. H. Lindgren(1993), "Consumer Evaluations of Goods and Services", *Journal of Services Marketing*, Vol.7, No.2, pp.4−15.

Hansen, F.(1972), *Consumer Choice Behavior: A Cognitive Theory*, New York: Free Press.

Heide, J. B. and A. M. Weiss(1995), "Vender consideration and switching behavior for buyers in high technology markets", *Journal of Marketing*, Vol.59(July), pp.39−40.

Helson, H.(1948), "Adaptation−Level as a Basis for Quantitative Theory of Frames of Reference", *Psychological Review*, Vol.55, No.6 (November), pp.297−313.

Henning−Thurau, Thorsten and Alexander, K.(1997),"The Impact of Customer Satisfaction and Relationship Quality on Customer Retention: A Critical Reassessment and Model Development", *Psychology & Marketing*, Vol.14, No.8, pp.737−764.

Heskett, J. L ., Sasser, Jr. W. E., and Schlesinger, L. A.(1994), "Putting the Service−Profit Chain to work", *Harvard Business Review*, Vol.72, No.2(March / April), pp.164−174.

Heskett, J. L .(1997), *The Service Profit Chain*, New York: Free Press.

Hirschnman, A. O.(1970), *Exit, Voice, and Loyalty: Responses to Decline in Firms, Organizations and States*, Cambridge, MA: Harvard University Press.

Hoch, S. J. and J. Deighton(1989), "Managing What Consumers Learn from Experience", *Journal of Marketing*, Vol.53(April), pp.1−20.

Holbrook, K. and P. Corfman(1985), "Quality and Value in the Consu− mption Experience", in *Perceived Quality*, pp.31−57.

Holbrook, M. B. and R. Batra(1987), "Assessing the Role of Emotions as Mediators of Consumer Reponses to Advertising", *Journal of Consumer Research*, Vol.14, No. 3(December), pp.404−420.

Howard, J.A. and Sheth, J. N.(1969), *The Theory of Buyer Behavior*, New York: John Wiley & Sons.

Howard, J.A., Hulbert, J.(1974), "Advertising and the Public Interest", *Journal of Advertising Research*, Vol.14, pp.33−40.

Howard, J.A. (1989), *Consumer Behavior in Marketing Strategy*, Prentice−Hall.

Hunt, H. K.(1977),"CS / D−Overview and future research Direction", *Conceptualization and Measurements of Consumer Satisfaction and Dissatisfaction*, pp.455−488.

Isen, A. M.(1984), "Toward Understanding the Role of Affect in Cognition", in *Handbook of Social Cognition*, ed. Wyer, R. and T. Srull, Hillsdale, NJ: Erbaum, pp.179−236.

Izard, C. E.(1973), *Human Emotions*, New York: Plenum Press.

Jacoby, J.(1978), "Consumer Research: A State of the Art review", *Journal of Marketing*, Vol.42(April), pp.87−96.

Jeuland, A. P.(1979), "Brand Choice Inertia as One Aspect of the Notion of Brand Loyalty", *Management Science*, Vol.25, No.7, pp.671−682.

Johnson, E. M., E. E. Sheuing, and K. A. Gaida(1986), *Profitable Service Marketing*, Dow Jones−Irwin, Inc.

Johnson, M. D. and C. R. Plott(1989), "The Effect of Two trading Institutions on Price Expectations and Stability of Supply−Response Lag Market", *Journal of Economic Psychology*, Vol.10 (June), pp.189−216.

Johnson, M. D., E. W. Anderson, and C. Fornell(1995), "Rational and

Adaptive Performance Expectation in a Customer Satisfaction Framework", *Journal of Consumer Research*, Vol.21(March), pp.695 −707.

Johnson, M. D., George, N. and C. Fornell(1996), "Expectations, Perceived Performance, and Customer Satisfaction for a Complex Service: The Case of Bank Loans", *Journal of Economic Psychology*, Vol.17, pp.163−182.

Jones, T. O. and W. E. Sasser, Jr.(1995), "Why Satisfied Customer Defect", *Harvard Business Review*, Vol.73(November / December), pp.88−99.

Judd, R. C.(1964), "The Case for Redefining Services", *Journal of Marketing*, Vol.28, No.1(January), pp.58−59.

Juran, J. M.(1988), *Juran's Quality Control Handbook. 4th ed.*, New York: McGraw−Hill.

Kalwani, M. U., Chi Kin Yim, Heikki, J. R., and Yoshi Sugita(1990), "A Price Expectations Model of Consumer Brand Choice", *Journal of Marketing Research*, Vol.27(August), pp.251−262.

Kalyanaram,G., and J. D. C. Little(1994),"An Empirical Analysis of Latitude of Price Acceptance in Consumer Package Goods", *Journal of Consumer Research*, Vol.21(December), pp.408−418.

Keaveney,S. M.(1995), "Customer Switching Behavior in Service Industries: An Exploratory Study", *Journal of Marketing*, Vol.59(April), pp.71−82.

Keith, R. J.(1960), "The Marketing Revolution", *Journal of Marketing*, Vol.24, No.3(January), pp.35−38.

Keller, K. L.(1993), "Conceptualizing, Measuring, and Managing Brand Equity", *Journal of Marketing*, Vol.57(January), pp.1−22.

Keller, K. L. (1988), *Strategic Brand Management: Building, Measuring, and Managing Brand Equity*, Upper Saddle River, NJ: Prentice Hall.

Kelly, E.J.(1972), *Marketing Planning and Competitive Strategy*, Prentice－Hall.

Kelley, S. W. and M. A. Davis(1994), "Antecedents to Customer Expectation for Service Recovery", *Journal of Academy of Marketing Science*, Vol.22, No.1, pp.52－61.

Kotler, P. and S. J. Levy(1969), "Broadening the Concept of Marketing", *Journal of Marketing*, Vol.33(January), pp.10－15.

Kotler, P.(1972), "A Generic Concept of Marketing", *Journal of Marketing*, Vol.36(April), pp.51－52.

Kotler, P.(1975), *Marketing for nonprofit organizations*, Englewood Cliffs, NJ: Prentice－Hall.

Kotler, P.(1984), *Marketing Essentials*, Prentice－Hall, Inc.

Kotler, P.(1986), "Megamarketing", *Harvard Business Review*, Vol.64 (March / April), pp.117－124.

Kotler, P.(1991), *Marketing Management: Analysis, Planning, Implementation, and Control*, 7th, Englewood Cliffs, NJ: Prentice hall.

Kotler, P.(1980), *Principles of Marketing*, Prentice－Hall, Inc.

Kotler, P.(1997), *Marketing Management : Planning, Implementation, and Control.* 9th ed. Upper Saddle River, NJ: Prentice.

Kotler, P.(2001), Marketing Management, Millennium Edition, Prentice－Hall, Inc.

Kotler, P.(2002), *Marketing Professional Services*, Second Edition, Pearson Education.

Kolodinsky, J.(1993), "Complaints, Redress, and Subsequent Purchase of Medical Service by Dissatisfied Consumer", *Journal of Consumer Policy*, Vol.16, pp.193－214.

Kozlik, A.(1944), "CONCEPTS OF PLANE, STANDARD, LEVEL AND SATISFACTION OF CONSUMPTION AND OF LIVING", *Journal of Marketing*, Vol.9(July), pp.55−57.

Krishman, S. and N. A. Valle(1979), "Dissatisfaction Attributions and Consumer Complaint Behavior", *Advances in Consumer Research*, pp.445−449.

Labarbera, P. A. and D. Mazursky(1983), "A Longitudinal Assessment of Consumer Satisfaction / Dissatisfaction: The Dynamic Aspect of the Cognitive Process", *Journal of Marketing Research*, Vol.20 (November), pp.393−404.

Lancaster, K.(1979), *Variety, Equity, and Efficiency*, New York: Columbia University Press.

Landon, E. L.(1977), "A Model of Consumer Complaint Behavior", *Consumer Satisfaction, Dissatisfaction and Complaining Behavior*, pp.31−35.

Latour, S. A. and N. C. Peat(1979), "Conceptual and Methodological Issues in Consumer Satisfaction Research", *Advances in Consumer Research*, Vol.6, pp.431−437.

Lazer, W. and E. J. Kelley(1973), *Social Marketing: Perspectives and Viewpoints*, R. D. Irwin.

Levy, S. J. and Zaltman, G.(1975), *Marketing, Society, and Conflict*, Englewood Cliffs, NJ, Prentice−Hall.

Liljander, V. and T. Strandvik(1983), "Estimating Zones of Tolerance in Perceived Service Quality and Perceived Service Value", *International Journal of Service Industry Management*, Vol.4, No.2, pp.6−28.

Lovell, M. C.(1986), "Test of the Rational Expectations Hypothesis", *American Economic Review*, Vol.76(March), pp.110−124.

Lovelock, C. H.(1983), "Classifying Services to Gain Strategic Marketing

Insights", *Journal of Marketing*, Vol.47(Summer), pp.9－19.

Lovelock, C. H.(1984), *Services Marketing: Text, Cases*, & Readings, Prentice－Hall, Inc.

Lovelock, C. H.(1984), "Distinctive Aspects Services Marketing", in *Service's Marketing*, ed. C. H. Lovelock., Third Edition, Prentice －Hall.

Lovelock, C. H.(1999)and L. K. Wright., *Principles of Service Marketing and Management*.

Mano, H. and R. L. Oliver(1993), "Assessing the Dimensionality and Structure of the Consumption Experience: Evaluation, Feeling, and Satisfaction", *Journal of Consumer Satisfaction, Dissatisfaction and Complaining Behavior*, Vol.2, pp.1－16.

Mazis, M. B., O. T. Ahtola, and R. E. Klippel(1975), "A Comparison of four Multi－Attribute Models in the Prediction of Consumer Attitude", *Journal of Consumer Research*, Vol.2(June) pp.38－52.

McCarthy, J. E.(1962), *Basic Marketing: A Managerial Marketing*, Irwin.

McCarthy, J. E.(1969), *Basic Marketing: A Managerial Approach, Homewood*, Ill: R. D. Irwin.

McCarthy, J. E.(1978), *Basic Marketing*(5ed).

McCarthy, J. E.(1987)and W. D. Perreault, Jr., *Basic Marketing*, 9 / ed., Irwin.

Mckitterick, J. B.(1957), "What is the Marketing Management Concept?" in *The Frontiers of Marketing Thought and Science*, ed. F rank M. Bass, Chicago: American Marketing Association, pp.71－92.

Mehrabian, A and J. A. Rusell.(1974), *An Approach to Environmental Psychology*, Cambridge, MA＋MIT Press.

Miller, J. A.(1977), "Studying Satisfaction, Modifying, Posing Problems and Meaningful Measurements", in *Conceptualization and*

Measurement of Consumer Satisfaction and Dissatisfaction, Cambridge, MA; Marketing Science Institute, pp.72−91.

Mittal, W. T. Ross, Jr., and P. M. Baldasare(1998), "The Asymmetric Impact of Negative and Positive Attribute−Level Performance on Overall Satisfaction and Repurchase Intentions", *Journal of Marketing*, Vol.62, No.1(January), pp.33−47.

Mohr, L. A. and M. J. Bitner(1995), "The Role of Employee Effort in Satisfaction with Service Transaction", *Journal of Business Research*, Vol.32, pp.239−252.

Morgan, R. M. and S. D. Hunt(1994), "The Commitment trust Theory of Relationship Marketing", *Journal of Marketing*, Vol.58(July), pp.20−38.

Mowen J. C. and Minor M. S.(2001), *Consumer Behavior: A Framework*, Prentice−Hall, New Jersey.

Montogomery, D. B.(1975), "New Product Distribution: An Analysis of Supermarket Buyer decision", *Journal of Marketing Research*, Vol.12(July), pp.255−264.

MuNeal, J. U.(1982), *Consumer Behavior on Integrative Approach*, Little, Brown and Company.

Murphy, P. E. and B. M. Enis(1986), "Classifying Products Strategically", *Journal of Marketing*, Vol.50(July), pp.24−42.

Newman, J. W. and R. A. Werbel(1973), "Multivariate Analysis of Brand loyalty for Major Household Appliances", *Journal of Marketing Research*, Vol.10(November), pp.404−409.

Nicosia, F. M.(1966), *Consumer Decision Process*, Englewood Cliffs, NJ: Prentice.

Norman, A. H. and J. Stapleton(1960), *Marketing Definitions*, A Glossary of Marketing Terms, Committee on Definitions of AMA.

Oliver, R. L.(1976), "Hedonic Reactions to the Disconfirmation of Product Performance Expectations: Some Moderating Conditions", *Journal of Applied Psychology*, Vol.61, No.2, pp.246－250.

Oliver, R. L.(1977), Satisfaction: *A Behavioral perspective on the Consumer*, McGraw－Hill Companies, Inc.

Oliver, R. L.(1980), "A Cognitive Model of the Antecedents and Consequences of Satisfaction", *Journal of Marketing Research*, Vol.17(November), pp.460－469.

Oliver, R. L.(1981), "Measurement and Evaluation of Satisfaction Process in Retail Setting", *Journal of Retailing*, Vol.57(Fall), pp.25－48.

Oliver, R. L. and R. S. Winer(1987), "A Framework for the Formation and Structure of Consumer Expectations: Review and Propositions", *Journal of Economic Psychology*, Vol.8(September), pp.469－499.

Oliver, R. L. and W. S. Desarbo(1988), "Response Determinant in Satisfaction Judgments", *Journal of Consumer Research*, Vol.14 (March), pp.495－507.

Oliver, R. L. and J. E. Swan(1989), "Consumer Perceptions of Interpe－rsonal Equity and Satisfaction in Transactions: A Field Survey Approach", *Journal of Marketing*, Vol.53(April), pp.21－35.

Oliver, R. L.(1989), "Processing of the Satisfaction Response in Consu－mption: A Suggested Framework and Research Propositions", *Journal of Consumer Satisfaction, Dissatisfaction and Complaining Behavior*, Vol.2, pp.1－16.

Oliver, R. L.(1992), "An Investigation of the Attribute Basis of Emotion and Related Affects in Consumption: Suggestions for a Stage－specific Satisfaction Framework", *Advances in Consumer Research*, Vol.19, pp.237－244.

Oliver, R. L.(1993), "Cognitive, Affective, and Attribute bases of the Satisfaction Response", *Journal of Consumer Research*, Vol.20 (December), pp.418－430.

Oliver, R. L. and Westbrook, R. A.(1993),"Profiles of consumer Emotions and Satisfaction in Ownership and Usage", *Journal of Consumer Satisfaction, Dissatisfaction and Complaining Behavior*, Vol.6, pp.12－27.

Oliver, R. L.(1993), "A Conceptual Model of Service Quality and Service Satisfaction: Compatible Goals, Different Concepts", *Advances in Services Marketing and Management*, Vol.2, pp.65－85.

Oliver, R. L.(1999), "Whence Consumer Loyalty?" *Journal of Marketing*, Vol.63, pp.33－44.

Olson, J. C. and P. Dover(1976), "Effects of Expectation Creation and Disconfirmation of Belief Elements of Cognitive Structure", *Advances in Consumer Research*, pp.168－175.

Olson, J. C. and P. Dover(1988), "Disconfirmation of Consumer Expectation Through Product Trial", *Journal of Applied Psychology*, Vol.64 (April), pp.179－189.

Olshavsky, R. W.(1985), *Perceived Quality in Consumer Decision Making: An Integrated heretical perspective* in J. Jacoby and J. C. Olson, Perceived Quality, Lexington Books, pp.3－29.

Olshavsky, R. W. and J. A. Miller(1972), "Consumer Expectations, Product Performance, and Perceived Product Quality", *Journal of Marketing Research*, Vol.9(February), pp.19－21.

Ortony, A. G., L. Clore, and A. Collins(1988), *The Cognitive Structure of Emotions*, Cambridge, England: Cambridge University Press.

Orutinau, D. J.(1979), "A Conceptional Model of Consumer Post Purchase Satisfaction／Dissatisfaction Decision Process", in *New*

Dimension on Consumer Satisfaction and Complaining Behavior, pp.35−40.

Orutinau, D. J. and R. P. Bush(1997), "The Propensity of College Students to Modify Course Expectations and Its Impact on Course Expectations and Its Impact on Course Performance Information", *Journal of Marketing Education*, Vol.9(Spring), pp.42−52.

Parasuraman, A., V. A. Zeithaml and L. L. Berry(1985), "Problems and Strategies in Service Marketing", *Journal of Marketing*, Vol.49 (Spring), pp.34−55.

Parasuraman, A., V. A. Zeithaml and L. L. Berry(1985), "A Conceptual Model of Service Quality and Its Implications for Future Research", *Journal of Marketing*, Vol.49(Fall), pp.41−50.

Parasuraman, A., V. A. Zeithaml and L. L. Berry(1988), "SERVQUAL: A Multiple−Item Scale for Measuring Consumer Perceptions of Service Quality", *Journal of Retailing*, Vol.64(Spring), pp.12−40.

Parasuraman, A., V. A. Zeithaml, and L. L. Berry(1994), "Reassessment of Expectations as a Comparison Standard in Measuring Service Quality: Implications for Future Research", *Journal of Marketing*, Vol.58(January), pp.111−124.

Parkinson, B. and A. S. R. Manstead(1992), "Appraisal as a Cause of *Emotion*", in Emotion, ed. W. S. Clark, pp.122−149.

Payne, A.(1993), *The Essence of Services Marketing*, Prentice Hall International, (UK)Ltd.

Peter, R. A. and G. A. Churchill, Jr.(1986), "Relationships Among Research Design Choices and Psychometric Properties of Rating Scales: A Meta−Analysis", *Journal of Marketing*, Vol.13(February), pp.1−10.

Peters, T. J. and Waterman, R. H.(1982), *In Search of Excellence*, New York: Harper & Row.

Peterson, R. A. and W. R. Wilson (1997), "Measuring Customer Satisfaction: Fact and Artifact", *Journal of Academy Marketing Science*, Vol.20, pp.61－71.

Pfaff,A. B.(1972), "An index of consumer satisfaction", *Proceedings Association for Consumer Research*, pp.713－737.

Plutchik, R.(1980), *Emotion: A Psychoevolutionary Synthesis*, New York, Harper & Row.

Raju, J. S., V. Srinivasan, and L. Rajiv(1990), "The effect of Brand Loyalty on Competitive Price Promotional Strategies", *Management Science*, Vol.36, No.3, pp.276－304.

Rathmell, J. M.(1974), "What Is Meant by Services?" *Journal of Marketing*, Vol.30, No.4(October), pp.32－36.

Rathmell, J. M.(1974), *Marketing in the Service Sector*, Wintrop Publisher, Inc.

Regan, W. J.(1963), "The Service Revolution", *Journal of Marketing*, Vol.27(July), pp.57－62.

Reichheld, F. F. and Sasser, W. E. Jr.(1990), "Zero Defections: Quality Comes to Services", *Harvard Business Review*, Vol.68(September / October), pp.105－111.

Reichheld, F. F. and Sasser, W. E. Jr.(1996),"Learning from Customer Defection", *Harvard Business Review*, Vol.74(March/April), pp.56－67.

Reichheld, F. F. and Sasser, W. E. Jr.(1993), "Loyalty－Based Management", *Harvard Business Review*, (March/April), pp.64－73.

Reynolds, T. J. and J. Gutman(1989), "Laddering Theory, Method, Analysis, and Interpretation", *Journal of Advertising Research*,

Vol.28(February / March), pp.11 − 31.

Richins, M. L.(1979), "Consumer Complaining Process: A Comprehensive Model", in *New Dimension on Consumer Satisfaction and Complaining Behavior*. ed, pp.30 − 34.

Richins, M. L.(1997), "Measuring Emotions in the Consumption Experience", *Journal of Consumer Research*, Vol.24(September), pp.127 − 146.

Robertson, T. S., and H. Gatignon(1986),"Competitive Effects on Technology Diffusion", *Journal of Retailing*, Vol.50(July), pp.233 − 255.

Rogers, J. C. and T. G. Williams(1990), "Consumer Personal Values Antecedents to Dyadic and Third Party Public Consumer Behavior: An Exploratory Study", *Journal of Consumer Satisfaction, Dissatisfaction and Complaining Behavior*, Vol.3, pp.71 − 81.

Rosenberg, C. and J. A. Czepiel(1977), "The Study of Consumer Satisfaction: Addressing the 'so what' Question", in *Conceptua − lization and Measurement of Consumer Satisfaction and Dissatisfaction*, ed, H. Keith Hunt, Marketing Science Institute, pp.92 − 119.

Rosenberg, M. J.(1956), "Cognitive Structure and Attitudinal Affect", *Journal of Abnormal and Social psychology*, Vol.53(November), pp.376 − 382.

Rust, R. T., A. J. Zahorik, and T. L. Keiningham(1996), "Return on Quality (ROQ): Making Service Quality Financially Accountable", *Journal of Marketing*, Vol.59(April), pp.58 − 70.

Sasser, W. E., and S. P. Arbeit(1976), "Selling Jobs in the Service Sector", *Business Horizons*, Vol.19, No.3(June), pp.61 − 65.

Sasser, W. E., R. P. Olson and D. D. Wyckoff(1978), *Management of Service Operations: Text, Cases, and Readings*, Allyn and Bacon,

Inc.

Smabandam, R., and K. R. Lord(1995), "Switching Behavior in Automobile Makers: A Consideration Sets Model", *Academy of Marketing Science*, Vol.23, No.1, pp.57－65.

Samli, A. C.(1992), *Social Responsibility in Marketing*, Quorum Books.

Schachter, S. and J. E. Singer(1962), "COGNITIVE, SOCIAL, AND PHYSIOLOGICAL DETERMINANTS OF EMOTIONAL STATE", *Psychological Review*, Vol.69, No.5(September), pp.379－399.

Schiffman, L. G. andL. L. Kanuk(1983), *Consuemr Behavior*, 4th Edition, New Jersey: Prentice Hall.

Schmalansee, R.(1978), "A Model of Advertising and Product Quality", *Journal of Political Economy*, Vol.86(September), pp.485－503.

Sherif, M. and C. I. Hovland(1961), *Social Judgment: Assimilation and Contrast Effects in Communication and Attitude Change*, Yale University.

Sheth, J. N. and A. Parvatiyar(1994), *Relationship Marketing*: Theory Methods and Applications. Atlanta: Emory University.

Shostack G. L.(1987),"Service Positioning Through Structural Change", *Journal of Marketing*, Vol.51(January), pp.34－43.

Singh, J.(1988), "Consumer Complaint Intentions and Behavior: Definitional and Taxonomical Issues", *Journal of Marketing*, Vol.52(January), pp.93－107.

Singh, J.(1990), "A Typology of Consumer Dissatisfaction Response Styles", *Journal of Retailing*, Vol.66, No.1, pp.57－99.

Singh, J.(1990), "Voice, Exit, and Negative Word－Mouth Behaviors: An Investigation Across Three Service Categories", *Journal of the Academy of Marketing Science*, Vol.18(Winter), pp.1－15.

Singh, J.(2000), "Agency and Trust Mechanisms in Consumer

Satisfaction and Loyalty *Judgment", Journal of The Academy of Marketing Science*, Vol.28, No.1, pp.150－167.

Smabandam, R., and K. R. Lord(1995), "Switching Behavior in Automobile Makers: A Consideration Sets Model", *Journal of Academy of Marketing Science*, Vol.23, No.1, pp.57－65.

Smith, A. M.(1995), "Measuring Service Quality: is SERVQUAL Now Redundant?" *Journal of Marketing Management*, Vol.11, pp.257－276.

Spreng, R. A., S. B. Mackenzie and R. W. Olshavsky(1996), "A Reexamination of the Determinants of Consumer Satisfaction", *Journal of Marketing*, Vol.60(July), pp.15－32.

Stanton, W. J.(1967), *Fundamentals of Marketing*, New York: McGraw－Hill Book Co. Inc., 2nd.

Stanton, W. J.(1975), M. J. Etzel, and B. J. Walker, *Fundamentals of Marketing*, 9th, McGraw－Hill Book Company.

Stanton, W. J.(1991), *Fundamentals of Marketing*, 9th ed. McGraw－Hill Book Company.

Swan, J. E. and Combs, L. J.(1976),"Product Performance and Consumer Satisfaction: A New Concept", *Journal of Marketing*, Vol.40(April), pp.25－33.

Swan, J. E., Irawick I. F. and Carroll, M. G.(1983), "Satisfaction related to Predictive, Desired Expectations: A Field Study", in *New Findings on Consumer Satisfaction and Complaining*, ed. H. K. Hunt and R. L. Day, Bloomington, IN: Indiana University Press, pp.15－22.

Swan, J. E. and R. P. Oliver(1985), "Automobile Buyer Satisfaction with the Salesperson Related to Equity and Disconfirmation", in *Consumer Satisfaction, Dissatisfaction and Complaining Behavior,* pp.10－16.

Szajna, B. and R. W. Scamell(1993), "The Effects of Information System User Expectations on Their Performance and Perceptions", *MIS Quarterly*, Vol.17(December), pp.493－516.

Taylor, S. A.(1994), "Distinguishing Service Quality from Patient Satisfaction in Developing Health Care Marketing Strategies", *Hospital & Health Services Administration*, Vol.39, No.2, pp.221－236.

Tax, S. S., S. W. Brown, and M. Chandrashekaran(1998), "Customer Evaluations of Service Complaint Experiences: Implications for Relationship Marketing", *Journal of Marketing*, Vol.62(April), pp.60－76.

Tse, D. K. and Wilton, P. C.(1988), "Models of Consumer Satisfaction Formation: An Extension", *Journal of Marketing Research*, Vol.25(May), pp.204－212.

Tse, D. K. and F. M. Nicosia, and P. C. Wilton(1990), "Consumer Satisfaction as a *Process*", *Psychology & Marketing*, Vol.7, No.3(Fall), pp.177－193.

Ulrich, D.(1989), "Tie the Corporate Knot: Gaining Complete Customer Commitment", *Sloan Management Review*, Vol.30, No.4, pp.19－27.

Valle, V. A. and M. Wallendorf(1977), "Consumer Attributions and the Cause of their Satisfaction and Dissatisfaction", *Consumer Satisfaction, Dissatisfaction, and Complaining Behavior*, pp.26－30.

Walters, C. G. and W. P. Gordon(1970), *Consumer Behavior an Integrated Framework*, R. D., Irwin, Inc.

Walster, E., G. W. Walster, and E. Bersheid(1978), *Equity: Theory and Research*, Boston: Allyn & Bacon.

Weaver, D. and P. Brickman(1974), "Expectancy, Feedback and Disconfi － rmation as Independent Factors in Outcomes Satisfaction",

Journal of Personality and Social Psychology, Vol.30(March), pp.420−428.

Westbrook, R. A.(1980), "Intrapersonal Affective Influence on Consumer Satisfaction with Products", *Journal of Consumer Research*, Vol.7 (Jun), pp.49−54.

Westbrook, R. A.(1981)"Sources of Consumer Satisfaction with Retail Outlets", *Journal of Retailing*, Vol.57(Fall), pp.68−85.

Westbrook, R. A. and M. D. Reilly(1983), "Value−Percept Disparity: An Alternative to the Disconfirmation of Expectations Theory of Consumer Satisfaction", *Advances in Consumer Research*, pp.256 −261.

Westbrook, R. A.(1987), "Product / Consumption−Based Affective Responses and Postpurchase Processes", *Journal of Marketing Research*, Vol.24(August), pp.258−270.

Westbrook, R. A. and R. L. Oliver(1991), "The Dimensionality of Consumption Emotion, Patterns and Consumer Satisfaction", *Journal of Consumer Research*, Vol.18(August), pp.84−91.

Woodruff, R. B., Ernest, R., Cadotte, and R. L. Jenkins(1983), "Modeling Consumer Satisfaction Process Using Experience− Based Norms", *Journal of Marketing Research*, Vol.20(August), pp.315−332.

Wilton, P. C. and D. K. Tse(1983),"A Model of Consumer Response to Communication and Product Experience" *Journal of Advertising Research*, Vol.23(August), pp.315−332.

Yi, Youjae(1990), "A Critical Review of Consumer Satisfaction", *Review of Marketing*, pp.68−123.

Yi, Youjae(1993), "The Determinants of Consumer Satisfaction : the Moderating Role of Ambiguity", *Advances in Consumer Research*,

Vol.20, pp.502−506.

Zajonc, R. B.(1980), "Feeling and Thinking Preferences Need No Inferences", *American Psychologist*, Vol.35, No.2(February), pp.151−175.

Zajonc, R. B. and H. Markus(1982), "Affective and Cognitive Factors in Preferences", *Journal of Consumer Research*, Vol.9(September), pp.123−131.

Zeithaml, V. A. and M. J. Bitner(1996), *Services Marketing*, McGraw−Hill.

Zeithaml, V. A., L. L. Berry, and A. Parasuraman(1996), "The Behavioral Consequences of Service Quality", *Journal of Marketing*, Vol.60(April), pp.31−46.

[일본 문헌]

淺井慶三郎(1987)、『サービスの演出戦略』、同文舘。

淺井慶三郎(1994)、「マーケティング・パラダイムの轉換」(『國際経濟論集』、常葉學院浜松大學、創刊号、10月), pp.1−10.

淺井慶三郎(2000)、『サービスとマーケティング』、同文舘。

淺井慶三郎(2003)、『サービスとマーケティング』、增補版、同文舘。

有馬賢治(1997)、「滿足保証のコミュニケーション」(『日経廣告研究所年報』、第31卷第1号), pp.12−17.

上田惇生譯(1996)、『現代の経営＜新譯＞上・下』、ダイヤモンド社。

上原征彦(1990)、「サービス概念とマーケティング戦略」(『明治學院論叢』、459卷、3月号), pp.65−92.

上原征彦 (1999)、『マーケティング戦略論』、有斐閣。

牛窪一省(1995)、「価値協創時代の企業戦略」(『顧客価値創造のマーケティング戦略』、ダイヤモンド・ハーバード・ビジネス編集部), pp.13−37.

江尻弘(1991)、『マーケティング思想論』、中央経済社。

奥本勝彦(1985)、「カナダ市場の人口統計學特徴」(『論叢』、第3号、玉川大學文學部紀要、社會科學編), pp.1－20.

奥本勝彦(1986)、「マーケティング・コミュニケーションの枠組みについて」(『論叢』、第4号、玉川大學文學部編、玉川大學文學部), pp.1－19.

奥本勝彦(1989)、「小賣業の發展に關する諸理論の檢討」(『論叢』、第5号、玉川大學文學部紀要、社會科學編), pp.1－15.

奥本勝彦(1993)、「賣上高予測モデルにおけるデータ期間數に關する研究」(『論叢』、第7号、玉川大學文學部紀要、社會科學編), pp.1－11.

奥本勝彦(1994)、「データ區間の違いによる賣上高予測モデルの比較研究－一変量時系列モデルについて」(『論叢』、第8号、玉川大學文學部紀要、社會科學編), pp.1－26.

奥本勝彦(1995)、「賣上高の累積比率の違いによる予測モデルの選擇－伝達關數モデルの選擇」(『論叢』、第9号、玉川大學文學部紀要、社會科學編), pp.37－62.

奥本勝彦(1996)、「データ區間の違いによる賣上高予測モデルの比較研究－多変量伝達關數モデルについて」(『論叢』、第10卷、玉川大學文學部編), pp.33－71.

奥本勝彦(1997)、「新製品のトライアル購買に關する研究－ハザード關數モデルについて」(『論叢』、第11卷、玉川大學文學部編), pp.1－16.

奥本勝彦(1998)、「マーケティングへの狀態空間モデルの適用」(『商學論纂』、第39卷第5・6号、中央大學商學研究會), pp.123－147.

奥本勝彦(1998)、「販賣予測モデルの比較研究－ARIMAモデル、伝達關數モデル、狀態空間モデルを用いた予測誤差の比較」(『商學論纂』、第40卷第1・2号), pp.1－35.

奥本勝彦(1999)、「種々の時系列モデルの比較と最適モデルの選擇に關する研究－特に、商品の販賣データを用いて」(『商學論纂』、第40卷第5・6号), pp.71－127.

奥本勝彦(1999)、「日次データと週次データに基づいた予測モデルの精度の比較研究(論文)」(『中央大學企業研究所年報』、第20号), pp.119－140.

奥本勝彦(2000)、「販賣時系列データの特徴と店舗のポジショニング－－ケーキを例として」(『商學論纂』、第41巻第1号), pp.29－58.

奥本勝彦(2001)、「觀光のマーケティング・データの特徴とそのポジショニング」(『商學論纂』、第42巻第3号), pp.115－140.

奥本勝彦(2002)、「觀光のマーケティングにおける觀光客数の予測－－状態空間モデルとARIMAモデルによる予測の比較」(『商學論纂』、第43巻第1号), pp.35－57.

奥本勝彦(2002)、「觀光のマーケティングにおける觀光客数の予測－－伝達關数モデルを中心として」(『商學論纂』、第44巻第1号), pp.23－53.

奥本勝彦(2002)、「二輪車における消費者の購買狀況やその特徴とポジショニング－－ベトナム・ハノイの場合」(『商學論纂』、第44巻第2号), pp.39－64.

奥本勝彦(1997)、『販賣予測とマーケティングモデルの選択』、多賀出版。

奥本勝彦 譯(2004)、『觀光のマーケティング』、多賀出版。

奥本勝彦 林田博光編著(2004)、『マーケティング概論』、中央大學出版部。

大澤豊他(1992)、『マーケティングと消費者行動』、有斐閣。

尾碕眞他(1992)、『マーケティングと消費者行動』、ナカニシヤ出版。

大前研一譯(1983)、『エクセレント・カンパニー』、講談社。

恩藏直人監修(2001)、『コトラーのマーケティング・マネジメントミレニアム版』、ピアソン・エデュケーション。

加藤勇夫(1979)、『マーケティング・アプローチ論』、白桃書房。

久保田進彦(1979)、「プロフェショナル・サービスの本質と特性」(『商経論集』、第73号), pp.1－12.

久保田進彦(1998)、「反復購買による顧客満足変化」(『早稲田商學研究科紀要』、No.47), pp.175－196.

久保田進彦(1999)、「顧客滿足戰略研究の概觀」(『商學研究科紀要』、第48号), pp.63－98.

栗屋義純監譯(1978)、『ベーシック・マーケティング』、東京敎學社。

小宮路雅博監譯(2002)、『サービス・マーケティングの原理』、白桃書房。

米谷雅之(2001)、『現代製品戰略論』、千倉書房。

近藤隆雄(1991)、「サブサービスからコンティンジェント・サービスまで、構成要素分析による－サービスのデザイン(サービス・マネジメント)」(『DIAMONDハーバードビジネス』、10－11月号), pp.91－101.

近藤隆雄(2004)、『サービスマネジメント入門』、生産性出版。

佐々木土師二監修(1974)、『体系消費心理學』、R出版。

佐藤知恭(1996)、『顧客滿足を超えるマーケティング』、日本経濟新聞社。

佐藤和代(2001)、「顧客滿足と顧客維持の關係性」(『企業診斷』、第48卷第9号、9月), pp.26－32.

清水晶(1961)、『経営管理』、青林書院。

清水晶(1964)、『新経営學全集－マーケティング』、青林書院。

清水晶(1969)、『新・消費者志向のマーケティング』同文館。

社會経濟生産性本部編(1998)、『日本経営品質とは何か?』、生産性出版。

白石義男監修(2002)、『コトラーのプロフェショナル・マーケティング』、ピアソン・エデュケーション。

杉本徹雄編著(1997)、『消費者の理解のための心理學』、福村出版。

田村正紀(1979)、「消費者滿足を追求せよ」(『季刊消費と流通』、通卷9号、Vol.3、No.4), pp.62－76.

刀根武晴(1981)、「サービス・マーケティングの本質」(『亞細亞大學経営論集』、第17卷 第1号), pp.179－199.

刀根武晴(1997)、「サービス・マーケティングの現代的特性」(『明大商學論叢』、第80卷、第1・2号), pp.223－246.

鍋田英彦(2000)、「サービス商品とサービス・マーケティング」(『新潟産業大學経濟學紀要』、第21号), pp.35-48.

日本マーケティング・リサーチ協會編(1998)、『マーケティング・リサーチ用語辭典-新版-』同友館。

野村淸(1983)、「サービス・マーケティングの出發」(『季刊Marketing研究』、No.22、9月)), pp.1-10.

疋田聰、塚田朋子編著(1993)、『サービス・マーケティングの新展開』、同文舘。

福地茂雄(2000)、「横浜國立大學創立50周年記念経營學會講演會-「顧客滿足経營をめざして」(『横浜経營研究』、第21卷第3号), pp.1-159.

藤村和宏(1991)、「サービスの特質とサービス・マーケティング理論の必要性」(『廣島大學経濟論叢』、第14卷第3・4号), pp.185-216.

藤村和宏(1992)、「顧客滿足戰略における消費者滿足槪念」(『廣島大學経濟論集』、第6卷第3号), pp.144-154.

牧野 昇(1994)、『バリュー・クリエーションの経營』、日本實業出版社。

村上恭一(1999)、「サービス品質評價尺度のマーケティングにおける有效性について」(『商経論叢』、第40卷第2号), pp.209-228.

村田昭次監修(1983)、『マーケティング原理』、ダイヤモンド社。

保田芳昭(1976)、『マーケティング論研究序說』ミネルヴァ書房。

山本昭二(1986)、「サービス・マーケティングにおけるサービス槪念」(『六甲台論集』、第33卷、第22号), pp.34-47.

山本昭二(1989)、山本昭二「サービス評價の槪念枠組-品質評價と知覺品質」(『商學論究』、37(1-4)關西學院大學商學研究會), pp.155-170.

山本昭二(1995)、「サービス品質槪念と品質評價尺度の開發」(『消費者行動研究』、第3卷第1号), pp.41-57.

山本昭二(1999)、「顧客滿足モデルの發展」(『商學論究』、關西學院大學商學研究會、第46卷第5号、3月), pp.39-53.

山本昭二(1999)、『サービス・クオリティ』、千倉書房。

山本裕子、圓川隆夫(2000)、「顧客滿足度とロイヤルティの構造に關する研究」(『日本経營工學會論文誌』、Vol.51、No.2), pp.144－152.

横澤利昌編(1998)、『顧客価値経営』、生産性出版。

미주서문

1) Mowen,J. C. and Minor M. S., *Consumer Behavior: A Framework*, Prentice－Hall, New Jersey, 2001, pp.200－201.

미주1장

2) Drucker, P. F., The practice Management, Harper and Row: New York, 1954.
(現代経営研究會譯『現代の経営』自由國民社, 1965年; 上田惇生譯『現代の経営＜新譯＞上・下』ダイヤモンド社, 1996年, p.48.)

3) 연구자에 따라 "Consumer Satisfaction", "Customer Satisfaction"이라고 하는 그 사용 기준이 다르지만 본 연구에서는 소비자 만족과 고객만족이 가리키는 것은 같다고 보며 인용문에 대해서는 원문의 단어를 충실히 따르도록 한다.

4) Kozlik, A.(1944), "CONCEPTS OF PLANE, STANDARD, LEVEL AND SATISFACTION OF CONSUMPTION AND OF LIVING", *Journal of Marketing,* Vol.9July), p.56.

5) Cardozo, R. N.(1965), "An Experimental Study of Customer Effort, Expectation, and Satisfaction", *Journal of Marketing Research*, Vol.2 (August), p.249.

6) Hunt, H. K.(1977), "CS／D－Overview and Future Research Direction", *Conceptualization and Measurement of Consumer Satisfaction and Dissatisfaction*, Cambridge, MA: Marketing Science Institute, p.459.

7) Czepiel, J. A. and L. J. Rosenberg(1977), "The Study of Consumer Satisfaction: Addressing the 'so what' Question", *Conceptualization and Measurement of Consumer Satisfaction and Dissatisfaction,* p.94.

8) Orutinau, D. J.(1979), "A Conceptional Model of Consumer Post Purchase Satisfaction／Dissatisfaction Decision Process", in *New Dimension on Consumer Satisfaction and Complaining Behavior*, p.36.

9) Richins, M. L.(1979), "Consumer Complaining Process: A Comprehensive Model," in *New Dimension on Consumer Satisfaction and Complaining Behavior,* p.36.

10) Kozlik, A.(1944), *op. cit.*, p.56.

11) Cardozo, R. N.(1965), *op. cit.,* p.249.

12) Hunt, H. K.(1977), *op. cit.,* p.459.

13) Czepiel, J. A. and L. J. Rosenberg(1977), *op. cit.,* p.94.

14) Orutinau, D. J.(1979), *op. cit.,* p.36.

15) Richins, M. L.(1979), *op. cit.,* p.36.

16) Oliver, R. L.(1981), "Measurement and Evaluation of Satisfaction Process in Retail Setting", *Journal of Retailing,* Vol.57(Fall), p.27.

17) Westbrook, R. A.(1981), "Sources of Consumer Satisfaction with Retail Outlets", Journal of Retailing, Vol.57(Fall), p.70.
덧붙여R. A. Westbrook(1987)은 만족은 흥미, 기쁨, 유쾌 등 긍정적 정서 요인이 있다고 설명한다.
Westbrook, R. L.(1987), "Product/Consumption－Based Affective Responses and Postpurchase Processes", *Journal of Marketing Research,* Vol.24 (August), p.259.

18) Westbrook, R. A. and M. D. Reilly(1983), "Value－Percept Disparity: An Alternative to the Disconfirmation of Expectations Theory of Consumer Satisfaction", *Advances in Consumer Research,* p.256.

19) MuNeal, J. U.(1982), *Consumer Behavior on Integrative Approach,* Little, Brown and Company, p.213.

20) Engel, J. F. and R. D. Blackwell(1982), Consumer Behavior, New York: Holt, Rinehart, and Winston, p.501.

21) Peters, T. J. and R. H. Waterman(1983), in *Search of Excellence*(大前研一譯『エクセレント・カンパニー』講談社, 1983年, p.270.)

22) Bearden, W. O. and J. E. Teel(1983), "Selected Determinants of Consumer Satisfaction and Complaint Reports", *Journal of Marketing Research,* Vol.20(February), p.21.

23) Tse, D. K. and P. C. Wilton(1988), "Models of Consumer Satisfaction Formation: An Extension", *Journal of Marketing Research,* Vol.25(May), p.204.

24) Oliver, R. L.(1981), *op. cit.,* p.27.

25) Westbrook, R. A.(1981), *op. cit.,* p.70.

26) MuNeal, J. U.(1982), *op. cit.,* p.213.

27) Engel, J. F. and R. D. Blackwell(1982), *op. cit.,* p.501.

28) Westbrook, R. A. and M. D. Reilly(1983), *op. cit.,* p.256.

29) Peters, T. J. and R. H. Waterman(1983), *op. cit.*, (大前研一譯, *op. cit.*, p.20.)

30) Bearden, W. O. and J. E. Teel(1983), *op. cit.*, p.21.

31) Westbrook, R. L.(1987), *op. cit.*, p.259.

32) Tse, D. K. and P. C. Wilton(1988), *op. cit.*, p.204.

33) Westbrook, R. L. and R. L. Oliver(1991), "The Dimensionality of Consumption Emotion, Patterns and Consumer Satisfaction", *Journal of Consumer Research,* Vol.18(Jun), p.86.
Mano, H. and R. L. Oliver(1993), "Assessing the Dimensionality and Structure of the Consumption Experience: Evaluation, Feeling, and Satisfaction", *Journal of Consumer Satisfaction, Dissatisfaction and Complaining Behavior,* Vol.20, p.454.

34) Engel, J. F., R. D. Blackwell, and p.W. Miniard(1993), *Consumer Behavior,* 7th. Ed., The Dryden Press, p.571.

35) Boulding, W., A. Kalra, R. Staelin, and V. Zeithaml(1993), "A Dynamic Process Model of Service Quality: From Expectations to Behavioral Intention", *Journal of Marketing Research,* Vol.30(February), pp.7－27.
Anderson E. W.(1994), "Cross-Category Variation in Customer Satisfaction and Retention", *Marketing Letters,* Vol.5, No.1, pp.19－30.
Anderson E. W., C, Fornell, and D. R. Lehmann(1994), "Customer Satisfaction, Market Share, and Profitability: Finding From Sweden", *Journal of Marketing,* Vol.58(July), pp.53－66.
Fornell, C., and M. D. Johnson, E. W. Anderson, Cha, Jaesung and E. B. Barbara(1996), "The American Customer Satisfaction Index: Nature, Purpose, and Findings", *Journal of Marketing,* Vol.60(October), pp.7－18.
Oliver, R. L.(1997), *Satisfaction: A Behavioral Perspective on the Consumer,* McGraw－Hill Companies, Inc., pp.23－25.

36) Spreng, R. A., S. B. Mackenzie, and R. W. Olshavsky(1996), "A Reexamination of the Determinants of Consumer Satisfaction", *Journal of Marketing,* Vol.60(July), p.15.

37) Oliver, R. L.(1977), *op. cit.*, p.23.

38) Babin, B. J. and M. Griffin(1998), "The Nature of Satisfaction: An Updated Examination and Analysis", *Journal of Business Research,* Vol.41, p.129.

39) Engel, J. F., R. D. Blackwell, and P. W. Miniard(1993), *op. cit.*, p.571.

40) Westbrook, R. L. and R. L. Oliver(1991), *op. cit.*, p.86.
Mano, H. and R. L. Oliver(1993), *op. cit.*, p.454.

41) Boulding, W., A. Kalra, R. Staelin, and V. Zeithaml(1993), *op. cit.*, pp.7−27.
Anderson E. W.(1994), *op. cit.*, pp.19−30.
Anderson E. W., C, Fornell, and D. R. Lehmann(1994), *op. cit.*, pp.53−66.
Fornell, C., and M. D. Johnson, E. W. Anderson, Cha, Jaesung and E. B. Barbara(1996), *op. cit.*, pp.7−18.
Oliver, R. L.(1997), *op. cit.*, pp.23−25.

42) Spreng, R. A., S. B. Mackenzie, and R. W. Olshavsky(1996), *op. cit.*, p.15.

43) Oliver, R. L.(1977), *op. cit.*, p.23.

44) Babin, B. J. and M. Griffin(1998), *op. cit.*, p.129.

45) 박진호(1993), "고객만족의 결정요인에 관한 연구", 서울대학교대학원 경영학 석사학위논문, p.8.

46) 이유재(1995), "고객만족의 영향에 관한 연구", 한국소비자학회, p.3.

47) 조광행, 박봉규(1999), "점포충성도에 대한 전환장벽과 고객만족의 영향력에 관한 실증적 연구", 한국경영학회, 경영학연구, Vol.28, No.1, p.131.

48) 김윤석(1998), "공기업의 서비스가 고객만족에 미치는 영향에 관한 연구", 경남대학교대학원 석사학위논문, p.10.

49) 박명호, 조형지(1999), "고객만족 개념의 재정립", 한국마케팅저널, Vol.1, No.4, p.140.

50) 차재성, 김영찬(2002), "고객만족 모형과 활용", 이화여자대학교 경영연구소, 경영논총, Vol.20 No.1(Jun), p.77, p.79.

51) 박진호(1993), *op. cit.*, p.8.

52) 이유재(1995), *op. cit.*, p.3.

53) 조광행, 박봉규(1998), *op. cit.*, p.131.

54) 박명호, 조형지(1999), *op. cit.*, p.140.

55) 김윤석(1998), *op, cit.*, p.10.

56) 차재성, 김영찬(2002), *op. cit.*, p.77, p.79.

57) 清水晶『経営管理』青林書院, 1961年, p.52.
清水晶『新経営學全集－マーケティング』青林書院, 1964年, p.41.

58) 현대 기업에 있어서 소비자 지향에 관해 시미즈 아키라(清水晶) 교수는 G. B. Giles(1964)에 의한 ……마케팅에 있어서 중요한 요건은 고객에게

만족을 제공하고 판매가 끝난 후 구매자(고객)가 기뻐하며 다시금 이용할 수 있는 가치 있는 서비스를 제공해 받았다는 기분을 갖고 그 매장을 떠날 수 있도록 하는 것이다 하는 의견을 인용하면서 소비자의 욕망을 만족시킨다고 하는 것은 그만큼 새로운 것이 아니라고 서술한다. 원래 '경제'의 근본적인 목표는 실로 '소비를 충족시키는 것'이며 바꿔 말하면 '소비자에게 만족을 제공하는 것'이고 '소비'야말로 '경제'의 출발점이며 '소비자'야말로 '기업 경영'의 기본적인 전제라는 것은 이미 오래전부터 많은 연구자에 의해 반복적으로 지적되어 온 것이라고 강조한다. 그 근거로 P. Converse(1930)에 따르면 소비는 생산의 목표, 즉 경제 제도의 결승점이다. 경제 제도의 승패는 소비자에게 제공할 수 있는 생활 수준의 높이에 의해 측정되는 것이며 또한 기업 경영의 승패의 첫 판단 기준도 소비자에게 어느 정도 잘 봉사할 수 있는가에 요구되는 것이라고 서술했다.

淸水晶『新・消費者志向のマーケティング』同文館, 1969年, pp.8−11.

Giles, G. B., *Marketing Management, Macdonald and Evans*, 1964, pp.5−6.

Converse, P. D., *The elements of marketing*, Prentice−Hall, 1930, p.35.

59) 田村正紀「消費者滿足を追求せよ」(『季刊消費と流通』1979年, 第3卷第4号)p.67.

60) 奧本勝彦「マーケティングへの狀態空間モデルの適用」(『商學論纂』第39卷第5・6号, 中央大學商學研究會, 1998年) p.123.

61) 小島健司「消費者滿足・不滿および苦情行動の槪念モデル」(『アカデミア・経濟経營學編, 第67卷, 1980年6月』) p.95.

62) *Ibid*, p.96.

63) 久保田進彦「顧客滿足戰略研究の槪觀」(『商學研究科紀要』第48号, 1999年) pp.67−68.

64) 有馬賢治「滿足保証のコミュニケーション」(『日経廣告研究所年報173号』1997年) pp.12−17.

65) *Ibid*, p.13.

66) 山本昭二「顧客滿足モデルの發展」(『商學論究, 關西學院大學商學研究會, 第46卷 第5号, 1999年3月』) p.39.

67) 佐藤和代「顧客滿足と顧客維持の關係性」(『企業診斷』2001年9月) p.27.

68) 淸水晶(1961), *op. cit.*, p.52, ──(1964), *op. cit.*, p.41.

69) 田村正紀(1979), *op. cit.*, p.67.

70) 小島健司(1980), *op. cit.*, p.95.

71) 有馬賢治(1997), *op. cit.*, pp.12−17.

72) 山本昭二(1999), *op. cit.*, p.39.

73) 佐藤和代(2001), *op. cit.*, p.27.

74) Olson, J. C. and P. Dover(1976), "Effects of Expectation Creation and Disconfirmation of Belief Elements of Cognitive Structure", *Advances in Consumer Research*, p.169.

75) Latour, S. A. and N. C. Peat(1979), "Conceptual and Methodological Issues in Consumer Satisfaction Research", *Advances in Consumer Research*, Vol.6, p.434.
Czepiel, J. A. and L. J. Rosenberg(1977), *op. cit.*, p.94.

76) Oliver, R. L.(1980), "A Cognitive Model of the Antecedents and Consequences of Satisfaction", *Journal of Marketing Research*, Vol.17 (November), p.461.
Oliver, R. L.(1981), "Measurement and Evaluation of Satisfaction Process in Retail Setting", *Journal of Retailing*, Vol.57(Fall), p.42.

77) Oliver, R. L. and R. A. Westbrook(1982), "The factor Structure of Satisfaction and Related Post purchase Measure", *New Findings on Consumer Satisfaction and Complaining*, p.11.

78) Wilton, P. C. and D. K. Tse(1983), "A Model of Consumer Response to Communication and Product Experience", *Journal of Advertising Research*, Vol.20(August), p.210.

79) Parasuraman, A., V. A. Zeithaml, and L. L. Berry(1985), "A Conceptual Model of Service Quality and Its Implications for Future Research", *Journal of Marketing*, Vol.49(Fall), p.48.
Parasuraman, A., V. A. Zeithaml, and L. L. Berry (1988), "SERVQUAL: A Multiple−Item Scale for Measuring Consumer Perceptions of Service Quality", *Journal of Retailing*, Vol.64(Spring), p.16.

80) Olshavsky, R. W.(1985), "Perceived Quality in Consumer Decision Making: An Integrated theoretical perspective", in *Perceived Quality*, Lexington Books, p.26.

81) Westbrook, R. A.(1987), "Product / Consumption−Based Affective Responses and Post purchase Processes", *Journal of Marketing Research*, Vol.24 (August), p.258.

82) Westbrook, R. L., and M. D. Reilly(1983), *op. cit.*, p.256.

83) Tse, D. K. and P. C. Wilton(1988), *op. cit.*, p.204.

84) Babin, B. J, and M. Griffin(1998), *op. cit.*, p.129.

85) Hunt, H. K.(1977), *op. cit.*, p.460.
Czepiel, J. A. and L. J. Rosenberg(1977), *op. cit.*, p.94.

86) Hunt, H. K.(1977), *op. cit.*, p.460.

87) Yi, Youjae(1990), "A Critical Review of Consumer Satisfaction", in *Review of Marketing*, ed. V. A. Zeithaml, Chicago, IL: American Marketing Association, p.71.
Bagozzi, R. P.(1994), *Principles of Marketing Research*, Basil Blackwell Ltd, p.334.
Bollen, K. A.(1989), *Structural Equations with Latent Variables*, John Wiley and Sons, p.11.

88) Bennett, D. P.(1988), *Dictionary of Marketing Terms*, Chicago: American Marketing Association, p.116.

89) 米谷雅之『現代製品戰略論』千倉書房, 2001年, p.119.

90) 橫澤利昌編『顧客価値経営』生產性出版, 1998年, p.6.

91) 社會経濟生產性本部編『日本経營品質とは何か?』生產性出版, 1998年, p.6.

92) 佐藤知恭『顧客滿足を超えるマーケティング』日本経濟新聞社, 1996年, p.99.

93) Borch, F. J.(1962), "The Marketing Philosophy as a way of business life", in *Managerial Marketing*, ed. Kelley＝Lazer, Irwin, p.16.

미주2장

94) Gale, B. and Buzzell, R., *The PIMS Principles*, The Free Press, 1987.
和田充夫他譯『新PIMSの戰略原則』ダイヤモンド社, 1988, p.136.

95) Malcom Baldride National Quality Awards는 일본에서 말콤 볼드릿지 국가품질상으로 소개되었다.

96) Grönroos, C.(1994), "From Marketing Mix to Relationship marketing: Towards a Paradigm Shift Marketing", *Management Decision*, Vol.32, No.2, pp.8－9.
Henning－Thurau, Thorsten and K. Alexander(1997), "The Impact of Customer Satisfaction and Relationship Quality on Customer Retention: A Critical Reassessment and Model Development", *Psychology & Marketing*, Vol.14, No.8, p.738.
Sheth, J. N. and A. Parvatiyar, *Relationship Marketing: Theory Methods and Applications*, Atlanta: Emory University, 1994, pp.119－120.

97) Lancaster, K., *Variety, Equity, and Efficiency*, New York: Columbia

University Press, 1979, pp.144－145.

98) Juran, J. M., *Juran's Quality Control Handbook*, 4th, New York: McGraw－Hill, 1988,Section 33, p.33.

99) Bearden, W. O. and J. E. Teel(1983), "Selected Determinants of Consumer Satisfaction and Complaint Reports", *Journal of Marketing Research*, Vol.20(February), p.21.
Labarbera, P. A. and D. Mazursky(1983), "A Longitudinal Assessment of Consumer Satisfaction / Dissatisfaction: The Dynamic Aspect of the Cognitive Process", *Journal of Marketing Research*, Vol.20(November), p.400.
Oliver, R. L. and J. E. Swan(1989), "Consumer Perceptions of Interpersonal Equity and Satisfaction in Transactions: A Field Survey Approach", *Journal of Marketing*, Vol.53(April), p.21.

100) Anderson, E. and B. Weitz(1989), "Determinants of Continuity in Conventional Industrial Channel Dyads", *Marketing Science*, Vol.8, No.4, p.313.

101) Reichheld, F. F. and W. E. Sasser, Jr. "Zero Defections: Quality Comes to Services", *Harvard Business Review*, (September－October. 1990), p.109.

102) Anderson, E. W., C, Fornell, and D. R. Lehmann(1994), "Customer Satisfaction, Market Share, and Profitability : Finding From Sweden", *Journal of Marketing*, Vol.58(July), p.53.
Johnson, M.D., E. W. Anderson, and C. Fornell(1995), "Rational and Adaptive Performance Expectation in a Customer Satisfaction Framework", *Journal of Consumer Research*, Vol.21(March), p.699.

103) Anderson, E. W., C, Fornell, and D. R. Lehmann(1994), *op. cit.*, pp.55－56.
Reichheld, F. F. and W. E. Sasser, Jr.(1990), *op. cit.*, p.108.
Reichheld, F. F. and W. E. Sasser, Jr. (1996), "Learning from Customer Defection", *Harvard Business Review*, (September－October), p.56.

104) Anderson, E. W., C. Fornell, and R. T. Rust(1997), "Customer Satisfaction, Productivity, and Profitability: Differences between Goods and Services", *Marketing Science*, Vol.16, No.2, p.141.

105) Aaker, D. A.(1992), "The Value of Brand Equity", *Journal of Business Strategy*, Vol.13(July－August), p.29.
Keller, K. L.(1993), "Conceptualizing, Measuring, and Managing Brand

Equity", *Journal of Marketing*, Vol.57(January), p.11.
Keller, K. L.*Strategic Brand Management: Building, Measuring, and Managing Brand Equity*, Upper Saddle River, NJ: Prentice Hall, 1998, p.8.

106) 藤村和宏 「顧客滿足戰略における消費者滿足槪念」(『廣島大學経濟論集』第6卷 第3号, 1992年) p.144.

107) 久保田進彦「顧客滿足戰略研究の槪觀」(『商學硏究科紀要』第48号, 1999年)pp.66－68.

108) Fornell, C.(1992), "A National Customer Satisfaction Barometer: The Swedish Experience", *Journal of Marketing*, Vol.56(January), p.11.

109) Reichheld, F. F. and W. E. Sasser, Jr.(1990), *op. cit.*, p.111.

110) *Ibid,* p. 108.

111) Anderson, E, W., C. Fornell, and D. R. Lehmann(1994), *op. cit.*, p.62. Anderson, Fornell, and Lehmann는 고객만족 지수 1점을 높이는 것이 얼마나 가치 있는 것인가를 검증했다. 스웨덴 고객만족조사(SCSB)의 전형적인 기업을 조사 대상으로 분석한 결과, 5년간 매년 CSI를 1점씩 높일 경우, 750만 달러 정도의 순이익이 증가한다고 평가했다. 조사된 기업의 평균 수익을 보면 누적해 11.5%의 증가를 달성했다. 그 결과를 비즈니스 위크紙의 100대 기업에 적용시켜 보면 매년 CSI를 1점 향상시키는 것으로 9400만 달러의 증가와 ROI의 11.4% 증가에 상응하는 것을 검증했다.

112) Fornell, C. and M. D. Johnson, E. W. Anderson, Cha, Jaesung and B. E. Bryant(1996), "The American Customer Satisfaction Index: Nature, Purpose, and Findings", *Journal of Marketing*, Vol.60(October), pp.14－15.

113) 藤村和宏, *op, cit.*, p.144.

114) 加藤勇夫『マーケティング・アプローチ論』, 白桃書房, 1979年, p.118.

115) 매너지리얼 마케팅에 관해 P. Kotler(2002)는 종래의 생산 중심, 제품 중심, 판매 중심 지향의 3가지 비즈니스 이념에 정면으로 의의를 주장하는 개념으로 매너지리얼 마케팅을 마케팅 컨셉으로 다루고 있다. 그리고 그 정의에 대해 선택한 표적 시장에 대해 다른 경쟁사보다 효과적으로 고객 가치를 창출, 공급, 커뮤니케이션하는 것이 기업 목표를 달성하기 위한 열쇠가 된다고 하는 의견을 서술하고 있다.
Kotler, P.(2002), *Marketing Professional Services*, Second Edition, Pearson Education, (白井義男監修, 平林祥譯(2002)『コトラーのプロフェショナル・マーケ ティング』ピアソン・エデュケーション, p.16.)

116) 소비자 지향이라 할 수도 있는 고객 지향은 종래의 생산 중심 지향이나 판매 중심 지향의 판매 내지 소비자로의 이행을 의미한다. 이에 대해 Keith, R. J.(1958)는 마케팅의 혁명이라 하면서 오늘날 경제의 비즈니스 유니버스에 절대적 중심에 있는 것은 소비자, 즉 제품을 구매하는 남녀이다. 회사가 고객 주위를 회전하는 것이며 고객이 기업 주위를 돌고 있는 것이 아니라고 서술한다.
Keith, R. J.(1960), The Marketing Revolution, *Journal of Marketing*, Vol.24, No.3(January), p.35.

117) Mckitterick, J. B., "What is the Marketing Management Concept?" in *The Frontiers of Marketing Thought and Science*, ed. F. M. Bass, Chicago: American Marketing Association, 1957, p.72.
Felton, A. P.(1959), "Making the Marketing Concept Work",*Harvard Business Review*, Vol.37(July－August), p.56.

118) Hansen, H. L.(1956), *Marketing, text, cases, and readings*, p.7.

119) Lazer, W. and E. J. Kelly(1960), *Managerial Marketing: perspectives and viewpoints*, rev. ed., Editional Postscript, pp.680－682.

120) McCarthy, J. E., *Basic Marketing: A Managerial Marketing*, Irwin, 1962. pp.25－26.
McCarthy는 마케팅 컨셉, 즉 마케팅을 특정 짓는 방법으로 첫째로 고객 지향, 둘째로 기업의 총력 결집화, 셋째로 이익 목표 추구를 들고 있다. 이 컨셉은 최근에 들어 ①소비자 만족, ②회사의 이익, ③공동체 복지라고 하는 관점으로도 제시하고 있다.
McCarthy, J. E. and W. D. Perreault, Jr., *Basic Marketing*, 9/ed., Irwin, 1987, pp. 28.
日本マーケティング／リサーチ協會編『マーケティング・リサーチ用語辞典－新版－』同友館, 1998年, p.135.

121) Kotler, P.(2002), *Marketing Professional Services*, Second Edition, Pearson Education, (白井義男監修, 平林祥譯(2002)『コトラーのプロフェショナル・マーケティング』ピアソン・エデュケーション, p.19.)

122) Fornell, C.(1992), *op. cit.*, pp.6－7.
Engel, J. F., R. D. Blackwell, and P. W. Miniard(1995), *Consumer Behavior*, 8th, TX: Dryden, p.28.
Kotler, P., *Marketing Management: Planning, Implementation, and Control.*, 9th ed. Upper Saddle River, NJ: Prentice. 1997, pp. 36－58.

123) Jones, T. O. and W. E. Sasser, Jr.(1995), "Why Satisfied Customer Defect", *Harvard Business Review*, Vol.73(November－December), pp.88

-99. Heskett, J. L., W. E. Sasser, Jr. and L. A. Schlesinger(1997), *The Service Profit Chain*, New York: Free Press. 1997(島田陽介譯『カスタマー・ロイヤルティの経営』日本経済新聞社, 1998, pp.105-122).

124) 久保田進彦「反復購買による顧客満足変化」 (『早稲田商學研究科紀要』No.47, 1998年) pp.176-178.

125) Fornell, C. and B. Wernerfelt(1987), "Defensive Marketing Strategy by Customer Complaint Management: A Theoretical Analysis", *Journal of Marketing Research*, Vol.24(November), p.338.

126) Kotler, P., *Marketing Management: Planning, Implementation, and Control*, 9th, Upper Saddle River, NJ: Prentice. 1997, pp.36-58.

127) Yi, Youjae(1990), "A Critical Review of Consumer Satisfaction", *Review of Marketing*, 1990, p.71.
Anderson, E. W. and M. W. Sullivan(1993), "The Antecedents and Consequences of Customer Satisfaction for Firms", *Marketing Science*, Vol.12, No.2, p.126.
Anderson, E. W.(1994), "Cross-Category Variation in Customer Satisfaction and Retention", *Marketing Letters*, Vol.5, No.1, p.20.
Oliver, R. L.(1997), *Satisfaction: A Behavioral Perspective on the Consumer*, McGraw-Hill Companies, p.23.

128) Kotler, P., *Marketing Management: Planning, Implementation, and Control*, 9th, Upper Saddle River, NJ: Prentice. 1997, pp.36-58.

129) Oliver, R. L.(1997), *op. cit.*, pp.120-123.

130) Anderson, E. W.(1994), *op. cit.*, pp.20.
Oliver, R. L.(1997), *op. cit.*, pp.120-123.
久保田進彦, (1998), *op. cit.*, pp.64-65.

131) Rinchins, M. L.(1983), "Measuring Emotions in the Consumption Experience", *Journal of Consumer Research*, Vol.24(September), p.144.

132) 久保田進彦, (1999), *op. cit.*, pp.176-177.

133) Hunt, H. K.(1977), *op. cit.*, p.459.
Day, R. L.(1977), "Toward a Process model of Consumer Satisfaction", in *Conceptualization and Measurement of Consumer Satisfaction and Dissatisfaction*, ed. H. K. Hunt, Marketing Science Institute, pp.151-181.

134) Reichheld, T. O. and W. E. Sasser, Jr.(1990), *op. cit.*, p.108.

135) Heskett, J. L., W. E. Sasser, Jr. and L. A. Schlesinger(1994), "Putting the Service-Profit Chain to work", *Harvard Business Review*, Vol.72,

No.2(March—April), p.166.

136) Jones, T. O. and W. E. Sasser, Jr.(1995), *op. cit.*, p.91.

미주3장

137) P. Kotler에 의하면 기업이나 기타 조직의 마케팅 지표가 되는 이념으
로 생산 개념, 제품 개념, 판매 개념, 마케팅 개념, 사회적 마케팅 개
념을 서술하고 있다. P. Kotler에 의한 5가지 개념에 관해 일본에서는
생산 지향, 판매 지향, 마케팅 지향, 고객 지향, 사회적 지향으로 연구
되어 왔다. 본 제3장에서는 P. Kotler에 의한 분류 방법을 토대로 고객
만족 연구가 등장하기 시작한 마케팅 지향의 시대와 사회적 마케팅
개념 시대를 중심으로 검토하기로 한다.
Kotler, P.(1980), *Principles of Marketing*, Prentice—Hall, Inc.
(村田昭治監修(1983), 『マーケティング原理』ダイヤモンド社, pp.30—38.)

138) Borch, F. J.(1962), "The Marketing Philosophy as a way of business
life", in *Managerial Marketing*, ed. Kelley=Lazer, Irwin, p.16.

139) Cardozo, R. N.(1965), "An Experimental Study of Customer Effort,
Expectation, and Satisfaction", *Journal of Marketing Research*, Vol.2
(August), p.245.

140) Engel, J. F., D. T. Kollat, and R. D. Blackwell(1968), *Consumer
Behavior*, New York, Holt, Rinehart and Winston, Inc, p.33.

141) McCarthy, J. E.(1969), *Basic Marketing: A Managerial Approach*,
Homewood, Ill: R. D. Irwin, p.33.

142) 佐藤和代(2001)「顧客滿足と顧客維持の關係性」(『企業診斷』第48卷第9
号, 9月), p.27.

143) Kelly, E. J.(1972), *Marketing Planning and Competitive Strategy*,
Prentice—Hall, pp.2—3.

144) Lazer, W. and E. J. Kelley(1973), *Social Marketing: Perspectives and
Viewpoints*, R. D. Irwin, p.6.

145) Stanton, W. J.(1975), *Fundamentals of Marketing*, McGraw—Hill,
pp.673—675.

146) Pfaff, A. B.(1972), "An index of consumer satisfaction", *Proceedings
Association for Consumer Research*, p.715.

147) Hunt, H. K.(1977), "CS/D—Overview and Future Research Direction",
*Conceptualization and Measurement of Consumer Satisfaction and
Dissatisfaction*, Cambridge, MA: Marketing Science Institute, p.459.

Day, R. L.(1977), "Extending the Concept of Consumer Satisfaction", *Advances in Consumer Research*, Vol.4, p.149.

148) Czepiel, J. A. and L. J. Rosenberg(1977), "The Study of Consumer Satisfaction: Addressing the'so what'Question", *Conceptualization and Measurement of Consumer Satisfaction and Dissatisfaction*, ed. H. Keith Hunt, Marketing Science Institute, pp.92－119.
Hunt, H. K.(1977), *op. cit.*, pp.455－488.
Day, R. L.(1977), *op. cit.*, pp.149－154.

149) Lazer, W. and E. J. Kelley(1973), *op. cit.*, p.6.

150) Montogomery, D. B.(1975), "New Product Distribution: An Analysis of Supermarket Buyer decision", *Journal of Marketing Research*, Vol.12 July), p.255.
Anderson, E. W. and B. Weitz (1989), "Determinants of Continuity in Conventional Industrial Channel Dyads", *Marketing Science*, Vol.8, No.4, p.313.

151) 이 점에 관해 牧野 昇(마키노 노보류(1994))는 70년대부터 80년대까지의 고객만족 연구에 관해 고객만족 조사로 부상한 과제를 각 현장 레벨 개별 대응으로 해결하는 지향이 되어 기업전사적으로 최적화를 견인하기에 이르지 못한 것, 뛰어난 고객만족의 구조적인 해명 및 실천적 컨셉의 명확화 등에 관해서는 연구 문제점이 있다고 서술하고 있다.
牧野 昇(1994)『バリュー・クリエーションの経營』日本實業出版社, pp.22－24.

152) 村田昭治(무라타 쇼오지(1969))는 소비자 행동 연구의 연구 방향과 그 위상에 관해 소비자 의사결정 분석 모형에 주목했다. 의사결정 모형에 사용된 것은 심리학적 어프로치에 의한 지각, 학습, 태도와 선호 그리고 기대 개념이었고 사회학적 어프로치에 의해 계급 이론과 준거 집단 이론을 주로 검토했다.
村田昭治『消費者行動の分析モデル』丸善, 1969年, pp.3－5.

153) Cardozo, R. N.(1965), *op. cit.*, p.245.

154) Olshavsky, R. W. and J. A. Miller(1972), "Consumer Expectations, Product Performance, and Perceived Product Quality", *Journal of Marketing Research*, Vol.9(February), p.19.

155) Anderson, R. E.(1973), "Consumer Dissatisfaction: The Effects of disconfirmed Expectancy on Perceived Product Performance", *Journal of Marketing Research*, Vol.10(February), p.38.

156) Olson, J. C. and P. Dover(1976), "Effects of Expectation Creation and

Disconfirmation of Belief Elements of Cognitive Structure", *Advances in Consumer Research*, p.168.

157) Swan, J. E. and L. J. Combs(1976), "Product Performance and Consumer Satisfaction: A New Concept", *Journal of Marketing*, Vol.40(April), p.25.

158) Czepiel, J. A. and L. J. Rosenberg(1977), *op. cit.*, p.93.

159) Hunt, H. K.(1977), *op. cit.*, p.455.

160) Leavitt, C.(1977), "Consumer Satisfaction and Dissatisfaction: Bipolar or Independent", *Conceptualization and Measurement of Consumer Satisfaction and Dissatisfaction*, p.144.

161) Richins, M. L.(1979), "Consumer Complaining Process: A Comprehensive Model, "in *New Dimension on Consumer Satisfaction and Complaining Behavior*, p.33.

162) 久保田進彦(1999)「顧客滿足戰略研究の槪觀」『商學研究科紀要』第48号, pp.64－65.

163) 이 시대의 고객만족(Customer Satisfaction)은 소비자 만족(Consumer Satisfaction)이라는 개념으로 일컬어지고 있었다. 연구 초기의 일부 연구에서는 소비자 만족이라고 하는 개념이 자주 사용되었지만 본 연구에서는 2가지 개념이 의미하는 것과 지시하는 것은 같다고 간주한다.

164) Howard, J. A. and J. N. Sheth(1969), *op. cit.*, p.145, p. 147.
J. A. Howard and J. N. Sheth(1989)의 연구에 따르면 만족은 제품이나 서비스 소비 후 사후 평가이며 그 사이에는 정보와 인식에 의해 형성된 태도 또는 구매 의도와 구매로의 단계를 거친다고 서술하고 있다.
J. A. Howard and J. N. Sheth (1989), *Consumer Behavior in Marketing Strategy*, Prentice－Hall, pp.294－295.

165) Howard－Sheth(1969) 모형은 행동 과학에 의한 개념을 통합화하고 소비자 행동에 영향을 미치는 모든 변수와 변수 간 상호 작용을 명확히 한 구조를 확립해 나타낸 것이다. Howard－Sheth 모형은 Hull의 학습 이론에 기초한 S－O－R(Stimulus－Organism－Response: 자극－유기체－반응)형 모형이고 소비자는 구매를 반복하는 것으로 복잡한 의사결정 과정을 단순화해 간다고 가정하고 있다. 이 포괄적 개념 모형은 S－O－R형 구매 의사결정에 가장 대표적인 모형이 되었다.
大澤豊, 津田眞澂(1992)『マーケティングと消費者行動』有斐閣, pp.129－132.
尾碕眞他(1992)『マーケティングと消費者行動』ナカニシヤ出版, pp.28－31.
杉本徹雄編著(1997)『消費者の理解のための心理學』福村出版, pp.34－36.

166) 大澤豊, 津田眞澂, *op. cit.*, p.136.

167) Walters, C. G. and W. P. Gordon(1970), *Consumer Behavior an Integrated Framework*, R. D. Irwin, Inc.(佐々木土師二(1974)『体系消費心理學』R出版, pp.41－42.)

168) Schiffman, L. G. andL. L. Kanuk(1983), *Consuemr Behavior*, 4th Edition, New Jersey: Prentice Hall, p. 5.

169) Oliver, R. L.(1980), "A Cognitive Model of the Antecedents and Consequences of Satisfaction", *Journal of Marketing Research*, Vol.17 (November), p.461.

170) Zeithaml, V. A.(1981), "How Consumer Evaluation Process Differ between Goods and Services"*Marketing and Service*, p.59.

171) Gronhang, K. and G. Zaltman(1981), "Complainers and Noncomplainers Revisited: Another Look at the Data", *Advances in Consumer Research*, p.84.

172) Oliver, R. L. and R. L. Westbrook(1982), "The factor Structure of Satisfaction and Related Post purchase Measure", *New Findings on Consumer Satisfaction and Complaining*, pp.11－12.

173) Chruchill, G. A. Jr. and C. Surprenant(1982), "An Investigation into the Determinants of Customer Satisfaction", *Journal Marketing Research*, Vol.19(November), p.493.

174) Bearden, W. O. and J. E. Teel(1983), "Selected Determinants of Consumer Satisfaction and Complaint Reports", *Journal of Marketing Research*, Vol.20(February), p.21.

175) Folks, V. S.(1984), "Consumer Reactions to Product Failure: An Attribution Approach", *Journal of Consumer Research*, Vol.10(March), p.399.
Kolodinsky, J.(1993), "Complaints, Redress, and Subsequent Purchase of Medical Service by Dissatisfied Consumer", *Journal of Consumer Policy*, Vol.16, p.197.
Blodgett, J. G., D. H. Granbois, and R. G. Walter(1993), "The Effects of perceived Justice on Complaints' Negative Word－of－Mouth Behavior and Repatronage Intentions", *Journal of Retailing*, Vol.69, No.4, p.402.

176) Fornell C. and B. Wernerfelt(1987), "Defensive Marketing Strategy by Customer Complaint Management: A Theoretical Analysis", *Journal of Marketing Research*, Vol.24(November), p.338, p. 341.

177) Tse, D. K. and P. C. Wilton(1988), "Models of Consumer Satisfaction Formation: An Extension", *Journal of Marketing Research*, Vol.25 (May),p.204.

178) 井上崇道『マーケティング戦略と診断』同友館, 1996年, p.36.

179) 이유재 (1997), "고객만족 형성과정의 제품과 서비스간 차이에 관한 연구", 한국소비자학회, *소비자학연구*, Vol.6, No.1, pp.101－102.

180) Reichheld, F. F. and W. E. Sasser, Jr.(1990), "Zero Defections: Quality Comes to Services", *Harvard Business Review*, Vol.68(September / October), p.105.
Fornell, C.(1992), "A National Customer Satisfaction Barometer: The Swedish Experience", *Journal of Marketing*, Vol.56(January), p.11.
Engel, J. F., R. D. Blackwell, and P. W. Miniard(1995), *Consumer Behavior*, 8th, TX: Dryden, pp.281－282.
Kotler, P.(1997), *Marketing Management: Planning, Implementation, and Control*, 9th, Upper Saddle River, NJ: Prentice, pp.36－58.

181) Reichheld, F. F. and W. E. Sasser, Jr.(1990), *op. cit.*, p.107.

182) Fornell, C.(1992), *op. cit.*, pp.6－21.

183) Kalyanaram, G., and J. D. C. Little(1994), "An Empirical Analysis of Latitude of Price Acceptance in Consumer Package Goods", *Journal of Consumer esearch*, Vol. 21(December), pp.408－418.

184) Anderson, E. W.(1994), "Cross-Category Variation in Customer Satisfaction and Retention", *Marketing Letters*, Vol.5, No.1, p.19.

185) Grant, A. W. and L. A. Schlesinger(1995), "Realize Your Customers' Full Profit Potential", *Harvard Business Review*, Vol. 37(September / October), p.60.

186) Anderson, E. W., C. Fornell, and R. T. Rust(1997), "Customer Satisfaction, Productivity, and Profitability: Differences between Goods and Services", *Marketing Science*, Vol.16, No.2, p.129.

187) Reichheld, F. F. and W. E. Sasser, Jr.(1996), "Learning from Customer Defection", *Harvard Business Review*, (September－October), p.57.

188) Kotler, P.(1991), *Marketing Management: Analysis, Planning, Implementation, and Control*, 7th, Englewood Cliffs, NJ : Prentice hall, p.19.

189) Aaker, D. A.(1992), "The Value of Brand Equity", *Journal of Business Strategy*, Vol.13(July－August), p.31.
Keller, K. L.(1993), "Conceptualizing, Measuring, and Managing Brand

Equity", *Journal of Marketing*, Vol.57(January), p.11.

190) Fornell, C.(1992), *op. cit.*, p.10.

191) *Ibid*, p.13.

192) Anderson, E. W. and M. W. Sullivan(1993), "The Antecedents and Consequences of Customer Satisfaction for Firms", *Marketing Science*, Vol.12 No.2(spring), p.126.

193) Reichheld, F. F.(1993), "Loyalty−Based Management", *Harvard Business Review*, (March/April), p.65.

194) Heskett, J. L., W. E. Sasser, Jr., and L. A. Schlesinger(1994), "Putting the Service−Profit Chain to work", *Harvard Business Review*, Vol.72 No.2(March−April), p.166.

195) Smabandam, R., and K. R. Lord(1995), "Switching Behavior in Automobile Makers: A Consideration Sets Model", *Journal of Academy of Marketing Science*, Vol.23, No.1, p.60.

196) Johnson, M.D., E. W. Anderson, and C. Fornell(1995)"Rational and Adaptive Performance Expectation in a Customer Satisfaction Framework", *Journal of Consumer Research*, Vol.21(March), p.696.
Johnson, M.D., N. George, and C. Fornell(1996), "Expectations, Perceived Performance, and Customer Satisfaction for a Complex Service: The Case of Bank Loans", *Journal of Economic Psychology*, Vol.17, p.165.

197) Reichheld, F. F. and W. E. Sasser, Jr.(1996), *Learning from Customer.*, p.56.

198) Heskett, J. L ., W. E. Sasser, Jr., and L. A. Schlesinger(1994), *op, cit.*, p.166.

199) Jones, T. O. and W. E. Sasser, Jr.(1995), " Why Satisfied Customer Defect", *Harvard Business Review*, Vol.73(November/December), p.97.
Heskett, J. L ., Sasser, Jr. W. E., and Schlesinger, L. A.(1994), *op, cit.*, p.166.

200) Halstead, D., E. A. Morash, and J. Ozment(1996), "Comparing Objective Service Failure and Subjective Complaints: An Investigation of Domino and Halo Effects", *Journal of Business Research*, Vol.36(Jun), p.109.

201) 久保田進彦(1998)「反復購買による顧客滿足変化」(『早稻田商學研究科紀要』, No.47)pp.176−178.

202) 福地茂雄(2000) 「横浜國立大學創立50周年記念経營學會講演會−顧客

満足経営をめざして」(『横浜経営研究』第21巻第3号), p.5.

203) 中西正雄(1996)「小賣の輪は本当に回るのか」(『商學論集』, 關西學院大學, 第43巻, 第2・3・4号合併号) p.38.

204) Heskett, J. L., W. E. Sasser, Jr., and L. A. Schlesinger(1994), *op. cit.*, p.166, p. 168.
Heskett, J. L., W. E. Sasser, Jr., and L. A. Schlesinger(1997), *op. cit.*, p.85.

205) 고객 가치란 기업이 제공하는 제품, 서비스, 이미지, 전문 지식, 접객 태도에 의한 종합적 인상에 대한 고객의 판단 및 평가이다.
牛窪一省(1995) 「価値協創時代の企業戦略」(『顧客価値創造のマーケティング戦略』ダイモンド社) p.30.

206) Yi, Youjae (1990) "A Critical Review of Consumer Satisfaction", *Review of Marketing*, pp.101－105.

207) Hart, C., W. L. James, L. Heskett, and W. E. Sasser, Jr. (1990), "The Profitable Art of Service Recovery",*Harvard Business Review*, (July / August), p.152.

208) Anderson, E. W. and M. W. Sullivan(1993), *op. cit.*, p.126.

209) Kolodinsky, J.(1993), "Complaints, Redress, and Subsequent Purchase of Medical Service by Dissatisfied Consumer", *Journal of Consumer Policy*, Vol.16, p.197.
Blodgett, J. G., D. H. Granbois, and R. G. Walter(1993), "The Effects of perceived Justice on Complaints' Negative Word－of－Mouth Behavior and Repatronage Intentions", *Journal of Retailing*, Vol.69, No.4, p.402.

210) Reichheld, F. F.(1993), "Loyalty－Based Management", *Harvard Business Review*, (March/April), p.65.

211) Jones, T. O. and W. E. Sasser, Jr.(1995), *op. cit.*, p.89.

212) Smabandam, R., and K. R. Lord(1995), "Switching Behavior in Automobile Makers: A Consideration Sets Model", *Journal of Academy of Marketing Science*, Vol.23, No.1, p.60.

213) Keaveney, S. M.(1995), "Customer Switching Behavior in Service Industries: An Exploratory Study", *Journal of Marketing*, Vol.59(April), p.73.

214) Halstead, D., E. A. Morash, and J. Ozment(1996), *op. cit.*, pp.110－112.

215) Babin, B. J, and M. Griffin(1998), "The Nature of Satisfaction: An

Updated Examination and Analysis", *Journal of Business Research*, Vol.41, pp.130−131.

216) Peter, R. A. and G. A. Churchill, Jr.(1986), "Relationships Among Research Design Choices and Psychometric Properties of Rating Scales: A Meta−Analysis", *Journal of Marketing*, Vol.13(February), pp.4−5.

미주4장

217) Grönroos, C.(1984), "A Service Quality Model and Its Marketing implication",European *Journal of Marketing*, Vol.18, No.4, pp.36−44.
Gummesson, E.(1994), *Quality Management in Service Organization*, ISQA (International Service Quality Association), New York, pp.77−79.
Parasuraman, A., V. A. Zeithaml, and L. L. Berry(1985), "A Conceptual Model of Service Quality and Its Implications for Future Research", *Journal of Marketing*, Vol.49(Fall), pp.41−50.

218) Committee on Definitions(1960), AMA Marketing Definitions, Chicago, p.21.

219) Norman, A. H. and J. Stapleton(1960),*Marketing Definitions, A Glossary of Marketing Terms*,Committee on Definitions of AMA,p. 178.

220) 유형재는 서비스와 구별하기 위해 사용된 개념이며 상품 또는 제품을 가리킨다. 제4장 및 본 연구에서도 같은 의미로 사용한다.

221) Regan, W. J.(1963), "The Service Revolution", *Journal of Marketing*, Vol.27(July), p.62.

222) Judd, R. C.(1964), "Case for Redefining Services", *Journal of Marketing*, Vol.28, No.1(January), pp.58−59.

223) Rathmell, J. M.(1966), "What Is Meant by Services?" *Journal of Marketing*, Vol.30, No.4(October), p.33.

224) Stanton, W. J.(1967), *Fundamentals of Marketing*, New York: McGraw −Hill Book Co. Inc., 2nd, p.568.

225) Sasser, W. E.(1976), and S. P. Arbeit, "Selling Jobs in the Service Sector", *Business Horizon*, (July), p.64.

226) Bateson, J. E. G., (1979)"Why We Need Service Marketing", in *Conceptual and Theoretical Development in Marketing*, ed., Fornall, O. C., S. W. Bowen, and C. W. Lamb, Jr., Chicago: American Marketing Association, 1979, p.140.

227) Kotler, P.(1980), *Principles of Marketing*, Prentice−Hall, Inc.(村田昭治

監修(1983) 『マーケティング原理』ダイヤモンド社) pp.734−737.
2002년 연구에서는 이러한 서비스 특징으로 비유형성, 불가분성, 변동성, 소멸성을 들고 있다.
Kolter, P(2002). *Marketing Professional Services, Second Edition, Pearson Education.* (白井義男監修 , 平林祥譯(2002)『コトラーのプロフェショナル・マーケティング』ピアソン・エデュケーション) p.9).

228) Enis, B. M. and K. J. Roering(1981), "Service Marketing: Different Products, Similar Strategy", in *Marketing of Services,* ed. Donnelly, J. H., and W. R. George, AMA, p.1.
Murphy, P. E. and B. M. Enis(1986), "Classifying Products Strategically", *Journal of Marketing,* Vol.50(July), p.25.
Bell, M. L.(1986), "Some Strategy Implications of Matrix Approach to the Classification of Marketing Goods and Services", *Journal of the Academy of Marketing Science,* Vol.14, No.1, p.19.

229) Shostack G. L.(1987), "Service Positioning Through Structural Change", *Journal of Marketing,* Vol.51(January), p.34.

230) Lovelock, C. H.(1983), "Classifying Services to Gain Strategic Marketing Insights", *Journal of Marketing,* Vol.47(Summer), pp.10−19.

231) Parasuraman, A., V. A. Zeithaml, and L. L. Berry(1985), "Problems and Strategies in Service Marketing", *Journal of Marketing,* Vol.49 (Spring), pp.34−35.
Parasuraman, A., V. A. Zeithaml, and L. L. Berry (1988)"SERVQUAL: A Multiple−Item Scale for Measuring Consumer Perceptions of Service Quality", *Journal of Retailing,* Vol.64, No.1(Spring), pp.12−20.

232) Grönroos, C.(1991), *Service Management and Marketing,* USA: Lexington Books, p.27.

233) Payne, A.(1993), *The Essence of Services Marketing,* Prentice Hall International, (UK)Ltd, p.6.

234) 이유재(1997), "고객만족형성과정의 제품과 서비스간 차이에 대한 연구", 한국소비자학회, 소비자학연구, Vol.8, No.1(May), pp.101−118.

235) 이유재, 김주영, 김재일(1996) "서비스 산업의 현황에 대한 실증연구", 한국소비자학회, 소비자학연구, Vol.7, No.2, p.132.

236) Lovelock, C. H. and L. K. Wright(1999), *Principles of Service Marketing and Management,* (小宮路雅博監譯(2002)『サービス・マーケティングの原理』白桃書房) p.4.

237) 高橋秀雄(1998) 『サービス業の戰略的マーケティング(第2版)』 中央経濟

社, p.7.

238) P. Kotler(2001)는 어떠한 비즈니스도 서비스업이다. 화학 회사가 아니다. 화학 서비스업이라고 서술하면서 제조업에서 일하는 사람도 컴퓨터 오퍼레이터, 회계사, 법률 스텝 등 다수가 실제로는 서비스를 제공하는 제공자라고 지적하고 있다. 덧붙여 서비스를 한편에서 다른 한편에 대해 제공하는 행위나 퍼포먼스로 본질적으로 무형으로 어떤 소유권도 가져다주지 않는 것을 말한다. 서비스 생산에는 유형재가 관련되는 경우도 있지만 관련되지 않는 경우도 있다고 서술한다.
Kotler, P.(2001), Marketing Management, Millennium Edition, Prentice－Hall, Inc.
(恩藏直人『コトラーのマーケティング・マネジメント　ミレニアム版』株式會社ピアソン・エデュケーション, 2001年, pp.525－526.)

239) *Ibid*, pp.527－530.

240) Rathmell, J. M.(1974), *Marketing in the Service Sector*, Wintrop Publisher, Inc., pp.6－8.

241) Stanton, W. J., M. J. Etzel, and B. J. Walker(1975), *Fundamentals of Marketing*, 9th, McGraw－Hill Book Company, pp.550－552.

242) Sasser, W. E., R. P. Olson, and D. D. Wyckoff(1978), *Management of Service Operations: Text, Cases, and Readings*, Allyn and Bacon Inc., pp.15－18.

243) Berry, L. L.(1980), "Services Marketing Is Different", *Business Atlanta*, Vol.30(May－June), pp.30－31.

244) Kotler, P.(1984), *Marketing Essentials*, Prentice－Hall, Inc., pp.445－447.

245) LoveLock, C. H.(1984), *Services Marketing: Text, Cases, and Readings*, Prentice－Hall,Inc., p.480.

246) Cowell, D.(1984), *The Marketing of Services*, Butterworth－Heinemann Ltd., pp.23－27.

247) Parasuraman, A., V. A. Zeithaml, and L. L. Berry(1985), pp.34－35.

248) Johnson, E. M., E. E. Sheuing, and K. A. Gaida(1986), *Profitable Service Marketing*, Dow Jones－Irwin, Inc., pp.13－19.

249) Grönroos, C.(1990), *Service Management and Marketing*, Lexington Mass, p.29.

250) Lovelock, C. H. and L. K. Wright(1999), *Principles of Service Marketing and Management*.(小宮路雅博監譯(2002), *op. cit.,*) pp.16－

22.

251) Kotler, P. and S. J. Levy(1969), "Broadening the Concept of Marketing", *Journal of Marketing*, Vol.33(January), p.15.

252) Bagozzi, R. P.(1975), "Social Exchange in Marketing", *Journal of Academy of Marketing Science*, Vol.3, No.4(Fall), p.325.

253) Kotler, P.(1986), "Megamarketing", *Harvard Business Review*, Vol.64 (March/April), p.117.

254) 淺井慶三郎(2000)『サービスとマーケティング』同文舘, p.64.

255) *Ibid*, pp.111−112.

256) 上原征彦(1990) 「サービス概念とマーケティング戦略」(『明治學院論叢』, 459, 3月号)p.7.

257) 여기서 검토한 교환 과정 및 프로세스에 대해 Booms and Bitenr(1981) 에 의해 제시된 마케팅 믹스에 대한 3가지 디멘션을 살펴보면 그것은 사람, 물리적 요소, 제공 과정이며 서비스 적용에 한계가 있던 4P를 보다 확대시켜 서비스 마케터에게 지지를 받고 있다.
奥本勝彦譯『觀光のマーケティング』多賀出版, 2004年, p.80.

258) 淺井慶三郎(1987)『サービスの演出戦略』同文舘, p.122.

259) 近藤隆雄(1991)「サービスのデザイン」(『DIAMONDハーバードビジネス』 10−11月号) p.97.

260) 久保田進彦(1997)「プロフェショナル・サービスの本質と特性」(『商経論集』第73号)pp.5−7.

261) Fisk R. P.,S. W.Brown, and M. J. Bitner(1993), "Tracking the Evolution of the Services Marketing Literature", *Journal of Retailing*, Vol.69, No.1, pp.67−82.

262) Fisk R. P., S. W.Brown, and M. J. Bitner(1993), "Tracking the Evolution of the Services Marketing Literature", *Journal of Retailing*, Vol.69, No.1, pp.67−82

263) Lovelock, C. H.(1983), *op. cit.*, pp.9−20.
Parasuraman, A., V. A. Zeithaml, and L. L. Berry(1985), *op. cit.*, pp.44−46.

264) 山本昭二(1986) 「サービス・マーケティングにおけるサービス概念」(『六甲台論集』第33巻第22号) pp.34−35.

265) 野村淸(1983)「サービス・マーケティングの出發」(『季刊Marketing研究』 No.22, 9月) p.1.

藤村和宏(1991) 「サービスの特質とサービス・マーケティング理論の必要性」(『廣島大學經濟論集』第14巻　第3・4号) p.185.
이유재(2001), "서비스 품질 측정과 기대효과에 대한 재고찰: KS－SQI 모형의 개발과 적용", 마케팅연구, Vol.16, No.1, p.2.
鍋田英彦(2000)「サービス商品とサービス・マーケティング」(『新潟産業大學經濟學紀要』第21号) p.35.

266) Kotler, P.(1972), "A Generic Concept of Marketing", *Journal of Marketing*, Vol.36(April), pp.51－52.

267) 淺井慶三郎(1993), *op. cit.*, p.77.

268) Samli, A. C.(1992), *Social Responsibility in Marketing*, Quorum Books, pp.46－47.

269) *Ibid*, p.46.

270) 淺井慶三郎(1993), *op. cit.*, p.6.

271) McCarthy, E. J.(1975), Basic Marketing, 5ed, 栗屋義鈍監譯(1978) 『ベーシック・マーケティング』, 東京教學社, pp.164－165.

272) Zeithaml, V. A. and M. J. Bitner(1996), *Services Marketing*, McGraw－Hill, p.25.

미주5장

273) Lehtinen, U. and J. Lehtinen(1982), "Service Quality: A study of Quality Dimension", *Research Report*, Helsinki, Finland: Service Management Institute.(疋田聰, 塚田朋子編著(1993) 『サービス・マーケティングの新展開』 同文舘, p.33.(원래 논문이 확인 불가능해 2차 인용된 것을 양해 바람))

274) Garvin, D. A.(1984), "What Does Product Quality Really Mean",*Sloan Management Review*, Vol.26., No.1(Fall), p.27.
덧붙여 1988년 연구에는 품질에 5가지 유형이 있다고 지적하고 있다. 제1유형은 초월적 정의로 품질 그 자체는 정의할 수 없는 최상의 것이라고 하는 것이다. 둘째로 제품을 바탕으로 한 정의로 어느 정도 필요한 속성이나 함유물이 포함되었는가 하는 것이다. 셋째 유형은 소비자 선호나 만족을 어느 정도 높일 수 있는가 하는 것이다. 넷째는 제품의 사용이 어느 정도 요구에 부합하고 있는가 하는 것이다. 다섯째는 가치를 바탕으로 한 사고로서 수용 가능한 가격이나 비용으로의 우수함이라고 서술하고 있다.

275) Grönroos, C.(1984), "A Service Quality Model and its Marketing

Implications", *European Journal of Marketing*, Vol.18, No.4, pp.38−39.

276) Parasuraman, A., V. A. Zeithaml, and L. L. Berry(1988), "SERVQUAL: A Multiple−Item Scale for Measuring Consumer Perceptions of Service Quality", *Journal of Retailing*, Vol.64, No.1(Spring), p.17.
앞서 서술한 것처럼 Parasuraman et al.는 1981년 연구에서 서비스 품질 평가를 쉽게 하는 기준으로 서비스재를 탐색재, 경험재, 신용재로 분류하고 있다.

277) 서비스 특질에 관해 藤村和宏(후지무라 카즈히로(1991))는 고객 서비스를 소비 경험하고 그것을 평가해 가는 과정에서도 품질 평가는 행해지고 그 평가 기준이 되는 것이 과정 품질과 성과 품질이라고 서술한다. 그리고 그 품질 평가는 과정 품질과 성과 품질이 형성되어 가는 가운데 상호 작용된 것이며 그 상호 작용에는 고객과 서비스 제공자 간의 작용, 고객과 물리적 환경과의 작용, 고객 간 상호 작용이 있다고 설명한다.
藤村和宏「サービスの特質とサービス・マーケティング理論の必要性」(『廣島大學経濟論叢』第14卷 第3・4号, 1991年) p.192.

278) Taylor, S. A.(1994), "Distinguishing Service Quality from Patient Satisfaction in Developing Health Care Marketing Strategies", *Hospital & Health Services Administration*, Vol.39, No.2, pp.221−236.

279) 山本昭二(1999) 『サービス・クオリティ』千倉書房, p.96.

280) Parasuraman, A, V. A. Zeithaml, and L. L. Berry(1994), "Reassessment of Expectations as a Comparison Standard in Measuring Service Quality: Implications for Future Research", *Journal of Marketing*, Vol.58(January), p.112.
Cronin, J. and S. A. Taylor(1994), "SERVPERF Versus SERVQUAL: Reconciling Performance−Based and Perceptions-Minus-Expectations Measurement of Service Quality", *Journal of Marketing*, Vol.58(January), p.126.
Smith, A. M.(1995), "Measuring Service Quality: is SERVQUAL Now Redundant? " *Journal of Marketing Management*, Vol.11, pp.257−276.

281) Liljander, V. and T. Strandvik(1993), "Estimating Zones of Tolerance in Perceived Service Quality and Perceived Service Value", *International Journal of Service Industry Management*, Vol.4, No.2, p.6.
Taylor S. A.(1994), *op. cit.*, p.130.

282) Bitner, M. J. and A. R. Hubbert(1993), "Encounter Satisfaction Versus Overall Satisfaction Versus Quality: The Customer's Voice", in *Service*

Quality: New Directions in Theory and Practice, ed. Rust, R. T. and R. L. Oliver., Sage, California, pp.71－93.

283) Bitner, M. J., Bernard, H. Booms, and M. S. Terreault(1990), "The Service Encounter: Diagnosing Favorable and Unfavorable Incidents", *Journal of Marketing*, Vol.54(January), pp.71－84.
Bolton, R. and J. H. Drew(1991), "A MultiStage Model of Customers' Assessments of Service Quality and Value", *Journal of Consumer Research*, Vol.17(March), pp.375－376.

284) Cronin, J. and S. A. Taylor(1992), "Measuring Services Quality: A Reexamination and Extension", *Journal of Marketing*, Vol.56(July), p.56. 서비스 품질과 고객만족 간 관계에 대해 Grönroos(1990)와 Zeithaml,et al.(1993)에 의해 서비스 품질이 고객만족의 선행 요인이라고 하는 것을 명확히 했다.

285) 疋田聰, 塚田朋子編著(1993), *op. cit.*, p.31.

286) 山本昭二(1995) 「サービス品質概念と品質評価尺度の開發」 (『消費者行動研究』第3卷第1号) p.44.

287) 山本昭二(1989) 「サービス評価の概念枠組－品質評価と知覺品質」(『商學論究』關西學院大學商學研究會) pp.163－168.

288) 村上恭一(1999) 「サービス品質評価尺度のマーケティングにおける有効性について」 (『商経論叢』九州産業大學商業會, 第40卷, 第2号) pp.210－211.

289) 近藤隆雄(2004)『サービス・マネジメント入門』生産性出版, p.55, pp.200－201, pp.206－207.

290) Lovelock, C.(1984), "Distinctive Aspects Services Marketing", in *Service's Marketing*, ed. C. H. Lovelock, Third Edition, Prentice－Hall, p.10.

291) Berry, L., D. Bennett., C. Brown., D. J. Irwin(1989), *Service Quality Imperative in Service Quality－A Profit for Financial Institutions*, p.7.

292) Parasuraman, A., V. A. Zeithaml, and L. L. Berry(1985), "A Conceptual Model of Service Quality and Its Implications for Future Research", *Journal of Marketing*, Vol.49(Fall), pp.21－22.

293) Parasuraman, A., V. A. Zeithaml, and L. L. Berry(1988), *op. cit.*, p.23.

294) Cronin, J. J. Jr. and S. A. Taylor(1992), *op. cit.*, p.56.
Oliver, R. L.(1993), "A Conceptual Model of Service Quality and Service Satisfaction: Compatible Goals, Different Concepts", *Advances in Services Marketing and Management*, Greenwich, Vol.2, p.81.

Rust, R. T., A. J. Zahorik, and T. L. Keiningham(1996), "Return on Quality (ROQ): Making Service Quality Financially Accountable", *Journal of Marketing*, Vol.59, No.2(April), p.60.

295) Lovelock, C. H. and L. K. Wright(1999), *Principles of Service Marketing and Management.* (小宮路雅博監譯(2002)『サービス・マーケティングの原理』白桃書房) pp.121－122.

296) Hartman D.E. and J. H. Lindgren(1993), "Consumer Evaluations of Goods and Services", *Journal of Services Marketing*, Vol.7, No.2, p.7.

297) 리커트 척도 구성이란 미국의 사회심리학자 리커트가 제안한 것으로 Likert scaling이라 하여 복수의 진술에 대해 '대단히 찬성', '조금 찬성', '뭐라고 할 수 없다', '조금 반대', '절대 반대'라고 한 평정 척도를 갖추고 1차원의 태도 척도를 구하는 방법이다.
日本マーケティング・リサーチ協會編『マーケティング・リサーチ用語辭典－新版－』同友館, 1998年, p.150.

298) 공분산 구조 분석은 관측 변수의 잠재 변수를 고려하면서 그 잠재 변수의 관계를 명확히 할 수 있고 모형 전체의 적합 정도를 파악 할 수 있는 분석 방법이다.

▌미주6장

299) Festinger, L. A., *A Theory of Cognitive Dissonance*, Stanford University Press, 1959, p.263. (末永俊郎監譯『認知的不協和の理論－社會心理學諸說－』誠信書房, 1965年, p.247.)

300) *Ibid.*, p.260.(*Ibid.*, p.245.)

301) *Ibid.*, p.264.(*Ibid.*, p.248.)

302) Cummings, W. H. and M. Venkatesan, "Cognitive Dissonance and Consumer Behavior: A Review of the Evidence", *Journal of Marketing Research*, Vol.13(August. 1976), p.307.

303) Engel, J. F., and M. L. Light, "The Role of Psychological Commitment in Consumer Behavior: An Evaluation of The Theory of Cognitive Dissonance", in *Applications of The Sciences in Marketing Management*, ed. Bass, F. M., C. W. King, E. A. Pessemier, John Wiley & Sons, 1968, pp. 179－206.

304) Cardozo, R. N., "An Experimental Study of Customer Effort, Expectation, and Satisfaction", *Journal of Marketing Research*, Vol. 2(August. 1965), p. 244.

Engel, J. F., and R. D. Blackwell, *Consumer Behavior,* New York: Holt, Rinehart, and Winston, 1982, pp. 513－514.

305) Cardozo, R. N.(1965), *op. cit.,* p. 245.

306) *Ibid.,* p. 248.

307) 박진호,「고객만족의 결정요인에 관한 연구」서울대학교대학원 석사학위논문, 1993, p.19.

308) Cohen, J. B. and M. E. Goldberg, "The Dissonance Model in Post－Decision Product Evaluation", *Journal of Marketing Research,* Vol. 7(August. 1970), pp.315－316.

309) Olson, J. C. and P. Dover, "Effects of Expectation Creation and Disconfirmation of Belief Elements of Cognitive Structure", *Advances in Consumer Research,* (1976), pp. 168－169.

310) *Ibid.,* pp. 168－175.

311) Sherif, M. and C. I. Hovland, *Social Judgment: Assimilation and Contrast Effects in Communication and Attitude Change,* Yale University, 1961, pp.50－51.(柿崎祐一, 島久洋, 水島基喜『社會的判斷の法則』ミネルヴァ書房, 1978年, p.46.)

312) Olshavsky, R. W. and J. A. Miller, "Consumer Expectations, Product Performance and Perceived Product Quality", *Journal of Marketing Research,* Vol.9(February. 1972), p.19.

313) *Ibid.,* p.20.

314) 이 점에 관해 M. Sherif and C. I. Hovland(1961)는 동화－대조 효과를 결정하는 조정 변수로 관여도가 기인하고 있다고 서술한다. 일반적으로 관여도가 높은 제품에 대해서는 낮은 관여도를 갖는 제품보다 더 큰 기각 범위가 이용되기 때문에 보다 큰 동화 효과와 대조 효과가 나타나게 된다고 서술하고 있다. Sherif, M. and C. I. Hovland(1961), *op. cit.,* pp.30－35. (Ibid., pp.28－32.)

315) Anderson, R. E. "Consumer Dissatisfaction: The Effects of Disconfirmed Expectancy on Perceived Product Performance", *Journal of Marketing Research,* Vol.10(February. 1973), p.38.

316) *Ibid.,* p. 41.

317) Miller, J. A. "Studying Satisfaction, Modifying, Posing Problems and Meaningful Measurements", in *Conceptualization and Measurement of Consumer Satisfaction and Dissatisfaction,* Cambridge, MA; Marketing Science Institute, 1977, p.72.

318) Carl smith, J. M. and E. Aronson, "Some Hedonic Consequences of the Confirmation and Disconfirmation of Expectancies", *Journal of Abnormal and Social Psychology*, Vol.66, No.2(February. 1963), pp.153－154.

319) Oliver, R. L., "Hedonic Reactions to the Disconfirmation of Product Performance Expectations: Some Moderating Conditions", *Journal of Applied Psychology*, Vol.61, No.2(1976), p.249.

320) *Ibid.*, p.246.

321) Cardozo, R.N.(1965), *op. cit.*, p.244.
Swan, J. E. and Combs, L. J.(1976), "Product Performance and Consumer Satisfaction: A New Concept", *Journal of Marketing*, Vol.40 (April), pp.26－27.

322) 藤村和宏(1991) 「サービスの特質とサービス・マーケティング理論の必要性」(『廣島大學経濟論叢』第14卷第3・4号) p.192.

323) Mazis, M. B., O. T. Ahtola, and R. E. Klippel, "A Comparison of Four Multi－Attribute Models in the Prediction of Consumer Attitude", *Journal of Consumer Research*, Vol.2(June. 1975), p.38.

324) Fishbein, M., "A Behavior Theory Approach to the Relation between Beliefs about an Object and the Attitude Toward the Object", in *Readings in Attitude Theory and Measurement*, 1967, p.394.

325) *Ibid*, p.393.

326) 태도 연구에 폭넓게 인용되고 있는 Rosenberg 모델은 다음과 같다.

$$A_0 = \sum_{i-1}^{n} Ii\,Vi$$

A_0 ＝대상에 대한 태도

Ii ＝가치i의 실현 도달이나 저지에 있어서 대상의 가능성에 관한 신념으로서 지각된 수단성

Vi ＝가치 있는 상태

Rosenberg, M. J. "Cognitive Structure and Attitudinal Affect", *Journal of Abnormal and Social Psychology*, Vol.53(November. 1956), pp.376－382.

327) Walster, E., G. W. Walster, and E. Bersheid, *Equity: Theory and Research*, Boston: Allyn & Bacon, 1978, p.15.

328) Fisk R. P. and C. E. Young, "Disconfirmation of Equity Expectation: Effects on Consumer Satisfaction with Services", *Advances in Consumer Research*, 1985, p.340.

329) Swan J. E. and R. P. Oliver, "Automobile Buyer Satisfaction with the Salesperson Related to Equity and Disconfirmation", *Journal of Consumer Satisfaction, Dissatisfaction and Complaining Behavior*, 1985, pp.10−16.

330) Woodruff, R. B., E. R. Cadotte, and R. L. Jenkins, "Modeling Consumer Satisfaction Process Using Experience−Based Norms", *Journal of Marketing Research*, Vol.20(August, 1983) pp.296−304.

331) Cadotte, E. R., R. B. Woodruff, and R. L. Jenkins, "Expectations and Norms in Models of Consumer Satisfaction", *Journal of Marketing Research*, Vol.24(August, 1987), pp.305−314.

332) Oliver, R. L., and W. S. Desarbo, "Response Determinant in Satisfaction Judgments", *Journal of Consumer Research*, Vol.14(March, 1988), p.499.

333) *Ibid.*, p.498.

334) *Ibid.*, pp.501−503.

335) *Ibid.*, p.503.

336) Tse, D. K. and P. C. Wilton(1988), "Models of Consumer Satisfaction Formation: An Extension", *Journal of Marketing Research*, Vol.25 (May), p.204.

337) Anderson, E. W.(1994), "Cross-Category Variation in Customer Satisfaction and Retention", *Marketing Letters*, Vol.5, No.1, pp.19−30.
Anderson, E.W., C. Fornell, and D. R. Lehmann(1994), "Customer Satisfaction, Market Share, and Profitability: Finding From Sweden", *Journal of Marketing*, Vol.58(July), pp.53−66.
Boulding, W., A. L. R. Staelin, and V. A. Zeithaml(1993), "A Dynamic Process Model of Service Quality from Expectations to Behavioral Intentions", *Journal of Marketing Research*, Vol.30(February), pp.7−27.
Fornell, C. and M. D. Johnson, E. W. Anderson, Cha Jaesung., and E. B. Barbara(1996), "The American Customer Satisfaction Index: Nature, Purpose, and Findings", *Journal of Marketing*, Vol.60(October), pp.7−18.
Oliver R. L.(1997), *op. cit.*, pp.23−25.
久保田進彦(1999)「顧客滿足戰略研究の概觀」(『商學研究科紀要』第48号)p.69.

338) *Ibid,* p.69.

339) Gardial, S. F., D. S. Clemons, R. B. Woodruff, D. W. Schumann, and M. J. Burns(1994), "Comparing consumers' recall of prepurchase and

postpurchase product evaluation experiences", *Journal of Consumer Research*, Vol.20(March), p.556.
Heide, J. B. and A. M. Weiss(1995), "Vender consideration and switching behavior for Buyers in high technology markets", *Journal of Marketing*, Vol.59(July), pp.39－40.

미주7장

340) 본 제7장에서 말하는 인지적 판단 과정이란 고객이 제품이나 서비스를 소비하기 전에 갖는 다양한 기대가 소비 후 성과 비교에 의해 평가되는 과정을 나타낸다.
소비자의 정보 처리 과정이라고도 할 수 있지만 본 연구는 인지적 판단 과정의 제품이나 서비스에 관한 정보 흐름의 규명보다 정보가 가지는 특징에 의한 인지적 판단에의 영향력에 주목하므로 관점이 조금 다르다.

341) Festinger, L.(1957), *A Theory of Cognitive Dissonance*, Stanford University Press, p.2.

342) Oliver, R. L.(1997), *Satisfaction: A Behavioral perspective on the Consumer*, McGraw－Hill Companies, Inc., pp.120－123.

343) Engel, J. F., R. D. Blackwell, and P. W. Miniard(2001), *Consumer Behavior*, 9th, TX: Dryden, p.273.

344) Oliver, R. L.(1980), "A Cognitive Model of the Antecedents and Consequences of Satisfaction", *Journal of Marketing Research*, Vol.17 (November), pp.461－462.

345) Howard, John A. and J. N.(1969), Sheth, *Theory of Buyer Behavior*, New York: Hohn Wiley and Sons, p.147.

346) Czepiel. J. A. and L. J. Rosenberg(1977), "The Study of Consumer Satisfaction: Addressing The 'So What' Questions", *Conceptualization and Measurement of Consumer Satisfaction and Dissatisfaction*, p.97.

347) Engel, J. F. and R. D. Blackwell(1982), *Consumer Behavior*, New York, p.273.

348) Westbrook, R. A. and R. L. Oliver(1991), "The Dimensionality of Consumption Emotion, Patterns and Consumer Satisfaction", *Journal of Consumer Research*, Vol.18(August), p.84.

349) 조형지(1999) "고객만족 개념의 재검토와 척도개발에 대한 연구", 계명대학교 박사학위논문, p.33.

350) Oliver, R. L.(1997), *op. cit.*, p.14.

351) Oliver, R. L.(1980), *op. cit.*, p.462.

352) *Ibid*, pp.461－462.
Oliver, R. L.(1997), *op. cit.*,pp. 23－25.

353) Tse, D. K. and P. C. Wilton(1988), "Models of Consumer Satisfaction Formation: An Extension", *Journal of Marketing Research*, Vol.25(May), p.206.

354) *Ibid*, pp. 207－208..

355) Woodruff, R. B., E. R. Cadotte, and R. L. Jenkins(1983), "Modeling Consumer Satisfaction Process Using Experience－Based Norms", *Journal of Marketing Research*, Vol.20(August), p.297.

356) Olson, J. C. and P. Dover(1976), "Effects of Expectation Creation and Disconfirmation of Belief Elements of Cognitive Structure", *Advances in Consumer Research*, p.168.

357) Chruchill, G. A. Jr. and C. Surprenant(1982), "An Investigation into the Determinants of Customer Satisfaction", *Journal of Marketing Research*, Vol.19 (November), p.494.
Tse, D. K. and P. C. Wilton(1988), *op. cit.*, p.206.

358) Spreng, R. A., S. B. Mackenzie, and R. W. Olshavsky(1996), "A Reexamination of the Determinants of Consumer Satisfaction", *Journal of Marketing*, Vol.60(July), p.18.

359) Tse, D. K. and P. C. Wilton(1988), *op. cit.*, p.210.

360) Chyo, Hyungji(1999), *op. cit.*, p.34.

361) Izard, C. E.(1973), *Human Emotions*, New York: Plenum Press.
Izard는 감동과 관련된 얼굴 근육의 반응이 하는 역할에 주목해 감정을 검토했다. 특수한 얼굴 표정의 인식 가능한 보편적으로 연상되는 10가지 기본 감정, 고통(슬픔), 화냄, 혐오, 경멸, 공포, 수치 / 내향성 및 죄의 감정의 식별에 근거하고 있다.
Plutchik, R.(1980), *Emotion: A Psychology Evolutionary Synthesis*, New York, Harper & Row, 1980, p. 138. Plutchik은 공포, 화냄, 기쁨, 슬픔, 용인, 혐오, 기대 및 놀라움에 의한 8가지 주요 감정을 확인하기 위해 진화론적 관점을 사용했다

362) Mehrabian, A. and J. A. Rusell(1974), *An Approach to Environmental Psychology*, Cambridge, MA＋ MIT Press, pp.18－21.

363) Richins, M. L.(1997), "Measuring Emotions in the Consumption

Experience", *Journal of Consumer Research*, Vol.24(September), p.129.

364) *Ibid*, pp.134−135.

365) Swan, J. E., and L. J. Combs(1976), "Product Performance and Consumer Satisfaction: A New Concept", *Journal of Marketing*, Vol.40(April), p.29.
Swan and Combs(1976)에 의해 다루어진 본질 성과란 제품이나 서비스가 갖는 수단적 성과(instrumental performance)를 나타내는 것으로 제품이나 서비스가 갖는 물리적 속성을 가리킨다. 연구에서 다루어진 것은 의류의 내구성, 세탁 특성, 보습성, 형상성, 주름 방지, 맞춤감 등이다. 그리고 표층 성과란 제품이나 서비스가 갖는 의미있는 성과(expressive performance)이며 의류에 대해서는 스타일링, 편리성, 칼라, 타인에 의한 반향 등이다.

366) Mittal, V., W. T. Ross, Jr., and P. M. Baldasare(1998), "The Asymmetric Impact of Negative and Positive Attribute−Level Performance on Overall Satisfaction and Repurchase Intentions", *Journal of Marketing*, Vol.62, No.1(January), p.34.

367) Parasuraman, A., V. A. Zeithaml, and L. L. Berry(1985), "A Conceptual Model of Service Quality and Its Implications for Future Research", *Journal of Marketing*, Vol.49(Fall), p.42.

368) *Ibid*, p.48.

369) Chruchill, G. A. Jr., and C. Surprenant(1982), *op. cit.*, p.492.

370) Tse, D. K. and P. C. Wilton(1988), *op. cit.*, p.204.

371) *Ibid*, p.206.

372) Fisk, R. P., and C. E. Young(1985), "Disconfirmation of Equity Expectations: Effects on Consumer Satisfaction with Services", *Advances in Consumer Research*, p.341.

373) Gutman, J.(1982), "A Means−End Chain Model Based on Consumer Categorization Process", *Journal of Marketing*, Vol.16, No.1(Spring), p.65.

374) Gutman, J.(1988), "Laddering Theory, Method, Analysis, and Interpretation", *Advertising Research*, Vol.28, No.1(February/March), pp.20−23.

375) Fishbein, M.(1963), "An investigation of the Relationships between Beliefs about an Object and the Attitude Toward That Object", *Human Relations*, Vol.16(August), pp.233−239.

376) Zajnoc, R. B. and H. Markus(1982), "Affective and Cognitive Factors in Preferences", *Journal of Consumer Research*, Vol.9(September), p.124.

377) Desai, K. K. and V. Mahajan(1998), "Strategic Role of Affect−Based Attitudes in the Acquisition, Development, and Retention of Customers", *Journal Business of Research*, Vol.42(1998), p.311.

378) Zajonc, R. B.(1980), "Feeling and Thinking Preferences Need No Inferences", *American Psychologist*, Vol.35, No.2(February), p.156.
Zajnoc, R. B. and H. Markus(1982), *op. cit.*, p.129.

379) Schachter, S. and J. E. Singer(1962), "COGNITIVE, SOCIAL, AND PHYSIOLOGICAL DETERMINANTS OF EMOTIONAL STATE", *Psychological Review*, Vol.69, No.5(September), p.382.
Parkinson, B. and A. S. R. Manstead(1992), "Appraisal as a Cause of Emotion", in *Emotion*, ed. W. S. Clark., p.133.

380) Westbrook, R. A.(1980), "Intrapersonal Affective Influence on Consumer Satisfaction with Products", *Journal of Consumer Research*, Vol.7(Jun), p.49.

381) Woodruff, R. B., E. R. Cadotte, and R. L. Jenkins(1983), "Modeling Consumer Satisfaction Process Using Experience−Based Norms", *Journal of Marketing Research*, Vol.20(August), p.315.

382) Westbrook, R. A., and R. L. Oliver(1991), "The Dimensionality of Consumption Emotion, Patterns and Consumer Satisfaction", *Journal of Consumer Research*, Vol.18(August), p.84.

383) Oliver, R. L(1993). "Cognitive, Affective, and Attribute Bases of the Satisfaction Response", *Journal of Consumer Research*, Vol.20(December), p.418.

384) Alford, B. L. and D. L. Sherrell(1996), "The Role of Affect in Consumer Satisfaction Judgments of Credence−Based Service", *Journal of Business Research*, Vol.37, No.1, p.72.

385) Oliver, R. L.(1997), *op. cit.*, pp.14−15.

386) Gardner, M. P.(1985), "Mood States and Consumer Behavior: A Critical Review," *Journal of Consumer Research*, Vol.12(December), p.282.

387) Cohen, J. B. and C. S. Areni(1991), "Affect and Consumer Behavior", in *Handbook of Consumer Behavior*, ed. T. S. Robertson, and H. H. Kassarjian, Englewood Cliffs, NJ: Prentice Hall, p.191.

388) Isen, A. M.(1984), "Toward Understanding the Role of Affect in Cognition", in *Handbook of Social Cognition*, Vol.3, ed. R. S. Wyer. and T. K. Srull., Hillsdale, NJ: Erlbaum, p.185.

Batra, R. and D. M. Stayman(1990), "The Role of Mood in Advertising Effectiveness", *Journal of Consumer Research*, Vol.17(September), p.203.

389) Cohen, J. B. and C. S. Areni(1991), *op. cit.*, p.190.

390) Holbrook, M. B. and R. Batra(1987), "Assessing the Role of Emotions as Mediators of Consumer Reponses to Advertising", *Journal of Consumer Research*, Vol.14(September), p.405.

391) Feeling은 즐거움 / 즐겁지 않음, 행복 / 불행, 좋음 / 싫음, 등의 본능적 감각을 나타낸다

392) 정서의 인지적 견해는 프라이드는 성취에 의해 유발되는 즐거운 기분 (느낌)이다.

393) Oliver, R. L.(1997), *op. cit.*, p.14.

394) Edell, J. A. and M. C. Burke(1987), "The power of Feelings in Understanding Advertising Effect", *Journal of Consumer Research*, Vol.14(December), p.422.
Burke, M. C. and J. A. Edell(1989), "The Impact of Feelings on ad‒ Based Affect, and Cognition", *Journal of Marketing Research*, Vol.26 (February), p.69.

395) Oliver, R. L.(1980), *op. cit.*, p.462.
여기서 정서적·감정적 측면에 초점을 맞추고 있으면서 Oliver의 인지적 모델을 다루고 검토하는 이유는 그 모델이 만족 판단 과정에 대한 연구에서 대표적인 기초가 되는 모델이며 모델 중에서 정서와 감정이 강하게 관련된 태도 개념을 도입하는 것에서 그 이론적 시사를 검토해야 한다고 생각했기 때문이다.

396) Helson, H.(1948), "Adaptation‒Level as a Basis for Quantitative Theory of Frames of Reference", *Psychological Review*, Vol.55, No.6 (November), p.299.

397) Oliver, R. L.(1980), *op. cit.*, p.461.

398) Olson, J. C. & P. Dover(1976), "Effects of Expectation Creation and Disconfirmation of Belief Elements of Cognitive Structure", *Advanced in Consumer Research*, pp.168‒175.

399) *Ibid,* p. 461.

400) Fishbein에 의하면 태도 대상에 따라 얻어지는 종합적 평가는 그 대상과 결합된 속성 혹은 특성의 합계이고 각 대상과 특성 간 결합은 그 결합의 강도에 신념을 곱한것이라고 한다. Fishbein 척도를 공식으로 나타내면

$$A_0 = \sum_{i=1}^{n} bi \times ei$$ 이며 대상에 대한 태도(A_0)는 대상이 속성 i를 갖고 있다고 하는 신념 bi와 속성 i의 평가 ei를 곱한 것이다.

401) Bearden, W. O. and J. E, Teel(1983), "Selected Determinants of Consumer Satisfaction and Complaint Reports", *Journal of Marketing Research*, Vol.20(February), pp.22−23.

402) Day, R. L. and E. L. Landon(1977), "Toward a Theory of Consumer Complaining Behavior", in *Consumer and Industrial buying Behavior*, ed. A. G. Woodside, J. N. Sheth, and P. D. Bennett, New York: North−Holland, p.437.

403) Bearden, W. O. and J. E. Teel(1983), *op. cit.*, p.22.

404) Westbrook, R. A. and R. L. Oliver(1991), *op. cit.*, p.84.

405) Day, R. L.(1984), "Modeling Choices Among Alternative Responses to Dissatisfaction", *Advances in Consumer Research*, Vol.11, p.497.

406) Westbrook, R. A. and R. L. Oliver(1991), *op. cit.*, pp.86−87.

407) 군집 분석의 k−means법은 가장 일반적으로 이용되는 방법이다. k−means법은 사전에 결정된 군집수 k에 근거해 전체 데이터를 상대적으로 유사한 k개의 군집으로 구분하는 방법이다.

408) Yi, Youjae(1993), "The Determinants of Consumer Satisfaction: The Moderating Role of Ambiguity"*Advances in Consumer Research*, Vol.20, p.502.

409) Alloy, L. B and N. Tabachnik(1984), "Assessment of Covariation by Humans and Animals: The Joint Influence of Prior Expectations and Current Situational Information", *Psychological Review*, Vol.91(January), p.113.
Bobrow, D. G. and D. A. Norman(1975), "Some Principles of Memory Schemata", in *Representation and Understanding: Studies in Cognitive Science*, ed. D. G. Bobrow and A. Collins, New York: McGraw-Hill, pp.131−149.

410) Yi, Youjae(1993), *op. cit.*, p.503.

411) Parasuraman, et al.(1988)는 소비자가 지각하는 서비스의 본질적인 특성에 대해 '유형성(Tangibles)', '신뢰성(Credibility)', '반응(Responsiveness)', '보증성(Assurance)', '공감성(Empathy)'이라고 했다.
Parasuraman, A., V. A. Zeithaml and L. L. Berry(1988), "SERVQUAL: A Multiple−Item Scale for Measuring Consumer Perceptions of Service

Quality", *Journal of Retailing*, Vol.64(Spring), p.23.

412) 주 인자가 '접객'과 '쇼핑 환경'으로 나타난 것은 W. J. Regan(1964)에 의한 소매의 부가 가치이다. 상품 구색과 소매 서비스의 카테고리에 요약된 것을 확인시켜 주는 것이다.
奧本勝彦(1989)「小賣業の發展に關する諸理論の檢討」『論叢』玉川大學 文學部編, pp.4−5.

413) 공분산 구조 분석 모형의 적합성은 일반적으로 GFI＞0.95, AGFI＜GFI, CFI＞0.95, RMSEA는 0.05∼0.08이라는 판정 기준이 요구되고 있다.

미주8장

414) Oliver, R. L.(1981), "Measurement and Evaluation of Satisfaction Process in Retail Setting", *Journal of Retailing*, Vol.57(Fall), p.37.
Bearden, W. O. and J. E. Teel(1983), " Selected Determinants of Consumer Satisfaction and Complaint Reports", *Journal of Marketing Research*, Vol. 20(February), p.22.
Fornell, C. and B. Wernerfelt(1987), "Defensive Marketing Strategy by Customer Complaint Management: A Theoretical Analysis", *Journal of Marketing Research*, Vol.24(November), p.345.
Halstead, D., E. A. Morash, and J. Ozment(1996), "Comparing Objective Service Failure and Subjective Complaints: An Investigation of Domino and Halo Effects", *Journal of Business Research*, Vol.36, pp.109−110.

415) Hirschman, A. O.(1970), Exit, Voice, and Loyalty: *Responses to Decline in Firms*, Organizations and States, Cambridge, MA: Harvard University Press, pp.77−105.

416) Oliver, R. L.(1980), "A Cognitive Model of the Antecedents and Consequences of Satisfaction", *Journal of Marketing Research*, Vol.17 (November), pp.461−462.

417) Tse, D. K., F. M. Nicosia, and P. C. Wilton(1990), "Consumer Satisfaction as a Process", *Psychology & Marketing*, Vol.7, No.3(Fall), p.181.

418) Reichheld, F. F. and W. E. Sasser, Jr.(1990), "Zero Defections: Quality Comes to Services", *Harvard Business Review*, Vol.68 (September / October), p.108.

419) Keaveney, S. M.(1995), "Customer Switching Behavior in Service

Industries: An Exploratory Study", *Journal of Marketing*, Vol.59(April), p.71.

420) Tax, S. S., S. W. Brown, and M. Chandrashekaran(1998), "Customer Evaluations of Service Complaint Experiences: Implications for Relationship Marketing", *Journal of Marketing*, Vol.62(April), p.64, pp.67－68.

421) Hoch, S. J. and J. Deighton(1989), "Managing What Consumers Learn from Experience", *Journal of Marketing*, Vol.53(April), p.1.

422) 이유재, 라선아(2002)는 소비 경험 후 형성되는 기대를 사후 조정 기대(adjusted expectation)로 명하고 차후 구매 행동에 대한 사전 기대이며 평가 기준이 된다고 서술하고 있다.
이유재, 라선아(2002), "구매 후 만족도 평가, 기대의 조정, 재구매 의도의 흐름에 관한 연구; 고객충성도의 조절효과를 중심으로", 한국소비자학회, 소비자학연구, Vol.13, No.3(March), p.54.

423) Oliver, R. L.(1997), *Satisfaction: A Behavioral perspective on the Consumer*, McGraw－Hill Companies Inc., p.68.

424) Kalwani, M. U., Yim, Chi Kin., Heikki, J. R., and Yoshi Sugita(1990), "A Price Expectations Model of Consumer Brand Choice", *Journal of Marketing Research*, Vol.27(August), p.252.

425) Johnson, M. D. and C. R. Plott(1989), "The Effect of Two trading Institutions on Price Expectations and Stability of Supply－Response Lag Market", *Journal of Economic Psychology*, Vol.10(June), p.196.
Lovell, M. C.(1986), "Test of the Rational Expectations Hypothesis", *American Economic Review*, Vol.76(March), pp.110－124.
Oliver, R. L. and R. S. Winer(1987), "A Framework for the Formation and Structure of Consumer Expectations: Review and Propositions", *Journal of Economic Psychology*, Vol.8(September), pp.469－499.

426) Johnson, T. O. and Sasser, W. E. Jr.(1995), " Why Satisfied Customer Defect", *Harvard Business Review*, Vol.73(November/December), p.91.

427) Szajna, B. and R. W. Scamell(1993), "The Effects of Information System User Expectations on Their Performance and Perceptions", *MIS Quarterly*, Vol.17(December), pp.494－495.
Oliver, R. L.(1997), *op. Cit.*, p.88.
Ortinau, D. J. and R. P. Bush(1997), "The Propensity of College Students to Modify Course Expectations and Its Impact on Course Expectations and Its Impact on Course Performance Information",

Journal of Marketing Education, Vol.9(Spring), pp.42−52.

428) Fishbein, M. and I. Ajzen(1975), *Belief, Attitude, Intention, and Behavior*, Addison−Wesley, p.396.

429) Garbarino, E. and M. S. Johnson(1999), "The Different Roles of Satisfaction, Trust, and Commitment in Customer Relationship", *Journal of Marketing*, Vol.63(April), pp.70−72.

430) Singh, J. and D. Sirdeshmukh(1993), "Agency and Trust Mechanisms in Consumer Satisfaction and Loyalty Judgment", *Academy of Marketing Science*, Vol.28, No.1, p.159.

431) Gundlach, G., T. Ravi, S. Achrol, and J. T. Mentzer(1995), "The Structure of Commitment in Exchange", *Journal of Marketing*, Vol.59 (January), p.79.

432) Ulrich, D.(1989), "Tie the Corporate Knot: Gaining Complete Customer Commitment", *Sloan Management Review*, Vol.30, No.4, p.21.

433) Morgan, R. M. and S. D. Hunt(1994), "The Commitment trust Theory of Relationship Marketing", *Journal of Marketing*, Vol.58(July), p.23.

434) Kelley, S. W. and M. A. Davis(1994), "Antecedents to Customer Expectation for Service Recovery", *Academy of Marketing Science*, Vol.22, No.1, p.59.

435) Manfred, F. M., W. R. Forrester, Jr., and S. S. Carey(1994), "Relationship Quality and the Dissolution of Relational Exchange Following Service Failure", *Research Conference Proceedings*.

436) Gundlach, G. T., R. S. Achrol, and J. T. Mentzer(1995), *op, cit.*, p.79.

437) W. O. Bearden and J. E. Teel(1983)은 고객만족은 마케터에게 재구매, 긍정적인 구전 그리고 소비자 로열티의 중요한 결정 요소로 추정되기 때문에 중요하다고 서술하고 있다.
Bearden, W. O. and J. E. Teel, " Selected Determinants of Consumer Satisfaction and Complaint Reports", *Journal of Marketing Research*, Vol.20(February. 1983), p.21.

438) Hirschman, A. O.(1970), Exit, Voice, and Loyalty: *Responses to Decline in Firms*, Organizations and States, Cambridge, MA: Harvard University Press, pp.77−105.

439) Gronhang, K. and G. Zaltman(1981), "Complainers and Noncomplainers Revisited: Another Look at the Data", *Advances in Consumer Research*, Ann Arbor, pp.83−87.

440) 귀인 이론(attribution theory)에서 귀인은 자신 및 환경에 발생하는 여러 사상이나 행동 원인을 추론(원인 귀인)하고 원인 추론을 통해 자신이나 타인의 내적 특성의 추론(특성 추론)을 귀인이라 한다. 귀인 이론의 첫 제창자는 Heider(1958)이며 그는 심리학적 입장에서 귀인 이론을 중심으로 사람들이 일상생활에서 만나게 되는 일들을 어떻게 인지하고 어떻게 해석하고 있는가에 대해 이론을 구축했다.

441) Valle, V. A. and M. Wallendorf(1977), "Consumer Attributions and the Cause of their Satisfaction and Dissatisfaction", *Journal of Consumer Satisfaction, Dissatisfaction, and Complaining Behavior*, pp.26−30.

442) Landon, E. L.(1977), "A Model of Consumer Complaint Behavior", *Journal of Consumer Satisfaction, Dissatisfaction and Complaining Behavior*, pp.31−35.

443) Day, R. L. and E. L. Landon(1977), "Toward a Theory of Consumer Complaining Behavior", in *Consumer and Industrial buying Behavior*, ed. A. G. Woodside, J. N. Sheth, and P. D. Bennett, New York: North−Holland, pp.425−437.
그 후 R. L. Day(1988)는 2단계의 사적, 공적 행동에 대한 행동적 구분에 대해 다음과 같이 서술했다. (1)직접 또는 간접적으로 판매자, 제조 업자 혹은 제공자에게 보상을 추구하는 것을 목적으로 하는 보상 추구, (2)보상보다 장래의 구매에 영향을 주는 것을 목적으로 하는 혹은 부정적인 입소문으로 타인을 설득하는 불평 행동, (3)제품이나 점포, 브랜드, 제조업자나 제공자에 대한 재구매를 중지하는 개인적 시위이다.

444) Krishman, S. and N. A. Valle(1979), "Dissatisfaction Attributions and Consumer Complaint Behavior", *Advances in Consumer Research*, pp.445−449.

445) Folkes(1984)는 고객만족을 구매 후 고객의 불평 행동에 주목해 바람직한 리커버리 활동이나 리커버리 결과가 문제되어 어떠한 회복이 효과적인가를 불평의 원인과 함께 논의하고 있다.
Folks, V. S.(1984), "Consumer Reactions to Product Failure: An Attribution Approach", *Journal of Consumer Research*, Vol.10(March), pp.399−400.

446) Fornell C. and B. Wernerfelt, "Defensive Marketing Strategy by Customer Complaint Management: A Theoretical Analysis", *Journal of Marketing Research*, Vol.24(November. 1987), p.338, p.341.

447) Singh, J.(1988), "Consumer Complaint Intentions and Behavior: Definitional and Taxonomical Issues", *Journal of Marketing*, Vol.52(January), p.95.

448) Warkand, R. H., and R. O. Herman, and J. Willits(1975), "Dissatisfied Consumers: Who Gets Upset and What Do They Do About It?" *Journal of Consumer Affairs*, Vol.9(Winter), pp.152−162.

449) Singh, J.(1990), "A Typology of Consumer Dissatisfaction Response Styles", *Journal of Retailing*, Vol.66, No.1(spring), pp.57−99.
Singh, J.(1990), "Voice, Exit, and Negative Word−Mouth Behaviors: An Investigation Across Three Service Categories", *Academy of Marketing Science*, Vol.18(Winter), pp.1−15.

450) Rogers, J. C. and T. G. Williams(1990), "Consumer Personal Values Antecedents to Dyadic and Third Party Public Consumer Behavior: An Exploratory Study", *Journal of Consumer Satisfaction, Dissatisfaction and Complaining Behavior*, Vol.3, p.73.

451) Blodgett, J. and D. H. Granbois(1992), "Toward An Integrated Conceptual Model of Consumer Complaining Behavior", *Journal of Consumer Satisfaction, Dissatisfaction and Complaining Behavior*, Vol.5, pp.97−98.
Davidow, M. and P. E. Dacin(1997), "Understanding and Influencing Consumer Complaint Behavior: Improving Organizational Complaint Management", *Advances in Consumer Research*, Vol.24, p.452.

452) 이학식(1997), 소비자행동, 법문사.

453) Bayus, B. I.(1985), "Word−of−Mouth: The Indirect Effects of Marketing Efforts", *Journal of Advertising Research*, Vol.25, pp.31−39.

454) 황의록, 김창호(1995), "구전커뮤니케이션에 관한 연구", 광고연구, 서울: 한국방송공사, 봄호, pp.235−259.

455) Borgida, E. and R. Nisbett(1997), "The Differential Impact on Abstract vs Concrete Information on Decision", *Journal of Applied Social Psychology*, Vol.7, No.3, pp.258−271.

456) 奥本勝彦(1986)「マーケティング・コミュニケーションの枠組みについて」(『論叢』, 第4号 玉川大學文學部編 玉川大學文學部, 1986年), p.12.

457) Richins, M. L.(1983), "Negative Word−of−Mouth by Dissatisfied Consumer: A Pilot Study", *Journal of Marketing*, Vol.47(Winter), pp.68−78.

458) Curren, M. T. and V. S. Folkes(1987), "Attributional Influences on Consumers' Desires to Communicate About Products", *Psychology and Marketing*, Vol.4(Summer), pp.33−36.

459) Newman, J. W. and R. A. Werbel(1973), "Multivariate Analysis of Brand Loyalty for Major Household Appliances", *Journal of Marketing Research*, Vo. 10(November), pp.405－406.

460) Oliver, R. L.(1980), "A Cognitive Model of the Antecedents and Consequences of Satisfaction", *Journal of Marketing Research*, Vol.17 (November), pp.462－463.

461) Dick, A. S. and K. Basu(1994), "Customer Loyalty: Toward An Integrated Conceptual Framework", *Academy of Marketing Science*, Vol.22(Winter), pp.101－102.

462) Boulding, W., A. Lalra, R. Staelin, and V. A. Zeithaml(1993), "A Dynamic Process Model of Service Quality from Expectations to Behavioral Intentions", *Journal of Marketing Research*, Vol.30(February), pp.7－27.
Anderson, E. W. and M. W. Sullivan(1993), "The Antecedents and Consequences of Customer Satisfaction for Firms", *Marketing Science*, Vol.12, No.2, pp.125－143.
Cronin, J. J. Jr. and S. AS. S. Taylor(1992), " Measuring Service Quality: A Reexamination and Extension", *Journal of Marketing*, Vol.58 (January), pp.125－131.
Zeithaml, V. A., L. L. Berry, and A. Parasuraman(1996), "The Behavioral Consequences of Service Quality", *Journal of Marketing*, Vol.60(April), p.37.

463) Oliver, L. R.(1999), "Whence Consumer Loyalty?" *Journal of Marketing*, Vol.63, pp.34－35.

464) Heskett, J. L., W. E. Sasser, Jr. and L. A. Schlesinger(1997), *The Service Profit Chain*, New York: Free Press(島田陽介譯『カスタマー・ロイヤルティの経営』日本経濟新聞社, 1998, pp.111－113).

465) Allen, D. R. and T. R. Rao(2000), *Analysis of Consumer Satisfaction Data: A Comprehensive guide to multivariate satisfaction, loyalty, and service quality research*, Milwaukee, Wisconsin: ASQC Quality press, p.7.

466) 山本裕子, 圓川隆夫(2000)「顧客滿足度とロイヤルティの構造に關する研究」(『日本経營工學會論文誌』Vol.51, No.2) p.151.

· 저자 ·

김영신   **·약 력·**
(金英信)

2000년 일본 中央대학에서 상학 석사학위 취득
2005년 일본 中央대학에서 상학 박사학위 취득
2006년~현재 광주대학교, 송원대학 출강

·주요논저·
〈연구논문〉
이벤트에 있어서 고객가치와 스폰서가치에 관한 연구
(한국이벤트컨벤션학회[이벤트컨벤션연구]제2권 2호)
한국기업의 마케팅 행동에 관한 연구 – 경제위기 이후의 특징 및 그 변화를
중심으로   (일본中央대학 기업연구소[기업연구]제9호)
고객만족의 결정요인에 관한 연구 – 교통기관에 관한 만족도 조사를 사례로
                (일본中央대학 기업연구소 [기업연구] 제6호)
고객만족의 속성 개념에 관한 고찰 – 백화점에 대한 만족도 조사를 사례로
                (일본中央대학 기업연구소 [기업연구] 제5호)
고객만족의 형성과정에 있어서 구조적 개념에 관한 고찰
                (일본中央대학 기업연구소 [기업연구] 제4호)
고객만족에 관한 이론적 어프로치
                (일본中央대학대학원 경제학/상학연구과편 [논구] 제35호)
고객만족개념과 그 구성요인에 관한 연구 – 한/일 편의점 만족도 조사를 사례로
                (일본中央대학대학원 상학연구과편 [연구년보] 제32호)
서비스업의 전략적 고객만족 개념에 관한 연구 – 한/일 이동통신회사에 대한
        만족도 분석을 중심으로
                (일본中央대학대학원 상학연구과편[연구년보] 제31호)
전략적 고객만족 개념에 관한 연구 – 고객만족 요인의 주성분분석을 중심으로
                (일본中央대학대학원 상학연구과편 [연구년보] 제30호)

〈저서〉
2004년 9월 奧本勝彥, 林田博光 편저『마케팅 개론』일본中央대학 출판부 – 일본어판

〈번역서〉
2005년 10월『한국 기업의 글로벌 전략』
                Korean enterprise: the quest for globalization
                Harvard Business School Press, 1997
                일본 中央대학 출판부-일본어판
2002년 7월 일본경제신문사 비즈니스 시리즈『기획력을 기른다』
                지식공작소

〈관심분야〉
고객만족, 서비스 마케팅, 가치 마케팅

고객만족論

• 초판 인쇄	2008년 10월 22일
• 초판 발행	2008년 10월 22일
• 지 은 이	김영신
• 펴 낸 이	채종준
• 펴 낸 곳	한국학술정보㈜
	경기도 파주시 교하읍 문발리 513-5
	파주출판문화정보산업단지
	전화 031) 908-3181(대표) · 팩스 031) 908-3189
	홈페이지 http://www.kstudy.com
	e-mail(출판사업부) publish@kstudy.com
• 등 록	제일산-115호(2000. 6. 19)
• 가 격	38,000원

ISBN 978-89-534-0300-0 93320 (Paper Book)
      978-89-534-0301-7 98320 (e-Book)